Arne Karsten
Olaf B. Rader

GROSSE SEESCHLACHTEN

Arne Karsten
Olaf B. Rader

GROSSE SEESCHLACHTEN

Wendepunkte der Weltgeschichte von Salamis bis Skagerrak

C.H.Beck

Mit 30 Karten von Benjamin Herzberg sowie 59 Abbildungen

Gesetzt aus der Dante MT und der Trade Gothic
bei Fotosatz Amann, Aichstetten
Druck und Bindung: Kösel, Krugzell
Umschlagentwurf: Uwe Göbel, München
Umschlagabbildungen: vorne: Das Schlachtschiff *Redoutable*
unter Kommandant Lucas in der Schlacht bei Trafalgar
am 21. Oktober 1805, Gemälde von A.E.F. Mayer, 1836,
© IAM/akg-images; hinten: Breitseite der *USS Iowa* in den 1980er Jahren,
Foto: Archiv der Autoren
Gedruckt auf säurefreiem, alterungsbeständigem Papier
(hergestellt aus chlorfrei gebleichtem Zellstoff)
Printed in Germany
ISBN 978 3 406 65558 6

www.beck.de

INHALT

Einleitung

SEEKRIEGSGESCHICHTE ALS WELTGESCHICHTE

Zum Preis von vier Dollar erschien im Jahr 1890 bei dem Verleger Little, Brown & Co in Boston ein Buch, das für die europäische Seekriegsgeschichte, ja, für die Weltgeschichte eine fundamentale Bedeutung erlangen sollte, heute aber weitgehend unbekannt ist. Verfasst hat es der amerikanische Marineoffizier Alfred Thayer Mahan (1840–1914). Unter dem Titel *The Influence of Sea Power upon History* untersucht die Studie, welch eminente Bedeutung der Herrschaft über die Meere für den Gang der Weltgeschichte zukommt. Schnell wurde das Buch nicht nur in den USA, wo es bis heute über 50 Auflagen erlebt hat, sondern auch im alten Europa aufmerksam rezipiert. Einer seiner begeistertsten Leser war der Deutsche Kaiser Wilhelm II.: «Ich verschlinge gerade Captain Mahans Buch und versuche es auswendig zu lernen.» Seine Majestät sorgte schon bald für das Erscheinen einer deutschen Übersetzung. Mahans Werk wurde auf diese Weise zu einem der wichtigsten Impulsgeber im Rüstungswettlauf zur See zwischen den europäischen Mächten am Ende des 19. Jahrhunderts, der das politische Denken in Schlachtschiffparametern zur Folge hatte: Panzerstärke und Tonnage, Geschützkaliber und Geschwindigkeit brachten es zu zentralen Bezugspunkten nationalen Selbstverständnisses.[1]

Mahans Seekriegstheorien waren eigentlich als Argumentationshilfe für einen amerikanischen Seeimperialismus gedacht, wirkten sich jedoch

Der «Clausewitz der See»: Alfred Thayer Mahan (1840–1914), Konteradmiral der US-Navy und Marineschriftsteller, hat mit seinem 1890 erschienenen Werk *The Influence of Sea Power upon History* die marinestrategischen Entwicklungen in den USA und Europa vor dem Ersten Weltkrieg stark beeinflusst.
Kaiser Wilhelm II. wollte das Werk auswendig lernen, und dem Autor trug es in der englischsprachigen Marinehistorie die Anerkennung als «Clausewitz of the Sea» ein. Bis heute haben seine geostrategischen Beobachtungen in den USA ihre Bedeutung nicht verloren, und auch in Indien oder China sind sie zum Bezugspunkt für die wachsenden Ambitionen dieser Staaten als Seegroßmächte geworden. Die Photographie stammt aus dem Jahre 1904.

viel stärker auf die maritimen Strategien europäischer Mächte aus. Seine These wurde zwar im Laufe der Zeit von verschiedenen Seiten kritisiert, doch in einem Punkt hatte er zweifellos Recht: «Leicht ist es, ganz allgemein zu sagen, dass die Seefahrt und die Beherrschung der See ein bedeutender Faktor in der Weltgeschichte sei und gewesen sei, mühsamer dagegen, ihre wahre Tragweite in einem besonderen Falle zu erforschen und nachzuweisen.»[2]

Genau diese Beobachtung stellt den Ausgangspunkt für das vorliegende Buch dar, in dem wir anhand von zwölf exemplarischen Seeschlachten von der Antike bis in das 20. Jahrhundert die weltgeschichtliche Rolle maritimer Konflikte erklären wollen. Dabei wird es nicht nur darum gehen, das einzelne militärische Ereignis aus seinen vielschichtigen Entstehungszusammenhängen zu schildern, sondern auch die weitreichenden Folgen der großen Seeschlachten zu zeigen. Gerade diese Ausrichtung auf kulturgeschichtliche Zusammenhänge, die Verbindung von militärischen mit politischen, gesellschaftlichen, wirtschaftlichen und nicht zuletzt mentalen Wandlungsprozessen, ist entscheidend für die Konzeption dieses Buchs. Unsere Darlegungen gründen sich mithin auf die weit ausgreifenden Perspektiven, wie sie etwa der kulturgeschichtliche Ansatz eines Hans Delbrück (1848–1929) vertrat, der schon vor dem Ersten Weltkrieg die Kriegsgeschichte nicht den Militärs überlassen wollte, sondern Krieg und Kriegsführung als zentrale Faktoren gesellschaftlicher Entwicklungsprozesse analysiert hat. In der Einleitung des vierten Bandes seiner *Geschichte der Kriegskunst im Rahmen der politischen Geschichte* resümierte er im Geiste der hegelschen Dialektik: «Die Erkenntnis der Wechselwirkung zwischen Taktik, Strategie, Staatsverfassung und Politik wirft ihr Licht auf den Zusammenhang der Universalgeschichte und hat Vieles, was bisher im Dunkel lag oder verkannt wurde, aufgehellt.»[3]

Das Vorhaben, Kriegsgeschichte in größeren Zusammenhängen zu erzählen, zwingt zu Akzentsetzungen. So sei an dieser Stelle sogleich gesagt, was dieses Buch alles *nicht* sein will: Es soll kein seekriegsgeschichtliches Handbuch sein, in dem alle bedeutenderen maritimen Gefechte aufgeführt sind. Ebenso wenig ist es eine militärgeschichtliche Studie, welche die technischen und taktischen Details der Seekriegsführung erschöpfend behandelt. Der begrenzte Raum zwingt zudem zur Fokussierung auf Europa, ohne jedoch die weltweiten Implikationen der europäischen Seekriegsgeschichte außer Acht zu lassen, wie etwa in dem Krieg zwischen Russland und Japan von 1905. Hingegen die bedeutenden und folgenreichen Gefechte zur See, die im Fernen Osten Chinesen, Koreaner und Japaner seit dem Mittelalter führten, nachzuzeichnen und ihre Hintergründe zu erläutern, hätte den Rahmen dieses Buches gesprengt. Selbst innerhalb der europäischen Seekriegsgeschichte haben wir uns auf das Wesentliche konzentriert. So kommen etwa die Entwicklungen der Kriegsflotten im skandinavisch-baltischen Raum nur am Rande zur Sprache, und auch die französische Flotte im 18. Jahrhundert hätte eine ausführlichere Würdigung verdient. Trotz oder besser: gerade wegen dieser Beschränkungen hoffen wir, dass wesentliche Zusammenhänge zwischen Seekriegsführung und gesellschaftlichen Entwicklungen von der Antike bis in die Moderne deutlich werden.

Die «segelnde Fichte» und der Beginn des Seekriegs

Grundlegende Zusammenhänge zwischen Krieg und Gesellschaft haben bereits antike Autoren gesehen. Bemerkenswert ist, dass sie beim Nachsinnen über die Beschaffenheit eines längst vergangenen Goldenen Zeitalters, einer *felix prior aetas*, gerade das *Fehlen* der Schifffahrt in den Kanon der paradiesischen Merkmale aufgenommen haben. Vergil, Tibull, Ovid und noch Boethius im 6. nachchristlichen Jahrhundert hielten die Seefahrt für eine dem allgemeinen Glück abträgliche Tätigkeit. Auch Giovanni de Marignolli, ein Franziskanermönch aus Florenz, der im 14. Jahrhundert über Jahre die damals bekannte Welt bereist hatte und bis China gekommen war, äußerte prinzipielle Zweifel an der Seefahrt. Mit Schiffen das Meer zu versuchen, war ihnen allen ein Frevel, wie ohnehin über Jahrhunderte hinweg die raue See als grausamer Feind galt und nicht als Quell einer sinnenfrohen Meereslust: So heißt es in Vergils vierter Ekloge der *Bucolica*, über die Zeit, da der Weltenretter, endlich erwachsen, in den Lauf der Geschehnisse eingreift:

> Dann, wenn dich zum Mann gestählt dein gekräftigtes Alter,
> läßt auch der Schiffer freiwillig das Meer, die segelnde Fichte
> tauscht nicht Waren mehr aus: überall trägt alles die Erde.[4]

Woher rührte diese Skepsis gegenüber dem Händler, zumal dem *seefahrenden* Händler, wie sie übrigens auch für viele außereuropäische Kulturen charakteristisch ist? Ein «Goldenes Zeitalter» allgemeinen, friedvollen Glücks erschien antiken und mittelalterlichen Schriftstellern deswegen frei von Handel und Seefahrt, weil der Händler seine Existenz nicht aus dem Ertrag seiner oder seiner Untertanen (Feld-)Arbeit fristete, wie dies der Bauer und der Adlige tun, sondern die von anderen hergestellten

Waren nutzt, um aus dem Handel mit ihnen Profit zu ziehen. Er bleibt immer darauf angewiesen, dass andere etwas produzieren, um diese Produkte dann unter günstigen Umständen zu kaufen und zu verkaufen.[5] Dadurch haftet seinem Tun etwas Suspektes an. Es ist insofern kein Zufall, dass in der antiken Mythologie der Gott der Händler, Hermes/Merkur, zugleich der Gott der Diebe ist. Und gerade zur See, auf dem den Menschen fremden und deswegen oftmals feindlichen Element, nahm der Handel von jeher besonders abenteuerliche Formen an, war er doch in aller Regel vom Seeraub nur schwer zu unterscheiden.

Freilich brachte der Seehandel nicht nur Unruhe und Zwist in die Gesellschaft, sondern auch Wachstum und Dynamik. Der griechische Geschichtsschreiber Thukydides konstatierte am Ende des 5. vorchristlichen Jahrhunderts in der Einleitung zu seiner *Geschichte des Peloponnesischen Krieges* über die Anfänge der griechischen Seefahrt: «Und als dann die Hellenen Seefahrer wurden, legte [Korinth] sich die Schiffe zu und unterdrückte den Seeraub; und indem es einen Markt bot [...] wurde es durch das zuströmende Geld eine mächtige Stadt. Auch die Ionier hatten später eine starke Flotte, zur Zeit des Kyros, des ersten Perserkönigs, und konnten [...] eine Zeit lang ihr Meer behaupten.» Flottenbau, ökonomisches Wachstum und politischer Machtzuwachs gingen also, dies ist Thukydides' frühe, fundamentale Erkenntnis, Hand in Hand: «So stand es mit den hellenischen Flotten der Vorzeit und den späteren; und doch gelangten die Städte, die sich eine hielten, zu erheblicher Macht, durch den Eingang von Geld und die Herrschaft über andere: Sie fuhren nämlich die Inseln an und unterwarfen sie, namentlich wenn ihr eigenes Gebiet nicht genügte. Einen Landkrieg, durch den ein Staat zur Macht gelangt wäre, gab es nicht.»[6]

«Einen Landkrieg, durch den ein Staat zur Macht gelangt wäre, gab es nicht» – es kann nicht schaden, diesen Gedanken einen Moment nachklingen zu lassen, denn Thukydides antizipiert mit ihm die Kernthese von Mahans seetheoretischer Grundlagenschrift um rund zweitausendfünfhundert Jahre. Doch führte der Unterhalt einer Flotte in der Antike nicht nur zu Macht und Reichtum, sondern bemerkenswerterweise zuweilen auch zur Demokratie. Flotten bedurften nämlich in Zeiten der geruderten Kriegsschiffe einer vielköpfigen Besatzung, deren militärischer Einsatz rasch zu Forderungen nach politischer Teilhabe führte: Wer sein Leben auf den Ruderbänken der Trieren für das Vaterland aufs Spiel setzte – und dies waren etwa im antiken Athen zwar arme, aber freie Bürger –, der konnte mit gutem Grund und schlagkräftigen Argumenten auch Anspruch darauf erheben, an den Entscheidungen über Krieg und Frieden teilzuhaben. Die Seekriegsführung als Wegbereiter der Demokratie lässt sich in verschiedenen Gesellschaften und unterschiedlichen Epochen nachweisen, zum ersten Mal im «klassischen» Athen des 5. vorchristlichen Jahrhunderts. Darüber hinaus setzte der Bau, Unterhalt und Einsatz großer Kriegsflotten Formen staatlicher Organisiertheit voraus, die den Flottenbau immer wieder zu einem wesentlichen Faktor bei der Entwicklung staatlicher Strukturen machte. So etwa im Falle des säkularen Ringens zwischen der Handelsmacht Karthago und der Römischen Republik um die Vorherrschaft im Mittelmeer, eines Kampfes, der die Kontrahenten zu einer bisher ungekannten Anspannung aller Ressourcen im Dienste der Seekriegsführung zwang. Mit Roms Seeherrschaft über das Mittelmeer endete dann das Zeitalter großer antiker Seeschlachten, deren letzte sich bezeichnenderweise im Rahmen des römischen Bürgerkriegs 31 v. Chr. bei Actium abspielte, und zwar mit welthistorischen Folgen: Führte doch der Triumph Octavians über seine Gegenspieler Antonius und Kleopatra zur Etablierung des Prinzipats an Stelle der altehrwürdigen Römischen Republik.

Nach dem Untergang der antiken Gesellschaften endete vorläufig die Zeit einer staatlich organisierten Seekriegsführung in Europa, mit einer Ausnahme: dem Oströmischen Reich. In dessen prachtvoller Kapitale Konstantinopel verfügten die Imperatoren weiterhin über die Ressourcen, um eine Kriegsflotte zu unterhalten. Und die brauchten sie auch, seit im 7. Jahrhundert mit den Arabern ein neuer weltgeschichtlicher Akteur auf den Plan trat, dessen Expansionsbestrebungen sich schon bald auch auf die Herrschaft zur See erstreckten. Bei den Belagerungen Konstantinopels am Ende des 7. und zu Beginn des 8. Jahrhunderts dürfte es allein der byzantinischen Kriegsflotte und der von ihr erstmals eingesetzten Geheimwaffe, dem Griechischen Feuer, zu verdanken gewesen sein, dass das Oströmische Reich dem Ansturm der Araber nicht erlag. Auch in der Folgezeit richteten die Kaiser am Bosporus ihr Augenmerk auf die Wahrung der Seeherrschaft im östlichen Mittelmeer. Davon abgesehen war Europa im Früh- und Hochmittelalter jedoch eine Welt ohne Kriegsflotten. Natürlich gab es Schifffahrt, auch und gerade solche kriegerischen Charakters, wie etwa die Plünderungsfahrten der Wikinger erkennen lassen. Doch fehlten den gemeinsam auf Beutezüge fahrenden Wikingerschiffen eben jene Elemente hierarchischer Leitung, administrativer Organisation und dauerhafter Einrichtung, die für die Definition des Begriffs «Flotte» konstitutiv sind. Die Handlungsperspektiven und Handlungsspielräume der europäischen Herrscher des Früh- und Hochmittelalters waren, von wenigen Ausnahmen abgesehen, zu beschränkt, um größere Flottenverbände zu gemeinsamem taktischen Einsatz auszubilden und permanent zu unterhalten. Erst mit dem Aufschwung der Städte und des (Fern-)Handels vom 11. bis zum 13. Jahrhundert kam eine Dynamik in Gang, die durch die Kreuzzüge verstärkt zu ersten Ansätzen führte, erneut Kriegsflotten zu unterhalten.

Der prominenteste dieser Ansätze erfolgte unter der Herrschaft Kaiser Friedrichs II., dessen «Modernität» ihm schon bei den Zeitgenossen das Attribut des *stupor mundi*, eines gefürchteten «Staunens der Welt», eingetragen hat. Seine Regierungsmaßnahmen waren vom Streben nach effizienteren Formen der Herrschaftsausübung gekennzeichnet. Friedrich schuf dadurch die wirtschaftlichen und administrativen Voraussetzungen, um die von seinen normannischen Vorfahren ererbte Flotte neu zu beleben und weiterzuentwickeln. Der Sieg dieser Flotte bei Montecristo über ein genuesisches Geschwader in päpstlichen Diensten im Jahre 1241 war die Krönung seiner maritimen Politik.

Allerdings blieb der Kampf zweier Kriegsflotten im Hochmittelalter weithin eine Ausnahme. Bis die Strukturen der sich langsam entwickelnden Staaten ausreichten, wieder Flotten zu bauen und dauerhaft zu unterhalten, traten entweder freie Unternehmer als Schiffsausrüster auf, oder es wurden die besten Seeprofis der Zeit, Piraten nämlich, angeheuert. Darin liegt der eigentliche Grund, warum man in den mittelalterlichen Reichen mit Ausnahme der hoch entwickelten Seestädte des Mittelmeers keine oder allenfalls in bescheidenen Ansätzen entwickelte Flotten unterhielt.[7] Die Ausnahmen von der Regel des «flottenlosen Mittelalters» lassen sich an den Fingern einer Hand abzählen: Die Normannen unter Wilhelm dem Eroberer, das Königreich Aragon oder die Akteure des Hundertjährigen Krieges zwischen England und Frankreich setzten zwar Schiffsverbände im Krieg ein. Doch bestand deren Aufgabe im Wesentlichen darin, Soldaten zu transportieren. Als eigenständige Waffensysteme, deren Wirksamkeit auf dem koordinierten Einsatz der Schiffe selbst bestand, agierten diese Verbände eben nicht. Und auch die berühmte Hanse, jener Städtebund, dessen Mitglieder im Spätmittelalter den Handel in Nord- und Mitteleuropa beherrschten, besaß keine eigene «Hansekriegsflotte», sondern musste im Konfliktfall die Geschwader immer wieder aufs Neue aus Kontingenten der einzelnen Bundesstädte zusammenstellen.

Die Kauf- und Kriegsleute von Venedig

Langfristig wirksame Tendenzen, Kriegsflotten dauerhaft im Einsatz zu halten, finden sich in den wohl fortschrittlichsten politischen Gebilden des Mittelalters, den italienischen Handelsrepubliken Venedig und Genua, die im Zeitalter der Kreuzzüge mehr und mehr den Fernhandel mit dem Orient unter ihre Kontrolle brachten. Die dabei erzielten märchenhaften Profite rechtfertigten den großen Aufwand und das hohe Risiko, die mit den Reisen zur See verbunden waren – und sie erzwangen mit wachsender Intensität des Handelsverkehrs auch wirksamen Schutz. So gingen die Venezianer als Schrittmacher des maritimen Fortschritts schon im 13. Jahrhundert dazu über, ihre Fernhandelsschiffe in Konvois zusammenzufassen und von schwer bewaffneten Kriegsgaleeren schützen zu lassen. Und auch Venedigs ewiger Konkurrent Genua mühte sich zunehmend um die Sicherung seiner Handelswege durch den Unterhalt von Kriegsschiffgeschwadern. Den spezifischen meteorologischen Bedingungen des Mittelmeeres mit seinen rasch wechselnden Winden und häufigen Flauten war es dabei geschuldet, dass die Galeere ihren Vorrang gegenüber Segelschiffen bis weit in die Neuzeit hinein behaupten konnte. Auch noch im 17. und 18. Jahrhundert unterhielten Seemächte wie Spanien und Frankreich, die sowohl Atlantik- wie Mittelmeerflotten besaßen, in den Mittelmeerhäfen weiterhin Galeerenkontingente.[8]

Die Vorherrschaft der Galeere erwies sich als prägend für die Seekriegsführung im Mittelmeerraum und damit auch für die gesellschaftliche Entwicklung. Das zeigt insbesondere die Geschichte Venedigs im

Ein Schiffshandbuch des Mittelalters: Michael von Rhodos begann seine Laufbahn 1401 als Ruderer auf einer venezianischen Galeere und stieg bis zum Flottenkapitän der Serenissima auf. Seit 1434 arbeitete er an einem reich illustrierten maritimen Handbuch, in dem er die Kriegs- und Handelsflotte der Lagunenstadt beschreibt. Die Abbildung zeigt eine venezianische Galeere mit Heckruder, deren Riemen eingezogen sind. Sie wird stattdessen von einem Lateinersegel angetrieben, das mit vielen Details wiedergegeben wird, wie etwa einer doppelt gelaschten Spiere und den mit Blöcken versehenen Wanten.

Mittelalter. Um des Schutzes durch die *muri salati*, die «Mauern aus Salz(wasser)» der Lagune, gewiss sein zu können, sorgten die Venezianer früher als irgendeine andere Macht in Europa für die Ausbildung von Strukturen, die es ihnen gestatteten, binnen weniger Wochen eine schlagkräftige Flotte auszurüsten. Das Arsenal, die berühmte Schiffswerft der Lagunenmetropole, wurde schon Anfang des 14. Jahrhunderts in Dantes *Göttlicher Komödie* besungen. Dieser erste protoindustrielle Großbetrieb im mittelalterlichen Europa erstaunte die Zeitgenossen durch seine schiere Größe und die Präzision, mit der bis zu 3000 Handwerker zusammenarbeiteten.[9] Die vielbewunderte Modernität der venezianischen Staatsinstitutionen resultierte nicht zuletzt aus dem existenziellen Bedürfnis nach einer effizienten Flottenorganisation.

Im Spätmittelalter begannen dann die Seehandelsschiffe regelmäßig größere Distanzen zu überwinden. Von besonderer Bedeutung erwies sich dabei der Austausch zwischen den Mittelmeeranrainern und den Niederlanden, die sich durch den intensivierten Handelsverkehr seit dem

14. Jahrhundert neben Oberitalien zur zweiten wirtschaftlichen Boom-Region Europas entwickelten. Besonders die Genuesen profitierten vom Handel mit Nordeuropa durch immer weiter ausgreifende Schifffahrtsrouten, und so ist es kein Zufall, dass der Mann, der in Diensten des spanischen Königshauses mit drei Karavellen 1492 Amerika entdeckte, aus Genua stammte: Cristoforo Colombo.

Viele Historiker lassen die Neuzeit mit diesem Ereignis beginnen, und dafür gibt es gute Gründe. Denn mit der Entdeckung der Neuen Welt durch die Europäer wurde alles anders. Das Mittelmeer verlor seine zentrale Rolle im europäischen Wirtschaftsleben und sank im Laufe des 16. Jahrhunderts zu einem weniger bedeutenden Binnenmeer herab. Ein letztes Mal triumphierte die Galeerenflotte der venezianischen Republik im Bündnis mit Spanien und dem Papsttum 1571 bei Lepanto über den osmanischen Gegner. Wenig später wurden die entscheidenden Seeschlachten von anderen Mächten auf anderen Meeren mit anderen Schiffen geschlagen.

Von Häfen und Höfen

Die europäische Expansion sollte die Welt von Grund auf verändern, und die wohl wichtigste technische Voraussetzung für diese Veränderungen war die Entwicklung von Schiffen, die bis dahin gänzlich unvorstellbare Distanzen überwinden konnten. Das Vordringen der Europäer in zuvor unbekannte Gegenden der Welt führte zu einer ganzen Reihe von Revolutionen: zunächst zu solchen im Schiffsbau, sodann beim Einsatz von Kriegsflotten, schließlich im Bereich der Flottenorganisation. Die Kombination von Kanonen und Segeln sollte sich als überaus schlagkräftig erweisen und eine wesentliche Voraussetzung für die Unterwerfung großer Teile der Welt durch die Europäer bilden. Neue Kampftaktiken machten es erforderlich, die Schiffe auch in Friedenszeiten im Dienst zu lassen, was hohe und immer höhere Kosten verursachte. Zwar konnte sich der enorme Kostenaufwand für Seestreitkräfte durchaus lohnen; denn, wie Herfried Münkler in seinem Buch *Imperien* zu Recht betont: «Flotten können sich politisch und ökonomisch amortisieren; Landheere bestenfalls politisch. Das ist einer der wichtigsten Kostenvorteile von See- gegenüber Landimperien.»[10]

Um sich jedoch die horrenden Ausgaben für ihre Kriegsflotten leisten zu können, bedurften die europäischen Herrscher zunächst einmal steigender Einnahmen: entweder, indem sie sich verschuldeten, oder aber durch die Erhebung neuer Steuern. Beides zeitigte gravierende Folgen. Doch aus welchen Quellen es auch immer stammen mochte: An den Höfen der europäischen Herrscher floss jedenfalls Geld zusammen, das zu einem guten Teil in den Häfen, und zwar in den Bau und die Ausrüstung der großen Kriegsflotten, investiert wurde. Nicht nur, aber doch auch deswegen wird man sagen können, dass an den Höfen und in den Häfen die zentralen Antriebskräfte für die Entstehung des modernen Europa zu finden waren. Der Kampf um die Ressourcen der Neuen Welt führte somit nicht nur zur Verlagerung der Handelswege und der politischen Machtverhältnisse auf Kosten der Mittelmeeranrainer und zugunsten der Staaten an der Atlantikküste; er trug zudem zur Ursprünglichen Akkumulation von Kapital und zur Entwicklung des modernen Staates bei.[11] Und zwar nicht zuletzt auf indirekte Weise, denn die enormen Profite, die der Fernhandel versprach, begannen schon bald auch private Unternehmer zu interessieren. Deren Initiative und die daraus resultierenden Einnahmen eröffneten neue Möglichkeiten sowohl im Bereich der Steuererhöhungen wie auch der Staatsverschuldung, und zwar umso mehr, als die privaten Unternehmer natürlich an einem wirksamen Schutz der Seehandelswege durch staatliche Kriegsflotten ein vitales Interesse hatten.

All die genannten Zusammenhänge sollen anhand der Schilderung des Kampfs der westeuropäischen Staaten um die Seeherrschaft im Folgenden entfaltet werden, wie er die Zeit von der Mitte des 16. bis zum Beginn des 19. Jahrhunderts geprägt hat: zunächst in Gestalt des englisch-spanischen Gegensatzes, der im Scheitern des spanischen Invasionsversuchs auf den Britischen Inseln und dem Untergang der «Unbesiegbaren Armada» im Sommer 1588 kulminierte; danach anhand der drei Englisch-Niederländischen Kriege, die zwischen 1652 und 1674 zur langfristig folgenreichen Etablierung neuer Taktiken in der Seekriegsführung führten; schließlich, das gesamte 18. Jahrhundert überschattend, in Form des französisch-englischen Konflikts, der erst im Jahre 1805 durch die vermutlich berühmteste Seeschlacht der Kriegsgeschichte entschieden wurde: den epochalen Sieg des britischen Admirals Horatio Nelson über die französisch-spanische Flotte bei Trafalgar, der nicht nur den Anfang vom Ende Napoleons bedeutete, sondern zugleich einen Meilenstein auf dem Weg zur weltbeherrschenden Dominanz des Britischen Empire im 19. Jahrhundert und nebenbei auch die territoriale Ausdehnung der jungen USA begünstigte. England, das zunächst als ein klassisches *Seaborn Empire* die Weltbühne betreten hatte – wie schon zuvor die der Seeimperien Athens, Venedigs oder Portugals als Gegenentwurf zu den großen Landimperien wie etwa dem Römischen, Osmanischen oder Mongolenreich –, trat durch seine Flottendominanz nun auch in den Kreis derjenigen Reiche ein, die große Landkomplexe beherrschten.

Mit Volldampf in die Moderne

Die Schiffe, die Horatio Nelson bei Trafalgar ins Gefecht führte, unterschieden sich nicht grundsätzlich von jenen, mit denen etwa ein Francis Drake über zweihundert Jahre zuvor gegen die spanische Armada gekämpft hatte. In beiden Fällen wurden sie durch Wind und Segel angetrieben, und ihre Kampfkraft beruhte auf bronzenen Vorderladergeschützen. Auch wenn sich die Seetauglichkeit der Schiffe, die technische und taktische Ausbildung von Mannschaften und Offizieren verbessert hatten und die Flottenverbände viel größer geworden waren, so hätte sich doch ein Drake auf den Schiffen Nelsons rasch zurechtgefunden.

Schon ein halbes Jahrhundert nach Trafalgar jedoch war alles anders geworden. Der technische Fortschritt in Gestalt der Industrialisierung führte zu einer neuerlichen Revolution in der Seekriegsführung, und zwar erneut sowohl im Bereich des Antriebs als auch der Bewaffnung. An die Stelle der Segel trat nun die Dampfmaschine, dank derer die Schiffe unabhängig vom Wind manövrieren konnten, und die bronzenen Vorderlader wurden relativ schnell durch stählerne Hinterlader mit gezogenen Läufen ersetzt, die Explosiv-Granaten verschossen und gegen deren überlegene Reichweite und Zielgenauigkeit die Vollkugeln der antiquierten Vorgänger sehr rasch nur noch den Wert von Spielzeugpistolen besaßen. Die technischen Neuerungen führten zu einer weiteren Drehung der Rüstungsspirale im Wettstreit der europäischen Nationen. Über das technische Know-how für den Bau moderner Kriegsschiffe zu verfügen, wurde nun immer mehr zu einer Frage des nationalen Renommees, und der abermals geradezu explosionsartig wachsende finanzielle Aufwand, der für den Bau und die kontinuierliche Modernisierung der Flotten betrieben werden musste, erzwang weitere Maßnahmen der Ressourcenkonzentration in den Händen des Staates.

Gerade deswegen entwickelten sich die Kriegsflotten zu einem Symbol nationalen Selbstbewusstseins auch für Staaten, die bis dahin als Seemächte keine Rolle gespielt hatten. Das wurde zum Beispiel nach der italienischen «Einigung» im Jahre 1861 deutlich, als dem schwächlichen Nationalgefühl der Italiener durch den Kampfgeist einer überaus kostspieligen modernen Kriegsflotte aufgeholfen werden sollte. Unglücklicherweise hatten die verantwortlichen Politiker und Militärs dabei übersehen, dass gerade die avancierten Produkte seetechnischen Fortschritts neben gut ausgebildeten Ingenieuren auch geschulte Mannschaften und Offiziere erforderten, um gegen einen kampfentschlossenen Gegner bestehen zu können. Es dauerte nicht lange, bis die italienischen Kapitäne diesen Sachverhalt in der traumatischen Niederlage gegen die österreichische Flotte bei Lissa 1866 zur Kenntnis nehmen mussten. Die Ereignisse von Lissa wurden weltweit aufmerksam kommentiert und analysiert, nicht nur wegen des vollständigen, von tragikomischen Zügen nicht freien Versagens des italienischen Kommandanten, sondern auch, weil hier zum ersten Mal größere Geschwader gepanzerter Kriegsschiffe mit Dampfantrieb aufeinandertrafen.

Doch nicht nur Italien und Österreich, die Kombattanten von Lissa, erblickten im Aufbau einer Kriegsflotte die Voraussetzung für eine wirksame Machtpolitik und ein Prestigeobjekt nationaler Selbstdarstellung. Mit den USA und dem kaiserlichen Japan traten wenig später zwei außereuropäische Mächte auf den Plan. Die Japaner lernten rasch, ihre hochmodernen Panzerschiffe, die zunächst noch auf englischen Werften gebaut und von in England ausgebildeten Offizieren geführt wurden, effizient einzusetzen. Das mussten die Admiräle des Zaren im Russisch-Japanischen Krieg 1904/05 erfahren. Die Schlacht bei Tsushima, in der das russische «Zweite pazifische Geschwader» innerhalb weniger Stunden vernichtend geschlagen und fast vollständig versenkt wurde, stellte nicht

Zum ersten Mal ohne Mast und Segel: Mit dem Stapellauf der baugleichen *HMS Devastation* und *HMS Thunderer* 1871 waren die ersten hochseetauglichen Kriegsschiffe entstanden, die über keinerlei Masten und Segel zum Antrieb mehr verfügten. Der rudimentäre Mast diente nur noch der Signalgebung. Zudem gehörten sie zu den ersten Schiffen, deren Hauptbewaffnung sich nicht mehr im Schiffsrumpf befand, sondern auf dem Schiffsdeck. Die Devastation-Klasse stellte damit einen revolutionären Schritt auf dem Weg vom herkömmlichen Kriegsschiff mit Hilfsbesegelung und Batteriedeck zum modernen Schlachtschiff dar.

zuletzt durch den Triumph einer außereuropäischen Macht über eine der alten Großmächte ein epochales Ereignis dar.

Die Lehren, welche die Seekriegstheoretiker und Schiffsbauingenieure aus dem Verlauf des russisch-japanischen Kriegs zogen, schlugen sich ein Jahrzehnt später in den Schlachten des Ersten Weltkrieges nieder, des vielleicht letzten Krieges, in dem der Kampf um die Seeherrschaft durch große Verbände von Schlachtschiffen entschieden werden sollte. In der einzigen großen Seeschlacht des Ersten Weltkrieges gelang es der deutschen Hochseeflotte am 31. Mai und 1. Juni 1916, sich gegen die zahlenmäßig weit überlegene Home Fleet zu behaupten – ein in der deutschen Presse vielbejubelter Achtungserfolg, der jedoch strategisch völlig folgenlos blieb.

Mit der Schlacht vor dem Skagerrak am 31. Mai 1916 endete die Zeit der großen Schlachten zwischen Flottenverbänden, auch wenn zwischen den beiden Weltkriegen weiterhin immer größere, schwerere und stärker bewaffnete Schlachtschiffe in Dienst gestellt wurden. Neue Waffensysteme, vor allem der Einsatz von Flugzeugen und U-Booten, veränderten die Seekriege grundlegend.

Bei der Darstellung von zwölf großen Seeschlachten, die durch ihre militärischen, politischen oder erinnerungsgeschichtlichen Folgen den Lauf

der Weltgeschichte geändert haben, haben wir uns die Themen weitgehend nach Epochen aufgeteilt: Olaf Rader hat die Kapitel 1 bis 5 sowie 9 verfasst, Arne Karsten die Kapitel 6, 7 und 8 sowie 10 bis 12. Jedoch soll diese Aufteilung der Verfasserschaft nicht darüber hinwegtäuschen, dass alle Einzelkapitel aus der gemeinsamen Arbeit am historischen Stoff hervorgegangen sind, wie denn auch für Einleitung und Epilog beide Autoren verantwortlich zeichnen.

Wer auf so begrenztem Raum einen Überblick über zweieinhalbtausend Jahre Seekriegsgeschichte in ihren größeren kulturgeschichtlichen Kontexten geben will, muss eine durchdachte Auswahl aus dem nahezu uferlosen historischen Material treffen. Wenn es uns dabei auch nur annähernd gelungen ist, zentrale Zusammenhänge zwischen Seekriegsführung und gesellschaftlicher Entwicklung über die Jahrhunderte hinweg zu skizzieren, dann hätten wir unser Ziel erreicht, ein Ziel, das schon vor über einhundert Jahren Hans Delbrück am Ende seiner berühmten Studie über die «Kriegskunst» bestimmt hat: «Nicht um der Kriegskunst willen ist dieses Werk geschrieben worden, sondern um der Weltgeschichte willen.»[12]

1. Salamis 480 v. Chr.

ATHENS RETTUNG DURCH EINE «MAUER AUS HOLZ»

Soldaten werden Demokraten

Salamis war die «Mutter aller Seeschlachten» und einer der Höhepunkte des Abwehrkampfes der Athener gegen die Invasion der Perser unter Xerxes. Während der Perserkönig eine Flotte aus Ägyptern, Phöniziern und ionischen Griechen aufstellte, die alle etwas von Seefahrt und Seekrieg verstanden, begann Athen im 5. Jahrhundert v. Chr. gerade erst, sich im großen Stil dem Meer zuzuwenden. Umso erstaunlicher ist der Sieg des Hellenenbundes in der Seeschlacht. Die Stilisierung der Schlacht in der Geschichtsschreibung und Literatur Athens ließ ihr eine Sonderrolle zukommen und verhalf der griechischen Polis zu tiefgreifenden gesellschaftlichen Wandlungen – und letztendlich sogar dazu, die Demokratie dauerhaft zu etablieren.

Schlechte Nachrichten

Wo, um Himmels willen, liegt denn nur dieses Athen?» Ein Bote brachte die schlechte Nachricht: die Flotte des Sohnes geschlagen, das Heer gedemütigt, der Herrscher auf der Flucht. Atossa, die Mutter des Perserkönigs Xerxes (486–465 v. Chr.), ist fassungslos, will mehr wissen von dem, was geschah, vor allem, wie und wo. Ein Chor weiß zumindest geographisch Antwort: «Fern, fern im Westen. Dort wo Helios, unser aller Herr, die Sonne, versinkt.» Doch sie fragt weiter: «Und mein Sohn, ausgerechnet, greift nach so einer Stadt?» Der Chor entgegnet: «So ist es. Ganz Griechenland wäre unser, hätten wir diese besetzt.» Ja, tatsächlich; ganz Griechenland wäre besetzt worden, hätte es nicht am Rande des Imperiums der Perser, eines der frühen, wirklich den Namen verdienenden Großreiche der Weltgeschichte, einige Bürgerkommunen gegeben, allen voran Athen und Sparta, die sich einfach nicht den Geboten des Herrschers unterwerfen wollten. Und das, obwohl doch schon so ziemlich alle Völker der bekannten Welt, darunter viele Städte der Griechen selbst, die Gabe von Erde und Wasser als Anerkennung persischer Oberherrschaft vollzogen hatten. Dass ausgerechnet die besten Seefahrer dieses Reiches im Dienste des Königs der Könige trotz ihrer mächtigen Flotte von Leuten geschlagen wurden, die gerade erst begonnen hatten, die See für sich zu entdecken, glich einem Wunder. Niemand hatte auch nur annähernd dieses Ergebnis erwartet! Auch Aischylos (525–456 v. Chr.), der Dramatiker, der selbst bei Salamis mitgekämpft hatte und aus dessen Tragödie *Die Perser* die zitierten Worte stammen, dürfte Zweifel an dem guten Ausgang der Sache gehabt haben, so ungleich schienen die Kontrahenten zu sein. Doch es kam anders. Und dass das alles auch noch vor den Augen des persischen Kriegsherrn selbst geschah, der von einem Thron an Land aus eigentlich zusehen wollte, wie die aufmüpfigen Athener endlich gezüchtigt würden, setzte dem Ganzen die Krone auf. «Salamis! Nichts so sehr hasst das Ohr, wie *den* Namen zu hören. Oh, wie mir schwarz wird vor Augen, denke ich an Athen.»[1]

Die Seeschlacht von Salamis war der Höhenpunkt zur See eines sorgfältig geplanten Kriegszuges des Perserimperiums gegen Hellas. Diese vielleicht berühmteste Seeschlacht der Antike fand Ende September 480 v. Chr. – das exakte Tagesdatum ist umstritten – am östlichen Ufer einer großen Insel in der Nähe von Athen statt. Mit Athen, das man endlich zu unterwerfen gedachte, glaubten die Perser ohnehin noch ältere Rechnungen offen zu haben: Hatten nicht die Athener zu Zeiten des Königs Dareios I. (521–486 v. Chr.) die ionischen Griechen an der Westküste Kleinasiens, die dem Perserreich unterworfen waren, zum Aufstand ermuntert? Hatten sie nicht damals sogar die Provinzhauptstadt Sardes niedergebrannt? Und als man sie daraufhin bestrafen wollte und eine Militärexpedition nach Attika sandte, hatten nicht attische Hopliten, die schwer bewaffneten Bürger Athens, bei Marathon das Großreich erneut gedemütigt? So viel Frechheit durfte nicht ungestraft bleiben. Doch, letztendlich blieb sie es.

Warum aber konnte das Unerwartete geschehen? Aischylos, mit dem Sinn für Hintergründe, ließ Atossa weiter fragen nach den Verhältnissen in Athen: «Und wer kommandiert sie? Wer gibt dem Heer die Befehle?» Die Antwort des Chores: «Niemandem untertan sind sie, weder als Sklaven noch als Vasallen.» Atossa: «Wie wollen sie standhalten dann, dem Gegner, der in ihr Land drängt?» Chor: «So wie damals, als sie zermalmten Dareios' großes und stolzes Heer.»[2] Weiter hätte sie noch fragen können: Was ist denn dieses Athen? Wie ist es beschaffen, dass es wagt, uns zu trotzen? Lag es an den gesellschaftlichen Verhältnissen? Athen hatte nämlich in seinem Gemeinwesen politische Strukturen entwickelt, die so völlig anders als die bisher bekannten waren.

Die athenische Verfassung, die durch Solon 594 v. Chr. eingerichtet und nach dem Zwischenspiel einer Tyrannis der Peisistratiden durch Kleisthenes 508 v. Chr. grundgelegt wurde, lief über viele Zwischenformen auf eine Isonomie – die Gleichberechtigung – hinaus. Sie sah gleiches Recht, äußere und innere Freiheit, aber auch gleiche Pflichten für zunächst alle Vollbürger vor. Jeder Bürger konnte öffentlich Anklage erheben. Das zentrale Entscheidungsgremium, wie überhaupt die Gesamtheit der politisch berechtigten Athener, war die Volksversammlung. Die meisten Träger von Verwaltungsfunktionen wurden durch das Los bestimmt. Auf institutioneller Ebene prägten der Rat der Fünfhundert, die Ordnung nach Phylen, also Verwaltungseinheiten, sowie der Ostrakismos das Leben der Athener. Dieses «Scherbengericht» mit seinen Namensritzungen auf zerschlagenen Töpfen zur Verbannung der Bürger, die die Stadt gefährdeten, wurde legendär und konnte auch Helden wie Kleisthenes oder Themistokles treffen.[3]

Später, und nach weiteren Umformungen, bezeichneten Aristoteles (384–322 v. Chr.) und sein Umfeld dieses Prinzip der gemeinschaftlichen Entscheidungsfindung als «Demokratie» – die Herrschaft des Volkes über sich selbst. Aus der Rückschau verstand Aristoteles diese Entwicklung als einen Prozess, doch ist diese vielleicht größte politische Idee nicht aus einem Willen von Massen oder Einzelnen zu einer «Demokratisierung» erwachsen, sondern eher aus einem freien Spiel von Bedingungen, zu deren wesentlichen, wie wir noch sehen werden, auch die Flotte gehörte. Athen war also nicht nur eine Stadt, sondern bestand zuallererst aus seinen Bürgern, war gleichsam eine Kriegerzunft, deren Kern der sich selbst ausrüstende, schwer bewaffnete Hoplit bildete: «Männer machen eine Stadt aus, nicht Mauern und nicht unbemannte Schiffe», meinte daher Thukydides.[4]

Doch der Weg des freien Athen stellte nur eine von vielen Möglichkeiten dar, wie sich die griechischen Kommunen politisch organisieren und orientieren konnten. Sehr schnell kann aus dem Blick geraten, wie stark die griechische Welt auch mit dem Orient verbunden war. Denn mit der Eroberung von Sardes 547 v. Chr., der im Westen Kleinasiens gelegenen Hauptstadt Lydiens, hatte sich das persische Reich etwa ein Drittel der griechischen Welt einverleibt. Und es war genau jener Teil, der in wirtschaftlicher, geistiger und künstlerischer Hinsicht bis dahin an der Spitze der Entwicklung gestanden hatte. Ein halbes Jahrhundert vor Salamis – oder etwa zwei Generationen zuvor – wussten die Griechen Kleinasiens, dass man sich mit der persischen Herrschaft durchaus arrangieren konnte. Doch die Athener wollten das auf keinen Fall tun.[5]

Die attische Triere

Ab Ende der 480er Jahre v. Chr. kam es in Athen zu einer grundlegenden militärstrategischen Umorientierung. Man baute verstärkt Kriegsschiffe, weil Athen mit Aigina, der seetüchtigen Inselkommune vor der Haustür, im Streit lag. Die Insulaner waren zu der Zeit gerade damit beschäftigt, die später so berühmten Giebelfiguren an ihrem Aphaiatempel anzubringen. In Athen jedoch baute man Schiffe und errichtete dafür Hafenanlagen, Werften, Arsenale und Schiffshäuser. Dieses Großprojekt konnte neben den privaten Geldgebern vor allem durch die Erträge der zwar schon länger bekannten, doch nun erst effizient erschlossenen Silbervorkommen aus Laurion finanziert werden. Allerdings darf man sich nicht von der Schlagkraft der attischen Seemacht *nach* den Perserkriegen, als Athen für ein Jahrhundert die mit Abstand größte Flotte in der griechischen Welt besaß, täuschen lassen. Das Flottenbauprogramm markierte erst den Eintritt Athens in den Kreis der Seemächte, und man stand sowohl technologisch als auch in Bezug auf die Seemannschaft am Anfang. Doch bald darauf werden die Athener echte «Seeschäumer» geworden sein, die ihren Blick und ihre Politik dem Meer zuwandten. Da für die neue Flotte jede Menge Ruderer gebraucht wurden, zog man auch ärmere attische Bürger heran, die keine Grundbesitzer waren und die oft als Tagelöhner ihren Lebensunterhalt verdienten.[6]

Der in großen Stückzahlen auf Kiel gelegte Schiffstyp war die Triere, die über fast ein halbes Jahrtausend das Standardkriegsschiff im Mittelmeer darstellte. Grundsätzlich zunächst: Schiffe, deren Rumpf aus Holz bestehen, können nach zwei völlig unterschiedlichen Konstruktionsprinzipien gebaut werden. Deren Vor- und Nachteile muss man im Blick haben, wenn man den antiken Schiffsbau seit Beginn der Eisenzeit verstehen will. Einerseits kann man den Rumpf mit einem Skelett aus Spanten herstellen, an denen die Schiffsplanken zum Kiel hin wie Dachziegel überlappend in der sogenannten Klinkerbauweise angesetzt werden. Die Langschiffe der Wikinger sowie die frühen Hansekoggen wurden so gebaut und bis in die Gegenwart so manches Fischerboot. Andererseits lässt sich eine Rumpfverschalung auch aus Kante an Kante gesetzten Planken in der sogenannten Kraweelbauweise herstellen. Dieses Bauprinzip blieb

High-Tech-Waffe Athens: In den Jahren von 1985 bis 1987 gelang es drei Historikern unter der Schirmherrschaft der griechischen Marine, eine athenische Triere nachzubauen. Da wegen der geologischen Bedingungen am Mittelmeer, wie etwa fehlender Moorflächen, keine Schiffskörper erhalten geblieben waren, konnten allein Relief- und Vasendarstellungen für den Nachbau herangezogen werden. Die seetüchtige Replik, die man auf den Namen *Olympias* taufte, wurde mit eigens dafür trainierten Ruderern auf dem Meer erprobt und lieferte viele Detailinformationen zum Fahrverhalten. Als besonders schwierig erwies sich der exakt gleichzeitige Durchzug aller auf drei Ebenen angeordneter Riemen. Wegen des hohen Schwerpunkts und des geringen Tiefgangs von nur einem knappen Meter war das Schiff sehr kentergefährdet.

im mediterranen Raum in der gesamten Antike die bevorzugte Konstruktionsart, wobei man in dieser Zeit durch Loch-Zapfen-Systeme die Planken verband.

Je nachdem, ob und wie Spanten in die unterschiedlichen Konstruktionen der Planken einbezogen wurden, bemaß sich die Verwindungssteifigkeit und damit Seegängigkeit des Schiffes. Als 1588 die spanische Armada nach England fuhr, waren auch geruderte Kriegsschiffe aus dem

Mittelmeer dabei. Doch deren innere Festigkeit, die im Mittelmeer seit Menschengedenken ausgereicht hatte, erwies sich für die lange Dünung des Atlantiks als zu gering. Die Schiffe nahmen viel mehr Wasser auf als üblich und mussten deshalb sogar schon vor dem ersten Kampf die Flotte verlassen.[7]

Die attische Triere war jene gefürchtete Waffe, durch die Athen im 5. Jahrhundert Macht und Wohlstand erwarb, und durch die sie später auch beides wieder verlor. Als Produkt der Hochtechnologie ihrer Zeit setzte die Triere völlig neue Standards. Die ersten von Riemen auf drei Ebenen angetriebenen Kriegsschiffe kamen wohl schon vereinzelt im östlichen Mittelmeerraum im 7. Jahrhundert v. Chr. auf und wurden in der zweiten Hälfte des 6. Jahrhunderts in Korinth als Flottenverband eingesetzt. Thukydides überliefert, dass vor den Perserkriegen lediglich die sizilischen Tyrannen und die Leute aus Kerkyra Trieren besaßen. Und er fährt fort: «Denn in Aigina und Athen und sonst wo gab es wenig, und fast nur Fünfzigruderer; erst zuletzt bewog Themistokles die Athener, im Krieg gegen Aigina und in Erwartung der Barbaren, die Schiffe zu bauen, mit denen sie dann die Seeschlacht schlugen.» Der Vorteil der Triere bestand darin, dass bei begrenzter Verlängerungsmöglichkeit des Schiffes die Antriebskraft enorm gesteigert wurde, indem man die Ruderer, oder Rojer, wie sie präziser heißen müssten, nun auf drei Ebenen übereinander anordnete. Athen wurde innerhalb weniger Jahre einer der bedeutendsten Schiffsbauorte dieses Typs. Schon der Komödiendichter Aristophanes (um 450–um 380 v. Chr.) ließ in seinem Stück *Die Vögel* einen athenischen Wanderer auf die Frage des Wiedehopfs nach seiner Herkunft antworten: «Woher? Woher die stolze Flotte stammt.»[8]

Die Triere hatte eine Länge von ungefähr 32 bis 38 und eine Breite von 4,5 Metern. Mit den Auslegern maß sie sogar fünfeinhalb Meter. Der Tiefgang betrug nur ungefähr einen Meter. Zu der Gesamtverdrängung von über vierzig Tonnen trugen neben der hölzernen Konstruktion, die unbeladen etwa fünfundzwanzig Tonnen wog, sowohl die Mannschaften als auch eine Menge Ballast in Form von Steinen bei. Dennoch lag der Schwerpunkt durch die drei Ebenen der Ruderer sehr hoch, und das Schiff war enorm kentergefährdet. Die unteren Ruderer versuchten, sich mit Ledermanschetten, durch die die Riemen gezogen waren, vor einschwappendem Wasser zu schützen. Für die Hohe See waren die Trieren somit eigentlich ungeeignet. Zugespitzt könnte man sagen, dass die Schiffe wegen ihrer militärischen Spezialfunktion, die in ihrer Schnelligkeit und Wendigkeit lag, bis an die Grenze der Seeuntüchtigkeit konstruiert worden waren.

Die geruderte Triere bewegte sich mit etwa drei bis fünf Knoten Marschgeschwindigkeit durch die See, bei Eilfahrten auch etwas schneller. Doch für den Rammstoß oder rasch durchzuführende Manöver konnte sie für kurze Zeit bis auf zehn Knoten beschleunigt werden. Besonders schnelle Trieren setzte man für Botendienste oder Verfolgungen ein. Für längere Fahrten verfügte jede Triere über ein großes Rahsegel an einem mittschiffs aufgestellten Mast und ein kleineres Rahsegel ebenfalls an einem Mast im Vorschiff. Allerdings fuhr die Triere unter Segeln, mit denen lediglich Raumschots oder Vorwindkurse möglich waren, bedeutend langsamer als gerudert. Durch erhaltene steinerne Inschriften aus dem 4. Jahrhundert v. Chr. wissen wir, dass die attischen Trieren mit weiblichen Namen von Göttinnen, Städten oder Orten sowie Eigenschaften benannt wurden, darunter *Hebe, Aphrodisia* oder *Parthenos, Eleusis* und *Paralya* sowie *Hegemone, Kratousa* oder *Polynike* – also die «Herrscherin» oder die «Vielsiegerin». Diese sogenannten *Traditiones curalium navalium*, die man auf Marmorstelen eingravierte, sind so etwas wie steinerne «Seeurkunden» zur Regelung der Verantwortlichkeiten beim Schiffsbau. Sie verraten eine Fülle von interessanten Details, unter anderem, wie Herstellung und Unterhalt der Trieren finanziert wurden.[9]

Die Unterhaltung der Kriegsschiffe gehörte nämlich zu jenen Pflichten, welche die athenischen Bürger mit einem bestimmten Vermögen selbst zu übernehmen hatten. Die Bürgergemeinde als Gesamtheit stellte zwar die Schiffskörper und das darauf befindliche stehende und laufende Gut. Sie bezahlte auch den Sold der Besatzung. Die Verantwortung für den Unterhalt der Trieren lag aber für jedes einzelne Schiff bei einem eigens dafür bestimmten Bürger. Die Zuweisung an einen Bürger, der dadurch zum Trierarch wurde, erfolgte durch das Los. Fortan musste er für die Bemannung sowie für die Instandhaltung und Ausbesserung sorgen. Die hohen Kosten einer Trierarchie, also der Gesamtverantwortung für eine Triere, konnten aber auf zwei oder mehrere Bürger, sogenannte Syntrierarchen, verteilt werden.[10] Wie man sich das ganz konkret vorzustellen hat, verrät eine Inschrift aus der Zeit Alexanders des Großen: Der

Bildhauer Kephisodot, Sohn des berühmten Bildhauers Praxiteles (um 390–um 320 v. Chr.), hatte neben seiner Werkstatt im Jahr 326/25 v. Chr. ein Kriegsschiff als verantwortlicher Trierarch und drei weitere Schiffe als Syntrierarch zu unterhalten. Die Kosten für eine Trierarchie lagen unter normalen Umständen bei etwa 5000 Drachmen jährlich, wobei eine Drachme etwa dem Tagesverdienst eines Steinmetzen entsprach. Diese Aufwendungen konnten durch Kriegseinsatz und höhere Naturgewalt aber leicht auf ein Vielfaches steigen. Die Inschrift berichtet weiter, dass das von Kephisodot unterhaltene Schiff *Iousa* zusammen mit sechs anderen Trieren im Kampfeinsatz nach Samos unterwegs war. Des Weiteren war er an der Finanzierung der *Paralos* beteiligt, neben der *Salaminia* eines der beiden athenischen Staatsschiffe, die zum schnellen Transport von Amtsträgern und Festgesandtschaften dienten und deren Existenz sogar bei Aristoteles überliefert ist.[11]

Insgesamt trug jede Triere eine Besatzung von etwa 200 Mann, davon 170 Ruderer, verteilt auf je drei Ebenen zu beiden Seiten. Hinzu kamen noch – wie der Geschichtsschreiber Plutarch (um 45–125 n. Chr.) in seinem Bericht über Salamis ausführt – 14 Hopliten und vier Bogenschützen sowie weitere Seeleute wie etwa der Steuermann, der Bugmaat, der Schiffszimmermann und der Rudermeister. Ein Flötenspieler, der Auletes, gab

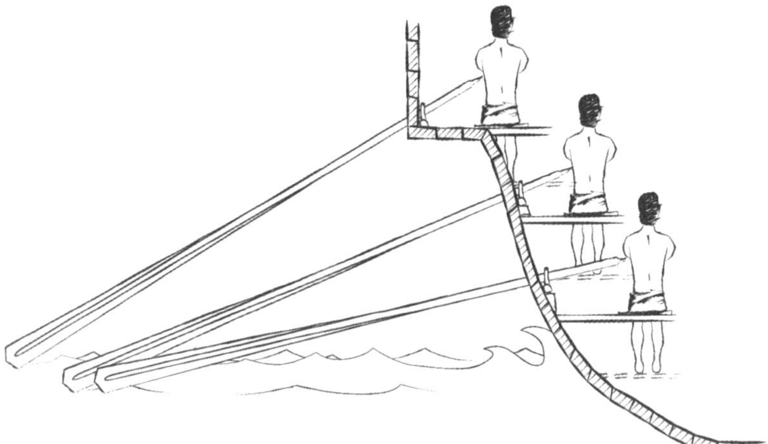

für alle hörbar die Schlagzahl der Riemen an. Als Kapitän einer Triere fungierte der losbestimmte Trierarch. Doch da der mitunter wenig Ahnung von nautischen Dingen hatte, stand ihm auf See der Kybernet zur Seite, eine Art Erster Offizier mit seemännischen Fähigkeiten.

Die effiziente Handhabung der Riemen setzte ein hartes Training, körperliche Fitness und ununterbrochene Praxis voraus. 170 Mann – also 85 auf jeder Seite, verteilt auf drei Ebenen – allein schon in Schlagfrequenz, Eintauchtiefe oder Durchzugstrecke zu koordinieren, ohne dass sich die Riemen gegenseitig behindern, erforderte einen beträchtlichen Übungsaufwand; vom Rückwärtsrudern nach erfolgreichem Rammstoß ganz zu schweigen. Diese Spezialistentätigkeit des Ruderers wurde regelrecht entlohnt. Mit Sklaven oder von der Straße eingesammeltem Gesindel konnte man Trieren nicht effizient bewegen, geschweige denn komplizierte Manöver fahren. Dass es bei 200 Mann an Bord überaus eng war, dass es für die Ruderer keinerlei Bewegungsmöglichkeit gab – außer natürlich, die Riemen durchzuziehen –, dass man auf den Schiffen weder kochen noch bequem schlafen konnte, von anderen Bedürfnissen ganz abgesehen, dürfte die Fahrt auf den Trieren zu einer echten Quälerei gemacht haben. In unmittelbarer Nähe der Bilge, die sicherlich wie eine Kloake roch, Schwerstarbeit zu leisten, war nichts für empfindliche Naturen. Nur zur Nacht, wenn man die Schiffe an Land zog, weil die antike Kraweelbauweise eher zum Lecken neigte als Klinkerbeplankung, konnte man durchatmen, die krummen Rücken ausstrecken und sich erholen.

Die Kraft von drei Riemen pro Einheit: Die Bezeichnungen aller antiken Schiffe leiten sich vom Begriff des Riemens, lateinisch *remus,* ab. Bei der griechischen Triere, lateinisch *triremis,* «Dreiriemer», saßen die obersten Ruderer (Rojer) auf einem seitlichen Ausleger, was die Höhe der Bordwand deutlich verringerte und damit den Schwerpunkt tiefer legte, wie die Rekonstruktion einer Triere gezeigt hat. Die 170 Ruderer jeder Triere teilten sich auf in 62 Thraniten der oberen, 54 Zygiten der mittleren und 54 Thalamiten der unteren Reihe. Da sich die Öffnungen für die Riemen der Thalamiten lediglich 40 Zentimeter über der Wasseroberfläche befanden, mussten sie durch lederne Stutzen gegen eindringendes Seewasser abgedichtet werden.

Die Schnelligkeit der Trieren wurde allerdings nicht allein durch die Anzahl der Ruderer oder deren Riemenschlagzahl bestimmt. Schiffsgeschwindigkeiten hängen nämlich prinzipiell nicht nur von der Stärke der eingesetzten Antriebskraft ab, sondern auch von der Rumpfgeschwindigkeit. Darunter versteht man das Ausbreitungstempo eines vom Schiff selbst erzeugten, aus Bug- und Heckwelle bestehenden Wellensystems, in dem es regelrecht «gefangen» sein kann. Diesen theoretischen Wert für die bei Verdrängerfahrt – im Gegensatz zum Gleiten, wie es etwa Surfbretter oder spezielle Rumpfformen vermögen – überhaupt mögliche Höchstgeschwindigkeit eines Schiffes kann man nach einer Formel, in der die Wasserlinienlänge zu Grunde gelegt wird, errechnen. Beträgt die Wasserlinienlänge eines Schiffes etwa zehn Meter, so können maximal acht Knoten erreicht werden. Bei 30 Metern sind es schon 13 Knoten, und 100 Meter lange Schiffe können bei entsprechendem Antrieb fast 25 Knoten fahren. Die Tatsache, dass die Rumpfgeschwindigkeit nur von der Wasserlinienlänge abhängt, ist der Grund, warum längere Schiffe – bei entsprechend starkem Antrieb durch Wind oder Ruderer – höhere Geschwindigkeiten erreichen können als kürzere Schiffe. Das bedeutet aber auch, dass ein Schiff mit noch so viel Tuch am Mast oder Hunderten von schweißgebadeten Ruderern nicht schneller gefahren werden kann, wenn es zu kurz ist. Dies spiegelt sich in dem noch heute geläufigen Seglerspruch «Länge läuft» wider und erklärt, warum Rudermeisterschaften auf so elendlangen, kippeligen «Leisten» stattfinden. Doch konnte man andererseits Schiffskörper auch nicht beliebig verlängern – theoretisch hätte man ja auch alle Ruderer auf einem Deck platzieren können –, weil dann wiederum die Stabilität und vor allem die Wendigkeit der Schiffe abnahmen. So ist über Jahrhunderte bis zur Seeschlacht von Lepanto 1571 und sogar noch darüber hinaus für riemengetriebene Kriegsschiffe im Mittelmeer eine Länge von rund 40 Metern beibehalten worden.

Die Einführung des Dreiruderers als Hauptkriegsschiffstyp veränderte die taktischen Möglichkeiten des Seekampfes grundlegend. Durch die höhere Geschwindigkeit wurde das Schiff nun selbst zur Waffe. Ein spitz zulaufender Bug, der durch eine bronzebewehrte Ramme *(émbolon)* in der Höhe der Wasseroberfläche verstärkt wurde, bildete das Kampfinstrument. Obwohl auch die älteren Schiffstypen über einen Rammsporn verfügt hatten, dienten diese Fahrzeuge zunächst nur als Plattformen für

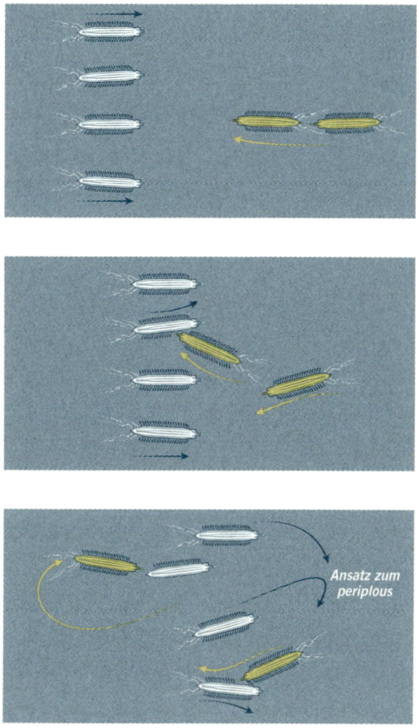

Der *diékplous*

Die «Durchfahrt» war ein taktisches Manöver, um die gegnerische Linie zu durchbrechen:

1. Formationsbildung
2. Durchbruch der Linie und Abscheren einer Riemenreihe
3. Nach vollendetem Durchbruch können achterliche Rammstöße angesetzt werden.

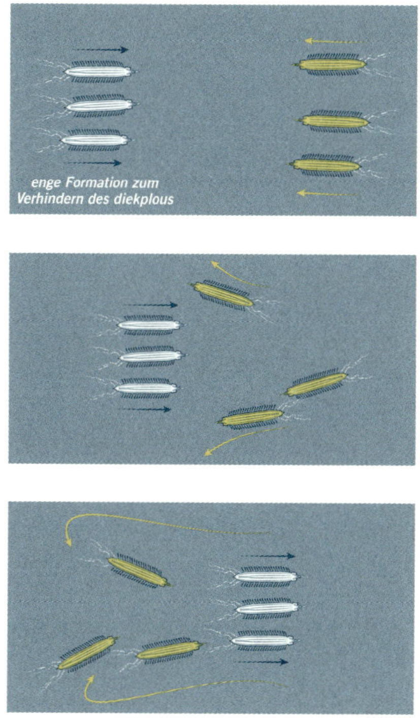

Der *períplous*

Die «Umfahrung» war ein taktisches Manöver, um eine gegnerische Linie zu umfassen:

1. Formationsbildung
2. Umfassung der gegnerischen Formation
3. Ansetzen von Rammstößen von Achtern

Bei beiden Manövern musste nach erfolgreichem Rammstoß kräftig zurückgerudert werden.

den Nahkampf. Mit ausgetüftelten Manövern versuchte man nun, gegnerische Schiffe seitlich zu rammen oder sie durch das Abscheren der Riemen manövrierunfähig zu machen. Um effektiv abscheren zu können, besaßen die Rammen in hellenistischer Zeit sogar drei Finnen, die das Abgleiten der Riemen verhindern sollten. Gelang es durch einen seitlichen Rammstoß, den Schiffskörper des Gegners zu durchbrechen, führte der Wassereinbruch zwangsläufig zum Kentern, mitunter sogar zum Sinken des Schiffes.

Die berühmtesten Manöver waren der *diékplous*, die «Durchfahrt», und der *períplous*, die «Umfahrung». Beim *diékplous* durchstieß man die gegnerische Schlachtreihe und versuchte, von Achtern einen Rammstoß anzusetzen. Das wirksamste Gegenmittel gegen die «Durchfahrt» bildete eine zweite Reihe von Schiffen, die ein durchgebrochenes Schiff selbst attackieren konnten. Allerdings verkürzte eine Aufstellung in doppelter Reihe die eigene Front erheblich und setzte sie der Gefahr der «Umfahrung» aus. Dieses Manöver erforderte eine höhere Anzahl eigener Schiffe, um die Front des Gegners zu umfassen und ihm in die Flanke fallen zu können. In beiden Fällen musste nach erfolgreichem Rammstoß kräftig zurückgerudert werden, um sich von dem sinkenden Gegner zu lösen. Wenn man Seekämpfe in Küstennähe austragen wollte, konnte es deshalb von entscheidender Bedeutung sein, wie sich Küstenverläufe oder Untiefen in den eigenen Flankenschutz einbeziehen ließen.[12]

Angriff der Perser

Trotz der verlorenen Schlacht bei Marathon 490 v. Chr. hielt der persische Großkönig Dareios I. an der Absicht fest, die griechischen Stadtkommunen an der Westgrenze seines Reiches doch noch zu unterwerfen. Sie sollten endlich «Erde und Wasser geben». Viele Griechenstädte leisteten diese Unterwerfungsgeste, das eigensinnige Sparta und das trotzige Athen jedoch nicht. Ja, in beiden Gemeinden wurden zudem die persischen Boten ermordet, ein weiterer Frevel, der nach Rache schrie. Von Anfang an war der Feldzug als eine kombinierte Heeres-Flotten-Operation geplant. Um eine Flotte möglichst ohne große Gefahren in das zu erwartende Hauptkampfgebiet zu bringen, wurde sogar ein schiffbarer Kanal gebaut. Der Kanal trennte die kleinere Halbinsel Athos von der Chalkidiki ab und hatte eine Länge von über zwei Kilometern und eine Breite von ungefähr dreißig Metern, so dass zwei Kriegsschiffe aneinander vorbeifahren konnten. Heute ist der Kanal verlandet, am Boden ist seine Lage kaum noch, auf Satellitenaufnahmen jedoch recht gut zu erkennen.

Als Dareios I. während der Kriegsvorbereitungen 486 v. Chr. starb, trat einer seiner Söhne die Nachfolge an und legte sich den Namen Xšāyaršan – «der über Helden herrscht» – zu, den die Griechen zu Xerxes verballhornten. Er übernahm die Leitung des Unternehmens und vollendete die Vorbereitungen. Die an sich schon für diese Zeit enorme ingenieurtechnische Leistung des Kanalbaus könnte sogar noch übertroffen worden sein, wenn es stimmt, dass die Perser zwei Schiffsbrücken – eine für die Truppen, die andere für den Versorgungstross – über den Hellespont geschlagen haben, um das Heer von Asien nach Europa überzusetzen. Einige Details, die der Geschichtsschreiber Herodot (490/480–um 424 v. Chr.) berichtet, sind allerdings wenig glaubhaft. So ist etwa die von ihm angegebene Länge der Brücke von sieben Stadien oder ungefähr 1300 Metern eindeutig zu kurz. Bei Abydos beträgt die direkte Entfernung zwischen den Ufern des Hellespont ungefähr zwei Kilometer – keine geringe Distanz. Dazu dürften die Strömung vom Marmara- in das Mittelmeer sowie zu erwartende Windlasten auf die Pontonschiffe schwer lösbare Probleme geschaffen haben.

Auf jeden Fall dürfte die Truppenstärke der Perser, die von Herodot und anderen antiken Autoren überliefert wird, reine Phantasterei sein: 4,2 Millionen Mann im Heer und Tross, dazu noch über eine Million Köpfe als Mannschaften der Flotte! Schon die Versorgung mit Nahrung und Wasser über einen kurzen Zeitraum dürfte diese Zahlen ausschließen. Der Militärhistoriker Hans Delbrück würzte seine Überlegungen zur Unmöglichkeit solcher Truppenmassen mit einem berühmten Bonmot: Wenn ein preußisches Armeekorps von 30 000 Mann ohne Fuhrpark nach deutscher Marschordnung etwa drei preußische Landmeilen benötigte, dann müsste die Marschkolonne der Perser so lang gewesen sein, dass, während noch die letzten Krieger aus Susa jenseits des Tigris ausmarschierten, die ersten bereits an den Thermopylen anlangten.[13] Der Gegner – und das ist ein häufig auftretendes Phänomen historischer Überlieferungen bis zum Beginn der Neuzeit – ist immer zahlenmäßig haushoch überlegen. Und erst recht die Anzahl der Hingestreckten muss in astronomische Höhen gehen; zumindest den Erinnerungen nach. Vielleicht haben aber nicht nur die Sucht nach Rechtfertigung und Prahlerei, sondern auch die Furcht oder der Mangel an Zahlenvorstellungen zu diesen maßlosen Übertreibungen geführt. Es ist der Ruhm, der natürlich auch mit der Anzahl der überwundenen Feinde wächst. «Sieben auf einen Streich»: Nicht nur Riesen lassen sich von solchen Behauptungen beeindrucken.

Moderne Schätzungen gehen von einer Truppenstärke der Perser von ungefähr 50 0000–80 000 Mann aus; auch das war ein gewaltiges Heer, das große Versorgungsprobleme bekommen sollte. Den Kern bildeten die 10 000 medisch-persischen Elitekrieger, die sogenannten «Unsterblichen», die man so nannte, weil sofort ein neuer Kämpfer nachrückte, wenn der Vordermann fiel. Dazu kamen weitere persische Bogenschützen zu Fuß sowie medische, baktrische und skythische Reiter. Für den Seekrieg, der für eine Landmacht wie Persien natürlich eine untergeordnete Rolle spielte, wurden küstennahe Verbündete und Untertanen wie Phönizier, Ägypter oder westasiatische Griechen mobilisiert. Im Jahr 480 v. Chr. waren die persischen Kriegsvorbereitungen endlich abgeschlossen, und Xerxes eröffnete den Feldzug. Ein Jahr zuvor waren nahe Korinth jene griechischen Gemeinden zusammengekommen, die sich gewillt zeigten, den Persern die Stirn zu bieten. Sie schlossen sich zu einem speziellen Kriegsbund, einer sogenannten Symmachie, unter der Führung Spartas zusammen, das auch den Oberbefehlshaber der Flotte stellen sollte. Neben Athen, Sparta und Korinth gehörten dem Bund noch einige Poleis aus Mittelgriechenland und den Kykladen sowie die Insel Aigina an. Bedeutende Städte und Gebiete wie Argos, Theben, Thessalien und die italischen Griechen der Magna Graecia beteiligten sich nicht an dem Bündnis, die Ionier als persische Untertanen ohnehin nicht.

Xerxes setzte mit seiner unbesiegbar scheinenden Militärmacht im Frühjahr 480 v. Chr. über die Meerenge der Dardanellen und zog durch Thessalien. Angeführt vom später so berühmten Leonidas versuchten im August Spartaner, Thespier und Thebaner, das Eindringen in Nordgriechenland aufzuhalten. Die Sache war allerdings taktisch sehr riskant, denn ihre Stellung ließ sich umgehen. Es blieb nur Rückzug oder Opfertod. Die Spartaner wählten Letzteren, und so konnte der Wanderer sie liegen sehen, wie das Gesetz es befahl. Nicht weit vom Schlachtort bei den Thermopylen operierte auch die Flotte der Bündner bei Kap Artemision an der Nordseite von Euböa. Nach dreitägigen wechselvollen Kämpfen musste sie sich zurückziehen. Xerxes konnte nun Athen und das umliegende Attika besetzen und ließ es nach Kräften verwüsten. Doch den

Großteil der nichtkämpfenden Bevölkerung hatte man rechtzeitig nach Salamis, Aigina und Troizen evakuieren können.

Die Evakuierung war nötig, hatte doch das Orakel in Delphi zuvor eine furchtbare Prophezeiung ausgesprochen. Die Pythia malte eine Schreckensvision: «Feuer und Ares' Wut, der auf syrischem Wagen einherfährt», Ströme von Blut, Athen in Schutt und Asche, nur die Flucht als einzige Rettung. Mit diesem Horrorszenario wollten die Rat suchenden Athener nicht heimkehren. Deshalb fragten sie noch ein zweites Mal. Nun sprach die Seherin von einer «Mauer aus Holz», die die Athener, obwohl alles Land von Feinden besetzt sei, unbezwingbar machen werde. Zudem verwies sie auf die Insel Salamis als Entscheidungsort für den Krieg. Das war eine dunkle Prophezeiung, die dem Rat von Athen abstrus erschien. Themistokles jedoch, dem politischen und militärischen Führer jener Zeit, passte die Deutung ins Konzept. Mit der hölzernen Mauer, so argumentierte er, könne eigentlich nur eine Flotte gemeint sein, nicht etwa die Tore oder Palisaden der Stadt selbst. Daraufhin legten die Athener weitere Trieren auf Kiel, rekrutierten alle wehrfähigen Männer als Ruderer und brachten die Frauen und Kinder in der Nähe von Salamis in Sicherheit.[14]

Nach den unentschieden verlaufenen Seegefechten bei Kap Artemision sammelte sich die Flotte des Hellenenbundes in der Bucht von Salamis. Themistokles hatte aus den vorausgegangenen Kämpfen wohl auch die Lehre gezogen, dass eine Schlacht auf offener See zu risikoreich sei und man deshalb engere Aktionsräume wählen müsse. Ohne die Erfahrungen von Artemision also kein Salamis. Am Tag vor dem Schlagabtausch bei Salamis kam es jedoch zu erheblichen Auseinandersetzungen zwischen Athenern und Spartanern, da die Spartaner lieber den Isthmus von Korinth und damit die Peloponnes verteidigen wollten. Auch andere Kommunen des Bundes neigten dazu, lieber zurückzukehren, um sich mit dem Landheer zu vereinigen und ihre Heimat zu schützen, zumal in derselben Nacht persische Truppen in Richtung Peloponnes aufbrachen. Am Isthmus von Korinth hatte bereits der Bau einer Schutzmauer begonnen, nachdem Leonidas bei den Thermopylen besiegt worden war. Aus diesem Grund kam es zu einer Versammlung, in der es lange hin und her ging. Einige schlugen vor, zur Peloponnes abzusegeln. Die Athener, Megarer und Aigineten wollten aber lieber hier auf See kämpfen, ja, die

Athener mussten alles auf die Verteidigungsposition bei Salamis setzen, weil sie sonst ihre dorthin evakuierte Bevölkerung dem Feind preisgegeben hätten.

Glaubt man Herodot, so hatte Themistokles erneut zu einer List gegriffen; man könnte freilich auch von Hochverrat sprechen: Da er von der Versammlung überstimmt wurde, habe er Sikinnos, seinen Diener und Lehrer seiner Kinder, in einem Boot zu Xerxes gesandt. Sikinnos habe dann Xerxes darüber informiert, dass Themistokles eigentlich auf der Seite des Großkönigs stehe, die Griechen uneinig seien und flüchten wollten. Was man von dem Bericht des Herodot zu halten hat, der erst mehrere Jahrzehnte nach dem Ereignis schrieb und der seine eigenen Deutungsabsichten verfolgte, zudem zu einer Zeit, als Athen und Sparta Todfeinde geworden waren, ist umstritten. Wie dem auch sei, das Unfassbare geschah. Xerxes habe, ob wegen dieser Botschaft oder auch nicht, die Griechen weiter eingeschlossen. Herodot berichtete zudem, dass die Griechen nichts vom Vorrücken der Perser bemerkt hätten und weiterhin Rat abhielten. Erst als Aristeides aus Aigina eintraf, Themistokles vom Rat herausrufen ließ und ihm über den strategischen Einschluss der Flotte berichtete, änderte sich die Stimmung. Aristeides schilderte die ausweglose Lage, da der Fluchtweg durch die persische Flotte abgeschnitten sei. Die letzten Zweifel waren jedoch erst beseitigt, als ein Schiff aus Tenos die Aussage des Aristeides bestätigte. Jetzt war klar, dass man mit dem Rücken zur Wand stand.

Menschenopfer für den «Rohverschlinger»

Laut Herodot verfügte der Hellenenbund über 380 Trieren, von denen die Hälfte aus Athen stammte. Um fast 200 Trieren mit Ruderern zu bemannen, brauchte man annähernd 40 000 Mann – so viel, wie Athen gerade einmal an Bürgern besaß. Die Verbündeten Korinth und Aigina stellten mit 40 beziehungsweise 30 Schiffen die nächstgrößeren Kontingente. Obwohl aus Sparta nur 16 Trieren kamen, wurde dem Spartaner Eurybiades wie schon bei Artemision das Oberkommando über die Flotte anvertraut. Das persische Aufgebot soll neben dem gewaltigen Heer aus einer riesigen Flotte bestanden haben. Doch Zweifel an den Angaben der antiken Autoren sind auch hier angebracht. Aischylos nennt die präzise Zahl von 1207 Trieren. Herodot übernahm diese Zahl und berichtet von über 3000 zusätzlichen Hilfsschiffen. Heutige Schätzungen gehen allerdings von etwa 500, vielleicht sogar noch weniger Schiffen in persischen Diensten aus. Am einfachsten lässt sich die fiktive Zahl von 1207 erklären, wenn man in ihr einen literarischen Bezug vermutet: Agamemnons Flotte gegen Troia bestand nach Aussage des Schiffskatalogs in der *Ilias* aus 1186 Schiffen. Xerxes' Flotte, die man schließlich besiegt hat, musste idealerweise noch größer sein als diejenige, die jedermann aus den Erzählungen des Homer kannte.

Detailliert führt Herodot neben der Anzahl der Schiffe auch Bewaffnung und Herkunft der beteiligten Kontingente an. Dabei zeigt sich, wie hoch der Anteil der griechischen Kämpfer auf persischer Seite gewesen sein muss. Schon seit Herodot kann man also wissen, dass bei Salamis nicht *die* Griechen gegen *die* Perser gekämpft haben, sondern fast die Hälfte der Besatzungen in der persischen Flotte griechischer Abstammung war. Zu deren Herkunftsorten gehörten wichtige Städte wie Milet, Ephesos, Halikarnassos oder Samos. Ganz abgesehen von jenen Kommunen Nord- und Mittelgriechenlands, die beim Anrücken des Riesenheeres zu Xerxes übergelaufen waren. Herodot berichtet des Weiteren von den Kommandanten der Abteilungen: «Flottenbefehlshaber waren folgende: Ariabignes, der Sohn des Dareios, Prexaspes, der Sohn des Aspathines, Megabazos, der Sohn des Megabates, und Achaimenes, der Sohn des Dareios. Die ionische und karische Abteilung befehligte Ariabignes, der Sohn des Dareios und der Tochter des Gobryas. Achaimenes, Bruder des Xerxes väterlicher- wie mütterlicherseits, führte die Ägypter; die beiden anderen befehligten die übrigen Flottenabteilungen. An Dreißigruderern, Fünfzigruderern, leichten Schiffen und kleinen Transportschiffen für die Pferde hatten sich 3000 zusammengefunden. [...] Die weiteren Geschwaderführer erwähne ich nicht, das ist nicht nötig, nur Artemisia muss ich erwähnen, eine Frau, die an dem Zuge gegen Griechenland teilnahm und die ich sehr bewundere.»[15]

Von dieser Frau, die wie Herodot selbst aus Halikarnassos stammte und die fünf Schiffe kommandierte, wird später noch einmal die Rede sein. Bevor es zum großen Schlagabtausch kam, griffen die verbündeten

Griechen – wenn man dem Chronisten Plutarch Glauben schenken darf – noch zu einem allerletzten Mittel, um die Götter für die eigene Sache zu gewinnen. Man opferte drei Neffen des Großkönigs gemäß einer Weisung des Sehers Euphrantides dem Gott Dionysos Omestes, also dem «Rohverschlinger». «Themistokles war beim Admiralsschiff mit dem Opfer beschäftigt. Da wurden drei Kriegsgefangene vor ihn geführt. Sie waren von großer Schönheit und mit Gold und prächtigen Kleidern geschmückt. Man sagte, sie seien Söhne der Sandake, der Schwester des Königs, und des Artayktes. Im Augenblick, als sie dem Seher Euphrantides vor Augen traten, schlug groß und leuchtend die Flamme aus dem Opferfeuer empor, und gleichzeitig ließ sich von der rechten Seite ein Niesen hören. Auf dieses Zeichen hin fasste der Seher Themistokles an der Hand und forderte ihn auf, die Jünglinge zum Opfer zu weihen und alle drei unter Gebeten dem Dionysos Omestes darzubringen: auf solche Weise werde Griechenland Rettung und Sieg erlangen. Themistokles erschrak über das furchtbare Seherwort, das Volk aber rief wie aus einem Munde die Gottheit an, führte die Gefangenen zum Altar und setzte die Opferung durch, wie der Wahrsager sie befohlen hatte. Denn es ist ja gewöhnlich so, dass die Menge in schweren Kämpfen und gefahrdrohender Lage das Heil lieber von seltsam-abenteuerlichen als von natürlichen und vernünftigen Maßnahmen erhofft.»[16]

Waren Tieropfer der kultische Normalfall, so stellen Menschenopfer – oft nur angedeutet im Ritual, ausgeführt in den Mythen und mehrfach behandelt in der Tragödie – eine Ausnahme dar. Dennoch waren sie wie Libationen oder blutige Tieropfer offenbar zentrale rituelle Handlungen der griechischen und römischen Gesellschaften seit der Bronzezeit. Sie wirkten besonders identifikations- und gemeinschaftsstiftend, weil das Opfer einer Kanalisierung von Aggressionen diente, wie der Altertumswissenschaftler Walter Burkert formulierte: «Gemeinsam ausgespielte Aggression schafft das ‹Band› der Einigkeit», die «kathartische Gewalt verhindert unreine Gewalt».[17] Das rituelle Töten des Artgenossen markiert in den antiken Überlieferungen oft den Beginn oder Abschluss wichtiger Handlungen von Gruppen. Doch am Menschenopfer scheiden sich Religion und Moral. Das Unbehagen daran ist in Plutarchs Erzählung deutlich zu spüren, wenn er das Menschenopfer als «seltsam-abenteuerlich» bezeichnet. Im Falle von Salamis muss der «Rohverschlinger» zufrieden gewesen sein, denn er schenkte den Griechen den Sieg. Und dass man zuvor auch noch Gebeine von mythischen Heroen aus Aigina und Salamis herbeigeschafft hatte, dürfte dem Bund weiteren Beistand verschafft haben.

Es ist oft versucht worden, auf Basis der schriftlichen Quellen präzise Aussagen über die konkreten Manöver während der Schlacht zu machen.[18] Doch der genaue Verlauf lässt sich schwer im Detail fassen, denn die Angaben der Autoren widersprechen sich teilweise erheblich. Übereinstimmend mit allen Autoren kann man nur sagen, dass bei Anbruch dieses schicksalhaften Spätseptembertages ein großer Teil der persischen Flotte, die schon am Abend zuvor die Sundausgänge blockiert hatte, in Kiellinie in den Sund bei Salamis eingelaufen sein muss. Man wollte den Hellenen den Fluchtweg abschneiden. Doch die waren gar nicht geflohen, wie die Perser dachten, sondern hatten sich aus den Attika gegenüberliegenden Buchten von Salamis heraus, wohin sie sich nach den Gefechten von Artemision begeben hatten, in Dwarslinie in eine Angriffsposition gebracht. Zudem hatten die Schiffe des Hellenenbundes eine eigene Überflügelung durch die königliche Flotte ausschließen können, weil der enge Sund die Schlachtreihen zusammendrückte – die Durchfahrten zwischen der vorspringenden Halbinsel Kynosoura oder zwischen der Insel Psyttaleia und dem attischen Festland betragen an vielen Stellen gerade einmal eine Seemeile.

Man kann sich den Schock wohl nicht plastisch genug vorstellen, den die Mannschaften der großköniglichen Flotte erlitten, als sie den von den Bergen widerhallenden Kriegsgesang hörten: Statt die fliehenden Hellenen von hinten aufzurollen und vor die Rammsporne einer ägyptischen Flottenabteilung zu treiben, die schon einen Tag zuvor um die gesamte Insel Salamis herum entsandt worden war, drohte ihnen nun selbst ein Flankenangriff, wenn sie nicht sofort um 90 Grad nach Backbord schwenkten. Durch den nun ausgeführten Flankenangriff der Bundesflotte auf die persischen Einheiten kam es zum Kampf Schiff gegen Schiff. Weil die Ruderer der persischen Flotte schon die ganze Nacht zuvor auf den Ruderduchten verbracht hatten, waren sie hungrig und müde; anders die Hellenen, die an Land übernachtet hatten und ausgeruht mit voller Kraft zu Rammstößen ansetzten. Außerdem konnte sich die persische Kriegsflotte auf Grund der Enge des Kanals nicht zur Kampfformation entfalten. Vollends zum Fehlschlag musste die Aktion für jenen Teil der persischen Flotte werden, der in den Sund eingelaufen war, als jene noch vor Schlachtbeginn nach Norden detachierten und nun zurückkehrenden korinthischen Trieren den geschwenkten Persern erneut in die Flanke fuhren. Der Kampf zog sich wohl über den ganzen Tag hin. Schließlich erkannten die Perser, dass die Schlacht nicht mehr zu gewinnen war. Ein Rückzug schien das Beste zu sein, doch der war nur durch jene Engen möglich, durch die man am Morgen eingelaufen war und die noch voller nachdrängender Schiffe der königlichen Flotte steckten. Man muss den phönizischen und kleinasiatisch-griechischen Seemännern Respekt dafür zollen, dass einem Teil tatsächlich der Rückzug gelang und nicht das gesamte Geschwader in der Falle bei Salamis vernichtet wurde.

Herodot, dem wir den ausführlichsten Bericht über Salamis verdanken, beschreibt die Schlacht so: «Als es Tag wurde, riefen sie die Schiffsmannschaften zusammen. [...] Sie gingen an Bord, und in dem Augenblick kam das Schiff aus Aigina zurück, das zu den Aiakiden gefahren war. Dann lichteten die Griechen auf allen Schiffen die Anker. Als sie in See stachen, stürzten sich die Feinde sogleich auf sie. Die übrigen Schiffe der Griechen wollten schon rückwärts rudern und an Land gehen. Der Athener Ameinias von Pallene war aber zu weit vorausgefahren und stieß mit einem feindlichen Schiff zusammen. Da die beiden Fahrzeuge fest

ineinander saßen und sich nicht mehr lösen konnten, eilten die übrigen dem Ameinias zu Hilfe, und die Schlacht begann. So nahm nach athenischer Darstellung die Schlacht ihren Anfang; die Aigineten aber berichten, das Schiff, das man nach den Aiakiden geschickt, habe den Anfang gemacht. Es wird aber auch erzählt, man habe die Erscheinung einer Frau gesehen, die mit lauter Stimme ermahnt habe, so dass das ganze Griechenheer es hören konnte; vorher habe sie sie gescholten: ‹Ihr Toren, wie weit wollt ihr denn rückwärts rudern!› […].

Die meisten feindlichen Schiffe wurden bei Salamis versenkt, teils von den Athenern, teils von den Aigineten. Weil die Griechen in guter Ordnung und in geschlossener Front kämpften, die Feinde aber ihre Ordnung nicht mehr fanden und alles verkehrt anfingen, musste es eben so kommen, wie es geschah. Dabei wuchsen die Barbaren an diesem Tag über sich hinaus und zeigten sich viel tapferer als bei Euboia. Jeder tat schon aus Furcht vor Xerxes sein Bestes; denn jeder glaubte, der König schaue gerade auf ihn.»[19]

Obwohl also die persische Flotte tapfer kämpfte, hatte sie in dem sich nun bildenden Mêlée gegenüber den wendigen Trieren des Hellenenbundes das Nachsehen. Herodot kommt dann auf die von ihm bewunderte, heldenhaft kämpfende Artemisia von Halikarnassos zu sprechen, die als Griechin zwar auf der «falschen» Seite focht und dennoch ein Beispiel dafür gab, dass selbst griechische Frauen tapferer kämpfen konnten als die in orientalischen Verhältnissen verweichlichten Gegner: «Als die Lage auf Seiten des Königs in arge Verwirrung zu geraten begann, wurde das Schiff der Artemisia gerade zu diesem Zeitpunkt von einem attischen verfolgt. Es konnte nicht entweichen, denn vor ihm lagen andere befreundete Schiffe, und ihr eigenes Schiff stand den feindlichen am allernächsten. Da entschloss sie sich zu einer Tat, die ihr auch glückte. Vom attischen Schiff verfolgt, fuhr sie mitten in ein barbarisches hinein [...] und brachte es zum Sinken. Durch diesen Glücksfall errang sie einen doppelten Vorteil. Denn als der Führer des attischen Schiffes sah, dass sie ein Barbarenschiff angriff, glaubte er, das Schiff Artemisias sei ein griechisches oder es gehe von den Feinden zu den Griechen über und helfe ihnen; darum wendete er ab und fuhr gegen andere Schiffe. So gelang es Artemisia, zu entfliehen und ihr Leben zu retten.» Xerxes, der das Ganze beobachtete, soll geäußert haben: «Die Männer sind bei mir zu Weibern geworden, die Weiber aber zu Männern!»[20]

Der Geschichtsschreiber Diodor von Sizilien (1. Jh. v. Chr., genaue Lebensdaten unbekannt) bereicherte die Schlachtdarstellungen noch um die Details, dass die ionischen Griechen einen Mann aus Samos zu den Bundesgenossen entsandt hätten, der ihnen die Schlachtpläne des Königs verraten habe. Über die Manöver berichtet er, dass durch die Meeresenge die Perser ihre Linie verkleinern mussten und ihre Schiffe auf die hinteren Linien verteilten. Insgesamt wusste Diodor von 200 gesunkenen königlichen und 40 Schiffen des griechischen Bundes zu berichten. Von Plutarch hören wir die auch bei Herodot überlieferte Geschichte, dass der Großkönig Xerxes auf einem Thron auf einem Felsplateau gesessen habe und so das ganze Schlachtgeschehen überblicken konnte. Kurz vor der Schlacht soll eine frische Brise in den Sund von Salamis geblasen haben. Da die griechischen Schiffe eher schmaler und nicht ganz so hochbordig gebaut gewesen seien wie die persischen, konnten sie ihre Linie besser halten, während ihre Gegner abtrieben und die Formation nicht bewahren konnten. Aischylos schließlich beschreibt in *Die Perser* das Gemetzel plastisch wie ein großes Fischen: «Wie des Thunfischs Scharen man mit Spießen jagt, / so schlugen sie mit Ruderstangen, schleuderten / Gebälk, zertrümmernd alles. Ächzen hört man / und kläglich' Wehgeschrei auf weitem Meer, / bis es verging im hüllend' Schoß der schwarzen Nacht ...»[21]

Je länger der Kampf dauerte, desto mehr lösten sich die Formationen in allgemeines «Getümmel» auf, das man im Seekampf als Mêlée bezeichnet und das bis zur Schlacht von Trafalgar immer wieder auch als Taktik angewendet werden sollte. Im Wasser trieben Planken, Riemen, gekenterte Schiffe und Leichen – viele Leichen sogar. Zahlreiche persische und griechische Schiffe wurden zerstört oder versenkt. Herodot erzählt noch, dass viele Perser, wie etwa der Feldherr Ariabignes, ums Leben kamen, einfach weil sie nicht schwimmen konnten. Von den Griechen allerdings starben nur wenige, da sie sich schwimmend nach Salamis hinüberretten konnten. Erst am Abend endete der Schlachtenlärm, als er sich, wie Hölderlin im *Hyperion* formulierte, «im wilden klugbeherrschten Getümmel vertobte».[22]

Mut und Muskeln hatten dem Hellenenbund an diesem Tag den Sieg geschenkt. Vielleicht hatte ja auch der durch Opfer besänftigte Dionysos eingegriffen. Doch was sollte nun geschehen, nachdem sich die persische Flotte nach Phaleron zurückgezogen hatte? Würde man am nächsten Tag weiterkämpfen? Zwar hatte die persische Flotte die größeren Verluste erlitten, doch war sie keineswegs vernichtet. Nach der Schlacht hätten sich die Griechen für eine zweite Angriffswelle gerüstet, schreibt denn auch Herodot. Doch zu der kam es nicht mehr. Obwohl die persischen Schiffe immer noch zahlenmäßig überlegen waren, befahl Xerxes den Rückzug von Heer und Flotte. Diese unerwartete Wendung schrieb Diodor der von Themistokles gezielt dem König zugespielten Absicht zu, die Schiffsbrücke über den Hellespont zu zerstören, womit den Persern der Rückweg abgeschnitten worden wäre. Erst der persische Rückzug machte den Tageserfolg der Bundesflotte zum vollständigen Sieg der Seeschlacht bei Salamis.

Die Seeschlacht bei Salamis, die gemessen an der Anzahl der Beteiligten eine der größten Seeschlachten in der Geschichte des Altertums war, hatte weitreichende Folgen: Zunächst und vor allem war das persische Expansionsstreben in Griechenland gescheitert. Großkönig Xerxes kehrte aus Furcht vor Unruhen nach Persien zurück. Zwar hielt sich noch ein Teil seines Militärs weiter in Griechenland auf, und es kam sogar zu einer zweiten Besetzung Athens, doch die Schlacht von Plataea ein Jahr später führte zur Vernichtung des persischen Landheeres. Etwa gleichzeitig wurde die persische Flotte, die sich auf der Halbinsel Mykale bei Milet in einem Schiffslager – man zog seinerzeit die Schiffe noch aufs Land – befand, ebenfalls durch die Griechen zerstört. So gesehen war Salamis eher eine Wende als eine Entscheidung: Die Schlacht nahm dem Angreifer die Initiative.

Seekrieg und Demokratie

Auf mittlere und lange Sicht hatte die Schlacht noch tiefer gehende Auswirkungen. Zunächst habe Themistokles die Athener zu «Seemännern» gemacht, meinte Herodot. Doch aus dem Getümmel von Salamis erhob sich nicht nur eine neue Seemacht, sondern der Kriegslärm läutete auch die Geburt eines goldenen Zeitalters für Athen ein. Denn die Schlacht nahm für diese Polis einen völlig anderen Stellenwert ein als für die anderen Mitglieder des Hellenenbundes. Der Altertumswissenschaftler Ernst Curtius vermerkt in seiner *Griechischen Geschichte* treffend über die Auswirkungen der Perserkriege: «Das griechische Volk, welches bis dahin in cantonaler Zurückgezogenheit gelebt hatte, ist plötzlich in die Welthändel hereingezogen worden.» Und der Kanton, so könnte man mit Christian Meier weiterführen, der am weitesten in die Weltpolitik aufbrach, war Athen.[23] Als man nach dem Sieg als eine Art maritimer Trutzgemeinschaft griechischer Gemeinden gegen Persien den Attisch-Delischen Seebund gründete, konnte sich Athen als dessen Oberhaupt etablieren – insofern legitimierte der Sieg die zunächst umstrittene offensive Flottenpolitik. Doch mit dem Schwinden der persischen Bedrohung begann der Bund schnell zum Instrument hegemonialer Interessen Athens über die Ägäis zu werden. Athen stieg zu einem *Seaborn Empire* auf, das die imperialen «Beherrschungskosten», wie Herfried Münkler sie nennt, elegant auf die Beherrschten abwälzte. Die Verlegung der Bundeskasse von Delos nach Athen im Jahr 454 v. Chr., die Abschaffung der Bundesversammlung als Beschlussorgan und Flottenschläge bis hin zur physischen Vernichtung ehemaliger Bundesgenossen bei Abfall von der Bündnistreue sind Belege für diesen Umformungsprozess vom Bündnis zu einer athenischen Thalassokratie.[24]

Athen wurde nach der Schlacht von Salamis zur Führungsmacht in der Ägäis, zum wichtigsten Umschlagplatz materieller und geistiger Güter in Griechenland und gab fortan militärisch, aber auch durch die Ausdehnung des Handels im östlichen Mittelmeer den Ton an. Die schönen Künste wie Dichtung oder Bildhauerei verbreiteten sich von Athen aus ebenso wie fortschrittliche Produktionsmethoden. Auf den Trümmern der Stadt entstand die Akropolis mit dem großen Athena-Tempel, dem Parthenon und weiteren prunkvollen Bauten, die geradezu zu Symbolen dieses Aufstiegs geworden sind.

Der militärischen Macht des Seeimperiums wurde die kulturelle Macht zur Seite gestellt. Thukydides meinte daher, dass Sparta nach dem Erscheinungsbild eher armselig wirke und Spätere voller Unglauben seine Macht bezweifeln werden. «Wenn es aber Athen ebenso ginge, so würde seine Macht nach den sichtbaren Erscheinungen der Stadt doppelt so hoch geschätzt werden, als sie ist.» Am Schlachtort Salamis errichteten die Athener ein Siegesdenkmal, das Pausanias, der in der zweiten Hälfte des 2. Jahrhunderts n. Chr., also gut ein halbes Jahrtausend später, seine *Reisen in Griechenland* – eine Art «Baedeker des Altertums» – schrieb, noch gesehen hat. Von dem zehnten Teil der Plataea-Beute finanzierte man, wie Herodot berichtet, eine Zeusstatue für Olympia, eine Poseidonfigur und ein bronzenes Weihegeschenk für das Orakelheiligtum in Delphi. Ursprünglich stellte das Delphigeschenk drei ineinandergewundene Schlangen in Säulenform dar, deren Häupter ein goldener Dreifuß krönte. Pausanias berichtet auch davon, und dass zu seiner Zeit zwar die Säule noch vorhanden, der goldene Dreifuß aber schon verschwunden war. Kaiser Konstantin der Große ließ im 4. Jahrhundert die Schlangensäule in Delphi demontieren und das Prunkstück in seiner neuen Hauptstadt Konstantinopel aufstellen. Erst im 18. Jahrhundert sind davon die drei Schlangenköpfe abgebrochen, von denen man heute einen im Archäologischen Museum in Istanbul sehen kann.[25]

Die Schlacht blieb in der Folgezeit für das Selbstverständnis und die Selbstdarstellung der athenischen Polis fundamental, ja, es kam zu einer völligen Vereinnahmung der Geschichte der Perserkriege durch Athen. Das Thema dieses Konflikts ist in zwei Genres behandelt worden, die beide zudem den Beginn von literarischen Traditionen bezeichnen: die Geschichtsdarstellung und die Tragödie. Auch sie hängen unmittelbar mit den Ereignissen von Salamis zusammen. Herodot, der Erzähler und Vater der Geschichtsschreibung, war noch im Kleinkindalter, als die Schlacht geschlagen wurde. Er, der selbst aus dem kleinasiatischen Teil Griechenlands stammte, ist der Schöpfer jener großen Erzählung über diesen Krieg; natürlich mit einer eigenen Wirkungsabsicht und eigenem Kunstwillen, die eine Auswertung seiner Texte als Ereignisprotokolle verbieten. Er ist der Erfinder der Legenden vom großen, politisch so geschickten Themistokles und vaterlandsliebenden Aristeides. Aischylos hingegen, einer der Väter der Griechischen Tragödie, kämpfte bereits bei Marathon und dann als fünfundvierzigjähriger Hoplit auch bei Salamis – wir hörten es.

Acht Jahre später verwob er seine Erfahrungen in der Tragödie *Die Perser*, ein Stück, das die Geschichte der Schlacht erzählt und vor allem jene Reaktionen thematisiert, die das Ergebnis am persischen Hof auslöste. Was beide einem athenischen Publikum vorführten, ist die Geschichte des Großkönigs, des unfähigen Sohnes eines übermächtigen Vaters, der als orientalischer Despot die Kraft und den Selbstbehauptungswillen der Athener unterschätzt und folgerichtig Heer und Flotte in die Katastrophe führt. Der Dichter Durs Grünbein meinte einmal zu den Versionen der Erzählung: «Die eine, als theatralische Fabel, etablierte die Sicht eines Dichters, mit dem die Tragödie als Kunstform beginnt. Die andere wird zum Paradebeispiel historischer Dokumentation, mit dem die Geschichtsschreibung anfängt. Beide zusammen geben sie eine erste Vorstellung von den Arbeitsweisen des westlichen Kulturgedächtnisses,

Weihegeschenk für den Sieg: Eines der wohl ältesten Objekte im heutigen Istanbul ist die sogenannte Schlangensäule. Ursprünglich wurde sie kurz nach dem Sieg über die Perser bei Salamis 480 v. Chr. als Weihegeschenk in Delphi aufgestellt und war insgesamt zehn Meter hoch. Herodot berichtet, dass sie vom zehnten Teil der Beute von Plataea gestiftet und von einem goldenen Dreifuß bekrönt worden sei. Pausanias sah zwar Mitte des 2. Jahrhunderts n. Chr. in Delphi noch die Säule aus drei ineinander verwundenen Schlangen, aber der goldene Dreifuß war schon verschwunden. Kaiser Konstantin der Große ließ sie im 4. Jahrhundert in seiner neuen Hauptstadt Konstantinopel aufstellen. Erst im 18. Jahrhundert brachen die drei Schlangenköpfe ab.

das uns bis heute bestimmt.»[26] Dass es gerade die Ereignisse von Salamis sind, die kulturgeschichtlich diese Doppelgeburt auslösen, macht diese Schlacht nicht nur aus militärhistorischer Sicht zur «Mutter aller Seeschlachten».

Das Besondere an Salamis ist, wie die Bürger Athens mit dem Ereignis zur eigenen Identitätsstiftung umgingen und wie die Schlacht zu einem Erinnerungsort der Gemeinschaft wurde. Die Einsenkung dieser aktuellen Ereignisse wies den Perserkriegen einen Platz zunächst im kommunikativen Gedächtnis zu und verwandelte sie später zu einem Eintrag des kulturellen Gedächtnisses. Ohne Salamis hätte Aischylos also nicht die gerade erlebte Tagespolitik thematisieren können, sondern sich, wie gewohnt, mythischer Stoffe bedient, denn auch die hielt man für tatsächlich geschehene Geschichte. Und nur deshalb konnte Alexander der Große anderthalb Jahrhunderte später vor einer griechischen Öffentlichkeit seinen Feldzug nach Osten als späte Rache für die bei den Persereinfällen zerstörten Tempel Athens deklarieren.

Auch die Herausbildung eines demokratischen politischen Systems hat auf den Planken in der Bucht von Salamis ihren Ursprung, denn es kam nun für geraume Zeit zu einer regelrechten Dialektik von Flotte und gesellschaftlichen Entwicklungen. Man kann diesen Prozess geradezu als einen Modernisierungsschub bezeichnen: Zugespitzt gesagt, war die attische Demokratie eine Folge der neuen Flotte. Eine unerwartete Wirkung hatte die Schlacht nämlich auf die Theten, die unterste Schicht der Bürger. Nicht adlige Reiter oder die Hoplitenphalanx der besitzenden Bürger hatten den Sieg über die Perser herbeigeführt, sondern sie, die «kleinen Leute». Nicht als «geborene» Landbesitzer, sondern kraft ihrer «erruderten» Leistungen für die Stadt gewannen sie nun politische Bedeutung und wurden voll der Polis zugehörig. Und mit der neu erworbenen Bürgeridentität übernahmen sie auch deren Krieger-Ideal. Plutarch notierte in seiner Themistokles-Biographie über die Auswirkungen der Schlacht: «Themistokles hat aber nicht, wie Aristophanes in einer seiner Komödien sagt, den Piraeus in die Stadt eingeknetet, er hat vielmehr die Stadt an den Hafen, das Land ans Meer geknüpft. Er stärkte dadurch auch den Einfluss des Volkes gegenüber der Aristokratie und pflanzte ihm ein stolzes Selbstgefühl ein, da nun Matrosen, Rudermeister und Steuerleute die Macht in die Hände bekamen. Aus diesem Grund haben in späterer Zeit die dreißig Tyrannen die Rednerbühne auf der Pnyx, welche so angebracht war, dass die Redner aufs Meer hinaussahen, dem Lande zugedreht. Denn sie waren überzeugt, dass die Demokratie aus der Herrschaft zur See hervorgegangen sei und dass sich ein Volk von Ackerbauern viel leichter mit einem oligarchischen Regiment abfinden werde.» Auch Aristoteles wusste, dass die Stärkung der Seemacht mit dem Anwachsen des Selbstvertrauens der Massen einherging und jene deshalb Dinge des Staates in ihre eigenen Hände nahmen.[27]

Da ein sozialer Aufstieg allein durch Arbeit und eine Verschiebung der Verhältnisse zwischen den Schichten nicht möglich war, sind der Perserkrieg und die späteren Kriege des Attischen Seebundes das Ferment gewesen, das die politischen Mitsprachemöglichkeiten auf breite Schichten erweiterte und zu einer neuen politischen Kultur aufgehen ließ. Die höchst aggressive Außenpolitik Athens und der Wunsch nach immer weiterer maritimer Machterweiterung in den auf Salamis folgenden Jahrzehnten standen in direktem Zusammenhang mit der inneren Entwicklung. Christian Meier hat dieses dialektische Wechselspiel zwischen Krieg und Demokratie in Anlehnung an das Heraklitwort, dass der Krieg der Vater aller Dinge sei, so beschrieben: «... der Perserkrieg und die anschließenden Kriege waren die conditio sine qua non der Demokratie. Der Krieg war insofern deren Vater.» Und «ohne Krieg und Seebund keine Demokratie ... Krieg und Demokratie waren die Voraussetzungen der attischen Dynamik (übrigens bis hin zur Kunst), und die wiederum stärkte die Demokratie und führte oft genug zum Krieg.»[28]

Vielleicht war die Meerenge von Salamis jenes «Nadelöhr», wie Meier einmal an anderer Stelle meinte, «durch das die Weltgeschichte hindurch musste», um das östliche Mittelmeer nicht ausschließlich den großen monarchischen Reichen zu überlassen, sondern auch jenen Griechen Entfaltungsmöglichkeiten bieten wollte, die nun in vielen kleinen selbständigen Gemeinden ohne monarchische Ordnung und ohne zentrale Macht lebten. Das immer stärker werdende Mitspracherecht der Bürger etablierte sich als ein folgenreiches Prinzip. Für den Fortgang der Weltgeschichte bedeutete Salamis also viel mehr als nur eine Seeschlacht. Dem englischen Philosophen und Ökonomen John Stuart Mill (1806–1873) zufolge sei Salamis auch für die englische Geschichte wichtiger gewesen als die Schlacht bei Hastings. Und vermutlich trifft das sogar auf ganz Europa zu.[29]

2. Mylae 260 v. Chr.

EIN «RABE» SCHREIBT WELTGESCHICHTE

Rom und Karthago im Kampf um das Mittelmeer

Im Ersten Punischen Krieg (264–241 v. Chr.) lieferte sich Rom mit dem damaligen Meereshegemon Karthago im westlichen Mittelmeer eine Reihe von Seeschlachten. Unter ihnen spielten die Kämpfe vor Mylae 260 v. Chr., am Kap Ecnomus 256 v. Chr., am Kap Bon 255 v. Chr. und bei den Ägatischen Inseln 241 v. Chr. eine besondere Rolle. Der große Konflikt zwischen den «Supermächten» des Mittelmeerraums ging zugunsten Roms aus, und Karthago verschwand für immer aus der Reihe der Seemächte. Da es ja auch anders hätte kommen können, stellt sich die Frage: Wäre eigentlich die griechisch-römische Tradition, in der Europa bis heute steht, bei einem Sieg Karthagos durch eine griechisch-karthagische zu ersetzen?

Die herausgeforderte Seemacht

Vielleicht war es mitleidige Heiterkeit, die über die siegessicheren karthagischen Kapitäne kam, als sie der merkwürdigen Flotte ansichtig wurden, vielleicht auch nur ungläubiges Staunen. Immerhin befehligten sie 130 kampferprobte Quinqueremen, jede mit erfahrenen Ruderern bemannt, die komplizierte Formationen und Manöver beherrschten. Doch was sich ihnen näherte, schien das genaue Gegenteil ihrer eigenen Flotte zu sein: Regelmäßiger Rudertakt war wohl der Römer Sache nicht, ihre Schiffe waren mit Menschen überladen, und im Vorschiff baumelte eine eigentümliche, bislang noch nie gesehene Holzkonstruktion an einem kurzen Mast. *Corvus* – «Rabe» sagten die Römer später dazu, *korax* die Griechen. Und so schlingerte denn mehr, als dass sie präzise fuhr eine etwa ebenso große Anzahl von römischen Schiffen auf die Karthager zu, um allem Anschein nach eine Seeschlacht schlagen zu wollen. Am karthagischen Sieg war eigentlich nicht zu zweifeln, und für den karthagischen Oberbefehlshaber schien klar, die Feinde würden ein leichtes Opfer werden. War es überhaupt nötig, für eine solche Tölpelflottille eine regelrechte Schlachtordnung einzunehmen? Doch groß soll die Überraschung gewesen sein, die bald darauf blankem Entsetzen wich, als man der merkwürdigen Flotte näher kam. Kurz bevor die Karthager die so oft erfolgreich praktizierten Rammstöße ansetzen konnten, polterten plötzlich die langen hölzernen Gebilde von den römischen Masten herab und rammten sich mit einem eisernen Haken so heftig in das karthagische Decksholz ein, als ob eine Riesenklaue beide Schiffe zusammenhalten wollte. Über diese Konstruktion stürmten dann in Zweierreihen schwer bewaffnete Soldaten auf die festgeklammerten Schiffe und kämpften auf den Planken, als ob es um eine Landschlacht ginge. Enterbrücken zum Herunterklappen! Das war es also, was man an den kurzen Masten gesehen hatte.

Mit dieser Beschreibung eröffnet der griechische Chronist Polybios (um 200–um 120 v. Chr.) seine Darstellung der ersten richtigen Seeschlacht des Ersten Punischen Krieges, die zudem auch die erste Schlacht gewesen sein soll, die eine römische Kriegsflotte schlug und auch noch gewann. Hören wir wörtlich aus seinem Bericht über das Gefecht: «Kaum sahen die Karthager sie am Horizont auftauchen, als sie voller Freude und Kampfeslust mit hundertdreißig Schiffen ausliefen und alle geradewegs gegen den Feind fuhren, in solcher Geringschätzung der Römer wegen ihrer Unerfahrenheit, dass sie nicht einmal eine Schlachtordnung für erforderlich hielten, als fielen sie über eine Beute her, die ihnen nicht entgehen konnte. Es führte sie Hannibal, [...] auf einem Siebenruderer, der einst König Pyrrhos gehört hatte.» Dieser Hannibal Gisko hat übrigens nichts mit dem später so berühmten Feldherrn des Zweiten Punischen Kriegs zu tun. Namen mit «Bal» – Gott – waren in Karthago sehr häufig, und in manchen Quellen nennt man den Flottenführer deshalb auch Hannibal den Älteren. Polybios weiter: «Als die Karthager beim Näherkommen auf allen Vorderschiffen die in die Höhe gezogenen Raben erblickten, stutzten sie zwar ein Weilchen, durch den Anblick der Maschine befremdet, da

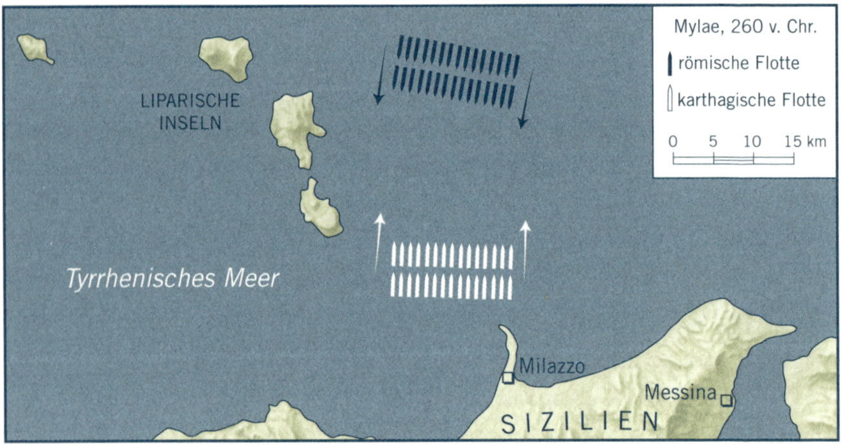

sie jedoch den Gegner vollständig verachteten, griffen die zuerst Fahrenden unerschrocken an. Da aber die sich in den Kampf verwickelnden Fahrzeuge jedes Mal von den Maschinen festgehalten wurden und die Leute sogleich auf den Raben hinübergingen und auf den Verdecken in den Nahkampf eintraten, wurden die Karthager teils getötet, teils ergaben sie sich ihrem Schrecken über diese Art des Kampfes, denn dieser war vollständig einer Schlacht zu Lande gleich geworden.» Und weil die Römer im Landkampf eben erfahrener und disziplinierter waren, sei es ihnen gelungen, Schiff um Schiff zu erobern.

Polybios berichtet weiter über die Karthager: «So verloren sie dreißig Schiffe, die, welche zuerst angegriffen hatten, mitsamt der Bemannung, unter ihnen auch das Schiff des Befehlshabers; Hannibal selbst entkam unverhofft und unter großer Gefahr auf einem Boot. Die übrige Flotte der Karthager fuhr zwar heran, um die feindlichen Schiffe zu rammen; da sie aber beim Näherkommen das Schicksal der vorangefahrenen Schiffe sahen, wichen sie aus und vermieden das Entern der Maschinen. Noch hofften sie im Vertrauen auf ihre größere Schnelligkeit, die einen von der Seite, die anderen am Heck, indem sie um den Feind herumfuhren, ohne Gefahr zum Angriff kommen zu können. Da ihnen aber die Maschinen immer und überall entgegentraten und drohend allen ihren Bewegungen folgten, so dass sie beim Näherkommen unvermeidlich festgehalten worden wären, wichen die Karthager zuletzt und flohen, erschreckt über die Neuartigkeit des Vorgangs, nachdem sie fünfzig Schiffe verloren hatten.»[1]

Diese Seeschlacht fand im Jahr 260 v. Chr. an der Nordküste Siziliens vor der Stadt Mylae, griechisch Mylai, dem heutigen Milazzo, statt. Karthago, die einstige phönizische Kolonie an der nordafrikanischen Küste, hatte sich bis zu diesem Zeitpunkt zum unbestrittenen Meereshegemon im westlichen Mittelmeer entwickeln können, dessen Herrschaftsgebiet von Tanger im heutigen Marokko bis Tripolis an der libyschen Küste, ferner über große Teile Siziliens und Sardiniens bis zu Handelsstützpunkten an der Küste der Iberischen Halbinsel reichte. Die Herrschaft über das östliche Mittelmeer hingegen gehörte zu der Zeit, als der große Krieg ausbrach, noch den Erben Alexanders des Großen. Rom, bislang hauptsächlich zu Lande aktiv, stieß, von Expansionsdrang und Machthunger getrieben, bei seinem Ausgreifen auf Süditalien nun mit den Interessen des punischen Seeimperiums zusammen.[2]

Der Geschichtsschreiber Diodor von Sizilien (1. Jh. v. Chr.) gab in einer sicher im Wortlaut erfundenen Anekdote, die am Rande von karthagisch-römischen Verhandlungen über ihre Interessengebiete formuliert worden sein soll, einen Eindruck vom Verhältnis der beiden Gegner: «So sagten die Punier, sie wunderten sich, wie die Römer es wagen könnten, angesichts der Beherrschung der Meere durch die Karthager nach Sizilien überzusetzen. Es sei doch allgemein klar, dass sie, wenn sie nicht Freundschaft hielten, es nicht einmal wagen dürften, sich die Hände im Meerwasser zu waschen.»[3] Die Schlacht von Mylae, die Rom unter der Führung des Konsuls Gaius Duilius schlug, markiert den Beginn einer ganzen Reihe von Seegefechten, bei denen es zunächst um die Vorherrschaft im westlichen Mittelmeer, doch letztlich um die Hegemonie im gesamten Mittelmeerraum ging.

Die Römer und das Meer

Der Erste Punische Krieg der Jahre 264 bis 241 v. Chr. bedeutet einen tiefen Einschnitt in der antiken Geschichte, weil er den Anfang vom Untergang Karthagos einläutete. Zwei weitere große Kriege zwischen Karthago und dem Römischen Reich sollten noch folgen und schließlich zur völligen Auslöschung Karthagos führen. Doch da Rom nicht unbedingt auf Sizilien ausgreifen musste, wie es spätere nationalistische Vorstellungen von einem vorzeitigen italienischen Staat propagierten, hätte es militärisch auch ganz anders ausgehen können. Selbst der berühmte Althistoriker Theodor Mommsen hielt Karthago verglichen mit Rom für «die überlegene Civilisation». Daraus ergibt sich die hochspekulative Frage: Wäre eigentlich die griechisch-römische Tradition, in der Europa Jahrhunderte stand und noch heute steht, bei einem Sieg Karthagos durch eine griechisch-karthagische zu ersetzen? Welchen Verlauf hätte die Weltgeschichte genommen ohne ein Imperium Romanum? Dieses Gedankenspiel ähnelt jenen Fallstudien, die Alexander Demandt in seiner «Ungeschehenen Geschichte» mehrfach durchgespielt hat.[4] Ohne das Römische Imperium in seiner späteren Ausdehnung würde die Hälfte Europas heute andere Sprachen sprechen, ein «Lateinamerika» gäbe es nicht. Unsere gesamten

Odysseus auf einem römischen Kriegsschiff: Bei den Versuchen, antike Kriegsschiffe zu rekonstruieren, ist man neben den Beschreibungen in Textquellen auf Darstellungen in Mosaiken, Reliefs oder Vasenmalereien angewiesen. Besonders ergiebig sind natürlich illustrierte Texte, die von Seefahrten handeln, wie etwa jene über die Argonauten oder die Odyssee. Dass bei den Darstellungen die jeweilige Schiffstechnik der Entstehungszeit von Mosaiken oder Malereien zur Geltung kommt und nicht der Zeit, die sie darstellen will, führt dazu, dass, wie in diesem Mosaik aus Dougga aus dem 3. Jahrhundert n. Chr., Odysseus am Mast eines leichten, einreihigen römischen Kriegsschiffes des 3. nachchristlichen Jahrhunderts den sagenhaften Sirenen lauscht.

Rechtsvorstellungen wären ohne das Römische Recht völlig andere. Und hätte sich das Christentum in voneinander separierten karthagischen und griechischen Herrschaftsbereichen je so ausdehnen können, wie es im großen Imperium Romanum möglich war? Ohne die von Rom siegreich durchgefochtenen Punischen Kriege kein Caesar, kein Augustus und eben kein Befehl, dass alle Welt geschätzet werde.

Doch andererseits ist es kein Zufall, dass Rom in dem dreifachen Ringen am Ende siegte. Wer über so große Reserven verfügte wie die Römer, die sogar nach der Vernichtungsschlacht von Cannae 216 v. Chr. im Zweiten Punischen Krieg noch Kräfte mobilisieren konnten, war selbst für Karthago mit seinen beachtlichen Mitteln auf Dauer unbezwingbar. Eine verlorene Seeschlacht bei Mylae hätten die Römer also vielleicht verkraften können. Doch was die nach Mommsen «überlegene Civilisation der Phöniker» gebrochen habe, war, wie er ausführt, neben den großen Hilfsquellen auch der «römische Bürgermut».

Dass Rom, das sich bis zu diesem Zeitpunkt eher auf die territoriale Ausdehnung in Mittelitalien beschränkt hatte, nun auf Gebiete jenseits des Meeres ausgriff, bezeichnete allerdings den Beginn einer neuen Epoche überseeischen Engagements seiner Bürger. Es war der Anfang vom *mare mediterraneum*, dem mittelländischen Meer, das später innerhalb des Imperium Romanum tatsächlich ein Binnenmeer, ein *mare nostrum*, werden sollte. Vielleicht war es auch der Anfang vom Ende der Römischen Republik, denn die ausgreifende maritime Politik kollidierte in vielen sozialen und politischen Bereichen mit der bisherigen altrömischen Ordnung und setzte Wandlungsprozesse in Gang, die sich immer mehr beschleunigten.

Herfried Münkler weist in seinem Buch über Imperien dezidiert darauf hin, dass man «nicht die territoriale, sondern die maritime Expansion als die eigentliche Bedrohung der [Römischen] Republik betrachten» müsse. «Dann markiert der Entschluss des Senats, in der Auseinandersetzung mit Karthago von der bisher betriebenen kleinräumigen Herrschaftsausweitung abzugehen, den Anfang vom Ende der Römischen Republik. Erst infolge der neuen, weit ausgreifenden maritimen Politik nämlich kamen Persönlichkeiten zu Macht und Einfluss, für die sich der Rahmen der republikanischen Verfassung als zu eng erwies. Zudem verlängerte sich durch den überseeischen Einsatz der Legionen die Dienstzeit der Soldaten so sehr, dass sie ihre kleinen Bauernhöfe nicht mehr bewirtschaften konnten, woraus die revolutionäre Sprengkraft des Veteranenproblems erwuchs. [...] Die Eroberung neuer Räume [mittels der Flotte] hat demnach neue Eliten hervorgebracht, deren Ehrgeiz nur durch die Eroberung weiterer Räume zu befriedigen war.»[5] Mylae bezeichnet also nicht nur den Auftakt eines sich über ein Jahrhundert hinziehenden Titanenkampfes, an dessen Ende ein Großreich vernichtet und eine Mittelmacht zum Imperium aufgestiegen sein wird, sondern dieses neue Reich wird zudem auch innerlich völlig verwandelt sein.

Wie die Römer allerdings überhaupt erst den Schritt zur Seefahrt gemacht haben sollen, lesen wir ebenfalls bei Polybios: «Da sie nämlich sahen, dass sich der Krieg in die Länge zog, gingen sie daran – es war das erste Mal –, Schiffe zu bauen, hundert Fünfruderer und zwanzig Dreiruderer. Da aber die Schiffsbaumeister im Bau von Fünfruderern völlig unerfahren waren, weil bis dahin noch niemand in Italien solche Fahrzeuge benutzt hatte, so hatten sie damit große Schwierigkeiten. Hieran kann man wohl am besten den hohen Sinn und den Wagemut erkennen, der den Römern eigen ist. Denn obwohl hinlängliche Voraussetzungen, ja überhaupt alle Voraussetzungen fehlten und sie ihre Gedanken bisher noch niemals aufs Meer gerichtet hatten, sondern ihnen dies damals zum ersten Mal in den Sinn kam, nahmen sie die Sache mit solcher Kühnheit in Angriff, dass sie, noch ehe sie sich darin versucht hatten, sogleich mit den Karthagern zur See zu kämpfen wagten, die von ihren Vorfahren her die unbestrittene Seeherrschaft besaßen. Zum Beweis für die Wahrheit des Gesagten und für das Außerordentliche ihres Wagemuts mag folgendes dienen: Als sie zum ersten Mal ihre Truppen nach Messene hinüber führen wollten, besaßen sie nicht nur keine Schiffe mit Verdeck, sondern überhaupt kein Kriegsschiff, ja auch nicht einmal ein einziges Boot, sondern sie mussten sich von den Tarentinern und Lokrern, den Eleaten und Neapolitanern Fünfzigruderer und Dreiruderer borgen, auf denen sie dann ihre Leute tollkühn übersetzten. Damals nun, während die Karthager in der Meeresenge gegen sie ausliefen, wagte sich ein mit Verdeck versehenes Schiff im Eifer des Angriffs zu weit vor, so dass es auf den Strand lief und den Römern in die Hände fiel. Dieses Schiff nahmen sie jetzt zum Modell und bauten danach ihre ganze Flotte. Ohne diesen Glücksfall hätten sie also wegen ihrer Unerfahrenheit an die Ausführung ihres Planes überhaupt nicht denken können.»[6]

Die geborgten Fünfzigruderer, die Polybios hier nennt, gehören zu einem Schiffstyp, bei dem die Gesamtzahl der an den Riemen dienenden Ruderer oder Rojer den Namen abgab. Auf ihnen saßen also fünfundzwanzig Ruderer pro Seite auf einer Ebene. Es war das klassische Schiff der Piraten und Kaperer. Die genannten Dreiruderer meinen hingegen ein Schiff, dessen Ruderer auf drei um einen halben bis einen Meter versetzten Ebenen angeordnet sind und die wir schon als Triere von Salamis kennen. Die antike Terminologie der Schiffe zu durchschauen, ist nicht ganz einfach. Was die Griechen «Triērēs», also «Dreier», nannten, hieß bei den Römern «Triremis», weil sich diese Typbezeichnung vom Begriff des

«Riemens», lateinisch *remus*, ableitet. Eine Trireme heißt auf Deutsch präziser also eigentlich «Dreiriemer», eine Qinquereme dementsprechend «Fünfriemer», eine Octareme «Achtriemer».

Unklar bleibt dabei jedoch, ob es sich tatsächlich um die Anzahl der für eine Rudereinheit eingesetzten Riemen gehandelt hat oder um die Anzahl der diese Riemen führenden Ruderer. Die Angaben, die man aus den antiken Texten und bildlichen Darstellungen von geruderten Kriegsschiffen gewinnen kann, lassen keine präzisen Aussagen darüber zu, auf wie vielen Ebenen wie viele Ruderer verteilt waren. Da bis zum heutigen Tag keine genauen Abbildungen und keine archäologischen Funde von Schiffen mit mehr als drei Ebenen existieren, ist stark zu bezweifeln, dass es überhaupt jemals Riemenschiffe mit mehr als drei Ebenen gab. Es ist schon deshalb unwahrscheinlich, weil ein Schiff mit etwa vier, fünf oder sogar noch mehr Ebenen praktisch unfahrbar wäre, da die Synchronisation des Riemenschlags unmöglich wird. Deshalb ist es eher wahrscheinlich, dass die meisten «Fünfriemer», oder sagen wir einfach «Fünfer», wie schon die Triere, drei oder auch nur zwei Ebenen besaßen, wobei dann offenbar zwei oder drei Riemen doppelt besetzt waren. Allerdings sind auch Quinqueremen mit nur einer Ruderebene denkbar.

Die Quinquereme, die in den Quellen auch als Pentere erscheint, bezeichnet also im Grunde nur einen Typ, bei dem jede Antriebssektion aus

zwei oder drei Riemen bestand und von fünf Ruderern bedient wurde. Die Quinqueremen wurden wahrscheinlich zuerst im 4. Jahrhundert v. Chr. von den Karthagern oder von Dionysios I. von Syrakus entwickelt und waren, von einzelnen Flaggschiffen abgesehen, die größten Kriegsschiffe der Karthager, die sie in den Punischen Kriegen benutzten. In den hellenistischen Monarchien entstanden später noch größere Schiffstypen mit sechs, zehn oder noch mehr Ruderern pro Einheit. Und wie schon bei den «Fünfern» haben sich auch auf den Octo- oder sogar Deceremen jeweils acht oder zehn Mann auf drei Riemen verteilt, bezeichnen also die Ziffern der «Sechser», «Siebener», «Achter» oder «Zehner» eben nicht die Anzahl der Riemen, sondern die zu ihrer Bedienung eingesetzten Ruderer.[7]

Aber der Bau von Schiffen, also die Konstruktionstechnologie, ist das eine und die Bedienung, also das Vorantreiben, Steuern und Manövrieren in der Schlacht etwas ganz anderes. Auch davon berichtet Polybios: «Die mit dem Schiffsbau Beauftragten waren also mit der Herstellung der Fahrzeuge beschäftigt, andere brachten die Rudermannschaften zusammen und lehrten sie zu Lande auf folgende Weise das Rudern: Sie setzten die Leute am Lande auf Ruderbänke, in derselben Anordnung, wie es auf den Sitzen auf den Schiffen selbst der Fall ist, stellten den Rudermeister in die Mitte und gewöhnten sie, sich alle zugleich zurückzulegen und die Hände an sich zu ziehen, dann wieder sich vorzubeugen und die Arme

Fünf auf zwei oder drei Ebenen: Da die Angaben der antiken Autoren, die bildlichen Darstellungen und die archäologischen Funde von geruderten Kriegsschiffen sehr dürftig ausfallen, kann man oft nicht genau sagen, auf wie vielen Ebenen wie viele Ruderer verteilt waren. Weil jedoch ein Fahrzeug mit vier, fünf oder sogar mehr Ebenen übereinander wegen der unmöglichen Synchronisation der Riemen praktisch unfahrbar gewesen sein muss, ist es sehr wahrscheinlich, dass es nie mehr Ruderebenen gab als drei. Auch die «Fünfriemer» oder «Fünfer» besaßen entweder drei Ebenen wie die Triere, wobei dann zwei Riemen doppelt besetzt waren, oder nur zwei Ebenen, wobei dann an einem Riemen sogar drei Ruderer arbeiteten.

auszustrecken und mit den Bewegungen nach dem Takt des Rudermeisters zu beginnen und aufzuhören.»[8]

Eine herrliche Geschichte! Aber kann das alles in den hier beschriebenen Details tatsächlich so gewesen sein? Eine Landmacht fährt zum ersten Mal zur See, schlägt eine Schlacht und siegt sogleich? Hatten die Römer denn wirklich überhaupt keine nautischen Erfahrungen? Schon in seiner Mitte des 19. Jahrhunderts erschienenen *Römischen Geschichte* notierte der Althistoriker Theodor Mommsen: Die «aus den Rhetorschulen stammende Darstellung, die glauben machen möchte, als hätten damals zuerst die Römer die Ruder ins Wasser getaucht, ist eine kindische Phrase». Es handele sich dabei doch eher um Nachrichten aus «griechischen Wachstubengesprächen».[9]

Der Historiker und Kriegstheoretiker Hans Delbrück präzisierte die ersten Zweifel Mommsens: «Es wird nützlich sein zu bemerken, dass die berühmte Erzählung, die Römer hätten schlechterdings nichts vom Seewesen verstanden, ihre Schiffe nach dem Muster einer gestrandeten karthagischen Pentere gebaut, ihre Ruderer auf Gerüsten auf dem Lande eingeübt, von Polybius stammt, der hier handgreiflich einer ungeheuerlichen rhetorischen Übertreibung zum Opfer gefallen ist.» In seinen Vorlesungen über die Weltgeschichte setzte Delbrück weitere zweifelnde Fragen hinzu, indem er in den Vorstellungen einen gewaltigen kollektiven Hometrainer imaginierte: «Sollten die Römer etwa massenhaft Eisenfedern konstruiert haben, um den Widerstand des Wassers zu ersetzen? Oder fuhren die Ruderer mit ihren Riemen in der Luft herum?» Und lieferte die Erklärung gleich im Anschluss: «Die griechischen Seestädte in der italischen Eidgenossenschaft» – damit sind die Städte der Magna Graecia, also Süditaliens, gemeint, die zu den römischen Bundesgenossen zählten – «stellten als *socii navales* kein Kontingent zum Landheer, aber Kapitäne, Steuerleute und Ruderer, soviel die Römer gebrauchten.»[10] Hier begegnen wir also schon einer ganzen Reihe von grundsätzlichen Zweifeln an dem Hergang der Dinge, wie ihn die antiken Historiker schildern.

Was Mommsen und Delbrück allerdings nie in Frage stellten, ist, ob es denn jene von Polybios beschriebene römische Geheimwaffe, den Raben, überhaupt gegeben habe. Warum sind auch hier Zweifel berechtigt? Hören wir zunächst, was Polybios über die Konstruktion der Raben schreibt: «Da aber die Schiffe schlecht gebaut und schwerfällig waren, schlug ihnen jemand als eine Hilfe für die Schlacht Vorrichtungen, später Raben genannt, vor, die folgendermaßen konstruiert sind. Auf dem Vorderdeck stand ein runder Balken von vier Klafter Länge, drei Hand breit im Durchmesser. Dieser hatte seinerseits am oberen Ende eine Rolle, um ihn herum aber war eine Leiter gelegt, die querüber mit Brettern benagelt war, vier Fuß breit und sechs Klafter lang. Das Loch des Bretterwerks war länglich und ging um den Balken gleich nach den beiden ersten Klaftern der Leiter herum. Diese aber hatten an ihren beiden Längsseiten noch je eine Seitenwand, die bis zur Höhe der Knie reichte. Am Ende der Leiter war eine Art von Hacke, vorn zugespitzt, angebracht, die am oberen Ende einen Ring trug, so dass das Ganze einer Troghacke, wie sie die Bäcker gebrauchen, ähnlich sah.»[11]

Auch über die Art der Benutzung des Raben berichtet Polybios: «An dem Ring war ein Seil befestigt, mit welchem man beim Rammstoß der Schiffe die Raben vermittels der am Balken befindlichen Rolle aufzog und auf das Verdeck des fremden Schiffes niederfallen ließ, bald auf das Vorderdeck, bald auch durch eine Drehung der Maschine gegen die von der Seite kommenden Rammstöße. Sobald nun die Raben in die Bretter der Verdecks einschlugen und die Schiffe aneinandergebunden hatten, sprangen sie, wenn sich die Schiffe mit den Breitseiten aneinanderlegten, von überall her auf das feindliche Schiff hinüber, wenn sie dagegen mit dem Bug aufeinandergestoßen waren, gingen sie auf dem Raben selbst in dicht aufgeschlossener Reihe zu zweien hinüber, und zwar schützten die ersten die Vorderseite durch Vorhalten ihrer Schilde, die Nachfolgenden sicherten die Seiten, indem sie den Rand ihrer Schilde auf die Seitenwand aufsetzten. Auf diese Weise gerüstet, warteten die Römer auf eine günstige Gelegenheit zur Schlacht.»[12] Da das historische Längenmaß Klafter etwa 1,80 Meter entspricht, hätte der Haltebalken eine Höhe von etwa 7,2 Me-

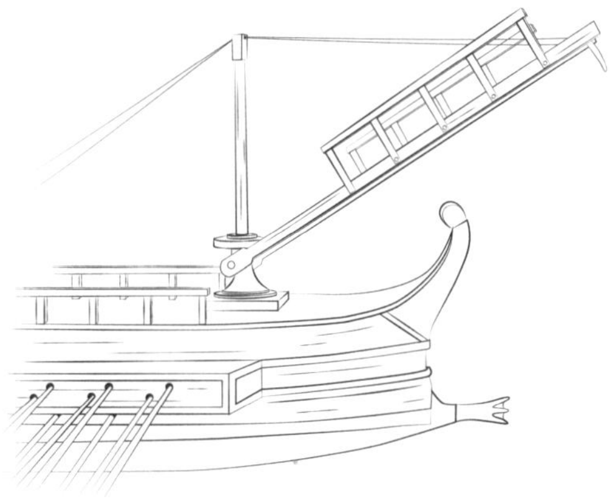

Rekonstruktion des *corvus*, der legendären Enterbrücke auf römischen Schiffen: Im Geschichtswerk des Polybios wird berichtet, dass die Römer im Ersten Punischen Krieg neben den Rammen auf ihren Schiffen noch eine andere neue Waffe eingesetzt hätten. Dieser sogenannte «Rabe» soll aus einem Haltebalken auf dem Vorschiff und einer fast elf Meter langen Enterbrücke, die man herunterlassen konnte, bestanden haben. Doch die angeblich so effektive Waffe taucht nur in den Erzählungen über die Seeschlachten bei Mylae (260 v. Chr.) und am Kap Ecnomus (256 v. Chr.) auf.

tern gehabt, die Enterbrücke wäre sogar fast 11 Meter lang gewesen. Wie sehr ein solch hoher Aufbau für eine noch größere Instabilität des Schiffes sorgte, als sie die Mehrdecker ja ohnehin schon auszeichnete, kann man sich leicht vorstellen. Und wie kentergefährdet die Schiffe schon ohne den *corvus* waren, lässt sich daran erkennen, dass die Riemen zur Stabilisierung auf das Wasser gelegt werden mussten, bevor Enterhaken geworfen werden konnten. Zweifel an dieser Art Konstruktion sind also angebracht.

Sehen wir uns die einzige Quelle dazu, den Bericht des Polybios, genauer an! Der aus Megalopolis in Arkadien stammende griechische Geschichtsschreiber war zunächst Militär und kam 168 v. Chr. als einer jener eintausend Angehörigen der Oberschicht des Achaiischen Bundes, die man Rom als Geiseln stellen musste, in die Metropole am Tiber. Er begleitete dann Scipio Aemilianus Africanus minor Numantinus (185–129 v. Chr.), meist «der jüngere Scipio» genannt, auf seinem Feldzug gegen

Karthago im Dritten Punischen Krieg der Jahre 149 bis 146 v. Chr., der mit der völligen Vernichtung der Stadt endete. In diesen Jahren wurde er grundlegend «römisch sozialisiert», und Polybios begann die Macht des Römischen Reiches zu bewundern. Er wurde schon in der Antike durch sein in Griechisch verfasstes Hauptwerk, die *Historien*, berühmt, in dem er in vierzig Büchern die Universalgeschichte Roms vom Beginn des Ersten Punischen Krieges bis zur Zerstörung Karthagos und Korinths, also von 264 bis 146 v. Chr., beschreibt.

Obwohl das monumentale Geschichtswerk des Polybios nur zu etwa einem Drittel erhalten ist, stellt es die mit Abstand wichtigste literarische Quelle für die mediterrane Geschichte des 3. und 2. vorchristlichen Jahrhunderts dar. Polybios hat die Quellen, aus denen er sein Wissen bezog, von weit hergeholt. Eine Reihe seiner Gewährsmänner nennt er sogar selbst. Scharf kritisiert er die pro-karthagischen Geschichtsschreiber Chaireas, Sosylos oder Philinos von Akragas, dessen Überlieferung für die Geschichte von den «Raben» nicht unwichtig war. Polybios will seinen Lesern den zielgerichteten Aufstieg Roms zur größten Macht der Welt erklären. Dieser hängt für ihn von den moralischen Qualitäten der Römer ab, die mit ihrer Kühnheit, Hartnäckigkeit und Seelengröße allen anderen Völkern überlegen waren. Er zeigt, wie die Tiberkommune mit dem Bau großer Flotten zu einer Seemacht aufstieg und den Vergleich mit den bislang bekannten Thalassokratien der hellenistischen Welt nicht scheuen musste. Wirkliche Macht ist somit bei Polybios – schon lange vor Mahan – unauflöslich an Seemacht gebunden.[13]

Bei einer weiteren, überaus wichtigen Quelle über die Zeit des Ersten Punischen Krieges liegen die Dinge noch komplizierter. Von Cassius Dio (um 163–nach 229) haben wir zwar seine in griechischer Sprache verfasste *Römische Geschichte* in achtzig Büchern. Doch ausgerechnet jene Partien, die vom Ersten Punischen Krieg handeln, sind nur in Bruchstücken erhalten. Dios Werk ist aber von Johannes Zonaras, einem Geschichtsschreiber, der unter dem byzantinischen Kaiser Alexios I. (1081–1118) Kommandant der Leibgarde sowie Vorsteher der kaiserlichen Kanzlei gewesen war und dann politisch kaltgestellt in einem Kloster lebte, in weiten Teilen exzerpiert und wohl auch kopiert worden. So hat also eine Weltgeschichte des 12. Jahrhunderts, die einen Autor des 3. Jahrhunderts verarbeitet, für die Geschichte des 3. vorchristlichen Jahrhunderts enorme Bedeutung bekommen. Hören wir, was bei Johannes Zonaras über die Beschaffenheit der römischen Schiffe in der Schlacht von Mylae steht: «Duilius [...] stellte bei seiner Ankunft in Sizilien fest, dass die karthagischen Schiffe seinen eigenen an Festigkeit und Größe unterlegen seien, sie aber in der Schnelligkeit des Ruderns sowie der Vielfalt des Manövrierens überträfen. Aus diesem Grund versah er seine Trieren mit technischen Einrichtungen, Ankern, an langen Stangen befestigten Enterhaken und anderen derartigen Hilfsmitteln; sie sollten auf die feindlichen Fahrzeuge geworfen und diese so an die eigenen Schiffe festgekettet werden, damit man hinübersteigen, den Karthagern unmittelbar auf den Leib rücken und sie wie in ein Landgefecht verwickeln könne.»[14]

Mit Zonaras im Ohr zurück zu Polybios: Er greift für sein Ziel, die Größe Roms zu begründen, zu einem Trick, der zum Handwerkszeug jedes Schriftstellers gehört: das Arbeiten mit dem Unerwarteten. Natürlich tritt die Unschuld der Römer in dem Kampf um Sizilien noch klarer hervor und wirkt unwiderlegbar, wenn man den Eindruck vermittelt, sie seien völlig unvorbereitet in den Konflikt hineingezogen worden und könnten schon deshalb gar nicht die treibende Macht beim Ausbruch des Krieges gewesen sein. Dabei waren gerade sie es, die mit dem Eingreifen in Messana den Krieg provoziert hatten. Und als man sich endlich im Krieg befand, wurden die Erfolge der Römer natürlich als noch spektakulärer empfunden, wenn sie auf einem angeblich fremden und noch nie betretenen Feld, nämlich dem Meer, siegreich erstritten wurden.

Enterhaken und «eiserne Hände»

Viele Details, die Polybios über die Kämpfe beschreibt, erscheinen jedoch voller Ungereimtheiten, und man darf annehmen, dass der wahrscheinlichere Hergang der Dinge viel nüchterner gewesen ist. Dass man zum Beispiel ein gestrandetes gegnerisches Wrack brauchte, um überhaupt moderne Kriegsschiffe bauen zu können, ist angesichts der engen Kontakte der Römer zu erfahrenen Seestädten absurd und erstaunt nur in dem Punkt, dass Polybios diese naive Geschichte selbst geglaubt haben soll. Möglicherweise hat man gegnerische Schiffe, die in die eigenen

Hände gelangt sind, tatsächlich genau inspiziert. Doch aktuelles Know-how des Schiffsbaus musste man nicht von solchen Funden abpausen, sondern es gab jenes Wissen reichlich in den griechischen Küstenstädten in Süditalien, besonders in Syrakus, das man sich kurz zuvor botmäßig gemacht hatte. Ja, den Römern dürften seit den zwischen 280 und 275 v. Chr. geschlagenen Schlachten gegen Pyrrhos (um 319 v. Chr. –272 v. Chr.), den Alexandernachfolger, Condottiere und legendären Gegner Roms, und nach der Eingliederung der süditalienischen Griechenstädte zahlreiche erfahrene Schiffsbaumeister und genügend Flottenpersonal zur Verfügung gestanden haben. Auch an Schiffsbauholz mangelte es nun nicht mehr. Heutigen Besuchern Süditaliens fällt die enorm verkarstete Landschaft auf. Doch waren in der Zeit, als Rom auf die Regionen in Süditalien ausgriff, noch weite Landstriche mit Wald bedeckt. Berühmt war der große Sila-Wald in Kalabrien, dessen Nadelholz hervorragendes Schiffsbaumaterial abgab.

Auch die von den Chronisten beschriebenen Seemanöver geben zu denken. Die Karthager scheinen bei Mylae wohl zuerst eine *diékplous*-Attacke, also die «Durchfahrt», vollzogen zu haben. Beim zweiten Angriff haben sie den *periplous*, die «Umfahrung», anzuwenden versucht. Doch beides scheiterte an der römischen Kampftaktik, und es spricht viel dafür, dass die Römer schon zu diesem Zeitpunkt nicht so unerfahren gewesen sein können, wie es uns Polybios glauben machen will. Und wie verhält es sich nun mit den Enterbrücken? Die angeblich so wirkungsvolle Geheimwaffe kommt leider nur bei Polybios vor und wird bei anderen Autoren nie erwähnt. Im Zusammenhang mit den Seekämpfen nennen sie nur die Enterhaken, die man mit Seilwinden kombinierte, um die gegnerischen Schiffe zum Enterkampf heranzuziehen und Rammversuche auszuschließen, doch keine «Raben». Polybios selbst erwähnt die Enterbrücke nur noch einmal, nämlich in der Schlacht am Kap Ecnomus 256 v. Chr., dann verschwindet der «Rabe» auch aus seiner Darstellung, und zwar für immer. Warum sollte eine so effektive Waffe nicht mehr verwendet worden sein, weder bei den Römern noch bei anderen Flotten? Drei Antworten sind möglich:

Erstens könnte mit dem *corvus* einfach ein Enterhaken gemeint sein, wie er von vielen anderen Autoren genannt wird. Dagegen spricht allerdings, dass für die Enterhaken an Stangen eher die Bezeichnung *harpago* und für jene, die unmittelbar an Ketten hängen, *manus ferrea*, also die «eiserne Hand», verwendet worden ist. Der römische Autor Florus, der in der Zeit der Kaiser Trajan (98–117) und Hadrian (117–138) schrieb, benutzte genau jene Bezeichnung einer *manus ferrea*, als er auf die Entervorrichtungen der Römer in der Schlacht von Mylae zu sprechen kam. Und auch Zonaras hatte bei Cassius Dio, wie wir schon hörten, wohl nur von Enterhaken gelesen.[15]

Zweitens wäre es möglich, dass der «Rabe» eine Erfindung karthagischer Chronisten ist, die sich für ihr eigenes Selbstverständnis irgendeinen Reim auf den Erfolg der Römer auf See machen mussten. Für solche Fälle sind Geheim- oder Superwaffen zu allen Zeiten beliebt gewesen. Doch wie soll eine karthagische Fiktion in das Werk des Polybios gekommen sein? Auch dafür gäbe es eine Erklärung: In der zweiten Hälfte des 3. vorchristlichen Jahrhunderts lebte auf Sizilien der griechische Historiker Philinos von Akragas, das heutige Agrigento. Er hatte ein Geschichtswerk verfasst, das aber nur in Fragmenten überliefert ist. Das Werk diente Polybios seinerzeit als eine zentrale Quelle für seine Darstellungen der Geschichte des Ersten Punischen Krieges. Manche Passagen dramatischer Seeschlachtenbeschreibungen hat Polybios ohne kritische Überarbeitung einfach von Philinos übernommen, weil sie seinen Idealvorstellungen von Seeschlachten generell entsprachen. Nach Polybios' eigener Aussage hatte Philinos von einem pro-karthagischen Standpunkt aus geschrieben und selbst auch karthagische Quellen verwendet. So könnte die Geschichte vom «Raben» als eine karthagische Rechtfertigungsstrategie in das Geschichtswerk des Polybios gelangt sein. Und Polybios kam in seiner prorömischen Sicht der Dinge der «Rabe» ebenfalls gelegen, weil es ihm ja darum ging, «den hohen Sinn und den Wagemut [...], der den Römern eigen ist», zu zeigen.[16]

Drittens ist es möglich, dass der *corax*, der eigentlich eine Klappbrücke zur Erstürmung von Stadtmauern war, tatsächlich kurze Zeit auch auf Seeschiffen verwendet wurde, aber trotz seiner Effizienz im Kampf bald wieder von den Schiffen verschwand, weil er deren Seetauglichkeit extrem beeinträchtigte. Und das wiederum könnte mit einer grausigen Erfahrung der Römer zusammenhängen, die sie nach ihrem Seesieg bei Kap Bon im Jahre 255 v. Chr. machten. Nach der erfolglosen Landoperation des römischen Heeres in Afrika wurden dessen Reste an Bord genommen. Der Verband machte sich dann auf den Weg zurück nach Italien, geriet aber an der Südküste Siziliens in einen so schweren Sturm, dass fast 300 der etwa 370 Schiffe untergingen. Etwa 100 000 Mann sollen dabei ertrunken sein. Schon Polybios nannte den Schiffbruch die größte bekannte Schiffskatastrophe der Antike. Verantwortlich für das schnelle Kentern und Sinken der Schiffe könnte auch der schwere *corvus* gewesen sein – der allerdings in der Beschreibung der Schlacht zuvor nicht erwähnt wurde. Wenn es den «Raben» tatsächlich gab, dann dürfte spätestens nach dieser Erfahrung seine Seeuntauglichkeit, ja, tödliche Gefährdung für die eigenen Schiffe erkannt worden sein, so dass man von da an auf ihn verzichtete.

Fest steht jedenfalls, dass das Ende des Ersten Punischen Kriegs Rom als Sieger sah, und das war unstrittig der Erfolg, den es seiner neuen Flotte verdankte. Karthago musste eine gewaltige Kriegskontribution zahlen und alle Inseln zwischen Italien und Sizilien räumen. Sizilien wurde zur ersten römischen Provinz. Im Jahr 238 v. Chr. besetzte Rom auch noch die punischen Inseln Korsika und Sardinien, was Karthago wegen der Stärke der römischen Flotte nicht verhindern konnte.

Eine Säule für Duilius

Über anderthalb Jahrtausende nach den Ereignissen, im Jahr 1565, wurde am Fuße des Kapitols in Rom eine merkwürdige Inschrift gefunden. Sie stammte von der Basis einer *columna rostrata*, einer Ehrensäule, in die man die bronzenen Rammen der Bugsporne eroberter Schiffe eingelassen hatte. Die Säule war nach der Seeschlacht bei Mylae (260 v. Chr.) für den befehlshabenden Konsul Gaius Duilius errichtet worden, dem zum ersten Mal für einen Sieg zur See ein Triumph gewährt worden ist. Die Sitte, die erbeuteten Schiffsrammen als Siegessymbole zu präsentieren, hatte in Rom ohnehin eine besondere Tradition. Als die Römer in der Seeschlacht von Antium gegen die Latiner 338 v. Chr. deren letzten Aufstandsversuch niederschlugen und dabei eine Reihe von Schiffen erbeutet hatten, brachten sie von diesen die Bugsporne an einem bühnenartigen Bau an. Da diese Bühne schon in republikanischer Zeit als Podium für Redner

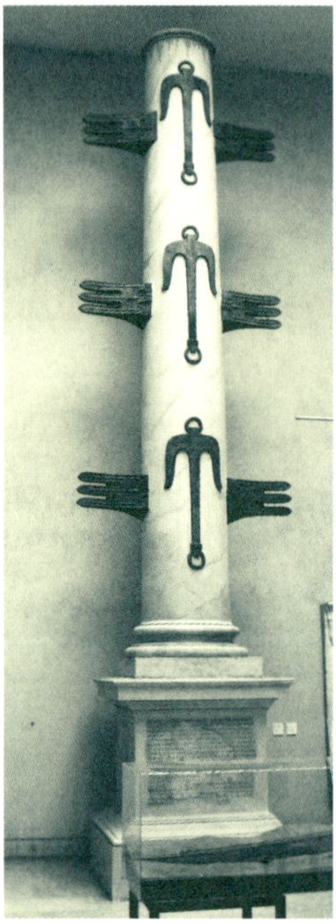

Schiffsschnäbel als Trophäen: Nach dem wichtigen Seesieg gegen Karthago bei Mylae (260 v. Chr.) wurde dem Konsul Gaius Duilius als erstem Römer für einen Sieg zur See ein Triumph gewährt. In diesem Zusammenhang errichtete man auf dem Forum Romanum eine Ehrensäule, in die die bronzenen Rammen der Bugsporne eroberter Schiffe eingelassen wurden. Diese sogenannte *columna rostrata* hat eine eigene Erinnerungsgeschichte entfaltet: Nachdem sie und die Inschrift in der Zeit des Kaisers Augustus erneuert worden waren, errichtete man in der Neuzeit nach diesem antiken Vorbild eine Reihe solcher Säulen. Eine Rekonstruktion der heute nicht mehr existenten Säule wird in Rom im Museo della Civilta Romana, Fragmente der Basisinschrift in den Musei Capitolini verwahrt.

genutzt wurde, nannte man das ganze Ensemble «Rostra» – die «Schiffsschnäbel». Und neben den Rostra stand wohl auch die *columna rostrata* des Duilius.

Später sind die «Rostra» von Caesar als Ersatz für die alte republikanische Rednerbühne am Comitium auf das Forum Romanum verlegt worden. Kaiser Augustus ließ das Bauwerk 29 v. Chr. erneuern. Davon kann man heute noch große Tuffquader sehen, die fast an den Bogen des Septimius Severus anschließen, und die großen Löcher, die an der Vorderseite zu erkennen sind, dienten einst der Befestigung der Schiffsschnäbel. Außerdem ließ Augustus für eigene Seesiege im Jahr 36 v. Chr., zunächst vor Mylae und anschließend bei Naulochoi, eine eigene *columna rostrata* aufstellen und bei der Gelegenheit die alte Duilius-Säule von Grund auf erneuern. So wollte der erste römische Kaiser, der der propagandistischen Verherrlichung früherer Seesiege und natürlich der eigenen ganz besondere Aufmerksamkeit geschenkt hat, sowohl den Anfang als auch den

Endpunkt einer langen Traditionslinie römischer Sieger zur See markieren. Dass Augustus spätestens nach dem eigenen Triumph von Actium 31 v. Chr. seine Alleinherrschaft den siegreich geschlagenen Seeschlachten verdankte, hob die beiden Ehrensäulen in den Rang von zentralen Erinnerungsmalen.[17]

Die für Duilius errichtete *columna rostrata* hat jedoch eine Erinnerungsgeschichte entfaltet, die weit über die Geschichte des Imperiums hinausreicht. In der Neuzeit sind nach diesem antiken Vorbild viele solcher Säulen errichtet worden, etwa in Sankt Petersburg, Bordeaux, New York, Berlin oder Wien, wo man am Praterstern an Wilhelm von Tegetthoff und seinen Sieg in der Schlacht von Lissa 1866 erinnern wollte. Eine weitere *columna rostrata* befand sich ursprünglich in Pola, dem Kriegshafen der K.u.K. Marine. Sie wurde nach dem Ersten Weltkrieg als Siegestrophäe und Beleg für die wettgemachte Niederlage Italiens bei Lissa nach Venedig an den Rand der Giardini pubblici transferiert. Dort steht sie noch heute. Und natürlich bekam der Name des siegreichen Konsuls eine große symbolische Bedeutung für die neue königliche italienische Marine. Gleich mehrere Kriegsschiffe trugen den Namen *Caio Duilio*, darunter ein 1873 gebautes Panzerschiff mit den größten Kanonen seiner Zeit: vier Hundert-Tonnen-Vorderlader aus englischer Produktion mit einem Kaliber von 45 Zentimetern. Später ist sogar eine italienische Schlachtschiffklasse des Ersten Weltkrieges nach Duilius benannt worden.

Die im 16. Jahrhundert wiederentdeckte Inschrift der Sockelzone der zu Ehren von Duilius errichteten *columna rostrata* berichtet, dass Duilius wegen seines Sieges bei Mylae einen Triumph zelebriert, an das Volk Geldgeschenke verteilt und vor seinem Wagen viele gefangene Karthager geführt habe. Man habe einen «Siebener» – Hannibals Flaggschiff – und dreißig «Fünfer» erobert; versenkt worden seien dreizehn Schiffe. Mit buchhalterischer Genauigkeit ist aber auch die zu bewundernde Beute an Gold, Silber und Kupfer in altrömischen Zahlzeichen vermerkt.[18]

Die Siege zur See haben im kollektiven Gedächtnis der Römer tiefe Spuren hinterlassen. Der gewährte Triumph, die Errichtung der Denkmale, überhaupt die Ehrungen des Duilius belegen in aller Deutlichkeit, welche große Bedeutung die angeblich so erdverbundene römische Elite maritimen Erfolgen zumaß. Dass die Römer gestrandete Schiffe nachbauten, auf dem Trockenen das Rudern übten und auch noch Geheimwaffen einsetzten – das alles sind Legenden, die die angebliche maritime Hilflosigkeit der Landratten aus Rom unter Beweis stellen und somit ihre Erfolge noch größer machen sollten. Die «Rostra» und die Duilius-Ehrensäule waren Zeichen einer auf ihre eigenen nautischen Leistungen stolzen Herrschaftsschicht, welche die bedeutendste Seemacht ihrer Zeit herausgefordert und besiegt hatte. Und das sicher nicht, nachdem man gerade erst begonnen hatte, die See für sich zu entdecken. *Corvus-korax* hat so, obwohl er vielleicht nie existiert hat, doch noch Weltgeschichte schreiben können, weil die Nachwelt ihn für den Grund des überraschenden Sieges der Römer zur See ansah, deshalb fest an ihn glaubte und das bis zum heutigen Tage immer noch tut.

3. **Actium 31 v. Chr.**

GRIFF NACH DER WELTMACHT

Wie durch einen epochalen Seesieg aus dem Konsul Octavian Kaiser Augustus wurde

Als sich zwischen den Jahren 44 v. Chr. und 14 n. Chr. das Römische Imperium politisch völlig verwandelte und die Republik der Monarchie weichen musste, kämpften die Konsuln Octavian, der spätere Kaiser Augustus, und Antonius um die Vorherrschaft in diesem Reich. Dabei kam der Seeschlacht bei Actium eine Schlüsselrolle zu. Zwar gelang es Antonius und der mit ihm verbündeten Kleopatra, die Blockade durch Octavian zu durchbrechen und nach Alexandria zu entkommen, doch es war Octavian, der in einer spektakulären Propagandaaktion seinen Namen unauflösbar mit dem Sieg verband und dafür sorgte, dass der Bürgerkrieg als sein Sieg über einen unrömischen Weichling in Erinnerung blieb. Tatsächlich entschied die Schlacht den Bürgerkrieg. Nach Actium hatte die römische Flotte für ein halbes Jahrtausend zur See keinen ernstzunehmenden Gegner mehr. Und der nunmehr unbestrittene Besitz des Mittelmeeres trug unmittelbar zur Legitimation des entstehenden Kaiserreichs bei.

Die Augusteische Schwelle

Als William Shakespeare über anderthalb Jahrtausende nach der Schlacht von Actium den gewaltigen Konflikt dramatisch zu fassen suchte, legte er einem der Akteure den Satz in den Mund: «Raum für uns beide / war nicht in weiter Welt.»[1] Und fürwahr, da stritten tatsächlich zwei um den gesamten Erdkreis – oder was man damals dafür hielt. Auf lange Sicht haben sich mit den Namen Octavian und Antonius auch zwei unterschiedliche Vorstellungen davon verbunden, wie das neue römische Weltreich für die nächsten Jahrhunderte geordnet sein sollte: hellenistisch-orientalisch, was damals griechisch-ägyptisch bedeutete, mit dem Kraftzentrum Alexandria als Mittelpunkt, oder okzidentalisch, auf Italien, Iberien und Gallien bezogen, natürlich weiterhin mit Rom als Hauptstadt.

Die Schlacht von Actium wurde in einem Zeitalter der Extreme, den Jahren zwischen 44 v. Chr. und 14 n. Chr., geschlagen, in dem das Römische Imperium politisch völlig verwandelt wurde: Die Republik musste der Monarchie weichen. Damit ging der Übergang von einer Phase der Expansion zu einer der Konsolidierung des Imperium Romanum einher, der auch als «Augusteische Schwelle» bezeichnet wird. Der Übergang von der Expansion zur Konsolidierung gilt als ein besonderer Abschnitt in der Geschichte eines Imperiums, an der im Übrigen viele andere Großreichsbildungen scheiterten.[2]

Die ersten Jahrzehnte dieser Epoche voll von abgründiger Gemeinheit und Hinterhältigkeit, jedoch auch von überwältigenden Gesten und Gefühlen prägten die Machtkämpfe der Bürgerkriegsgeneräle. Ihnen fie-

Augustus als Neptun: Die Schlacht von Actium hatte in bildkünstlerischer Hinsicht ein enormes Gewicht, wie man unter anderem an der Glyptik sehen kann. Deren Produkte waren Teil einer weitgreifenden Propagandakampagne. Auf einer heute in Boston aufbewahrten Prunkgemme lenkt Augustus als Gott Neptun mit Dreizack in der Hand seine Hippokampenquadriga direkt über einen hilflos im Wasser treibenden Antonius.

len Abertausende zum Opfer und schließlich auch die Republik, die man bis dahin als die edelste und praktikabelste Form der Herrschaftsausübung angesehen hatte. Von nun an trat an die Stelle kollektiver Entscheidungen die Herrschaft eines Einzelnen, den man Imperator und Augustus nannte. Doch am Ende dieser Kämpfe lebten die Menschen in der Überzeugung, Augustus, der Sieger des letzten Waffengangs, habe der Welt Frieden und Wohlstand gebracht und ein Goldenes Zeitalter heraufgeführt. Aus diesem jahrzehntelangen Ringen ragt eine Schlacht zur See besonders heraus: In Griechenland in der Bucht von Actium, einem «dem Apollo geweihten Platz», tobte am 2. September 31 v. Chr. ein alles entscheidendes Duell zweier Flotten. Das Krachen Hunderter sich dort rammender Kriegsschiffe und das Zischen der Wurfgeschosse kündeten vom Ende einer alten und dem Beginn einer neuen Ära.[3]

Die Seeschlacht von Actium wurde, ähnlich wie die Schlachten bei Salamis und Mylae, in der Überlieferung in hohem Maße stilisiert. Dem

Sieger gehörte ja nicht nur die Walstatt, sondern auch die Deutung der Ereignisse. Da ist von Verrat die Rede, von Verzauberung und von Drogen. Ungeheuer suggestiv wirkten natürlich Episoden, die sich eng um das Schlachtgeschehen gruppieren: etwa die Geschichte von der Buhlschaft zwischen Antonius und der schönen Kleopatra, die im entscheidenden Moment ihren Geliebten im Stich lässt, um zu fliehen. Antonius, der Orientalin völlig verfallen, soll ihr gefolgt sein, seine Truppen sich selbst überlassend. Doch Flucht und Verrat sollten nichts nutzen, und mit dem Scheitern der politischen Visionen zerplatzte auch ein persönlicher Traum vom Liebesglück. Nach Freitod durch Schwert und Schlangengift dennoch vereint in einer Gruft zu ruhen – das ist Stoff, aus dem echte Schmachtgeschichten gewoben werden.[4]

Doch bei genauerem Hinsehen fällt eine Reihe von Ungereimtheiten in der scheinbar so schlüssigen Geschichte auf. Wenn man nämlich nicht von einer Entscheidungsschlacht ausgeht, sondern von einem Durchbruch des Antonius, der durch eine mittlerweile weit überlegene Flotte des Octavian in Actium vom Meer her blockiert worden war, dann sieht die Sache anders aus. Und man darf sich fragen, ob Octavian tatsächlich einen vollständigen Sieg errungen hat. Denn wie konnte es geschehen, dass er trotz Antonius' zahlenmäßiger Unterlegenheit keines der drei ihn besonders interessierenden Beuteobjekte zu fassen bekam: weder Antonius noch Kleopatra, noch die Kriegskasse? Wie konnte, von einem übermächtigen Gegner umfasst, überhaupt nur ein Schiff entwischen?

Hauptsächlich verantwortlich für den Nachklang, den die Ereignisse in den Geschichtsbüchern in späteren Jahrhunderten auslösten – auch Shakespeare stützte sich seinerzeit auf sie –, sind drei Autoren, von denen allerdings keiner Zeitgenosse, geschweige denn Augenzeuge der Schlacht gewesen ist. Da ist zunächst Plutarch (um 45–125 n. Chr.), dem wir schon als Biographen wichtiger Akteure bei Salamis begegnet sind. Den aus Chaironeia gebürtigen griechischen Schriftsteller und Verfasser zahlreicher biographischer und philosophischer Schriften zeichneten eine hohe literarische und philosophische Bildung sowie umfassende Gelehrsamkeit aus. In seinen *Vitae parallelae* beschrieb er einige für seine Zeit wichtige Staatsmänner der Vergangenheit von Theseus bis Marcus Antonius, um sie hinsichtlich ihres positiven oder negativen Vorbildcharakters vorzuführen. Kein Wunder also, dass seine Lebensbeschreibung des Antonius voller Gehässigkeiten steckt und sich der Antiheld eigentlich nur als ein willfähriges Werkzeug Kleopatras gebärdet. Plutarch war mit Octavian der Meinung, «Antonius sei unter dem Einfluss von Drogen nicht mehr Herr seines Verstandes, und den Krieg gegen sie führten der Eunuch Mardion, Potheinos, Kleopatras Friseuse Eiras und Charmion, von denen die wichtigsten Regierungsgeschäfte geführt würden».[5]

Der zweite wichtige antike Autor ist Lucius Cassius Dio Cocceianus, bekannt als Cassius Dio (um 163–nach 229). Er stammte aus Nikaia in Bithynien und verfasste in griechischer Sprache eine *Römische Geschichte*, die mit der Ankunft des mythischen Aeneas in Italien beginnt und über die Gründung Roms bis zu seinem eigenen Konsulatsjahr 229 unter der Regierung seines Gönners Kaiser Severus Alexander (222–235) reicht. Als ein oft in Staatsämtern tätiger Mann vertrat Cassius Dio einen betont senatorischen Standpunkt und konnte sich auf zahlreiche Quellen, auch offizielle Akten, stützen. Genüsslich legt er in einer langen, kurz vor der Schlacht gehaltenen Rede des Octavian, die nach antiker Tradition sicherlich frei erfunden ist, die offizielle Sichtweise der römischen Kaiserzeit auf Antonius dar: «Niemand soll ihn daher als einen Römer, vielmehr als einen Ägypter betrachten und ihn auch nicht Antonius, sondern etwa Serapion nennen! Niemand soll auch denken, dass er jemals Konsul oder Triumphator gewesen ist [...] Unmöglich kann ja ein Mann, der seine Tage in königlichem Luxus lebt und sich in weibischer Art verzärtelt, einen männlichen Gedanken fassen und ausführen.»[6] Und seine Helfer seien ohnehin nur Alexandriner und Ägypter, erbärmliche Schwächlinge, die als Sklaven einem Weib statt einem Mann dienen und – das Schlimmste – «die kriechende und sonstige Tiere wie Götter verehren, die ihre eigenen Leichen einbalsamieren lassen, um ihnen den Anschein der Unsterblichkeit zu verleihen.»[7] An der Parteinahme für Octavian gab es für Plutarch und Cassius Dio also nicht den geringsten Zweifel, und so schrieb sich die Sichtweise Augusteischer Geschichtsschreibung über Jahrhunderte weiter.

Der dritte für die Schlacht von Actium wichtige Autor ist Paulus Orosius (um 385–um 418), der aus Hispanien stammte und im Auftrag des Augustinus von Hippo *Sieben Bücher Geschichte gegen die Heiden* verfasste. Dieses Werk stellte praktisch die erste christliche Universalgeschichte von Adam und Eva bis in seine Zeit dar. Orosius will darin den «Beweis» erbringen, dass die Welt seit dem Beginn des Christentums nicht schlechter geworden sein kann. Damit trat er all jenen entgegen, die die Abkehr von den alten Göttern für den offensichtlichen Verfall des Westteils des Römischen Reiches seit etwa 400 und vor allem für die Eroberung Roms durch Alarich I. im Jahr 410 verantwortlich machten. Da Orosius sich für die frühe Zeit hauptsächlich auf die *Römische Geschichte* des Livius stützte, die für die Zeit der Schlacht von Actium verloren ist, kommt seinen Auszügen ein hoher Stellenwert zu. Allerdings übernahm Orosius neben den Details auch die Meinung seiner Vorlagen und blieb ebenso ganz der Augusteischen Propaganda verhaftet. Für ihn war klar, dass alles Geschehen nicht nur von höherer Zeichenhaftigkeit sein konnte, sondern auch auf eine nun christliche Heilsgeschichte zulaufen müsse.[8] Aus Livius haben für ihre Werke ferner die römischen Autoren Velleius Paterculus (um 20 v. Chr. – nach 30) und Florus, der in der Zeit der Kaiser Trajan (98–117) und Hadrian (117–138) schrieb, geschöpft, doch reicht die Bedeutung ihrer Nachrichten zum Thema Actium nicht an jene der drei erstgenannten Autoren heran.

Viele Liburnen und ein gestohlenes Testament

Doch nun zur Schlacht und ihrer Vorgeschichte: Im Jahre 32 v. Chr. war das Römische Reich praktisch in zwei Teile gespalten. Auf der einen Seite stand Gaius Octavianus, der Großneffe des Gaius Iulius Caesar. Durch dessen testamentarische Adoption im Jahr 44 v. Chr. war er zum Haupterben des Diktators avanciert und hatte auch offiziell dessen Namen angenommen. Er kontrollierte den Westen des Reiches mit Italien, Iberien und dem gerade erst unterworfenen Gallien. Marcus Antonius hingegen, ein ehemaliger Unterfeldherr Caesars und Mitkonsul, beherrschte den Osten mit Griechenland und den römischen Klientelstaaten in Kleinasien. Das waren Gebiete, die zwar noch ihren jeweils eigenen Herrscher besaßen, denen Rom aber nur eine eingeschränkte Souveränität gewährte. Zu den bekanntesten gehören Armenien, Kappadokien oder Judaea.

Einst in einem «Dreimännerbund zur Ordnung des Staates», wie der Zweite Triumvirat offiziell hieß, mit dem Reiterführer Marcus Aemilius

Lepidus vereint, kam es zwischen Octavian und Antonius nach dem Ausscheiden des Dritten im Bunde zunehmend zu Spannungen. Diese verstärkten sich, als sich Antonius von seiner Gemahlin, Octavians Schwester, trennte und stattdessen Kleopatra zur Geliebten nahm. In einer ausgetüftelten Propagandakampagne gelang es daraufhin Octavian, immer stärker Stimmung gegen Antonius zu machen. Als auch noch das Testament des Antonius, das sich Octavian auf illegale Weise aus dem Tempel der Vesta beschafft hatte und dessen Öffnung zu Lebzeiten eigentlich unter Strafe stand, im römischen Senat verlesen wurde, kam es zum endgültigen Bruch.

In seinem letzten Willen hatte Antonius angeblich Kleopatras Kinder als Erben römischer Gebiete eingesetzt und Caesarion als leiblichen Sohn Iulius Caesars anerkannt. Doch der größte Skandal: Antonius hatte obendrein bestimmt, dass er nicht in Rom, sondern neben Kleopatra in Alexandria bestattet werden wolle. Nun enthob der Senat Antonius aller Ämter, denn in den Augen traditionell denkender Römer musste er als ein Verräter erscheinen. Und da Octavian die ägyptische Königin als Urheberin allen Übels darstellte, erklärte der Senat sie zur Staatsfeindin und Ägypten den Krieg. Das war klug eingefädelt, denn mit diesem Schachzug gelang es Octavian, den Kampf gegen seinen eigenen innenpolitischen Gegner in einen Krieg gegen einen äußeren Feind Roms umzumünzen, obwohl Octavian gewusst haben dürfte, dass Antonius gar keine Ostpolitik betrieb, die die Interessen des Gesamtimperiums verletzte. Sein Auftreten als Römer oder als Grieche hatte der Triumvir Antonius eben den jeweiligen Notwendigkeiten geschickt angepasst und eine Stärkung Ägyptens im Interesse Roms verfolgt.

Für den Entscheidungskampf zogen die Kontrahenten große militärische Kräfte zusammen. Marcus Antonius und Kleopatra sammelten eine gewaltige Streitmacht an der Westküste Griechenlands von der Südspitze der Peloponnes bis zur Insel Kerkyra, dem heutigen Korfu. Die Gewässer um Kerkyra mit der nicht einmal vierzig Seemeilen breiten Straße von Otranto bildeten einen Schlüssel zur Adria und zugleich einen guten Ausgangspunkt, um nach Italien überzusetzen. Nicht von ungefähr wurde genau hier bis zum Ersten Weltkrieg immer wieder auf See gekämpft. Die Streitkräfte von Marcus Antonius und Kleopatra bestanden aus einer Flotte von rund 500 Kriegs- und 300 Handelsschiffen, 75 000 Legionären sowie 12 000 Reitern, dazu noch einigen Tausend leichter gerüsteter Hilfstruppen. Einen Teil der Flotte, die hauptsächlich im Golf von Ambrakia vor Anker lag, bildeten ägyptische Schiffe sowie Verbände östlicher römischer Klientelreiche. Die Einfahrt zum Golf war mit gerade einmal 700 Metern Breite für Angreifer schwer zu passieren, zumal auf beiden Ufern auch noch hohe Türme standen, die Wurfmaschinen trugen.

Unter den Kriegsschiffen waren einige besonders große und hochbordige Konstruktionen, die als Octeren, also «Achter», oder sogar Deceren, also «Zehner», mitunter Besatzungen von fast 1000 Mann erforderten. Auf diesen Kolossen, die Ausdruck der Megalomanie hellenistischer Herrscher waren, gab es sogar mächtige Türme, von denen die Soldaten aus überlegener Höhe Geschosse auf ihre Gegner schleudern konnten. Diese gewaltigen Kriegsschiffe bildeten so etwas wie schwimmende Festungen, schwer zu erklimmen, aber auch schwer zu bewegen. «Nur unter Stöhnen trug sie das Meer», heißt es bei dem Historiker Florus in seiner um 120 verfassten Skizze der Geschichte Roms. Andere Autoren, wie Velleius Paterculus, bezweifelten prinzipiell die Kampfkraft der lediglich schreckenerregend aussehenden schwimmenden Kastelle.[9]

Octavian sammelte zunächst in den süditalienischen Häfen Brundisium, dem heutigen Brindisi, und Tarent seine Truppen. Hier konzentrierte er auch eine Flotte von etwa 250 Kriegsschiffen, die zwar leichter, dafür aber schneller als diejenigen des Antonius waren und die man Liburnen nannte. Diesen Typ hatten die Römer von den illyrischen Liburnern übernommen; daher der Name. Im Gegensatz zur Triere war das Schiff anfangs mit nur einer, später auch mit zwei Ebenen an Ruderern ausgestattet. In der Kaiserzeit wurden Liburnen zum hauptsächlichen Schiffstyp der römischen Flotte, so dass *liburna* nun auch generell «Kriegsschiff» bedeuten konnte.

Für die Schlagkraft einer Flotte sind die für Spezialaufgaben notwendigen kleineren Schiffstypen von großer Bedeutung. In seiner gesamten Dienstzeit klagte noch Jahrhunderte später Lord Nelson darüber, dass er zwar genügend schwere Linienschiffe besitze, doch nie genug leichtere Fregatten. Octavian meinte den Riesenschiffen des Antonius außer seinen leichteren Liburnen noch etwas anderes entgegensetzen zu können, so zumindest überliefert es Cassius Dio: Römische Tugend.[10] Mit ihr und den Liburnen wollte er siegen.

Zu Octavians Kriegsschiffen kamen noch 150 Transporter hinzu. Sie sollten seine Armee von 80 000 Mann zu Fuß sowie 12 000 Kavalleristen nach Griechenland übersetzen. Mit dem kampferprobten General Marcus Vipsanius Agrippa (64/63–12 v. Chr.) hatte der militärisch eher glücklose Octavian auch noch einen talentierten Flotten- und Truppenführer gefunden. Dessen erster Schachzug im Spiel gegen Antonius und Kleopatra zeugte von Weitblick und Format. Zu Beginn des Jahres 31 v. Chr. segelte Agrippa über das Ionische Meer und eroberte die Flottenbasis Methone, das heutige Methoni, an der Südwestspitze Griechenlands. Von hier aus ließ er die Getreideschiffe jagen, die Antonius von Ägypten aus verproviantieren sollten. Dann vertrieb Agrippa auch die feindliche Besatzung von der Insel Kerkyra und ermöglichte es dadurch Octavian, mit dem Hauptheer ungehindert an der griechischen Küste zu landen und sich in Epirus festzusetzen.

Antonius war offenbar vom raschen Vorgehen seines Gegners überrascht und bezog sein Lager auf einer Halbinsel südlich des Golfs von Ambrakia, in dem er auch den Hauptteil seiner Schiffe zusammengezogen hatte. Octavian errichtete hingegen auf einer nördlichen Halbinsel sein Lager. Währenddessen errang Agrippa weitere Seesiege; er eroberte die südlich des Golfes gelegene Insel Leukas, das heutige Lefkada, sowie die Städte Patras und Korinth. Damit sicherte er Octavian eine geschützte Flottenbasis und schnitt zugleich Antonius weitgehend vom Nachschub ab. Schon bald stellte sich im Lager des Antonius Nahrungsmangel ein. Im Verlauf der monatelangen Blockade, in der mehr mit dem Spaten um Trinkwasser, als mit dem Schwert um eine Entscheidung gerungen wurde, verschlechterte sich die Situation immer weiter durch Hunger, Seuchen und Desertionen. Hinzu kam ein Streit zwischen jenen Römern, die Kleopatra aus dem Hauptquartier des Antonius entfernen wollten, und den Befürwortern einer weiteren Teilnahme der ägyptischen Königin am Krieg. Als Octavians Flotte dann noch am Strand von Gomaros, nahe Actium, landete, waren Antonius und Kleopatra eingekreist und saßen in der Falle. Es musste etwas geschehen, sonst würden in der Umklammerung Heer und Flotte auch ohne Kampf langsam aber sicher zu Grunde gehen.

Da ihre Stellung unhaltbar geworden war, blieben den beiden auf den ersten Blick nur zwei Möglichkeiten der Rettung: Zum einen hätte man die Flotte aufgeben und mit dem Heer ostwärts marschieren können, um nach dem Überqueren der bergigen Regionen irgendwo eine entscheidende Landschlacht zu suchen. Doch einer Landschlacht, mit der Antonius am besten vertraut war, wich Octavian immer wieder aus. Die andere Möglichkeit bestand darin, mit den besten Soldaten auf den Schiffen einen Durchbruch regelrecht zu erzwingen. Was dann mit dem restlichen Heer geschehen sollte, stand in den Sternen. Ende August 31 v. Chr. entschlossen sich Antonius und Kleopatra nach Abhaltung eines Kriegsrates dazu, mit einem Teil der Schiffe eine Seeschlacht zu riskieren, um die Blockade zu sprengen und nach Ägypten zurückzusegeln. Ihr Mitstreiter, der Feldherr Canidius Crassus, sollte gleichzeitig versuchen, mit dem größten Teil der Truppen über Land abzuziehen.

Plutarch berichtet von Antonius: «Nachdem der Beschluss gefasst war, eine Seeschlacht zu wagen, ließ er alle anderen Schiffe bis auf sechzig der Ägypter verbrennen, die größten und besten aber, vom Dreiruderer bis zum Zehnruderer, bemannte er mit Ruderern und zwanzigtausend Mann schweren Fußvolks und zweitausend Bogenschützen. Da soll einer der Kohortenführer, ein Mann mit narbenbedecktem Leib, der schon viele Kämpfe im Dienst des Antonius ausgefochten, als Antonius vorbeiging, aufgeweint und gesagt haben: ‹Ach, Imperator, warum hast du kein Zutrauen zu diesen Wunden und diesem Schwert und setzest deine Hoffnungen auf schlechtes Holz? Sollen doch die Ägypter und Phoinikier auf der See kämpfen! Uns gib Land, auf dem wir gewohnt sind, fest zu stehen und entweder zu sterben oder die Feinde zu besiegen!› Hierauf gab Antonius keine Antwort, sondern winkte ihm nur mit Hand und Miene ermunternd zu, er solle guten Mutes sein, und ging vorbei und war in Wahrheit nicht sehr guter Hoffnung; so gab er den Steuerleuten, welche die Segel an Land lassen wollten, strengen Befehl, sie mit an Bord zu nehmen, mit der Begründung, man dürfe keinen der Feinde flüchtig entkommen lassen.» Shakespeare, der sich die Episode natürlich nicht entgehen ließ, formte aus den Worten des Plutarch:

O, Imperator! Fechtet nicht zur See,
Baut nicht auf morsche Planken!
Traut Ihr nicht
Dem Schwert hier, diesen Wunden? Laßt die Syrer

Und die Ägypter wie die Enten tauchen:
Wir lernten siegen auf dem festen Grund,
Und fechtend Fuß an Fuß. [11]

Plutarch berichtet hier neben der schönen dem Kohortenführer in den Mund gelegten und von Shakespeare weiterverarbeiteten Anekdote – man könnte geradezu von einer Plutarch-Shakespeareschen Deutungshegemonie sprechen, die bis heute Wirkung zeigt – von drei interessanten Details: Bemannen mit Ruderern bedeutet nämlich, trainierte Ruderer an Bord zu nehmen. Das weit verbreitete Bild von rudernden Sklaven, die in der Antike zum Dienst gezwungen wurden, ist hauptsächlich durch Hollywoodfilme wie *Ben Hur* entstanden, doch es trügt. Denn bis ins 15. Jahrhundert hinein saßen an den Ruderbänken der antiken und auch der mittelalterlichen Schiffe hauptsächlich professionelle und bezahlte Ruderer. Erst ab dem 16. Jahrhundert wurden mehrheitlich auch Sklaven, Verbrecher und freie Männer zum Dienst gezwungen. Doch diese Galeeren der Frühen Neuzeit dienten zunehmend als schwimmende Plattformen der sich nun sprunghaft entwickelnden Artillerie oder als Transportmittel der Entermannschaften. Ganz anders die antiken Ruderschiffe, die mit raffinierten Manövern selbst als Waffen eingesetzt wurden. Da sie mit gepresstem Gesindel nur bedingt einsatzfähig waren, nutzte es nichts, die durch Epidemien gelichteten Ruderbänke einfach mit in der Gegend aufgegriffenen Männern aufzufüllen.

Zum anderen bedeutete der Befehl, jene Schiffe, die man nicht bemannen konnte, in Brand zu setzen, und bei den seeklaren Einheiten auch die Segel mitzunehmen, dass Antonius offenbar von Anfang an auf den Durchbruch setzte. Wozu sollte man unbemannte Schiffe auch verbrennen, wenn sie nach einem Sieg noch hätten bemannt werden können? Das macht nur Sinn, wenn man den Standort aufgeben und verhindern will, dass sie dem Gegner in die Hände fallen. Die Segel wurden gerade wegen der Brandgefahr und da sie die Fähigkeiten zu komplizierten Manövern behindern, in der Schlacht eigentlich nicht benötigt. Die Schiffe wurden ausschließlich mit Riemen bewegt. Dass man die Segel zur Verfolgung flüchtiger Gegner brauchen würde, schien also auch schon Plutarch eine Ausrede zu sein.

Antonius und Kleopatra warten auf den Wind

In dem Schlachtplan des Antonius, der von Anfang an wegen der militärischen Zwangslage auf Rückzug angelegt sein musste, waren für einen erfolgreichen Ausbruch Windrichtung und Windstärke von entscheidender Bedeutung. Für einen wirkungsvollen Einsatz der Segel brauchte man, weil die Schiffe dieser Zeit bis zur Erfindung eines Kiels nicht gegen den Wind kreuzen konnten, achterlichen oder raumen Wind. Seit Jahrhunderten ändern sich um die Mittagszeit in der Bucht von Actium die Windverhältnisse. Was noch heutige Fischer wissen und Antonius natürlich ebenfalls gewusst haben wird: Am Vormittag herrscht oft Windstille. Mittags kommt dann ein leichter Westsüdwest auf, der im weiteren Tagesverlauf bei drei bis vier Windstärken immer weiter auf Nord dreht. Auf diesen Wind baute Antonius offenbar seinen Plan auf. Deshalb bestückte er seine Kriegsschiffe mit Segeln, um im entscheidenden Augenblick durchzubrechen und dann mit Vorwindkurs oder zumindest Raumschots seine Verfolger, die ja ihre Segel, wie es üblich war, an Land lassen würden, abhängen zu können.

Der Schlachtplan sah weiterhin vor, dass Kleopatra sich mit sechzig ihrer Schiffe hinter der Schlachtlinie aufstellen und die reich gefüllte Kriegskasse, den ägyptischen Hofstaat sowie zahlreiche weitere kostbare Gegenstände mitnehmen sollte. Auch sie sollte in einem günstigen Moment die Segel setzen lassen, um zu entkommen. Doch das Problem war: Um nach Süden in Richtung Ägypten unter Segeln ablaufen zu können, muss man an Leukas vorbeikommen, und dazu ist zumindest ein Südsüdwest-Kurs nötig. Der aber ließ sich nur steuern, wenn der Punkt des Segelsetzens so weit wie möglich westlich von der Einfahrt des Ambrakischen Golfes liegen würde, am besten drei oder sogar fünf Seemeilen davon entfernt. Allerdings lauerte zwischen der Einfahrt und dem Punkt des günstigsten Segelsetzens dummerweise die überlegene Flotte des Octavian. Das Ziel musste also sein, den Kampfplatz so weit wie möglich nach Westen zu verlegen.

Antonius verfügte zu Beginn der Kampfhandlungen über 170 größere Kriegsschiffe, zu denen man natürlich die 60 ägyptischen hinzurechnen muss, insgesamt also 230 Schiffe. Doch bestand das ägyptische Kontingent weniger aus echten Kriegsschiffen als aus schnellen Transportern, die in den Quellen als *Phaselus* bezeichnet werden. Diese Frachtschiffe konnten und sollten gar nicht in den Kampf eingreifen, sondern nur im entscheidenden Moment entwischen. Nachdem mehrere Tage Sturm und unruhige See ein Auslaufen verhindert hatten, verließen am Morgen des 2. September 31 v. Chr. die Schiffe des Antonius den Golf von Ambrakia und stellten sich in drei Geschwadern auf, die insgesamt eine Linie von etwa zwei Seemeilen Länge bildeten. Hinter dem Zentrum hielten sich die 60 ägyptischen Schiffe mit Kleopatra an Bord bereit. Ihnen gegenüber in einem Abstand von etwa einer Seemeile positionierte sich die deutlich überlegene Flotte des Octavian mit etwa 400 Schiffen. Auf ihnen befanden sich acht Legionen und fünf prätorianische Kohorten, also ungefähr doppelt so viele Kämpfer, wie sie Antonius ins Gefecht führen konnte. Auch hier gab es drei Geschwader, allerdings in doppelter Dwarslinie. Diese zweifache Aufstellung gehörte zu einer speziellen Seetaktik, um ein *diékplous*, die «Durchfahrt», zu vereiteln. Durchbrach nämlich ein gegnerisches Schiff die erste Linie und versuchte, einen sich daran oft anschließenden achterlichen Rammstoß anzusetzen, konnte es von den Schiffen der zweiten Linie erfolgreich abgefangen und sogar selbst gerammt werden. Da die Flotte des Octavian in doppelter Linie auffuhr, war die Schlachtreihe nur unerheblich länger als diejenige des Antonius.

Zunächst passierte lange Zeit nichts; die beiden Seiten belauerten sich. Geradezu friedlich dümpelten die hochgerüsteten Schiffe in der See. Agrippa hütete sich vorzugehen, denn in der engen Einfahrt, in der die die gegnerische Flotte auf günstigen Wind wartete, gab es keine Möglichkeiten für erfolgreiche Attacken oder gar eine Umfassung. Erst mit dem um die Mittagszeit aufkommenden Wind, der offenbar als Signal für den Schlachtbeginn vereinbart worden war, nahm der linke Flügel des Antonius Fahrt auf. Aber völlig unerwartet wich der ihr gegenüberliegende Flügel der Octavian-Flotte zurück, wahrscheinlich, um noch mehr Raum für ein Umfassungsmanöver zu bekommen. Doch begünstigte Agrippa damit sogar ungewollt den Plan des Antonius, weil der für einen erfolgreichen Durchbruch die westlichste der möglichen Positionen brauchte und nun sogar auch ohne Kampf vorrücken konnte. Allerdings begannen nun die Verbindungen zu den Geschwadern abzureißen, und die Lücken in den Linien wurden immer größer. Möglicherweise hatte das Antonius

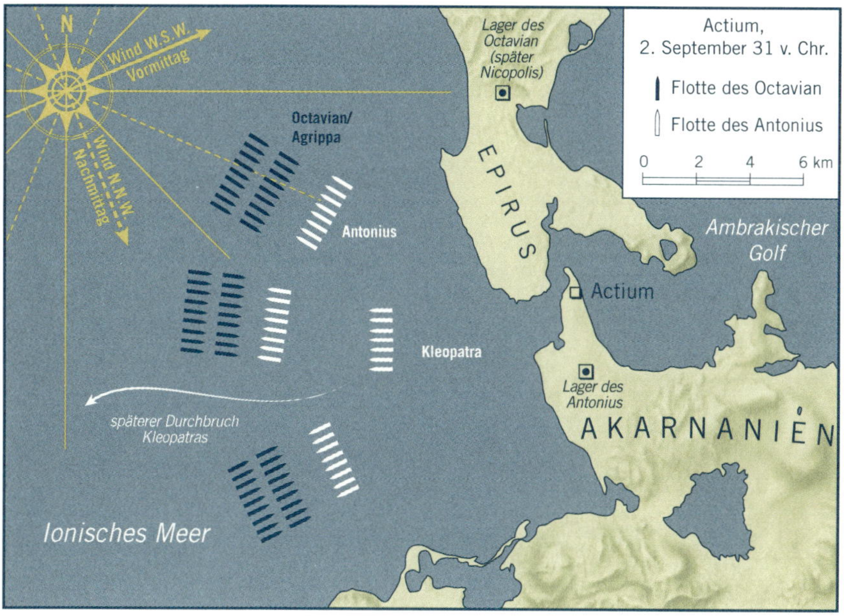

sogar beabsichtigt, denn wenn sein eigenes Zentrum vorging, musste es zwangsläufig zum Aufreißen der Linien kommen.

Octavian entschied sich nun, als sich die starren Formationen lockerten, den eigenen Angriff zu beginnen, und ging gegen Antonius vor. Bald lagen die Flotten in der gesamten Länge der Aufstellung im Kampf. Cassius Dio notierte über das Geschehen: «Die eine Partei warf sich auf die Riemenreihen der Schiffe und zerschmetterte die Blätter, die andere suchte dagegen von einem erhöhten Standpunkt aus ihre Gegner mit Steinen und Kriegsmaschinen in die Tiefe zu schicken. Beide Flotten waren aber auch wieder im Nachteil, indem die eine Seite ihren Feinden beim Herannahen keinen Schaden zufügen konnte, während die andere, wenn die Versenkung eines Schiffes misslang, eng verstrickt, keinen Kampf unter gleichen Bedingungen führen konnte.»[12] Die leichteren Liburnen des Octavian versuchten offenbar, an die größeren, stellenweise mit eisenbeschlagenen Balken gepanzerten, schwimmenden Festungen gleichenden Schiffen des Antonius heranzukommen. Pfeile, Brandgeschosse und Steine prasselten von Schiff zu Schiff.

Wieder Cassius Dio: «Ein Augenzeuge des Geschehens hätte es, um Kleines an die Seite von Großem zu stellen, mit Festungen oder auch Inseln vergleichen können, die – viel an Zahl und dicht beieinander gelegen – vom Meer her belagert werden. So versuchten die einen, die Schiffe wie festes Land oder eine Festung zu ersteigen.» Auch Plutarch benutzte diese Metapher: «Als endlich der Nahkampf begann, gab es keine Rammstöße und keine Zertrümmerung von Schiffen, weil die Schiffe des Antonius wegen ihrer Schwere keinen Schwung hatten, der vor allem die Rammstöße wirksam macht, während die Caesarianer sich nicht nur hüteten, frontal gegen feste und starke Erzpanzerungen anzurennen, sondern auch nicht wagten, Rammstöße von der Seite her zu führen. Denn die Rammsporne brachen leicht ab, wo sie an Schiffsbäuche stießen, die aus starken, vierkantigen, mit eisernen Klammern untereinander verbundenen Balken gefügt waren. So glich der Kampf einer Landschlacht oder, um es noch richtiger zu sagen, einem Festungskampf. Denn drei oder vier Fahrzeuge Caesars hängten sich zusammen an eins des Antonius, und man kämpfte mit Schilden, langen und kurzen Spießen und Feuerpfeilen; die Leute des Antonius schossen auch mit Katapulten von hölzernen Türmen aus.»[13]

In dem über mehrere Stunden unentschieden andauernden Getümmel wurden an einigen Stellen die Lücken in der Kampflinie immer größer. Auf diese Entwicklung hatte Kleopatra gewartet und ließ am frühen Nachmittag die ägyptischen Schiffe durch eine dieser Lücken hindurchrudern. Nach mehreren Seemeilen konnte sie die für den Segeleinsatz nötige Position erreichen und nahm nun Fahrt in Richtung Südost auf. Doch für die Überlieferung aus der Perspektive des Octavian, also bei Cassius Dio oder Plutarch, sah die Sache nicht nach Plan, sondern nach wankelmütigem Verrat aus: «Kleopatra, die hinter der Kampfzone vor Anker lag, konnte das lange und unsichere Warten auf die Entscheidung nicht ertragen, sondern fühlte sich, entsprechend ihrer Wesensart als Frau und Ägypterin, durch die Qual langwieriger Ungewissheit und die stete angstvolle Erwartung eines schwankenden Ausgangs erschöpft, und so wandte sie sich plötzlich selbst zur Flucht und gab den anderen, ihren eigenen Untertanen, ein entsprechendes Zeichen. Als diese sogleich Segel setzten und, begünstigt von einem zufällig aufkommenden Fahrtwind, aufs Meer hinaus steuerten, glaubte Antonius, sie machten sich nicht auf Kleopatras

Die Schlacht bei Actium aus barocker Perspektive: Der aus Antwerpen stammende Maler Lorenzo A. Castro (aktiv 1672–1686) bannte 1672 die Vorstellungen seiner Zeit vom Kampf zwischen Antonius und Octavian auf die Leinwand. Von den römischen Schiffen aus dem ersten vorchristlichen Jahrhundert hatte der Künstler allerdings nicht die geringste Vorstellung. Seine Kriegsschiffe sind mit Versatzstücken aus vielen Jahrhunderten ausgestattet, wie etwa Rah- und Lateinersegeln, einreihigen Riemenreihen mit außen an der Bordwand angebrachten Schilden wie bei Wikingerbooten oder völlig der Phantasie entspringenden Verzierungen. Und eine verzweifelte Kleopatra versucht mit einem eher nach königlichem Lustboot aussehenden Gefährt, das eine schaumgeborene Venus als Bugzier besitzt, zu entkommen.

Befehl, sondern weil sie sich für besiegt hielten, aus Furcht davon, und schloss sich ihnen an.»[14]

Cassius Dio zeigt hier neben der denunziatorischen Gewissheit von Kleopatras Flucht kein Verständnis von den nautischen Verhältnissen vor Ort. Es gab ja gerade keinen zufällig aufkommenden Wind. Auch Plutarch lässt die ägyptische Königin durch die Kämpfenden hindurch davonfliehen, und Antonius benahm sich wie eine Memme: «Nunmehr bewies Antonius mit aller Deutlichkeit, dass er sich nicht von den Überlegungen eines Führers noch eines Mannes, noch überhaupt seinen eigenen Überlegungen leiten ließ, sondern – wie jemand scherzend gesagt hat, dass die Seele des Liebenden im Körper eines anderen lebe – dass er von der Frau mitgezogen wurde, als ob er mit ihr zusammengewachsen wäre und allen ihren Bewegungen folgen müsste. Denn kaum hatte er ihr Schiff davonfahren sehen, als er alles andere vergaß, diejenigen im Stich ließ, die für ihn kämpften und starben, in einen Fünfruderer überstieg, nur von dem Syrer Alexus und von Scellius begleitet, und hinter der Frau herfuhr, die sich schon ins Verderben gestürzt hatte und ihn nun mit hineinreißen sollte.» Velleius hingegen bemühte noch das Wortspiel vom vertauschten Deserteur: «Und so wurde der Feldherr, dessen Aufgabe es gewesen wäre, streng gegen Deserteure vorzugehen, zum Deserteur an seinem eigenen Heer.»[15]

Die Erosion der Macht

Nachdem Antonius und Kleopatra aus der Kampfzone entkommen waren, umzingelte Agrippa die noch verbliebenen Schiffe, zerstörte einen Teil und kaperte den Rest. Cassius Dio beschreibt plastisch das Schicksal der Seeleute, als sich am Ende der Schlacht die Brände auf den Schiffen ausbreiteten: «Die einen, und zwar besonders die Matrosen, erstickten schon, ehe sich ihnen noch die Flamme näherte, im Rauch, während die anderen gerade mitten im Feuermeer wie in Öfen gebraten wurden. Weitere starben in ihrer Rüstung, als diese sich erhitzte. Wieder welche warfen, ehe ihnen noch dies widerfuhr oder als sie schon halbverbrannt waren, ihre Waffen weg und ließen sich von den Ferngeschossen verwunden oder sprangen ins Meer, wo sie ertranken. Manche gingen auch, von den Streichen ihrer Gegner getroffen, in den Wellen unter, manche wurden von Seeungeheuern in Stücke gerissen.»[16]

Noch dramatischer fasste der große Dichter Vergil (70–19 v. Chr.) das Geschehen in seiner *Aeneis*, jenem zentralen römischen Nationalepos der Augusteischen Zeit, mit deren Abfassung er ein Jahr nach der Seeschlacht begann. Selbst der fluchtbegünstigende Wind, der tatsächlich in der Gegend von Actium existierende, von Nordwest blasende Iapyx, ist ihm nicht entgangen. In dem Epos heißt es:

Drüben mit Fremdvolks Macht Antonius, bunt seine Waffen,
Sieger bei Völkern des Morgens, am Strande des Roten Meeres,
führt Ägypten und die Kräfte des Orients her und das ferne
Baktra; es folgt ihm – Frevel und Schmach! – die ägyptische Gattin.
Alle stürzen zum Kampf, und ringsum schäumt, überall von
Riemenschlägen durchwühlt und dem Dreizack der Schnäbel, die Fläche.
Hoch zum Meer drängt's, fast, als rissen Kykladen sich los und
schwämmen dahin oder ragende Berge stürzen auf Berge,
so mit Kolossen drängen die Krieger gegen die Turmhecks. [...]
Auch sie selbst, die Königin, sah man erbetenen Winden
Segel bieten und locker stets loslassen die Taue,
mitten durchs Blutbad, bleich vor drohendem Tode, so flog sie,
Werk des Feuerbeherrschers, von Wogen geworfen und Westwind.[17]

Antonius und Kleopatra waren auf dem Weg nach Süden. Ihre Flotte war zu drei Vierteln verloren. Emphatisch notierte Florus, der, wie schon Vergil, das Bild der orientalisch-asiatischen Völkermassen bemühte: «Die Wracks der ungeheuer großen Flotte trieben nach der Schlacht auf dem gesamten Meer umher. Die durch die Winde aufgewühlten Meere spülten purpurfarbene und vergoldete Beute der Araber, Sabaeer und tausend andrer Völker Asiens an die Küsten.»[18] Bald nach der Schlacht kapitulierten ihre immerhin noch neunzehn Legionen in Makedonien. Kleopatra fuhr direkt nach Alexandria, während Antonius mit einem Umweg über die Kyrenaika nachkam. Es gelang ihnen allerdings nicht, im Laufe der nächsten Monate neue militärische Kräfte im großen Stil zu mobilisieren. Da im Gefolge der Schlacht nun auch die Klientelherrscher in Kleinasien und Syrien von Antonius abfielen, war der römische Bürgerkrieg weitgehend entschieden. Antonius nahm sich im August 30 v. Chr. angesichts der hoffnungslosen Lage das Leben, indem er sich in sein Schwert stürzte. Kleopatra, die letzte Pharaonin Ägyptens, folgte ihm wenige Tage später in den Freitod. Beide wurden von Octavian zusammen in dem von Kleopatra errichteten Mausoleum in Alexandria bestattet. Allerdings sind die Grabstellen bis heute unbekannt.

Die Verlustbilanz der Schlacht bei Actium bleibt ziemlich unklar. Plutarch spricht von 5000 Toten auf Seiten des Antonius. Da man die Ruderer nicht mitzählte, wäre also ein Viertel der auf den Schiffen befindlichen Kampftruppen gefallen. Insgesamt erbeutete Octavian laut Plutarch 300 Schiffe; was bedeuten muss, wenn die Zahlen stimmen, dass alle in der gesamten Kampagne eroberten Schiffe gemeint sind, weil in der Schlacht ja nur 230 auf Seiten des Antonius gekämpft hatten. Orosius, der andere Quellen benutzte, spricht von 12 000 Toten und 6000 Verletzten, ein enormer Blutzoll, der damit bei über 80 Prozent der beteiligten Truppen läge. Cassius Dio notierte – wie so oft – keine Zahlen, und von den Verlusten des grandiosen Siegers Octavian ist nirgends die Rede.[19]

Rammsporne als Siegeszeichen

Bei Salamis war am Abend der Schlacht nicht recht klar gewesen, wem eigentlich der Siegeslorbeer gebührte. Das Gefecht wurde erst zum Sieg für die Griechen, weil die Perser am nächsten Tag nicht noch einmal zum Kampf antraten und sich zurückzogen. Bei Actium liegen die Dinge noch komplizierter. Die Seeschlacht schien auf den ersten Blick ein vollständiger Sieg für Octavian zu sein. Dennoch hatte er sein Hauptziel zunächst gründlich verfehlt, nämlich Antonius und Kleopatra in der Bucht von Actium festzusetzen oder sogar gefangen zu nehmen. Stattdessen konnten die beiden mit einem starken Kontingent und der Kriegskasse die Seeblockade durchbrechen. Und es war zu diesem Zeitpunkt noch keineswegs sicher, dass ein Jahr später der Traum vom Orientreich tatsächlich zu Ende sein sollte, denn in der Kyreneika und in Ägypten standen noch etliche Legionen. Kleopatra hatte also Antonius nicht im Stich gelassen und verraten, da das Durchbruchsmanöver Teil des Schlachtplanes gewesen war. Gemessen am taktischen Ziel hatten Antonius und Kleopatra mit ihrem Entwischen aus der tödlichen Blockade doch etliche Lorbeerblätter vom Siegeszweig des Octavian heruntergerissen.

Was also tun, wenn einem der Gegner entschlüpft ist? Octavian griff zu einer klugen Taktik, die staatsmännisches Format erkennen lässt. Er wusste, dass der Herr über die Meinungen zum Sieger werden kann, und nicht zwangsläufig allein derjenige, der die Walstatt behauptet hat. Er war darin überaus erfahren, denn die Propagandaklaviatur hatte er auch schon vor der Seeschlacht von Actium meisterhaft beherrscht. Später hat er für die eigenen Seesiege des Jahres 36 v. Chr. von Mylae und Naulochoi in Rom eine mit Schiffsschnäbeln verzierte Ehrensäule, eine *columna rostrata,* aufstellen und die ältere, für den Seesieg von Mylae 260 v. Chr. errichtete Säule erneuern lassen.[20]

Der militärische Kopf der Seesiege, Agrippa, erhielt für seine Erfolge bedeutende Ehrungen, wie etwa die *corona navalis*, die Schiffskrone, oder das *vexillum caeruleum*, das meerblaue Banner. Er stieg in hohe Ämter auf und wurde Schwiegersohn des Augustus. Im Rahmen eines ehrgeizigen Bau- und Verschönerungsprogramms ließ Agrippa das sumpfige Marsfeld in Rom entwässern und mit prunkvollen öffentlichen Gebäuden schmücken, unter anderem mit dem Vorläuferbau des späteren Pantheon, der von 27 bis 25 v. Chr. als Erinnerung an den Sieg bei Actium errichtet wurde. Noch heute findet man dort über dem Portal eine Inschrift mit seinem Namen als Schöpfer des Tempels.

Cassius Dio berichtet detailliert von einer Reihe von Maßnahmen, die die Siegeserinnerungen an die Schlacht von Actium mit dem zukünftigen Augustus verbinden sollten: Die Regierungsjahre Octavians als Alleinherrscher wurden ab dem 2. September, dem Tag der Schlacht, gezählt, Waffen wurden geweiht, Feste gestiftet, und die Stadt Hiera Nicopolis, «heilige Siegesstadt», wurde am Ort von Octavians Feldlager gegründet.[21] Durch ein monumentales Siegesdenkmal, einen Apollon-Tempel, nahm Octavian den Ort symbolisch in Besitz. Dass in den Tempel nach altrömischer Tradition wieder eine ganze Reihe von *rostra*, die bronzenen Rammsporne der eroberten Schiffe, als Trophäen einbezogen wurden, kann man noch heute an den Ruinen des Denkmals in der Sockelzone an den dreiundzwanzig erhaltenen Aussparungen für die Schiffsschnäbel erkennen. An manchen Stellen sind die Ausarbeitungen so gut erhalten, dass man sogar die Größe der Rammen rekonstruieren konnte. Die größten von ihnen hatten ein Gewicht von etwa zwei Tonnen. Irgendwann zwischen den Jahren 397 und 551 dürfte die Tempelanlage bei den Feldzügen und Plünderungen durch Alarich, Geiserich oder Totila zerstört worden sein. Ihre Steinquader dienten nun neuen Wehrmauern, und die bronzenen Rammen schmolz man wohl in neue Waffen um.[22]

Auf die antiken Besucher der intakten Tempelanlage dürfte die lange Reihe der *rostra* einen gewaltigen Eindruck gemacht haben. Über den Rammen befand sich eine Siegesinschrift, die teilweise erhalten geblieben ist. Sie berichtet von dem Krieg, den Octavian als Konsul für die Republik

Neptun und Mars zu Ehren: Die Reste und die daraus erfolgte Rekonstruktion der Tempelanlage, die Octavian in seiner neugegründeten Hiera Nicopolis – Heilige Siegesstadt – errichten ließ, zeigen eines deutlich: Der Tempel sollte für immer die Erinnerung an seinen Sieg bei Actium wachhalten. Eine lange Reihe von Schiffsschnäbeln von den erbeuteten Schiffen war in die Basismauer mit einbezogen worden. Über den Rammen befand sich eine Siegesinschrift in erhabener Rhetorik. Sie berichtet von dem Krieg, den Octavian als Konsul für die Republik geführt habe.

geführt habe, und dass er hier, nachdem er den Frieden zu Lande und zur See gesichert hatte, zu Ehren von Neptun und Mars ein mit Schiffsteilen geschmücktes Monument geweiht habe. Der Wortlaut ist eines der vielen Beispiele, wie der frühe Principat gerade nach Actium die Paradoxie zwischen republikanischer Rhetorik und monarchischer Reichsorganisation inszenierte. Rituale, wie die eingerichteten Spiele, sollten das Ereignis zudem wiederkehrend und damit auf Dauer memorieren. Und das taten sie auch; zumindest über drei Jahrhunderte lang. Dass an der Stelle, wo sich sein eigenes Feldlager befunden hatte, gleich eine ganze Stadt entstand, die von der Schlacht kündete und *Hiera Nicopolis* – Heilige Siegesstadt – heißen sollte, belegt das Gewicht, das Octavian dem Ereignis beimaß. Alle Welt sollte wissen, dass hier die verhasste Herrscherin vom Nil und ihr willenloser Geliebter vernichtend geschlagen worden waren.[23]

Aber auch auf bildkünstlerische Weise wurde an die Schlacht erinnert. Auf einem kostbaren Sardonyx-Kameo dieser Zeit, heute in Wien, zeigt sich ein Augustus, der als Triumphator auf einem von einer Tritonenquadriga gezogenen Wagen das Meer durchpflügt. Eine weitere Prunkgemme, heute in Boston, visualisiert das Geschehen noch deutlicher: Augustus als Gott Neptun mit Dreizack in der Hand lenkt seine Hippokampenquadriga direkt über dem hilflos im Wasser treibenden Antonius. Mehrere Reliefs zeigen Antonius als dem Trunke ergebenen Dionysos und Octavian als Apoll. All das sollte einen Gegensatz der Götterwelt in den des wirklichen Lebens übersetzen. Octavian verhängte zudem eine *damnatio memoriae* – eine Auslöschung der Erinnerung – über seinen besiegten Gegner. Dessen Name wurde aus Inschriften und Urkunden getilgt und eine Reihe von Statuen und Bildern zerstört. Erst der Urenkel des Antonius, Kaiser Caligula (37–41 n. Chr.), ließ das Gedenken an seinen Urgroßvater wieder beleben.

Unter Augustus entstand nun in Rom ein Herrschaftsmythos, der die gesamte Bilderwelt der Epoche prägte. Alle Arten der sozialen Begegnungen, die sich zu Bildern verdichteten, also nicht nur Kunstwerke selbst, sondern auch religiöse Rituale und Staatsakte wurden ihm unterworfen. In vielen Bereichen kam es durch städtebauliche Erneuerungen zu einer Art Imperialisierung des Erscheinungsbildes der Metropole. Die Meeresideologie hatte in der neuen Herrschaftsidee einen wichtigen Platz, denn Seeherrschaft bildete einen unverzichtbaren Bestandteil feldherrlicher Tüchtigkeit und universaler Macht. Schon Caesar hatte seinen Vorstoß nach Britannien als ozeanische Eroberung stilisieren lassen, und Pompeius der Große (106–48 v. Chr.), der Piratenbezwinger, sah sich als «Hüter der Erde und des Meeres». Octavian, der nun Augustus hieß, wurde zum «Hüter des Römischen Reiches und Lenker des gesamten Erdkreises». Der Triumph auf dem Meer und über das Meer sowie die Vorstöße bis an den *Okeanos*, der sich nun auch dem Willen römischer Feldherren beugen musste, wurde Teil der römischen Weltherrschaftsideologie. Seefahrt wurde zum Symbol des Sieges über dumpfe Naturgewalt: *Navigare necesse est* – «Seefahrt tut not», wie es der römische Feldherr Gnaeus Pompeius Magnus auf den Punkt gebracht haben soll.

Nach Actium hatte die Römische Flotte für ein halbes Jahrtausend zur See keinen ernstzunehmenden Gegner mehr. Erst der Vandalenkönig

Geiserich konnte in den 460er Jahren die römische Seeherrschaft ernstlich, wenn auch nur kurz, erschüttern. Der unbestrittene Besitz des Mittelmeeres legitimierte für lange Zeit das Imperium. Über anderthalb Jahrtausende später wird es in der Nähe von Actium wieder eine gewaltige Seeschlacht mit geruderten Kriegsschiffen geben: Lepanto. Es wird der letzte große Massenkampf mit solcherart Schiffen sein, denn bald werden Segel als alleinige Antriebsmittel dienen. Und die Erinnerungen an den römischen Bürgerkrieg? Sie konnten nun als ein Sieg über einen unrömischen Weichling überschrieben werden. Shakespeare hatte Recht, als er in seinem 1607 verfassten und 1623 erschienenen Theaterstück *The Tragedy of Antony and Cleopatra* die eingangs zitierten Worte dem Octavian in den Mund legte. Es gab tatsächlich keinen Raum für beide in der Welt. So resümiert er schließlich: «Daß nicht den Einsturz solcher Macht verkündet / Ein stärkres Krachen! Soll der Welt Erschüttrung / Nicht Löwen in der Städte Gassen treiben / Und Bürger in die Wüste? Antonius' Tod / Ist nicht ein einzeln Sterben: denn so hieß / Die halbe Welt.»[24]

4. Konstantinopel 674–678

FEUER AUF DEM WASSER

Die Erfindung eines Flammenwerfers rettet Byzanz vor der arabischen Eroberung

Wie alle Kriegsführung wird gerade auch diejenige zur See von technischen Innovationen beeinflusst, doch selten hat eine militärische Erfindung einen so nachhaltigen Einfluss auf den Lauf der Weltgeschichte genommen wie das Griechische Feuer. Im Kampf um Konstantinopel, die Hauptstadt des Oströmischen Reiches, bewahrte es die Stadt und damit zugleich das Reich vor der Eroberung durch die Araber. Vielleicht rettete es sogar Europa. Als frühmittelalterliche Geheimwaffe zeugt das Griechische Feuer zugleich von dem Entwicklungsvorsprung, der das Reich der Rhomäer gegenüber den Gesellschaften im Westen auszeichnete. Dazu gehört auch, dass die Herrscher am Bosporus über die administrativen und finanziellen Ressourcen zum Unterhalt einer Flotte verfügten, von denen die Herrscher im Abendland zu dieser Zeit nur träumen konnten.

Das Flammenschwert des Cherub

Nun, fast sieben Jahrhunderte nach der Fleischwerdung des Herrn, war es da, das Ende. Der seit langem prophezeite Untergang des Römischen Reiches schien unabwendbar, und Konstantinopel, die märchenhaft reiche und prächtige Wunderstadt am Bosporus, drohte zu fallen. Ein riesiges arabisches Heer lag auf der Landseite vor den Mauern des zweiten Rom, und eine überlegene Flotte schnitt die Metropole auch von der Seeseite ab. Nur ein halbes Jahrhundert nach dem Tode ihres Propheten Mohammed setzten seine Anhänger zum entscheidenden Sturm auf das Machtzentrum des östlichen Imperium Romanum an. Und obwohl dessen Mauern aus der Zeit des Kaisers Theodosius II. (408–450) zu den mächtigsten Verteidigungsanlagen der Welt gehörten, schien es lediglich eine Frage der Zeit zu sein, bis die Stadt in die Hände der Araber fallen würde, denn in der eingeschlossenen Stadt machte sich mehr und mehr der fehlende Nachschub bemerkbar. Wie lange würde sie noch standhalten können?

Da geschah plötzlich ein Wunder: Während sich die Araber mit der Aufrechterhaltung der Blockade abmühten, erschienen große byzantinische Kriegsschiffe, an deren Bug sich bis dahin noch nie gesehene Konstruktionen mit bronzenen Rohrmündungen befanden. Sie steuerten sie geradewegs auf die arabischen Schiffe zu. Als die byzantinischen Ruderschiffe nur noch wenige Meter von ihnen entfernt waren, schleuderten sie wie aus Höllenschlünden unter furchtbarem Getöse einen Feuerstrahl auf Rumpf und Deck des Gegners. Die Wirkung war verheerend: Planken, Trossen, Segel, sogar die Krieger selbst brannten sofort. Die gewaltigen Feuerstöße verwandelten Schiff um Schiff der arabischen Flotte in ein flammendes Inferno. Alle Löschversuche der Besatzungen erwiesen sich als vergeblich, denn selbst auf dem Wasser brannte die klebrige Flüssigkeit, die aus den Rohren spritzte, weiter. Wie das Flammenschwert eines Cherub vernichtete das Griechische Feuer die arabischen Schiffe. In kürzester Zeit waren sie bis zur Wasserlinie heruntergebrannt. Die Verluste der Belagerer erwiesen sich als so gewaltig, dass sie die Blockade aufgaben. Konstantinopel war gerettet, vorerst jedenfalls.

Ostrom und die Araber

Die Mauern, die Kaiser Theodosius am Anfang des 5. Jahrhunderts zur Befestigung Konstantinopels hatte aufführen lassen, waren nicht ohne Grund so gewaltig, dass sie den Zeitgenossen als ein uneinnehmbares Weltwunder erschienen. Denn die Hauptstadt des östlichen Reichsteils des Imperium Romanum lag zwar strategisch günstig am Bosporus, der Meerenge, die Europa von Kleinasien trennt. Sie war aber gerade dadurch auch für Feinde sowohl vom Balkan als auch aus dem Osten leicht zu erreichen – auf dem Land, vor allem aber zu Wasser. Lange Zeit spielte das jedoch keine Rolle, denn seit der Seeschlacht von Actium brauchten das Römische Reich und seine Kaiser über Jahrhunderte hinweg keinen ernstzunehmenden Gegner auf See zu fürchten, war doch das *mare mediterraneum* geradezu ein *mare nostrum*, ein Binnenmeer des Reiches, geworden. Daran hatten auch die Vandalen- und Gotenflotten der Völkerwanderungszeit nur kurz etwas ändern können. Mit der Verlegung der Hauptstadt des Imperiums nach Konstantinopel durch Konstantin den Großen (306–337) und der Reichsteilung im Jahr 395 waren die Ostprovinzen des Reiches in ihrer Bedeutung stetig gewachsen. Der weströmische Teil des Imperiums hingegen war im Zuge der Völkerwanderung im Jahr 476 zerfallen und in andere Herrschaftsstrukturen einbezogen worden.[1]

Um die östliche Hauptstadt gegen Angriffe zur See zu schützen und die Herrschaft im östlichen Mittelmeerraum zu sichern, begannen die oströmischen Kaiser eine große und schlagkräftige Flotte zu unterhalten. Mit ihrer Hilfe gelang Kaiser Iustinian I. (527–565) eine erfolgreiche Konso-

Konstantinopels mächtige Mauern: Sowohl am Marmarameer als auch am Ufer zum Goldenen Horn erstreckten sich die Seemauern Konstantinopels, die die Stadt gegen Angriffe vom Meer her schützten. Der letzte Turm der Seemauer am Marmarameer ist in seiner unteren Hälfte aus älteren Marmorspolien gefügt worden. Neben ihm erhebt sich der erste Turm der Landmauer, die von hier nach Norden abbiegt. Heute steht der sogenannte Mermerkule, der «Marmorturm», einsam in einem später aufgeschütteten Parkareal, und zwischen ihm und dem ersten Turm der Landmauer braust der Verkehr auf einer sechsspurigen Autobahn. Die kurz nach 1890 entstandene Aufnahme stammt aus dem damals bedeutendsten Istanbuler Fotoatelier «Sébah & Joaillier», die sich «Photographen des Sultans» nennen durften.

lidierungspolitik, die unter anderem auch die Rückeroberung Nordafrikas und Italiens gegen Vandalen und Ostgoten ermöglichte. Doch waren diese Erfolge, die nur mit Hilfe der überlegenen byzantinischen Flotte und einem riesigen finanziellen Aufwand zustande gekommen waren, nicht von langer Dauer. In Italien fielen die Langobarden ein und besetzten die nördlichen und zentralen Regionen der Apenninhalbinsel. Nur der Süden Italiens mit Sizilien, Apulien und Kalabrien verblieb dank der byzantinischen Dominanz auf dem Meer noch über Jahrhunderte unter der Herrschaft der oströmischen Kaiser.

Mit den Arabern entstand zu Beginn des 7. Jahrhunderts jedoch ein weitaus gefährlicherer Gegner als die Langobarden, der das Oströmische Reich existenziell bedrohte und die relative Sicherheit der Seefahrt im Mittelmeer beendete. Beim Tod des Propheten Mohammed im Jahr 632 erstreckte sich deren nun islamischer Machtbereich noch allein auf die Arabische Halbinsel. Die riesigen fruchtbaren Gebiete Ägyptens, Palästinas, Syriens und des Zweistromlands bis hin nach Persien standen weitgehend unter der Kontrolle der beiden wichtigsten Großmächte der Spätantike: Ostroms und des persischen Sassanidenreichs. Beide hatten sich bei ihrer Grenzverteidigung sogar lange der Unterstützung durch arabische Stämme bedienen können. Doch nun entfalteten die Araber unter den Kalifen, den Nachfolgern des Propheten, aggressive Expansionsbestrebungen und stießen schon bald weit über die Grenzen der Arabischen Halbinsel hinaus. Da sich das Oströmische Reich und die Sassaniden seit Jahrhunderten im Kampf um die Vorherrschaft im Osten ineinander verbissen und in endlosen Kriegen gegenseitig geschwächt hatten, gelang es den Arabern in kurzer Zeit, große Teile beider Reiche zu erobern. Das Sassanidenreich verschwand Mitte des 7. Jahrhunderts sogar vollständig von der politischen Bühne, und beinahe wäre es dem Oströmischen Reich ebenso ergangen.

Am Ende der 630er Jahre waren die Araber zunächst erfolgreich nach Syrien und Ägypten vorgestoßen. 638 kapitulierte Jerusalem, schon drei Jahre später Alexandria, die Weltstadt des Hellenismus und ein weltberühmtes Bildungszentrum der Antike. Ägypten, über Jahrhunderte hinweg die Kornkammer des Imperium Romanum, ging damit verloren. Schlimmer noch: Mit dem Zugriff auf die Werften Ägyptens und der Levante erlangten die Araber das schiffstechnische Potential, um auch auf dem Meer aktiv zu werden. Die Angriffswellen der neuen arabischen Seemacht führten zur zeitweiligen Eroberung der Inseln Zypern im Jahre 649 und Kreta 655, seit 652 brandeten sie an die Küsten Siziliens, das im 9. Jahrhundert in ihre Hände fallen sollte. Bei Phoinix, dem heutigen türkischen Finike, gewannen die Araber 655 die «Schlacht der Masten», die erste offene Seeschlacht mit dem Oströmischen Reich.

Der islamische Chronist und Geschichtsphilosoph Ibn Khaldūn (1332–1406) gibt in der *Muqaddimah*, der berühmten Einleitung zu seinem monumentalen Geschichtswerk, einen kurzen Überblick über die Entwicklung der arabischen Seefahrt und vermerkt, dass man erst durch die Unterwerfung vieler Völker über die notwendigen Kenntnisse und Handwerker verfügt habe, um eine Flotte zu bauen. Der arabische Kalif Muawiya I. (661–680) – der Begründer der Dynastie der Umayyaden – habe den Muslimen erlaubt, zur See zu fahren und den heiligen Krieg mit Schiffen zu führen. Die Muslime hätten daraufhin die Kontrolle über das ganze Mittelmeer erlangt: «Ihre Macht und ihre Herrschaft darüber waren gewaltig. Die christlichen Völker konnten im Mittelmeer nichts gegen die muslimischen Flotten ausrichten. Zu jeder Zeit ritten sie auf den Wellen zur Eroberung.»[2]

Mit den alten vorderorientalischen beziehungsweise nordafrikanischen Provinzen Syria, Aegyptus und Africa hatte das Oströmische Reich zwei Drittel seines Territoriums, drei Viertel seiner Steuereinnahmen und über die Hälfte der Bevölkerung eingebüßt. Seit 663 erschienen die Araber Jahr für Jahr plündernd in Kleinasien und sorgten dort für schwere Verwüstungen. Zeitweilig drangen die Angreifer sogar bis Chalkedon, einem Vorort Konstantinopels auf der asiatischen Seite des Bosporus, vor. Im Jahr 670 gelang es ihnen, die Dardanellen zu durchstoßen und im Marmarameer zu operieren. Nur unter größten Anstrengungen konnten die oströmischen Kaiser Kleinasien gegen die Invasoren behaupten.

Die Einfälle der Araber führten schon bald zum Untergang der meisten oströmischen Städte. Sie wurden entweder ganz aufgegeben oder verwandelten sich in kleinere Siedlungen mit mächtigen Verteidigungsmauern, wie etwa Milet, Sardes oder Pergamon. An die Stelle der *Polis*, des urbanen Lebenszentrums der antiken Mittelmeerwelt, traten Wehrfestungen, die zugleich als Fluchtburgen für die umliegende Landbevölkerung dienten; ein Vorgang, der auch in Mittelitalien zu beobachten ist und dort als *incastellamento* bezeichnet wird. Auch die alten Götter mussten das Ihre zum Schutz beitragen: In Pergamon etwa kam es mit dem Rückzug der Besiedlung auf den Burgberg zum Bau einer sechs Meter starken Mauer, die man zum Teil aus Elementen älterer Gebäude errichtete. Als der Archäologe Carl Humann am Ende des 19. Jahrhunderts die Ruinen der Stadt untersuchte, fand er auch Bauteile, die einst den berühmten Pergamonaltar bildeten, in dieser Mauer verbaut. Der Mittelmeerraum wandelte sich von einer befriedeten, Handel, und das hieß vor allem Seehandel, treibenden Region zu einem Konglomerat sehr viel kleinteiligerer Herrschaftsbereiche. Über die Ressourcen, die für den Bau, Unterhalt und Einsatz großer Kriegsflotten notwendig waren, verfügten jetzt nur noch Ostrom und die Araber.[3]

Die Imperatoren am Bosporus mussten sich jedoch im 7. Jahrhundert nicht nur der Anhänger Mohammeds erwehren, sondern auch der Slawen auf dem Balkan. So sah man sich in Konstantinopel zu tiefgreifenden Reformen gezwungen. Ab den 630er Jahren wurde in mehreren Schritten das gesamte militärische und administrative System des Reiches umgestaltet und die sogenannte Themenverfassung eingeführt. Dabei wurde das Reich in mehrere *themata* unterteilt, in regionale Verwaltungs- und Militärdistrikte, in denen auch ohne Anweisung aus Konstantinopel entschieden werden konnte. Unter dem Kommando eines *stratēgos* unterhielt jedes Thema seine eigenen Militäreinheiten, die zum Teil aus der lokalen Bevölkerung rekrutiert wurden. Später siedelte man auch noch Berufssoldaten auf kleineren Gütern an, so dass man in den gefährdeten Gebieten neben den Soldtruppen auch auf «Soldatenbauern» zurückgreifen konnte.

Infolge der immensen Gebietsverluste, der Umwälzungsprozesse im Innern und der fortschreitenden Gräzisierung des Staates seit Kaiser Herakleios (610–641) wandelte sich das spätantike Oströmische Reich zu dem, was wir heute als mittelalterliches Byzanz bezeichnen, auch wenn sich die überwiegend griechischsprachigen Bewohner weiterhin als *Rhomaioi* oder *Rhomäer* – als Römer – bezeichneten und sich das Reich in ungebrochener und legitimer Kontinuität als das Römische Reich verstand.[4]

Der erste Ansturm

Die erste existenzielle Bedrohung durch einen Angriff der Araber traf Konstantinopel im Jahre 674. Kalif Muawiya glaubte sich stark genug, die byzantinische Hauptstadt und damit das gesamte Oströmische Reich seinem Herrschaftsbereich einverleiben zu können. Neben den Rüstungen zu Land und zur See gehörte zu den Vorbereitungen der Belagerung die Eroberung einiger Ägäis-Inseln. Es gelang den Arabern 670 sogar, die Stadt Kyzikos am Südufer des Marmarameers, keine siebzig Seemeilen von Konstantinopel entfernt, zu erobern. Da die Stadt auf dem Isthmos der Halbinsel Arktonnesos lag, verfügte sie über einen Doppelhafen, war also die ideale Ausgangsbasis für eine Flottenoperation. Im Jahre 672 nahm ein arabisches Geschwader mit Smyrna, dem heutigen Izmir, einen weiteren Seestützpunkt an der Westküste Kleinasiens ein. Nun konnte der Sturm auf die Hauptstadt des Reiches beginnen.

In Konstantinopel regierte zu dieser Zeit Konstantin IV. (668–685). Im Frühjahr 674 begannen die Angriffe auf die byzantinische Hauptstadt, die von den Arabern belagert wurde. Wahrscheinlich 677 oder 678 gelang es seiner Flotte in höchster Not, die Araber mit Hilfe des Griechischen Feuers abzuwehren. Die lange Belagerung und Rettung aus größter Bedrängnis muss sich langfristig in das kulturelle Gedächtnis der Oströmer eingeschrieben haben. Berichte aus späterer Zeit jedenfalls malen die Ereignisse farbenfroh aus: Mehrere Jahre lang hätten sich bei Einbruch des Winters die Araber nach Kyzikos zurückgezogen und Verstärkung aus Syrien erhalten. Während der Wintermonate seien die Schiffe dann wieder see- und kampftüchtig gemacht worden. Doch auch der nächste Ansturm wurde zurückgeschlagen, nicht anders der übernächste. Erst nach fünf, in manchen Überlieferungen sogar nach sieben Jahren vergeblicher Belagerung und dem Verlust zahlloser Schiffe sollen die Muslime 678 die Belagerung aufgegeben haben. Kalif Muawiya habe nun das Friedensangebot

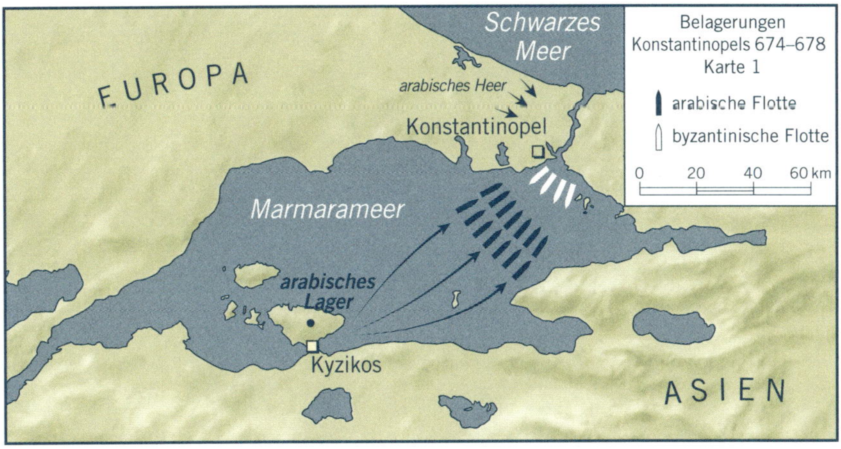

Konstantins annehmen müssen, und das zu Bedingungen, die für ihn wenige Jahre zuvor noch unannehmbar gewesen waren. Es sah die Zahlung eines jährlichen Tributs von fünfzig Sklaven, fünfzig Pferden und dreitausend Pfund Gold an den Kaiser vor.

Leider gibt es jedoch keine zeitgenössischen Berichte über die Belagerung. Die wichtigste Quelle zu den Ereignissen in der an schriftlichen Zeugnissen wahrhaft dunklen Zeit verfasste rund einhundert Jahre später der aus Konstantinopel stammende Theophanes Homologetes, der «Bekenner», (um 760–818) mit seiner Weltgeschichte, der *Chronographie*. Das Werk stellt für die Zeit von 769 bis 813 sogar die einzige ausführliche byzantinische Geschichtsquelle dar. Wegen der unsicheren Überlieferungen sind Zweifel berechtigt, ob es in den 670er Jahren überhaupt eine mehrjährige Belagerung Konstantinopels gegeben haben kann. Es könnte durchaus sein, dass der Chronist Theophanes mehrere Nachrichten von arabischen Attacken fälschlich miteinander in Verbindung gesetzt hat und seine Bemerkungen also aller Wahrscheinlichkeit nach mit dem Verlauf der historischen Ereignisse nur in groben Zügen übereinstimmen. Die Annahme einer mehrjährigen und zudem kontinuierlichen Belagerung einer riesigen Stadt wie Konstantinopel – die ja nicht allein von einer Flotte erobert werden konnte, sondern nur im Verbund mit einer Armee – mit all den Anforderungen an Heeresorganisation und Truppenversorgung erscheint vor dem Hintergrund der tatsächlichen Möglichkeiten mittelalterlicher Herrscher nur wenig glaubhaft. Selbst das vergleichsweise straff organisierte Reich der Umayyaden dürfte nicht über die wirtschaftlichen Ressourcen verfügt haben, gleichzeitig eine vieltausendköpfige Armee mehrere Jahre ununterbrochen im Feld und eine gewaltige Flotte auf See zu unterhalten.

Sicher ist nur, dass es in den 670er Jahren sowie in den Jahren 717/718 tatsächlich energische Angriffe auf das Byzantinische Reich und seine Hauptstadt gab. Möglicherweise handelte es sich über lange Zeit um eine Blockade, die zur Aushungerung der Hauptstadt und zur Bindung der byzantinischen Kerntruppen dienen sollte. Auf jeden Fall konnten die Angriffe nach langen und mühevollen Kämpfen abgewehrt werden, wobei eine neue Waffe ihre Weltpremiere hatte. Immerhin, die spätere Stilisierung der Ereignisse lässt erkennen, wie tief der erste arabische Angriff auf Konstantinopel noch nachfolgende Generationen beeindruckt hat.[5]

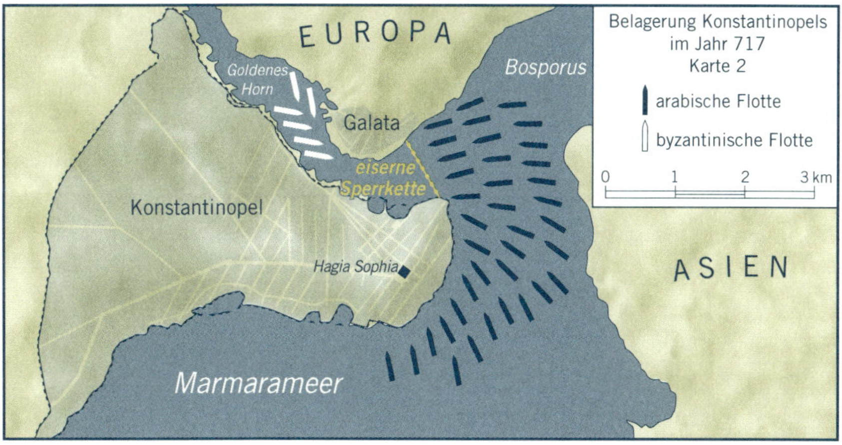

Konstantinopel schien gerettet, doch stellte sich der Sieg des Jahres 678 schon bald nur als Atempause heraus. Denn trotz der gescheiterten ersten Belagerung setzte sich die islamische Expansion in Ost und West scheinbar unaufhaltsam fort. Mit Karthago fiel 698 der letzte byzantinische Außenposten in Nordafrika. Wenig später überquerten die Araber die Meerenge von Gibraltar, und 711 unterlag ihnen das Westgotenreich auf der Iberischen Halbinsel. Im Osten dehnte sich der Machtbereich der Kalifen bald bis an die Grenzen Indiens aus.

Die Umayyaden-Kalifen fühlten sich somit bald wieder stark genug, einen erneuten Angriff auf die byzantinische Hauptstadt zu unternehmen, um diese zum eigenen Regierungssitz zu machen. Die Angriffsvorbereitungen blieben jedoch am Goldenen Horn nicht unbemerkt. Kaiser Anastasios II. (713–715/16) traf ab 713 Vorbereitungen gegen eine bevorstehende Belagerung, indem er die Mauern verstärken, die Flotte aufrüsten und die Kornspeicher der Stadt füllen ließ. Zwei Jahre später versammelte im Sommer 715 Kalif Sulaiman (715–717) ein riesiges Heer, das unter dem Befehl seines Bruders Maslama durch Kleinasien auf Konstantinopel marschieren sollte. Parallel dazu ging eine Flotte von angeblich 1800 Schiffen unter Segel. Wie viele Schiffe es wirklich waren, wissen wir nicht. Wie bei so vielen zeitgenössischen Berichten über antike und mittelalterliche Schlachten ist auch diese Zahl als Topos zu verstehen und ließe sich wohl am besten übersetzen mit «es waren viele». In den folgenden zwei Jahren operierten die arabischen Verbände zunächst in Kleinasien. Im Frühjahr 717 begann schließlich der Vormarsch auf Konstantinopel. Auf dem Weg dorthin eroberte das Heer Pergamon trotz seiner neuen Befestigungsanlagen und überquerte bei Abydos die Dardanellen. Im August standen die Araber erneut vor den Mauern Konstantinopels und errichteten ein befestigtes Lager. Anfang September erschien auch die Flotte am Bosporus.

Eisenketten und Dromonen

Damit sahen sich Konstantinopel und der soeben erst auf den Thron gelangte Kaiser Leo III. (717–741) abermals sowohl von Land als auch vom Meer her eingeschlossen. Die byzantinische Flotte lag im Goldenen Horn, geschützt durch eine Eisenkette, die quer über dessen Einfahrt gespannt werden konnte. Eine ganze Serie vergeblicher Angriffe auf die Land- und Seemauern zeigte den Arabern schon bald, dass Konstantinopel nach wie vor eine harte Nuss war. Die Belagerung zog sich in die Länge. Der Winter begann im Jahr 717 früh und erwies sich als ungewöhnlich streng. Über hundert Tage lang konnte man in Thrakien den von einer dicken Schneedecke bedeckten Boden nicht sehen, berichtet der Geschichtsschreiber Theophanes Homologetes. Unter diesen misslichen Umständen verschlechterte sich die Versorgungslage der Angreifer bald dramatisch, so dass sie, wenn wir Theophanes vertrauen dürfen, eine große Anzahl Pferde und Kamele verloren. Im Frühjahr traf dann die heiß ersehnte, in Ägypten gebaute Versorgungsflotte ein, darunter 400 Schiffe mit dem dringend benötigten Nachschub. Wenig später brachten 360 Schiffe aus Nordafrika den Belagerern weitere Unterstützung. Unter den ägyptischen Seeleuten befanden sich jedoch viele Christen, die zu den Byzantinern flohen und dem Kaiser Informationen über Angriffspläne und Ankerplätze der muslimischen Flotte zuspielten. Daraufhin stattete Kaiser Leo, so Theophanes weiter, seine Dromonen mit feuerschleudernden Siphonen aus und schlug gegen die feindliche Flotte los. Mit der Hilfe Gottes, die auf Fürbitte der *Theotokos*, der gottesgebärenden Maria und

Schutzpatronin Konstantinopels, erlangt wurde, und dank eines «Flüssigen Feuers» gelang es, die Schiffe der Araber zu vernichten. Der Seeweg nach Konstantinopel stand wieder offen. Die arabische Flotte war so geschwächt, dass sogar Fischer aus Konstantinopel im Marmarameer wieder ihrer Arbeit nachgehen konnten.[6]

Der zweite Schlag gegen die Angreifer erfolgte wenig später an Land. Durch die wiedergewonnene Seeherrschaft der Byzantiner waren die arabischen Belagerungstruppen nun ihrerseits erneut vom Nachschub abgeschnitten. Die Not unter den Angreifern wurde so groß, dass Pferde, Esel und Kamele verspeist wurden. Später habe man auch tote Kameraden in Öfen gegart und gegessen, sogar den eigenen Kot verzehrt. Das zumindest habe man sich erzählt, setzt Theophanes hinzu. Bald brachen Krankheiten aus, die das arabische Heer zusätzlich dezimierten. Kaiser Leo gelang es unterdessen, die Bulgaren unter ihrem Khan Tervel zu einem militärischen Vorgehen gegen die Muslime zu bewegen. Dem gemeinsamen Angriff sollen 22 000 Araber zum Opfer gefallen sein. Mitte August 718 zogen die geschlagenen Angreifer endlich vom Bosporus ab, genau ein Jahr nach Beginn der Belagerung Konstantinopels. Für Theophanes stand damit außer Frage, dass «Gott und die allerheiligste Gottesmutter diese Hauptstadt und das Kaisertum der Christen beschützen, und dass er nicht völlig verlässt, die ihn in Wahrheit anrufen, mögen wir auch wegen unserer Sünden auf kurze Zeit gezüchtigt werden.»[7]

Entscheidend für die erfolgreiche Abwehr der Belagerer war 674 ebenso wie 717 neben der göttlichen Intervention zweifellos auch die byzantinische Flotte. Sie hatte im Laufe der Zeit eine bemerkenswerte Entwicklung genommen. Für die Offenhaltung der Handelswege, als Bindeglied zwischen den weitverstreuten Besitzungen und für die Verteidigung des Reiches war sie für Byzanz von zentraler Bedeutung, ja, ihre Existenz zu einer Frage des Überlebens geworden. Ihren hohen Stellenwert in der Gesellschaft kann man auch daran erkennen, dass immerhin zwei Kaiser vor ihrer Erhebung hohe Befehlshaber der Flotte gewesen waren.

Seit der Mitte des 4. Jahrhunderts kehrte man im Kriegsschiffbau teilweise wieder zu Schiffen mit einer oder zwei Ruderreihen zurück, wie sie die Griechen fast ein Jahrtausend zuvor verwendet hatten und wie sie auch die römische Flotte in der Zeit des Principats für küstennahe Operationen oder das Binnenland besaß. Das könnte teilweise mit dem Mangel an materiellen und personellen Ressourcen zu tun gehabt haben, teilweise mit den neuen Anforderungen an die Flotte selbst. Quinqueremen, Octeren oder gar Deceremen mochte man nun nicht mehr einsetzen, ganz zu schweigen von den Ausgeburten hellenistischen Schiffgrößenwahns, wie etwa die 20er, 30er gar 40er Katamarane, mit denen man zwar gewaltig protzen, aber nicht sinnvoll kämpfen konnte. Im Oströmischen Reich entwickelte man einen Schiffstyp, der sich in dem halben Jahrtausend zwischen dem 6. und 12. Jahrhundert als Standardschiff der byzantinischen Marine behaupten sollte und erst im Hochmittelalter von der Galeere abgelöst wurde, wie sie in dieser Zeit die oberitalienischen Seerepubliken Pisa, Genua und Venedig verwendeten: die Dromone.[8]

Auf den ersten Blick sah die Dromone wie eine antike Bireme aus und stellte offensichtlich eine Fortentwicklung der leichten Liburnen der römischen Flotte dar. Das Schiff war zunächst einreihig, bald aber zweireihig konstruiert, mitunter bis zu 50 Meter lang und 5,5 Meter breit. Im Laufe der Jahrhunderte wurde dieser Schiffstyp, der ein durchgehendes

Deck besaß, größer und mit mehr Ruderern bemannt. Anfangs mit etwa 100 Ruderern in zwei Ebenen ausgestattet, 50 auf jeder Seite, konnte man zwar nicht ganz die Geschwindigkeit der Triere erreichen. Dennoch war das Schiff schon aufgrund seiner Länge recht schnell, wie sein Name verrät, denn er leitet sich vom griechischen Wort *drómōn* ab und bedeutet so viel wie «Läufer». Autoren des 6. Jahrhunderts betonten ausdrücklich die Schnelligkeit dieser Schiffe. Der Chronist Prokopios von Caesarea beschreibt in seinem *Vandalenkrieg* einen frühen Typ, die Kriegsschiffe seien «mit einer Ruderreihe und einem Deck versehen, so dass die Ruderer vor feindlichen Geschossen geschützt waren. Man nennt diese Schiffe Dromonen, denn sie sind besonders geeignet zu schneller Fahrt.» Die Bezeichnung *drómōn* wurde später im Griechischen generell für jede Art von Kriegsschiff verwendet. An Kriegstechnik verfügten die Dromonen mittschiffs über ein Deckkastell sowie Katapulte. Vor allem aber konnte man seit dem späten 7. Jahrhundert aus Siphonen, die am Bug der Dromonen angebracht waren, das Griechische Feuer versprühen.[9]

Der gefährliche «Läufer»: Die Dromone war eine Fortentwicklung der leichten Liburne der römischen Flotte und besaß zunächst eine Reihe, bald aber auch zwei Reihen von Ruderern. Neu an dem Schiffstyp war unter anderem die Takelage, da nun die bisher üblichen, quer zum Kiel stehenden Rahsegel an einem oder zwei Masten durch dreieckige Segel, die *Vela latina,* ersetzt worden waren. Mitunter bis zu 50 Meter lang, war das Schiff schon aufgrund seiner Länge recht schnell, wie Autoren des 6. Jahrhunderts ausdrücklich betonen. An Kriegstechnik verfügten die «Läufer», wie man Dromone übersetzen könnte, mittschiffs über ein Deckkastell sowie Katapulte. Vor allem aber konnte man seit dem späten 7. Jahrhundert aus Siphonen, die am Bug der Dromonen angebracht waren, das verheerende Griechische Feuer versprühen.

Neu an der Dromone war schließlich auch die Takelage, denn die byzantinischen Schiffsbaumeister hatten die bisher üblichen, quer zum Kiel stehenden Rahsegel an einem oder zwei Masten durch dreieckige Segel ersetzt, die sich mehr in einer gedachten Linie zum Kiel befinden. Dieses sogenannte *Vela latina* wird an einer langen Spiere angeschlagen, die man ungefähr in der Mitte am Mast befestigte, wobei das eine Ende der Spiere weit über die Masthöhe hinausragte. Ein Lateinersegel erlaubt, viel höher am Wind zu segeln als ein Rahsegel, wodurch das Kreuzen vereinfacht und die Fahrtstrecken bei Am-Wind-Kursen verkürzt werden. Im gesamten Mittelalter bis in die Frühe Neuzeit hinein blieb die Lateinertakelung im Mittelmeer vorherrschend und kam auch in Nordeuropa als Fore-and-aft-rig zum Einsatz. Die härteren Seebedingungen der Ozeane ließen die Schiffsbaumeister später erneut Rahsegel verwenden, weil man diese besser reffen konnte.

Eine weitere wichtige Veränderung an den Kriegsschiffen ergab sich aus dem Wegfall der Ramme in Höhe der Wasserlinie. Da neue Schiffskonstruktionen stabilere Schiffsrümpfe zuließen, die sogar den Aufprall eines Rammstoßes besser abfangen konnten, änderte sich im 6. Jahrhundert das Aussehen der Kriegsschiffe und damit auch die Seekriegstaktik. Der Bug, der nunmehr in einen Sporn auslief, ragte nach vorn über die Wasseroberfläche hinaus. Er verhalf dem Schiff zu größerer Seetüchtigkeit, weil der hochgezogene Bug besser durch die See ging. Aus dem antiken Embolon, der Ramme in Höhe der Wasseroberfläche, war ein Sporn weit oberhalb der Wasserlinie geworden, wie er uns noch bei den Mittelmeergaleeren des späten Mittelalters und der Frühen Neuzeit begegnet. Der neue, leicht nach oben zulaufende Sporn der byzantinischen und mittelalterlichen Galeeren diente nicht mehr wie bisher zum «Rammen», um das gegnerische Schiff zum Sinken zu bringen, sondern vielmehr dazu, die obere Bordwand zu zerschmettern. Das Ende der klassischen Ramme bedeutete zugleich auch das Ende taktisch raffinierter Manöver wie des *diékplous*, der «Durchfahrt», und des *períplous*, der «Umfahrung». Dies brachte den Vorteil mit sich, dass die Rudermannschaften nun mit einer weniger aufwändigen Ausbildung auskamen.

Wie schnell das Wissen um die ursprüngliche Funktion der antiken Schiffsrammen verloren ging, belegen die *Etymologien* des Bischofs Isidor von Sevilla (etwa 570–636), der in seinem Werk über die sprachlichen Ursprünge der Dinge ein Handbuch des zeitgenössischen Wissens verfasst hatte. Er gibt im 19. Buch *De navibus* kurze Erklärungen über die Bezeichnungen von Schiffstypen, darunter auch Trieren, Liburnen und Dromonen; Letztere seien die längsten aller Schiffe. Zudem schreibt er, dass das *rostrum*, bei dem es sich ja tatsächlich um die Ramme zur Versenkung des feindlichen Schiffes handelte, eine Art metallener Bugfender zum Schutz des Schiffes bei Anprall gegen Klippen sei. Hier zeigt sich, dass man im Westen überhaupt keine Vorstellung mehr davon besaß, wie die Ramme auf Kriegsschiffen ursprünglich eingesetzt worden war. Im Osten verwendete man zwar noch die Terminologie des Rammens, doch bedeuteten sowohl *émbolon* – Ramme oder *emballein* – zu rammen wohl nur noch, den Feind überhaupt zu attackieren.[10]

Allerdings erlebte die Ramme im letzten Drittel des 19. Jahrhunderts eine völlig überraschende Wiederbelebung, weil in der Seeschlacht von Lissa 1866 das Flaggschiff eines der beiden Kontrahenten durch einen beherzten Rammstoß versenkt werden konnte. Dieses «irreführende Experiment», wie der Seetheoretiker Curt von Maltzahn die Schlacht beurteilte, nährte bis zum Beginn des 20. Jahrhunderts die Vorstellung, man könne weiterhin Schiffe durch Rammstöße versenken. So blieben paradoxerweise bis in den Ersten Weltkrieg hinein Unterwasserrammsporne ein Konstruktionsmerkmal der großen stählernen Schlachtschiffe, obwohl die sich rasant entwickelnde Fernartillerie, die bald einen Kampfbeginn auf eine Distanz von zehn und mehr Seemeilen ermöglichte, eine Annäherung von vornherein ausschloss.[11]

Die Organisation der byzantinischen Flotte in der Zeit vom 7. bis zum 10. Jahrhundert lässt sich trotz Quellenarmut in groben Strichen skizzieren. Schon ihre bloße Existenz stellte im Europa des frühen Mittelalters eine Besonderheit dar. An der feingegliederten Struktur der byzantinischen Flotte wird deutlich, dass nur eine ausdifferenzierte Staatlichkeit in der Lage gewesen war, dieses komplizierte, aber hocheffiziente Militärinstrument zu schaffen. Anfangs war die Verteidigung der byzantinischen Küsten und der Seewege nach Konstantinopel noch Aufgabe einer zentralen kaiserlichen Flotte. Diese in Konstantinopel stationierten Kriegsschiffe spielten die tragende Rolle bei der Abwehr der arabischen Belagerungen der Hauptstadt. In den 660er Jahren stellte Kaiser Konstans II. (641–668) außerdem die «Männer der Schiffe», die *Karabisianoi*, auf, die einen beträchtlichen Teil der stehenden Seestreitkräfte des Reiches bildeten. Ihr Einsatzgebiet umfasste die Südküste Kleinasiens von Milet bis Seleucia in Kilikien, die Ägäischen Inseln sowie die byzantinischen Besitzungen im Süden Griechenlands. Das Hauptquartier befand sich ursprünglich auf Samos.

Während in Konstantinopel selbst weiterhin die zentrale kaiserliche Flotte unterhalten wurde, die die Stadt zu beschützen hatte und bei größeren Unternehmungen zur See das Rückgrat der Seestreitkräfte darstellte, wurden mit der Zeit jedoch mehrere, den jeweiligen Themen zugeordnete Regionalflotten gebildet. Die Marine durchlief damit einen ähnlichen Dezentralisationsprozess, wie er die ganze Militärorganisation und Verwaltung seit dem 7. Jahrhundert kennzeichnete. Die meisten Themen mit Küstenstreifen unterhielten nun eigene Schiffsverbände, neben denen sich noch drei separate Seethemen, *themata nautika,* herausbildeten. Die bedeutendsten Verbände stellte das Thema der *Kibyrrhaiotai,* die aus der Flotte der *Karabisianoi* entstanden und die für Verteidigung und Verwaltung der Südküste Kleinasiens verantwortlich waren. Da dieses Thema der seit kurzem muslimischen Levante am nächsten gelegen war, stellte es über Jahrhunderte neben der kaiserlichen Flotte in Konstantinopel die wichtigsten Seestreitkräfte des Reiches.[12]

Detaillierte Zahlen zu Mannschafts- und Schiffsstärken gibt es aus der frühen Zeit nur selten. Jedoch erfahren wir aus einer Auflistung der Kräfte aus dem Jahr 911, die man für die Expedition zur Rückeroberung von Kreta aufbot, dass die kaiserliche Flotte aus Konstantinopel 60 große Dromonen stellte, die je 230 Ruderer und je 70 Seesoldaten trugen. Dazu kamen 40 kleinere Schiffe mit je 130 bis 160 Ruderern. Die *Kibyrrhaiotai* stellten 15 Dromonen mit 4500 Mann, das Thema von Hellas noch einmal 10 Dromonen mit 3000 Mann. Mit weiteren Kräften wurden insgesamt 112 große Dromonen und 75 leichtere Schiffe mit 34 000 Ruderern und 13 000 Kämpfern mobilisiert, darunter 700 Waräger, Angehörige einer speziellen skandinavisch-russischen Söldnertruppe von hoher Kampfkraft.[13]

Kallinikos' zündende Idee

Was den arabischen Seeangriff auf Konstantinopel letztendlich zum Scheitern brachte, war jedoch das Griechische Feuer. Es stellte eine geradezu revolutionäre waffentechnische Neuerung dar, die im Wesentlichen aus einer Pumpe, die man Siphon nannte, und einem chemischen Brandsatz bestand. Der heutige Name Griechisches Feuer ist nicht zeitgenössisch. Von den Byzantinern wurde es als *pyr thalassion*, also «Seefeuer», oder als *pyr hygron*, «flüssiges Feuer», bezeichnet. Die Idee zu dieser Superwaffe wird einem griechischen Architekten und Techniker namens Kallinikos zugeschrieben. Theophanes notierte in seiner *Chronographie*, wohl unter Verwendung heute verlorener syrischer Vorlagen: «Im Jahr der Welt 6165 [= 672/3 n. Chr.] [...] Zu dieser Zeit floh Kallinikos, ein Ingenieur aus Heliopolis in Syrien, zu den Rhomäern. Er hatte ein Seefeuer erfunden, das die arabischen Schiffe entzündete und sie mit der ganzen Besatzung verbrannte. So kam es, dass die Rhomäer den Sieg errangen und das Seefeuer entdeckten.» Doch gelang es Kallinikos nicht nur, das Griechische Feuer zu entwickeln, sondern es auch für die praktische Nutzung im Seekrieg anzupassen. Möglicherweise verdankten die Byzantiner dieses System von Neuerungen jedoch nicht nur einer Person, sondern einer ganzen Gruppe von Technikern und Alchimisten, die in Konstantinopel wirkten und auf antikes Wissen aus Alexandria über chemische Zusammenhänge zurückgreifen konnten.[14]

Der Einsatz von Brandgeschossen im Seegefecht – etwa brennende Pfeile oder von Katapulten geschleuderte brennbare Flüssigkeiten in Töpfen und Krügen – war zwar schon in der Antike bekannt und weit verbreitet, doch die wesentliche Innovation, die letztlich die Effizienz des Griechischen Feuers ausmachte, bestand in dem Siphon als einer Art vormodernem Flammenwerfer. Um einen Flammenstrahl mit einer Flüssigkeit zu erzeugen, musste man mit Hilfe einer Pumpe einen Behälter unter Druck setzen und den Überdruck im Behälter halten. Schon der Friseur und Techniker Ktesibios aus Alexandria hatte im 3. Jahrhundert v. Chr. für seine Feuerspritze eine doppelkolbenwirkende Druckpumpe erfunden, die einen konstanten Flüssigkeitsstrahl gewährleistete. Derartige Pumpen könnten also in Konstantinopel schon länger bekannt gewesen sein.

Neu jedoch war ihr Einsatz auf See und zu militärischen Zwecken. Der Siphon auf den Dromonen bestand aus Bronze und wurde wahrscheinlich von unten befeuert, um die Brandmischung zu erhitzen, deren Flammpunkt damit sank. Über ein Ventil mit einer Düse verbunden, konnte die an einer Extraflamme entzündete Flüssigkeit in Richtung des Gegners gespritzt werden. Vielleicht funktionierte das System aber auch wie eine traditionelle Lötlampe, die zunächst aufgepumpt werden muss und dann durch die Hitze der eigenen Flamme einen Gasdruck erzeugt, sich somit selbst unter Druck hält. Je nach Größe waren die Dromonen mit bis zu drei Siphonen ausgerüstet. Da die unter hohem Druck zur Verbrennung gelangenden Stoffe einen enormen Lärm erzeugen – wie man noch heute bei Ballonfahrten selbst erfahren kann –, hat wohl neben dem Feuer auch die infernalische Geräuschkulisse als psychologische Waffe gewirkt.[15]

Im Geschichtswerk *Alexias* der Anna Komnene aus dem 12. Jahrhundert, das von den Taten ihres Vaters Kaiser Alexios I. Komnenos (1081–1118) handelt, findet sich eine Beschreibung der tierköpfigen Feuerschlünde am Bug der Kriegsschiffe. Der Kaiser ließ «an jedem Schiffbug aus Bronze und Eisen Köpfe von Löwen und allen möglichen anderen Landtieren mit geöffneten Mäulern anbringen und diese vergolden, so dass sie schon allein durch ihr Aussehen Schrecken erregten; er bezweckte

Das Flammenschwert im Einsatz: Die einzige bekannte zeitgenössische Darstellung vom Einsatz des Griechischen Feuers ist in der Madrider Bilderhandschrift des Skylitzes, der sogenannten *Skylitzes Matritensis* enthalten. Sie zeigt den Sieg der byzantinischen Flotte über die Schiffe des Usurpators Thomas zur Zeit Kaiser Michaels II. (820–829). Der byzantinische Chronist Johannes Skylitzes verfasste seine *Synopsis Historion* in den 70er Jahren des 11. Jahrhunderts. Sie stellt die Geschichte der byzantinischen Kaiser von 811 bis 1057 dar und schließt direkt an die Chronik des Theophanes an. Eine mit 574 Miniaturen illustrierte Kopie der *Synopsis* wurde zwischen 1150 und 1175 im Umkreis des normannischen Königshofes in Palermo angefertigt; als Vorlage diente eine Handschrift aus dem kaiserlichen Skriptorium in Konstantinopel.

damit, dass das Feuer, welches durch die Siphonanlagen gegen die Feinde abgeschossen werden sollte, durch ihre Mäuler hindurchfloss, so dass es aussah, als ob die Löwen und die übrigen Tiere diese Art des Feuers ausspien.»[16]

Das Hantieren mit hochbrennbaren, ja explosiven Stoffen auf hölzernen Schiffen stellte allerdings auch für die eigene Flotte eine beträchtliche Gefahr dar. Nur bei ruhiger See und nach Lee, also der windabgewandten Seite des Schiffes, ließen sich Siphone einsetzen, ohne dass man riskierte, selbst Feuer zu fangen. Im *Liber Antapodoseos* des italienischen Bischofs, Diplomaten und Geschichtsschreibers Liutprand von Cremona (920–972) erfahren wir, dass bei einem der Flottenangriffe der Kiewer Rus auf Konstantinopel in der Zeit des Kaisers Romanos I. Lakapenos (920–944) die Siphone auf den byzantinischen Schiffen zugleich am Bug, am Heck und an den Seiten eingesetzt worden seien. Und zum Glück, wie er weiter berichtet, ließ Gott «eine Windstille auf dem Meer eintreten. Denn sonst wäre es den Griechen nicht möglich gewesen, das Feuer zu werfen. So aber drangen sie mitten unter die Russen und schleuderten das Feuer nach allen Seiten. Als die Russen das sahen, stürzten sie alsbald aus ihren Schiffen ins Meer und wollten lieber in den Wellen versinken, als im Feuer verbrennen.»[17]

Das große Geheimnis

Die Zusammensetzung des Brandmittels für das Griechische Feuer wurde von den Byzantinern als Staatsgeheimnis streng gehütet. Nur wenige Fachleute in der nächsten Umgebung des Kaisers kannten sie. Kaiser Konstantin VII. Porphyrogennetos (945–959) stellte in seiner Regierungszeit eine Schrift zusammen, die der Instruktion seines Sohnes und Nachfolgers Romanos II. (959–963) diente. Darin gibt er auch Hinweise zum Griechischen Feuer: «So musst Du auch für das ‹flüssige Feuer›, das durch Rohre abgeschossen wird, Sorge tragen», denn niemals dürften die Geheimnisse seiner Herstellung enthüllt werden, weil es «von Gott durch einen Engel dem großen und ersten christlichen Kaiser, dem heiligen Konstantin, offenbart und beigebracht worden» sei. Der Engel verpflichtet den Kaiser, das Feuer nur im Dienst der Christen und nur in der kaiserlichen Stadt, also Konstantinopel, herzustellen, «auf dass nicht irgendein anderes Volk es übersandt erhält oder in der Herstellung unterwiesen wird». Und er setzte eine Warnung hinzu, dass der Verrat des Geheimnisses den furchtbaren Zorn des Himmels nach sich ziehen werde: «Einmal aber geschah es – denn das Böse findet immer seinen Platz – dass einer unserer Strategen [...] ihnen von diesem Feuer gab; und da Gott diese Übertretung nicht ungestraft lassen konnte, kam Feuer vom Himmel herab und verzehrte und vernichtete ihn, als er die heilige Kirche Gottes betreten wollte.»[18]

Die sorgsame Geheimhaltung von Zusammensetzung und Wirkungsweise des Griechischen Feuers erklärt auch, warum wir nur wenig darüber wissen und die wenigen erhaltenen Nachrichten zumeist aus nichtbyzantinischen Quellen stammen. Seit dem 19. Jahrhundert haben Wissenschaftler immer wieder versucht, mit Experimenten hinter das Geheimnis zu kommen, ohne die Frage endgültig klären zu können. Wahrscheinlich bestand der Brandsatz aus einem hohen Anteil an Roherdöl, das man im Norden des Schwarzen Meers finden konnte. Möglicherweise hat man aus dem Roherdöl auch leichter brennbare Destillate gewonnen; die Technologie dafür war jedenfalls bekannt. Zu dieser Grundsubstanz, die man *nafta* nannte, kamen spezielle Schwefelverbindungen und Harze, die die Substanz besonders klebrig machten. Kalziumoxide oder Magnesiumbestandteile sorgten für das funkensprühende Brennen auf dem Wasser.

Arabern und Bulgaren gelang es zwar wiederholt, solche Waffensysteme zu erbeuten, doch sie schafften es nicht, das System des Griechischen Feuers nachzubauen und mit der Effizienz der Byzantiner zu verwenden. Der letzte belegte Einsatz von Griechischem Feuer erfolgte im Jahr 1187. Vielleicht war bereits der Kreuzfahrersturm von 1204 die Ursache dafür, dass das Wissen über das «Seefeuer» verloren ging. Vielleicht ging aber auch durch fortschreitende Gebietsverluste des Byzantinischen Reiches der Zugriff auf die Förderstätten des begehrten, für die Herstellung des Griechischen Feuers nötigen Erdöls verloren. Seit dem 15. Jahrhundert gehörte ohnehin das Schwarzpulver zu den Aufsteigern unter den Explosivstoffen, weil die damit verschossenen Kugeln auf größere Distanzen Verheerungen anrichten konnten.

Unter dem Begriff des Griechischen Feuers verstand man dann im Hochmittelalter, etwa in den Kreuzfahrerstaaten und den Seemächten in Westeuropa, nur noch die Brandsubstanzen, während das eigentliche Prinzip, einen vorgeheizten Flüssigbrandsatz mittels Druckdüse zu schleudern, als Kriegstechnologie in Vergessenheit geriet. Das Wissen um die am meisten gefürchtete maritime Kriegswaffe des Mittelalters ging spätestens mit der Eroberung Konstantinopels 1453 endgültig verloren. Und ebenso versank im christlichen Abendland die Erinnerung an die arabischen Belagerungen Konstantinopels.[19]

Und die abgewehrten Angriffe auf Konstantinopel im 7. und 8. Jahrhundert? Die Siege der Verteidiger zeitigten gravierende Folgen: Die zweimalige Abwehr der Araber vor Konstantinopel verhinderte die vollständige Eroberung des Byzantinischen Reichs. Das Schicksal der Sassaniden, deren Reich von den Arabern völlig ausgelöscht wurde, blieb Byzanz erspart. Zugleich wurde damit der Vormarsch der Araber über den Balkan nach Europa verhindert. Ja, zum ersten Mal war dem bis dahin unwiderstehlichen Aufstieg der Araber überhaupt Einhalt geboten worden. Die arabische Expansion nahm nun einen anderen Weg, nicht weiter über den Balkan, sondern von Nordafrika nach Spanien. Bereits 719 überschritten die Araber die Pyrenäen. Doch konnten sie hier von einer anderen, gerade aufsteigenden Großmacht gestoppt werden: 732 schlug der fränkische Hausmeier Karl Martell bei Tours und Poitiers eine nach Norden vorstoßende Abteilung der Muslime. Mit dieser Niederlage stieß die islamische Expansion auch im Westen Europas an ihre Grenzen.

Im Osten war durch den fast vollständigen Verlust der Flotte vor Konstantinopel die Seeherrschaft der Araber im östlichen Mittelmeer auf längere Zeit gebrochen. Als 750 die Dynastie der Umayyaden durch die Abbasiden abgelöst und der Kalifensitz von Damaskus nach Bagdad verlegt wurde, verminderte dies zusätzlich den Druck auf das Oströmische Reich. Das mittelalterliche Byzanz gewann nun weiter an Gestalt, und im Gefolge der permanenten Kriegsbedrohung fand das Reich zu einer Verwaltungsreform, welche die Widerstandskraft langfristig stärkte. Man könnte diese Veränderung der inneren Struktur des Reiches geradezu als einen Modernisierungsschub bezeichnen.

Durch die großen Gebietsverluste im Osten hatte Byzanz aufgehört, die Rolle einer imperialen Universalmacht im östlichen Mittelmeerraum zu spielen. Im Schatten des immer weiter schrumpfenden Reichs der Rhomäer gewannen neue Seemächte an Bedeutung, allen voran Venedig und Genua. Diese bildeten eigene Seeimperien aus, deren Macht nicht mehr auf der Beherrschung großer Territorien beruhte. Im Bereich der Schiffstechnologie sollten deren neue Galeeren bald die byzantinischen «Läufer» ablösen. Es gehört zur Ironie in der Geschichte, dass die Voraussetzungen für die «Beerbung» Ostroms durch Venedig und andere italienische Seerepubliken überhaupt erst durch dessen erfolgreichen Widerstand gegen die arabische Expansion geschaffen wurden.

Obwohl ganz in die Verteidigung gedrängt, hatte Byzanz dennoch als Seemacht den Araberstурm aufhalten können, eine Leistung, an deren Versuch viele Landmächte zuvor gescheitert waren. Und in der Tat kann man sich fragen, wie wohl die europäische Kultur geprägt worden wäre, hätten die Araber auch noch Italien und weitere Teile des Kontinents erobert und in die islamische Welt einbezogen, so wie es Nordafrika im Ganzen und der Iberischen Halbinsel in Teilen widerfuhr. Das westliche Europa hatte allerdings von seiner eigenen Rettung wenig mitbekommen. Hier bemühte sich gerade der heilige Bonifatius um die Bekehrung der Vorfahren der Deutschen, als die byzantinische Flotte im Seekrieg um Konstantinopel dank des Griechischen Feuers den Beleg dafür erbrachte, dass kriegstechnische Neuerungen mitunter über das Schicksal von Reichen und damit den Verlauf der Weltgeschichte entscheiden können.

5. Montecristo 1241

AUSRADIERTE ERINNERUNGEN

Kaiser Friedrich II. schlägt die Seemacht Genua

Anders als in der Antike und in der Neuzeit fanden während des Mittelalters in Europa seltener große Seeschlachten statt. Dies liegt vor allem daran, dass bei den meisten politischen Gebilden jene staatlichen Strukturen fehlten, die die Voraussetzungen für den Bau und Einsatz von großen Flottenverbänden schaffen. So ist es kein Zufall, dass eine der wenigen Ausnahmen von dieser Regel eine Schlacht darstellt, die zwischen den wichtigsten und modernsten politischen Mächten ihrer Zeit stattfand. Im Jahre 1241 musste in einer der größten Seeschlachten, die im westlichen Mittelmeer bis dahin geschlagen worden waren, die Seemacht Genua ihre schwerste Niederlage auf offener See hinnehmen. Kaiser Friedrich II. dagegen gelang vor der toskanischen Insel Montecristo ein epochaler Erfolg seiner Herrschaft auf See. Und ziemlich einmalig in der Seekriegsgeschichte dürfte zudem sein, dass eine Flotte zahlreiche geistliche Würdenträger abfing, die zu einem Konzil nach Rom reisen wollten.

Gekaperte Kirchenmänner

Ein schwerer Sturm braute sich im Sommer des Jahres 1239 über dem westlichen Mittelmeer zusammen. Papst Gregor IX. Conti (1227–1241) verbündete sich mit den oberitalienischen Seemächten Venedig und Genua, um das sizilische Königreich zu erobern, das zum Herrschaftsgebiet Friedrichs II. (1212–1250), Kaiser des Heiligen Römischen Reiches und König von Sizilien und Jerusalem, gehörte. Fünfzig Galeeren wollte man gemeinsam ausrüsten und ein schlagkräftiges Heer. Keiner der Bündnispartner sollte separate Friedensabkommen abschließen dürfen. Die Schiffe der beiden Seemächte sollten in diesem Krieg achtern die Banner beider Städte führen: Steuerbord flatterte Genuas Flagge mit dem heiligen Georg, Backbord jene mit dem heiligen Markus für Venedig. Und man begann sogar das Fell des Bären unter sich aufzuteilen, bevor er erlegt war. Venedig wollte Barletta und Salpi an der apulischen Küste für sich, Genua träumte von Syrakus auf Sizilien. Die Kriegsbeute wollte man gemäß den aufgewandten Kosten teilen. Das päpstlich-venezianisch-genuesische Bündnis stellte eine existenzielle Gefahr für Kaiser Friedrich II. und den Bestand seines Reiches dar, weil drei sonst untereinander zerstrittene Mächte ausnahmsweise einmal vereint gegen ihn handeln wollten.

Die eigenartige Koalition der Erzfeinde Genua und Venedig zeitigte schon bald ein pikantes Resultat: Der mit dem Kaiser bis aufs Blut zerstrittene Papst Gregor IX. hatte nämlich zu einem feierlichen Konzil anlässlich des Osterfests 1241 nach Rom geladen, wo die Versammlung der Kirchenfürsten die Absetzung des Kaisers beschließen sollte. Von diesem

Plan hatte auch Friedrich erfahren, und die beste Art, einer Absetzung zu entgehen, schien ihm wohl, gleich das ganze Konzil zu verhindern. Um die Anreise der Teilnehmer per Schiff von Südfrankreich oder Oberitalien zu behindern, verhängte der Kaiser eine Seeblockade. Eine äußerst delikate Aufgabe für seine Flottenkommandanten, wie sie niemals zuvor und auch niemals wieder Seestreitkräfte zu lösen hatten: Kriegsschiffe mit Klerikern als Prise – fürwahr eine ungewöhnliche Vorstellung.[1]

Neue Mächte auf dem Meer

Das Mittelländische Meer stellte seit vielen Jahrhunderten das vitale Zentrum des antiken und mittelalterlichen Europa dar, und das blieb so, bis sich die Horizonte am Beginn der Frühen Neuzeit durch die Entdeckung der Neuen Welt zu den Ozeanen erweiterten. Für die Mittelmeer-Anrainer war es ein Binnenmeer, das vielfältige Kontaktmöglichkeiten bot. Alte Handelsverbindungen und die aus ihnen resultierenden prächtigen Profite ließen mächtige Städte wachsen. Neben den Arabern und dem Byzantinischen Reich, das sich im Früh- und Hochmittelalter nicht zuletzt dank seiner Kriegsflotte und des Griechischen Feuers als Seemacht behauptet hatte, entstanden etwa seit der Jahrtausendwende neue Seemächte. Dabei handelte es sich vor allem um Handelsstädte an den Küsten der Apenninhalbinsel wie Venedig, Genua, Pisa oder Amalfi. Diese neuen ökonomischen Kraftzentren verfügten vom Hochmittelalter bis zum Anbruch der Moderne über die effizientesten und größten Flotten im Mittelmeer. Allein Venedig war als Seemacht zur Zeit Kaiser Friedrichs II. so stark geworden, dass die Flotte der Serenissima mit Hilfe von Kreuzfahrertruppen 1204 das bis dahin als uneinnehmbar geltende Konstantinopel, die Hauptstadt des Byzantinischen Reiches, erobern konnte. In Nord- und Westeuropa, wo man zwar ebenfalls schon lange eine entwickelte Seefahrt betrieb, erreichte der Seekrieg hingegen bis in die Frühe Neuzeit hinein nie das technische und organisatorische Niveau der großen Seemächte des Mittelmeers.

Venedig und Genua waren zwar keine «klassischen» Imperien, deren politische Bedeutung auf der Herrschaft über gewaltige Ländermassen beruhte, wie es etwa beim Reich Alexanders des Großen, dem Imperium Romanum oder, in der hier behandelten Epoche, dem Reich der Mongolen der Fall war. Vielmehr lenkten sie durch ein Netz von Hafenstädten, Inselstützpunkten und Faktoreien mittels der daraus resultierenden Kontrolle der Handelswege die Güter- und Kapitalströme ihrer Zeit. Schon sehr bald verstanden sie es, ökonomischen Wohlstand in politische Macht umzuwandeln. Münzen, Maße und Kreditbriefe dieser *Seaborn Empires* galten von England im Westen bis nach China im Osten. Im Grunde schufen Venedig und Genua im Mittelmeer dieselbe Art von stützpunktbasierten Seeimperien, wie sie später Portugal im 16. und die Niederlande im 17. Jahrhundert über die Weltozeane etablierten.[2]

Eine weitere Grundlage für die Macht der italienischen Seestädte bildeten das technische Wissen und das praktische Können, innerhalb kurzer Zeit ganze Kriegsflotten zu Wasser zu lassen, um die eigenen Interessen gegebenenfalls mit Gewalt durchzusetzen. Die arbeitsteilige und geradezu protoindustrielle Schiffbauorganisation des Arsenals in Venedig war schon im Mittelalter legendär. Sie fand sogar Eingang in die *Göttliche Komödie* des Dante Alighieri (1265–1321). Im 21. Gesang des «Inferno» ist die Rede von einem kochenden Pechsee, in dem von Teufeln umringt die Betrüger brodeln und der den Autor an die Arsenale in der Lagunenstadt erinnert:

> Gleich wie man in Venedigs Arsenal
> Das Pech im Winter sieht aufsiedend wogen,
> Womit das lecke Schiff, das manches Mal
>
> Bereits bei Sturmgetos das Meer durchzogen,
> Kalfatert wird – da stopft nun der in der Eil'
> Mit Werg die Löcher aus am Seitenbogen,
>
> Der klopft am Vorder-, der am Hinterteil,
> Der ist bemüht, die Segel auszuflicken,
> Der bessert Ruder aus, der dreht ein Seil.[3]

Im Laufe des 12. Jahrhunderts erwuchs den bisherigen Seemächten im Mittelmeer allerdings eine neue, gefährliche Konkurrenz: die Normannen. Ursprünglich stammten die Normannen aus Skandinavien. Die Länder der Mitsommersonne und der langen dunklen Winternächte brachten im 9. und 10. Jahrhundert in mehreren Wellen beutegierige und

Die Geißel aus dem Norden: Das in einem Schiffsgrab bei dem Bauernhof Gokstad in Sandar in Norwegen entdeckte und 1880 ausgegrabene Gokstadschiff ist einer der spektakulärsten Funde aus der Wikingerzeit des späten 9. Jahrhunderts. Das in Klinkerbauweise vollständig aus Eiche gebaute und etwas über 23 Meter lange Schiff ist ein tatsächlich eingesetztes «Langschiff», was die Abnutzungsspuren an den Löchern für die Riemen verraten. Der Tote, der in der deutlich hinter dem Kielschwein erkennbaren Grabkammer bestattet war, hatte dieses Schiff sicher zu Lebzeiten für die berüchtigten Raubfahrten der Nordmänner, die «Vikings», die sie bis ins Mittelmeer und nach Konstantinopel führten, benutzt. Seeschlachten mit taktischen Manövern konnte man mit diesen Schiffen zwar nicht schlagen, dafür aber reichlich Beute abfahren.

rauflustige Seefahrer hervor, die mit ihren berüchtigten Raubfahrten, den «Vikings», die Küsten Europas unsicher machten und hier und da Klöster, ja ganze Städte ausraubten. Mit wendigen und dennoch hochseetüchtigen Langschiffen fuhren die Wikinger nicht nur die Küsten entlang, sondern auch Flüsse hinauf und entwickelten sich für Britannien, Irland und das Frankenreich zu einer wahren Geißel Gottes. Wie sehr die Langboote und die See das Denken dieser «Seeschäumer» beherrschten, kann man nicht zuletzt daran erkennen, dass sich in Skandinavien und England zahlreiche Schiffe in Hügelgräbern, die man für Könige und Anführer aufschüttete, gefunden haben.

Jene Skandinavier, die dann nach West- und Südeuropa ausgriffen, bezeichnet man als Normannen. Einige von ihnen ließen sich Anfang des 10. Jahrhunderts in der Normandie nieder. Von dort eroberten sie mit einer spektakulären Flottenoperation im Jahr 1066 unter der Führung ihres Herzogs, den man später Wilhelm den Eroberer nannte, England. Ein anderer Teil dieser Normannen verdingte sich als Söldner und kämpfte zunächst für die langobardischen Fürsten Süditaliens gegen Sarazenen und Byzantiner. Schon bald begannen sie jedoch, hier eigene Herrschaftsbereiche zu gründen. Die erfolgreichsten dieser Söldner stammten aus der Familie des Tankred von Hauteville. Einer von Tankreds zahlreichen Söhnen war Roger I. (gest. 1101), der die damals noch von den Arabern beherrschte Insel Sizilien eroberte. Dessen Sohn Roger II. (1130–1154) gelang es nicht nur, süditalienische Herrschaften zusammenzufassen, sondern sein Lebenswerk buchstäblich bekrönen zu lassen, als durch Papst Anaklet II. (1130–1138) Sizilien im Jahr 1130 zum Königreich erhoben wurde. Das Königreich Sizilien, bestehend aus der namengebenden Insel sowie Territorien auf dem Festland, die fast die gesamte südliche Hälfte des italienischen Stiefels umfassten, war geboren und sollte über sieben Jahrhunderte bestehen.

Doch wer ein Reich wie das Königreich Sizilien beherrschen und schützen will, brauchte eine Flotte. Nicht nur die gewaltige Küstenlänge des *regnum Siciliae*, sondern auch seine Einbindung in den Wirtschaftsraum des südlichen Mittelmeeres erforderte maritime Kapazitäten. So steckten Siziliens normannische Könige, selbst in alten Seefahrer Traditionen verwurzelt, beachtliche Mittel in den Aufbau und Unterhalt einer eigenen sizilischen Flotte, die für die alten Seemächte im Mittelmeerraum, vor allem das weiterhin im Niedergang begriffene Byzantinische Reich, schon bald zu einer ernsten Bedrohung wurde.

Im Jahre 1194 gelangte diese Flotte als ein kostbares machtpolitisches Instrument in die Hände Kaiser Heinrichs VI. (1190–1197), der als Sohn und Nachfolger Friedrichs I. Barbarossa (1152–1190) bereits seit 1186 mit Konstanze von Hauteville, der Erbin des sizilischen Königreichs, verheiratet worden war. Der aus dieser Ehe entstammende Sohn Friedrich, seit 1220 als Friedrich II. Kaiser des Heiligen Römischen Reichs, ließ schon in jungen Jahren erkennen, dass er einen wachen Sinn für die Möglichkeiten besaß, die der Besitz einer starken Kriegsflotte eröffnete. Über zwanzig Mal ist er selbst in den Quellen persönlich an Bord von Galeeren nachweisbar. Im Sommer 1228 reiste der Imperator zu Schiff von Brindisi aus über Zypern in das Heilige Land und kehrte von dort im Frühjahr 1229 erneut über See zurück. Auch erteilte er den Befehl zu mehreren spektakulären Flottenexpeditionen, wie etwa jener des Jahres 1221, als der kaiserliche Admiral Heinrich Piscator, auf Italienisch Enrico Piscatore, Graf von Malta (gest. 1239), auf dem Weg nach Damiette in Ägypten mit seinen Schiffen sogar den Nil hinaufruderte. Zwei Jahre später steuerte die sizilische Flotte die Insel Djerba im Westen des Golfs von Gabés vor der Küste Tunesiens an, wo man den dortigen muslimischen Herrschern seine maritime Macht zeigen und dabei die Bewohner der Küstensiedlungen entführen wollte.[4]

Solange die Herrscher nördlich der Alpen als «Reisekaiser» in mühsamen Tagesetappen von Pfalz zu Pfalz zogen, bedurften sie keiner Flotte zur Durchsetzung ihrer politischen Interessen. Auch wären sie wohl gar nicht in der Lage gewesen, eine solche auszurüsten, hätte sich die Notwendigkeit des Einsatzes einer Flotte ergeben. Friedrich jedoch «erbte» von seinen normannischen Vorfahren nicht nur die Flotte, sondern auch die protostaatlichen Strukturen des Königreichs Sizilien, die den Erhalt und Ausbau dieser Flotte überhaupt erst ermöglichten. Ein vergleichs-

Eine sizilische Bireme in umlaufenden Winden: Detailgetreue Darstellung einer Galeere, wie sie kurz vor 1200 in der sizilischen Flotte Verwendung fand. Deutlich erkennbar sind die zwei Reihen der Riemen, die sich offenbar auch auf zwei Ebenen befinden, ein Rammsporn oberhalb der Wasseroberfläche am Bug, ein hochgezogenes Heck sowie die an Backbord und Steuerbord befindlichen, jeweils von einem Seemann bedienten Seitenruder. Das Schiff besitzt keinen Mast mit Segeln. Allerdings sind zwei Fahnen zu sehen, die in völlig entgegengesetzte Richtungen flattern. Offenbar fehlte dem Zeichner das Verständnis von Windrichtungen und der Unmöglichkeit, mit nach Achtern blickenden Rudergängern ein Schiff zu steuern, dafür legte er großen Wert auf die Darstellung der Meerestiere.

weise modernes Abgaben- und Steuerwesen verschaffte ihm geradezu märchenhafte Einnahmen, jedenfalls im Vergleich zu den kümmerlichen Einkünften seiner nordalpinen Vorfahren.

Kaiser Friedrich II. nahm also hinsichtlich seiner Flottenpolitik in der Reihe der mittelalterlichen Römischen Kaiser des Westens eine Sonderstellung ein. Alle seine kaiserlichen Vorgänger wie etwa Friedrich I. Barbarossa oder Otto IV. mussten, wenn sie auf See handeln wollten, Schiffe von den Seemächten mieten – der Sizilianer besaß selbst eine Flotte. Das südliche Reich Friedrichs II. war sogar eine der großen Seemächte der Zeit. Nimmt man die eigenen nautischen Erfahrungen des Kaisers hinzu und vor allem jene Anstrengungen, die Friedrich als Herrscher unternahm, um die Flotte seines Reiches weiter auszubauen, und vergleicht man seine Aktivitäten in diesem Bereich mit denjenigen seiner eher «wasserscheuen» staufischen Vorfahren, so könnte man in Anlehnung an den Beinamen eines portugiesischen Königssohnes mit gutem Grund sogar von «Federico il Navigatore» – von «Friedrich dem Seefahrer» – sprechen.

Die Galeeren der sizilischen Flotte

Friedrichs Flotte bestand aus verschiedenen Schiffstypen für unterschiedliche Zwecke. Prinzipiell unterschied man die Langschiffe, die wegen ihrer Schnelligkeit hauptsächlich dem Kampf dienten, von den Rundschiffen für den Warentransport. Den bekanntesten Schiffstyp im Mittelmeer und zugleich das Rückgrat der kaiserlichen Flotte bildete die Galeere, die sich am Ende des 12. Jahrhunderts entwickelt hatte. Es handelte sich dabei um ein wendiges, schnelles Schiff mit nur einer Riemenreihe und einem ausfallenden Vorsteven, der in einem Sporn endete, der deutlich über der Wasseroberfläche lag. Die Galeere besaß auch Mast und Segel, den eigentlichen Antrieb aber bildeten etwa 100 Riemen. Diese wurden jeweils von einem Rojer oder Ruderer bedient, die zu zweit auf einer Ducht saßen. Dieses System der Riemenführung heißt *remo alla sensile* oder nur *a sensile*, im Gegensatz zu der dann in der Frühen Neuzeit auf Galeeren bevorzugten Anordnung *a scaloccio*, bei der auf einer Ebene mehrere Rojer auf einer Ducht gemeinsam nur einen Riemen führten. Zudem war sie mit einer Reihe von Seeleuten bemannt, die steuerten, Segel hissten, Schoten und Ankertrossen zogen. Die Hauptunterschiede zu den in der Antike verwendeten Ruderschiffstypen bestanden, wie schon bei den byzantinischen Dromonen, im nun über der Wasseroberfläche liegenden Sporn, der geringeren Anzahl an Ruderern und der Takelung mit dem dreieckigen Lateinersegel. Im Grunde besaß die Galeere verblüffende Ähnlichkeit mit einer einreihigen Dromone.[5]

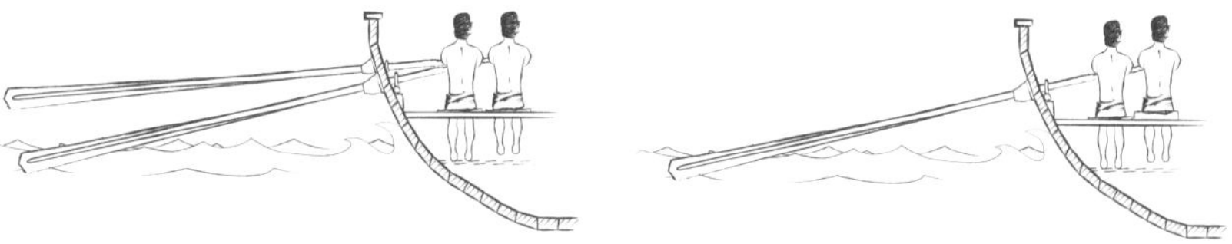

Gleich geblieben war allerdings das Prinzip der Steuerung, die bei den mittelalterlichen Galeeren wie schon seit den ersten antiken Mono- oder Biremen immer noch mit dem Seitenruder erfolgte. Diese Ruder hatten die Form von Riemen, wie man sie noch heute bei Ruderbootausflügen benutzt. Sie befanden sich seitlich am Achterschiff und konnten mit einem Tau aufgezogen oder herabgelassen werden. Während Schiffe im Norden mit einem Ruder gefahren wurden, das sich immer rechts, eben an «Steuerbord», befand, benutzte man im Mittelmeer das an Steuer- und Backbord befindliche doppelte Steuerruder. Doch kann man mit beiden Varianten nur vergleichsweise mühsam segeln, weil bei Seitenwind und dem damit zwangsläufig verbundenen Krängen des Schiffes die Ruderblätter aus dem Wasser kommen. Problematisch am Seitenruder war und ist auch die große Bruchanfälligkeit durch die in schwerer See auftretenden Seitenkräfte. Der Verlust der Steuerfähigkeit im Sturm führt zwangsläufig zum Scheitern des Schiffes. Obwohl das zum Segeln viel besser geeignete Heckruder, das zentral am Achterschiff mit Bronze- und Eisenscharnieren angebracht wird, in Skandinavien schon Anfang des 13. Jahrhunderts bekannt war, hatten sich dessen Vorzüge in der Zeit Friedrichs noch nicht bis in den Mittelmeerraum herumgesprochen, ja, es sollte sogar noch fast zwei Jahrhunderte dauern, bis sich das Heckruder auch hier gegen das Seitenruder durchgesetzt hatte.

Wie bei den riemengetriebenen Kriegsschiffen der Antike wurde die Schnelligkeit der Galeeren aus Friedrichs Flotte nicht allein durch die Anzahl der Ruderer oder deren Riemenschlagzahl bestimmt, sondern auch durch die Rumpfgeschwindigkeit. Das ist deshalb wichtig, weil die Flotte

Einzeln oder zu zweit an einem Riemen: Im Mittelalter und der Frühen Neuzeit gab es zwei Arten, die Riemen auf Galeeren zu bedienen. Führte jeder Rojer oder Ruderer jeweils seinen eigenen Riemen, auch wenn man zu zweit oder zu dritt auf einer Ducht saß, dann bezeichnete man das als *remo alla sensile* oder *a sensile*. Im Gegensatz dazu setzte sich in der Frühen Neuzeit auf Galeeren die Anordnung *a scaloccio* durch, bei der auf einer Ebene mehrere Rojer auf einer Ducht gemeinsam einen Riemen führten.

Das Siegel von Stralsund: Auf diesem zu den Spitzenleistungen gotischer Siegelkunst zählenden Siegeltypar ist eine Kogge, das wohl berühmteste Fernhandelsschiff der Nord- und Ostsee, dargestellt. Das Rahsegel ist gebläht, deutlich erkennbar sind der in Klinkerbauweise gefertigte Rumpf, der gerade Vordersteven und das langgestreckte Heckruder. Der Steuermann des Schiffes ist im Größenverhältnis überzeichnet. Auf dem Achterkastell weht eine Flagge mit dem dreistrahligen Pfeil, dem traditionellen Wappen der Stadt. Höchst bemerkenswert ist, dass man sogar den Namen des Goldschmiedes kennt, der das Stralsunder Siegel angefertigt hat, denn für 1329 ist im Stadtbuch vermerkt: «*Rotgherus, qui fecit sigillum civitatis* – Rotger, der das Siegel der Stadt machte».

Kaiser Friedrichs II. im Kampf gegen Genua dessen Kriegsschiffen immer wieder davonfahren konnte; und das muss ursächlich an den längeren Schiffskörpern der Galeeren gelegen haben, nicht etwa an kräftigeren Ruderern. Der Standardtyp der Galeere, die *galea subtilis*, italienisch *galea sottil*, war etwa 40 Meter lang, ihr Tiefgang betrug nur 1,5 Meter. Für kurze Zeit konnte eine geübte Rudermannschaft das Schiff durch Ruderschlag in raschem Takt auf zehn Knoten bringen – fast dreimal so schnell, wie ein allein durch Segel angetriebenes Handelsschiff jener Zeit fuhr.

Die Mittelmeergaleere, gleichsam ein Erbstück klassischer griechischer und späterer byzantinischer Schiffsbaukunst, besaß mehrere nahe Verwandte, die sich nur durch die Größe des Schiffskörpers und die Anzahl der Ruderer unterschieden. Die größer und stärker gebauten, allerdings auch erheblich schwerfälligeren Galeeren nannte man Tariden. Mit dem Tempo der normalen Galeere konnten sie nicht mithalten, was sich für die genuesische Flotte im Kampf mit Friedrichs Geschwadern gleich mehrmals als Nachteil erwies. Eine kleinere Galeerenversion aus dem Zeitalter Friedrichs mit 60 bis 80 Ruderern hieß Galion. Piraten benutzten sie gern, und in Genua dienten sie oft als Wachschiffe. Noch kleiner, schmaler, mit geringem Tiefgang und nur mit jeweils einem Dutzend Ruderern auf jeder Seite flog die Sagitta, wörtlich der «Pfeil», über die See. Wegen der Schnelligkeit wurde dieser Typ oft als Botenschiff oder Aufklärer benutzt.

Da die Galeere eigentlich ein auf den Enterkampf ausgerichtetes Kriegsschiff war, hielten sich ihre Transportkapazitäten, schon wegen des Platzes, den die vielen Ruderer einnahmen, in engen Grenzen. Für den normalen Warenverkehr benutzte man daher rundlich-dickbauchige Schiffe mit Lateinertakelung und deren dreieckigen Segeln. Mit den Lateinersegeln konnte man besser als mit viereckigen Rahensegeln Am-Wind-Kurse fahren und kam daher sogar gegen den Wind ohne den Einsatz der Riemen aus – äußerst wichtig für längere Passagen. Die riemenlosen Transportschiffe liefen etwa drei bis vier, bestenfalls fünf Knoten. Bei Tag konnte ein solches Schiff somit um die 50–60 Seemeilen zurücklegen, mit einer zusätzlichen Nachtfahrt das Doppelte, was einer Segelleistung von etwa 200 Kilometern pro Etmal – die von einem Schiff jeweils von Mittag zu Mittag zurückgelegte Wegstrecke – entspricht. Den Schiffstyp ohne Ruderer, der vom 11. Jahrhundert bis zum Ende des Mittelalters in Europa sehr verbreitet war, nannte man Nef, abgeleitet vom lateinischen *navis*. Die Nef, die während der Kreuzzüge immer wieder zum Transport der Kreuzfahrer eingesetzt wurde, ähnelte in der Form der Kogge, wie sie auch die Hansestädte im Norden benutzten.

Die Angaben über die Größe der sizilischen Flotte schwanken stark. 40 Galeeren liefen in mehreren Geschwadern im Jahr 1221 mit Kurs auf die ägyptische Hafenstadt Damiette aus. Auch beim Kreuzzug von 1228 und 1229 berichten die Quellen von 40 Galeeren; jedoch fehlen in beiden

Fällen Angaben über die sie begleitenden Transportschiffe. Zeitweise bestand die sizilische Kriegsseemacht aus Expeditionsflotten von bis zu 60 Galeeren, wie die 1242 unter Admiral Ansald von Mari nach Pisa entsandte. Diese für das Mittelalter höchst respektable Anzahl reichte allerdings nicht annähernd an die Größe der antiken griechischen oder römischen Flotten heran. Andererseits brachte noch dreihundert Jahre später im Vorfeld der Seeschlacht bei Lepanto ein Herrscher wie Philipp II. von Spanien, in dessen Reich «die Sonne nicht unterging», nur mit äußerster Mühe jene 80 Galeeren zusammen, die er seinen Bündnispartnern zugesagt hatte. Eine interessante Quelle zur Anzahl der sizilischen Schiffe und der damit transportierten Kämpfer stellt der Vertrag von San Germano aus dem Jahr 1225 zwischen dem Kaiser und dem Papst dar. Darin verpflichtete sich Friedrich, für den Kreuzzug neben 50 Galeeren auch 100 *calandriae* – das waren spezielle Pferdetransporter – für zwei Jahre bereitzustellen. Damit sollten 2000 Ritter mit drei Pferden je Krieger in den Orient gelangen können, was mehrere Passagen der Schiffe nötig gemacht hätte.[6]

Die Galeeren der sizilischen Flotte wurden in verschiedenen Werften gebaut, die bedeutendsten befanden sich in Messina, Brindisi, Amalfi, Salerno und Neapel. Das für den Schiffbau benötigte Geld ließ Friedrich in einer besonderen Abgabe, der *Marinaria*, im gesamten Königreich einziehen. Auch die Beschaffung des für die Flotte notwendigen Bauholzes ließ der Kaiser genau regeln. Für das unverzichtbare Pech und Eisen existierte eine Art Staatsmonopol, das einen freien Handel mit diesen Gütern unterband. Diese administrativen Regelungen und Maßnahmen Friedrichs zeigen einmal mehr, in welchem Maße sich am Besitz einer Flotte der Grad staatlicher Organisiertheit ablesen lässt. Umgekehrt zwang die Notwendigkeit, sich jene für den Flotteneinsatz unverzichtbaren Ressourcen zu erschließen, den Kaiser dazu, seine ohnehin schon von den Zeitgenossen wegen ihrer Effizienz bestaunte Verwaltung weiter auszubauen.

Die kostbare Flotte befehligte der Kaiser nicht selbst, sondern übertrug das Kommando einem Admiral, und zwar mit weitreichenden Vollmachten, zu denen auch die Gerichtshoheit über die Flottenangehörigen zählte. In den Jahren der Herrschaft Kaiser Friedrichs II. stand eine Reihe von Admirälen der sizilischen Flotte vor. Die drei bedeutendsten waren der schon erwähnte Heinrich Piscator, Graf von Malta, sodann Nicolinus Spinola und schließlich Ansald von Mari. Alle diese Flottenführer stammten aus Genua, der mächtigen Seerepublik an der ligurischen Küste. Heinrich gilt sogar als ein durch offizielle Mission gezähmter Seeräuber. Von Ansald hören wir, dass er im Jahre 1243 vom Kaiser das Banner des Römischen Reiches erhielt und damit zum «Admiral des Heiligen Reiches und des Sizilischen Königreiches» ernannt, gleichsam also zum «Reichsadmiral» wurde. Die Berufung erfahrener Seeleute zu Flottenkommandanten und ihre Ausstattung mit weitreichenden Vollmachten lässt abermals den für diese Epoche außerordentlich weit fortgeschrittenen Organisationsgrad der Herrschaft des Kaisers erkennen, denn ein Flotten-Oberkommando setzt ja sinnvollerweise nicht nur die andauernde Präsenz, sondern auch den permanenten Einsatz einer Flotte voraus. Im übrigen Abendland sollte es noch einige Jahrhunderte dauern, bis die Herrscher über vergleichbare Einrichtungen verfügten.

Der Kaiser im Seekrieg gegen den Papst

Zurück zu den Ereignissen im Sommer des Jahres 1239, als Papst Gregor IX. sich mit Genua und Venedig verbündet hatte, um das sizilische Königreich Friedrichs II. zu erobern. Nachdem ein Jahr später der Aufruf zum großen Absetzungskonzil in Rom ergangen war, überlegte der Kaiser, was zu tun sei. Wo sollte er seine Flotte operieren lassen? Welche strategischen Möglichkeiten gab es überhaupt? Für Friedrich bot sich zum einen die Möglichkeit, seine Flotte zu teilen und mit jeweils schwächeren Kräften vor den durch den langen italienischen Stiefel getrennten Küsten und Besitzungen der beiden Seestädte Genua und Venedig zu patrouillieren. Eine zweite Option bestand darin, den verbündeten Pisanern den Kampf gegen Genua zu überlassen und die eigene Flotte konzentriert in venezianischen Gewässern einzusetzen. Drittens aber konnte er die sizilische Flotte gemeinsam mit den Schiffen Pisas gegen eine der beiden Seemächte führen. Und so sollte es schließlich kommen.

Zunächst wurde jedoch die Adria zum Kriegsschauplatz. Hier hatte Friedrich zu Beginn des Seekrieges einige Galeeren unter dem Kommando von Admiral Nicolinus Spinola zu Kaperfahrten eingesetzt. Schon 1239 gelang es Spinola, achtzehn venezianische Schiffe aufzubringen.

Auch in der Kampagne des nächsten Jahres legten sich vier sizilische Galeeren in der Adria auf die Lauer und konnten drei große venezianische Kauffahrer kapern, die Waren im Wert von angeblich 70 000 Silbermark an Bord hatten. Die Venezianer sannen auf Rache. Schon im September 1240 erschienen Galeeren der Lagunenstadt unter dem persönlichen Kommando des Dogen Jacopo Tiepolo (1229–1249) vor der apulischen Küste, wo sie nun ihrerseits kaiserliche Handelsschiffe kaperten und ausplünderten. Zwei Schiffe mit vielen Menschen und großen Schätzen an Bord fielen in ihre Hände. Vor Brindisi schossen die venezianischen Galeeren sogar ein von der Pilgerfahrt nach Jerusalem heimkehrendes Schiff in Brand. Die gesamte apulische Küste war bedroht. Einzelne Hafenplätze, etwa Termoli, wurden von den Venezianern geplündert und zerstört. Die Schäden waren beträchtlich.

Zum Glück für Friedrich und die Bewohner der apulischen Küste setzte jedoch bald der stürmische Herbst ein, der die Seefahrt in der Adria zum gefährlichen Spiel macht. Im Oktober kehrten die beutebeladenen venezianischen Galeeren in die heimatliche Lagune zurück. Nun war es Friedrich, der auf Rache sann; zumindest will es so die Legende. Rund zweihundert Jahre nach dem Ereignis kam die Geschichte auf, dass der Kaiser den gefangenen Dogensohn Pietro Tiepolo, der fast drei Jahre zuvor in seine Hände gefallen war, an einem Küstenturm in Trani so aufknüpfen ließ, dass ihn die vorbeifahrenden Venezianer von ihren Schiffen aus sehen mussten. Mit solchen Geschichten – ob wahr oder unwahr – wurde der Idealtypus eines Tyrannen ausgemalt, als der Friedrich späteren Zeiten galt.[7]

Als Ansald von Mari im Jahr 1241 Admiral wurde, erfolgte eine grundlegende strategische Umorientierung. Nun öffnete sich der Vorhang für das Seekriegstheater auf dem Tyrrhenischen Meer. Gemeinsam mit den verbündeten Pisanern ging Friedrichs Flotte jetzt gegen Genua vor. Gleich zu Beginn des Jahres fuhren 27 sizilianische Galeeren nach Pisa. Die vereinigte Flotte aus kaiserlichen und pisanischen Galeeren sowie einigen Sagittien aus Savona kreuzte im Frühjahr 1241 südlich von Elba und sperrte auf diese Weise den Seeweg zwischen dem Festland und der Insel Montecristo.

Am 25. April liefen aus dem Hafen von Genua knapp dreißig stark bewaffnete Galeeren aus, auf denen sich über hundert Geistliche, hauptsächlich aus Frankreich, Spanien und Oberitalien, befanden: Erzbischöfe, Bischöfe und Äbte sowie drei päpstliche Kardinallegaten. Die Genuesen hatten die Kirchenmänner einige Wochen zuvor aus Nizza abgeholt und eine Weile in ihrer Stadt beherbergt. Nun sollte es weiter zum Konzil nach Rom gehen. Die genuesische Flotte bewegte sich zunächst die Küste entlang bis Portovenere. Hier erfuhr ihr Oberbefehlshaber Jacopo Malocello von der Vereinigung der kaiserlichen und pisanischen Schiffe und beging daraufhin – trotz nachdrücklicher Warnungen aus den Reihen seiner Galeerenkommandanten – gleich zwei schwere Fehler: Zum einen wartete er nicht auf Verstärkung aus Genua, die ihm versprochen worden war. Zum anderen – und das sollte sich als noch verhängnisvoller herausstellen – wählte er keinen Kurs, der um die kaiserliche Lauerstellung herumführte, sondern befahl, den kürzesten Weg in Richtung Civitavecchia, der nächsten größeren Hafenstadt im Herrschaftsgebiet des Papstes, zu steuern. Doch damit ruderte er genau vor die Bugsporne der kaiserlichen Galeeren, und die Falle Kaiser Friedrichs schnappte zu.

Auf welche Distanzen aber konnten sich die Flotten überhaupt sichten? Sehr oft in der Seekriegsgeschichte sind Schlachten allein deshalb nicht geschlagen worden, weil sich die Kontrahenten schlicht nicht fanden. Denn es ist nur bedingt eine Frage der Wetterverhältnisse, was man wann auf der Kimm, der auf offenem Meer sichtbaren Grenzlinie zwischen Wasser und Himmel, entdecken kann. Verantwortlich dafür ist die Krümmung der Erde, die die maximale Sichtweite der Objekte begrenzt. Dass etwa bei modernen Schiffen auf eine Distanz von 10–20 Seemeilen zwar die hohen Brückenaufbauten noch sichtbar bleiben, ihre Rümpfe jedoch schon hinter der Kimm verschwunden sind, macht dieses Phänomen für jeden Beobachter auf dem Meer besonders anschaulich. Eine Galeere mit einer Deckhöhe von etwa 2 Metern ließ dem darauf stehenden Seemann eine Sicht bis zur Kimm von nur etwa 4 Seemeilen, also etwas über 7 Kilometer. Diese Distanz verdoppelte sich, da ja auch das gesichtete Schiff mit Rumpf und Segel über den Horizont hinausragte. Und da sich die Kimm umso tiefer unter dem mathematischen Horizont zeigt, je höher sich der Beobachter über dem Meeresspiegel befindet, wurden mit den Ausguckmöglichkeiten in den Mastspitzen, den im Mittelalter aufkommenden sogenannten Krähennestern, die Sichtweiten enorm vergrößert. Bei 10 Metern Höhe erweitert sich die Beobachtungsdistanz

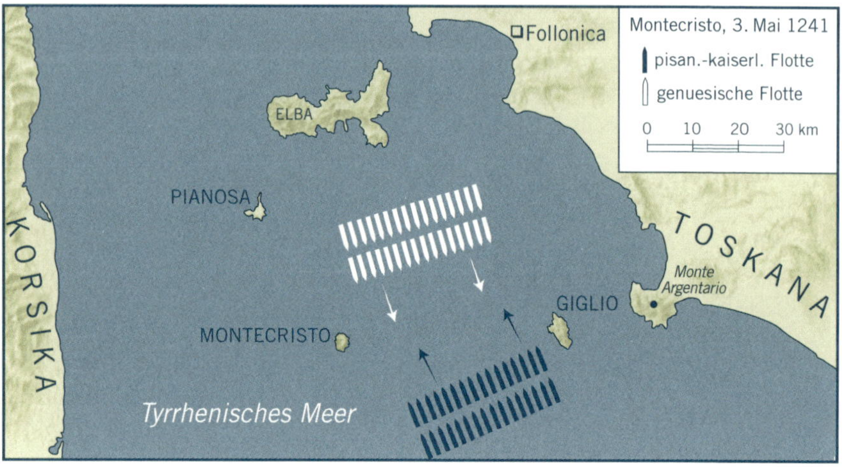

schon auf etwa 6 Seemeilen, was etwa 11 Kilometern entspricht. Zum Vergleich: Auf der *HMS Victory* befand sich der Ausguck auf dem Hauptmast auf einer Höhe von fast 60 Metern über der Wasserlinie, was die Sichtweite auf etwa 14 bis 15 Seemeilen, also fast 27 Kilometer, erhöhte.

Der Morgen des 3. Mai 1241 brach an, ein Samstag und der Tag, an dem die Kirche die Auffindung des wahren Kreuzes feierte. Nach acht Tagen auf See trennten die Prälaten nur noch einhundert Kilometer vom sicheren Hafen Civitavecchia. Schon am Abend würden sie sich in Sicherheit befinden. Doch im Morgendunst sichteten sich die beiden Geschwader zwischen den Inseln Montecristo und Giglio, die nur etwa 30 Seemeilen voneinander entfernt liegen. Ein unbemerktes Durchschlüpfen vor einer dwars laufenden Flotte war also unmöglich. Der Kampf begann um die neunte Stunde. Anfangs sah es für die kaiserlichen Galeeren nicht gut aus. Drei von ihnen – offenbar die Vorhut – wurden von den Genuesen geentert oder versenkt. Doch dann wendete sich das Blatt: Die vereinigten pisanisch-sizilischen Streitkräfte eroberten Schiff um Schiff der Genuesen, insgesamt zweiundzwanzig Einheiten. Drei genuesische Galeeren wurden in den Grund gebohrt. Viele Seeleute und Passagiere ertranken, darunter der Erzbischof von Besançon. Nur fünf Galeeren und einigen kleineren Schiffen gelang die Flucht zurück nach Genua.

Die spurlose Schlacht

Über die Vorgeschichte und den Verlauf dieser Seeschlacht in den Gewässern vor der tyrrhenischen Küste berichten nur wenige Quellen, und das auch noch überaus spärlich. Zunächst sind die *Annales Ianuenses* zu nennen, die «Genueser Jahrbücher». Dabei handelt es sich um Aufzeichnungen, die Jahr für Jahr von offiziell durch die Kommune beauftragten Schreibern abgefasst wurden. In öffentlichen Lesungen wurden deren Ausarbeitungen von der Gemeinde bestätigt. Sie schmückten das aus, an was man sich so gern erinnerte, und sahen nach besten Kräften über das hinweg, was man lieber mit dem Mantel des Schweigens bedecken wollte. So erscheint Kaiser Friedrich II. in den Annalen als ein hinterhältiger Zertrümmerer Genuas und der Kirche, der sich sogar erdreistete, Seeleute aus der Heimatstadt als Admirale dienstbar zu machen.

Der Stadtschreiber Bartholomäus, der Verfasser der genuesischen Annalen für diese Jahre, wurde bei der Schlachtbeschreibung erstaunlich einsilbig. Über die für die sieggewohnte eigene Flotte so unrühmlichen Ereignisse geht er kurz hinweg: «Und als sie zur unglücklichen Stunde ihre Fahrt fortsetzten und in den Gewässern der Pisaner oberhalb Zigi waren, drangen die siebenundzwanzig Galeeren des genannten Kaisers, deren Admiral Andreolus, der Sohn des Ansaldus de Mari, war, sehr viele Galeeren und Galeotten der Pisaner und andere Sagittien der Savonesen, gegen die unseren vor und behielten durch ein unglückseliges Geschick in dem begonnenen Kampf die Oberhand.» Hierauf folgen Berichte über das schlimme Schicksal der Gefangenen, von der Seeschlacht selbst hingegen ist mit keinem weiteren Wort die Rede.[8]

Noch spärlicher berichtet der Chronist Richard von San Germano (um 1165–1244), der als ein öffentlicher Notar in den mittelitalienischen Städten San Germano und Montecassino in den Jahren 1186 bis 1232 diente; darüber hinaus war er wohl seit 1221 auch in der Finanzverwaltung Kaiser Friedrichs II. tätig. Magister Richard verfasste seine Chronik des Königreichs Sizilien zwischen 1189 und 1243 mit überaus trockener Sachlichkeit. Nur einen Halbsatz ist es ihm wert, dass eine Seeschlacht zwischen kaiserlichen und Genueser Galeeren stattgefunden und man die gefangenen Prälaten nach Pisa gebracht habe.[9]

Des Kaisers Sohn auf See: In einer Darstellung aus der Chronik des Giovanni Villani, die einhundert Jahre nach der Schlacht entstand, haben die Galeeren zwar keine Riemen, dafür aber immerhin Masten und Segel. Mit Adlern beflaggte kaiserliche Segelschiffe kämpfen gegen schlüsselbewimpelte Papstschiffe. Kaiser Friedrichs II. Sohn Enzio, der die kaiserlichen Truppen zur See anführt, lässt entern und befiehlt, die verängstigten Kleriker in die See zu stürzen. Allerdings hatte der «Bastardsohn» – wie Villani ihn nennt – an der Seeschlacht von Montecristo 1241 gar nicht teilgenommen.

Ganz anders und etwas eigentümlich sah man die Sache aus der Entfernung. Im Benediktinerkloster Saint Albans in der Nähe von London lebten und schrieben die Mönche Roger von Wendover (gest. 1236) und Matthaeus Paris (um 1200–1259). Ihre eng aufeinander bezogenen Werke gehören zu den bedeutendsten Geschichtswerken des europäischen Hochmittelalters. Matthaeus berichtet in seiner Chronik über die Seeschlacht von Montecristo: «Der erwähnte Heinrich also gehorchte dem väterlichen Befehl und schickte den Genuesen, welche unbesorgt die Legaten und Prälaten übersetzten, zwanzig wohlbemannte, neue und starke Galeeren, welche der Admiral Stollius, der erfahrenste unter den Seeleuten, befehligte. Und nach einem sehr blutigen Kampf besiegten die Pisaner, welche unter dem besonderen Befehl Heinrichs standen, mit dem bereits genannten Stollius, der wie ein einschlagender Blitz zum Kampf heranfuhr, die Genuesen.»[10]

Matthaeus erfindet in seinem Bericht einige Details hinzu: Heinrich, eher bekannt unter seinem italienischen Namen Enzio, einer der leiblichen Söhne Kaiser Friedrichs und König von Sardinien, war bei dem Kampf gar nicht anwesend, doch geistert er dessen ungeachtet als angeblicher Kommandant der Flotte durch eine Reihe von Quellen. Und den Namen des seltsamen Admirals namens Stollius hatte Matthaeus möglicherweise in einem Brief des Kaisers an den König von England gelesen und offenbar im Hinterkopf behalten, nur dass *stolium* als Begriff die ganze Flotte

bezeichnete und keineswegs der Name des Oberkommandierenden war. Eine schöne Verwechselung, die etwa damit vergleichbar wäre, einen Admiral «Friedrich» oder «Heinrich von Flotte» zu titulieren.

Ganz anders nahmen sich die Reaktionen auf den Seesieg bei Montecristo natürlich am Kaiserhof aus. Die Nachricht vom grandiosen Triumph seiner Flotte erreichte den Kaiser in Imola. Hochgestimmt ließ er Siegesbriefe, unter anderem an den König von England, schreiben. Seine Belagerungsmaschinen hätten nicht nur die Mauern des abtrünnigen Faenza endlich zerschmettert, sondern Gott sei auch in einer anderen Sache mit ihm gewesen. «Und an jenem Palestriner (= Papst Gregor IX.), der so oft den äußersten Hass gegen Uns erregt hatte, ist, wie wir glauben, das göttliche Gericht nicht ausgeblieben, damit er nicht nach Art des verborgenen Wolfes im Schafsfell und Lammkleid Gott bei sich zu tragen wähne und wisse, dass Gott mit Uns ist, der auf seinem Throne sitzt und gerecht richtet, da er nicht allein durch das Priestertum, sondern durch das Königtum und das Priestertum das Gefüge der Welt zu leiten bestimmt hat.» Von einem begeisterten, namentlich nicht bekannten Kaiseranhänger wurden sogar emphatische Siegestöne über den Erfolg der Seeschlacht in Hexameter gesetzt: «*Gaudeat imperium* – Jubeln möge das Reich, jubeln soviel es mag [...] auf See und an Land wird der Zusammenbruch den Papst belehren, zu welch einem Frieden wird führen das Ende des Krieges; schweigen soll des Konzils schwatzhafte Zunge über

Landschlachten auf Schiffen: Bei vielen Seeschlachten des Mittelalters handelte es sich im Grunde um Landschlachten auf Schiffen, bei denen es nicht um taktische Schiffsmanöver ging, sondern um Pfeilbeschuss und Enterkampf. So auch bei der Schlacht von Sluys 1340. Sie war Teil des sogenannten Hundertjährigen Krieges zwischen England und Frankreich, in der eine englische Flotte unter König Edward III. eine französisch-genuesische Flotte unter König Philipp VI. von Frankreich besiegte. An der Miniatur zur Schlacht aus der in der zweiten Hälfte des 15. Jahrhunderts entstandenen Chronik des Jean de Wawrin erkennt man sehr gut, dass die Schiffe im Spätmittelalter noch genauso wie in den Jahrhunderten zuvor nicht selbst als Waffen dienten, sondern lediglich als Truppentransporter und Plattformen der Bogenschützen.

das Rad des Schicksals und der Knabe aus Apulien wird errichten den Frieden der Welt.»[11]

Papst Gregor IX. geriet durch Friedrichs Seesieg in eine prekäre Lage. Ihm fehlten nun die Geistlichen für das Konzil. Die gefangenen Prälaten ließ der Kaiser zunächst nach Pisa, dann weiter in die Burg San Miniato in der Toskana schaffen. Schließlich brachte man sie auf dem Seeweg nach Neapel und verteilte sie von dort auf verschiedene Burgen des Reiches. Matthaeus Paris notierte in seiner Chronik über die Leiden der gefangenen Kleriker: «Schon hatten Krankheit und tödliche Schwäche sie befallen, denn da sie schon lange gesegelt waren, wobei sie eng gefesselt und gedrückt sitzen mussten, hatten sie alle unerträgliches Fieber bekommen, das die Muskeln zerwühlte und wie mit Stichen von Skorpionen peinigte. Von Hunger und Durst gequält, waren sie der Willkür der ruchlosen Schiffer ausgeliefert, die eher als feindliche Piraten bezeichnet werden konnten. So erlitten sie ein langes Martyrium, das sie aber in Demut erduldeten.»[12]

Kurz nach dem Sieg änderte der Kaiser die Strategie. Seine Flotte versuchte nun, die Genuesen mit kleinen schnellen Vorstößen in Atem zu halten. Das permanente Klarhalten der gesamten Flotte war für die Genuesen nicht nur mit beträchtlichen Kosten verbunden, weil die Bürger die Schiffe selbst bemannen mussten, sondern enthielt ihnen «das stolze Vorrecht der Initiative» vor. Auf der anderen Seite bezahlte auch Friedrich diese Strategie mit dem Ruin der eigenen Kassen: *«In armatione felicis stolii* – durch die Bewaffnung der glücklichen Flotte» sei der Staatsschatz erschöpft worden, ließ Friedrich nach der Kampagne 1241 an seine Verwalter schreiben. Doch so gelang es Genua nicht, die sizilische Flotte aus den Gewässern vor der eigenen Haustür zu vertreiben und selbst, wie es der ursprüngliche Kriegsplan vorsah, vor der sizilischen Küste aktiv zu werden. Der geplante gemeinsame Angriff Genuas und Venedigs auf das Königreich Sizilien kam nie zustande.[13] Langfristig jedoch erwies sich der große Seesieg von Montecristo für den Kaiser als Pyrrhossieg, denn er verschaffte dem Papst nur weitere Argumente für seine antikaiserliche

Polemik. Ein Jahre später nach Lyon einberufenes Konzil setzte den Imperator dann doch noch ab. Für viele spätmittelalterliche Geschichtsschreiber bestätigte der Seesieg des Kaisers sein ohnehin schlechtes Image.

Die Seeschlacht von Montecristo war die größte, die in diesen Regionen des Mittelmeers tobte, und die erste überhaupt, die von der Flotte eines mittelalterlichen westlichen Kaisers geschlagen wurde. Umso erstaunlicher erscheint es auf den ersten Blick, dass sie in den Erinnerungsmedien nur wenige Spuren hinterlassen hat. Außer wenigen schriftlichen Belegen erinnern keinerlei Denkmale oder Gemälde an sie. Man könnte zugespitzt sagen, dass sie in den Jahrhunderten nach dem Ereignis bewusst vergessen wurde. Das lag vor allem daran, dass der dramatische Untergang der Staufer und der Bruch in der dynastischen Kontinuität in Süditalien auch die Erinnerungsgeschichte tiefgreifend beeinflusste. Es hätte aber nicht nur ereignisgeschichtlich, sondern auch memorialhistorisch anders kommen können. Hätten der Papst und seine Verbündeten diese Schlacht gewonnen, dann wären im Vatikan und in Rom die Bilder der Ereignisse von 1241 heute wahrscheinlich genauso präsent, wie sich die Erinnerungen an die Seeschlacht von Lepanto dem aufmerksamen Betrachter an vielen Stellen offenbaren.

Neben der medialen Amnesie rund um die Seeschlacht von Montecristo zeigt das Ereignis im universalhistorischen Kontext aber auch, dass im Kampf zwischen den vier großen Mächten jener Zeit, zwischen Kaiser, Papst und den in raschem Aufstieg befindlichen Seemächten Venedig und Genua, erstmals seit der Antike wieder Flottenbau und Flottenrüstung als zentrale Elemente der militärischen Auseinandersetzung in den Vordergrund traten. Das Meer zu beherrschen bildete die Voraussetzung für den strategischen Erfolg, und um diesen Erfolg zu erringen, bedurfte es einer Flotte, für deren Bau und Einsatz man sich nötigenfalls ruinierte. Diese Erfahrung Kaiser Friedrichs II. sollten dann in den folgenden Jahrhunderten noch viele Herrscher und Staaten machen.

6. Lepanto 1571

DER UNTERGANG DES MORGENLANDES?

Wie aus einem militärischen Triumph ein politisches Debakel und schließlich ein europäischer Erinnerungsort wurde

Nach endlosen Verhandlungen der Diplomaten und unerhörten organisatorischen Mühen trafen am 7. Oktober 1571 die Schiffe der «Heiligen Liga» Spaniens, Venedigs und des Papstes auf die gefürchtete osmanische Flotte. In den folgenden Stunden kämpften in einer der blutigsten Schlachten der Kriegsgeschichte auf beiden Seiten über 200 Galeeren gegeneinander. Am Abend hatte die türkische Flotte aufgehört zu existieren, färbte das Blut von mehr als 30 000 Gefallenen das Wasser des Golfs von Patras. Obwohl die politischen Folgen des christlichen Triumphs gleich null waren, die «Heilige Liga» schon zwei Jahre später zerfiel und die Hohe Pforte ihr Kriegsziel, die Eroberung Zyperns, erreichte, fand keine andere Seeschlacht einen so überwältigenden Nachhall in der Kunst und Literatur Europas wie Lepanto. An diese Schlacht wird noch heute erinnert, wenn etwa in Italien über den Bau von Moscheen und Minaretten diskutiert wird.

Osmanen und Venezianer

Das Morgenrot des 7. Oktober 1571 versprach im Golf von Patras einen strahlend schönen Herbsttag. Das ist in dieser Jahreszeit im östlichen Mittelmeer alles andere als selbstverständlich, häufige Stürme und unruhige See machen die Schifffahrt hier zu einer gefährlichen Angelegenheit. An diesem Vormittag aber wehte nur ein schwacher Ostwind über die leicht gekräuselte Meeresoberfläche.

Doch die friedliche Morgenstimmung täuschte. Schon wenige Stunden später standen sich über mehrere Kilometer hinweg die Schlachtreihen zweier Galeerenflotten gegenüber, wie sie das Mittelmeer noch nie gesehen hatte. Nach der Zahl der Schiffe waren sie annähernd gleich stark; die türkische Flotte, von Osten kommend, konnte auf den ersten Blick sogar leicht überlegen erscheinen. Von den etwa 230 Schiffen, über die ihr Oberbefehlshaber Ali Pascha gebot, zählten allerdings nur 170 bis 180 zum Typus der großen, geruderten Kriegsgaleere, hinzu kamen 20 bis 30 kleinere Galeotten sowie einige Dutzend leichte Schiffe, die im Kampf mit Galeeren chancenlos waren. Die christliche Streitmacht dagegen bestand aus 204 großen Galeeren. Entscheidend für den Ausgang der Schlacht aber war die höchst ungleiche Kampfkraft der beiden Flotten.[1] Denn den rund 36 000 Soldaten auf den christlichen Schiffen standen kaum 20 000 türkische Gegner gegenüber, und die verfügten zum überwiegenden Teil nicht über den in dieser Zeit verwendeten Vorläufer des Gewehrs, die Arkebuse, sondern lediglich über Kompositbögen als Distanzwaffen. Anders als die Soldaten der christlichen Liga, waren sie zudem nicht durch Helme und Brustpanzer geschützt. Auch im Bereich der Schiffsartillerie sprechen die Zahlen eine eindeutige Sprache: Mehr als 1500 schweren Kanonen auf den Schiffen der christlichen Flotte konnte der türkische Gegner nur etwa 750 Geschütze großen Kalibers entgegenstellen. Vor diesem Hintergrund erscheint der Ausgang der Schlacht, der überwältigende Sieg der Liga-Flotte, anders, als in späteren Zeiten immer wieder behauptet wurde, durchaus nicht als ein Wunder.

Einem Wunder kommt jedoch die Tatsache nahe, dass am 7. Oktober überhaupt eine christliche Flotte in den Golf von Patras ruderte und sich dort mit grimmiger Entschlossenheit zur Schlacht stellte. Und zwar war es ein Wunder gleich in zweifacher Hinsicht: zum einen aus politischer, zum anderen aus militärischer Perspektive. Um dies zu verstehen, ist es nötig, einen Blick auf die Vorgeschichte der Seeschlacht bei Lepanto zu werfen.

Diese Vorgeschichte kann man am 29. Januar 1570 beginnen lassen. An diesem Tag nämlich erhielt Marcantonio Barbaro, der venezianische Botschafter in Konstantinopel, unerwarteten Besuch vom Chefdolmetscher der Hohen Pforte, der ihm die nicht weiter diplomatisch verklausulierte Botschaft überbrachte, sein Herr, Sultan Selim II. (1566–1575), fordere die Republik Venedig auf, ihm Zypern zu überlassen.[2] Die Insel, so die Argumentation, habe bereits in früheren Zeiten zum Herrschaftsbereich der Sultane gehört, sie biete zudem unerträglicherweise christlichen Kaperschiffen Unterschlupf, die türkische Schiffe überfielen, kurz: Wenn die Venezianer Gewicht auf den Fortbestand der gedeihlichen Handelsbeziehungen zum Osmanischen Reich legten und einen Krieg vermeiden wollten, dann sollten sie die Insel räumen. Andernfalls werde man sie sich mit Gewalt nehmen.

Doch diese Hinweise auf alte Herrschaftsansprüche und lästige Piratenschiffe dienten nur der Bemäntelung viel tiefer gehender politischer Motive. Mit dem Osmanischen Reich war seit der Mitte des 14. Jahrhunderts in nicht einmal zweihundert Jahren im Osten des Mittelmeers eine politische Großmacht entstanden, die ihren rasanten Aufstieg einem überaus aggressiven Expansionsdrang verdankte. So gelang es dem Turkvolk nach seiner Einwanderung in Kleinasien im frühen 13. Jahrhundert rasch, größere Gebiete zu unterwerfen; vor allem aufgrund der Schwäche des Oströmischen Reichs. Die Basis der osmanischen Expansion stellte das Militärwesen dar, die Vielzahl kampfkräftiger, gut gerüsteter Krieger. Eine besondere Rolle spielte die Elitetruppe der Sultane, die rund 10 000 in Konstantinopel stationierten Janitscharen. Sie bildeten das erste «stehende Heer» der modernen Militärgeschichte, zu einer Zeit, als christliche Fürsten von einem solchen Instrument zur Durchsetzung ihrer Herrschaftsansprüche nur träumen konnten. Um den Luxus einer solchen Truppe zu finanzieren, bedurfte es kräftiger Tributzahlungen unterworfener Feinde; wie denn überhaupt der Haushalt der Sultane auf solche Tribute angewiesen war. Nicht zuletzt deswegen sahen sich die Herren der Hohen Pforte ihrem Selbstverständnis nach zunächst und allererst als Feldherren. Auf siegreich beendeten Feldzügen beruhte ihr persönlicher Ruhm ebenso wie ihr politischer Erfolg. Der Vater des seit 1566 regierenden Sultans Selim II., Suleiman, mit dem sprechenden Beinamen «der Prächtige», war in den langen Jahren seiner Herrschaft (1520–1566) diesen Ansprüchen vollkommen gerecht geworden. Nicht weniger als dreizehn große Feldzüge hatte er geführt und dabei unter anderem die Malteser-Ritter von der Insel Rhodos vertrieben und 1526 bei Mohács das Heer des Ungarnkönigs Ludwig II. vernichtend geschlagen – so vernichtend, dass damit die Unabhängigkeit Ungarns für annähernd zwei Jahrhunderte endete. Ofen und Pest, später zur heutigen ungarischen Hauptstadt Budapest zusammengewachsen, wurden zu türkisch beherrschten Städten, wie zuvor schon Belgrad.[3]

Suleimans Sohn, Selim II., mit dem viel weniger schmeichelhaften Beinamen «Most», der Säufer, trat also in große Fußstapfen, zu große, wie sich zeigen sollte. Drei Jahre nach seinem Regierungsantritt hatte er die Forderung seiner politischen und religiösen Berater nach einem großen militärischen Erfolg immer noch nicht erfüllt, ja, nicht einmal Anstalten dazu gemacht, sie zu erfüllen. Angesichts des wachsenden Drucks schien ein Angriff auf Zypern schließlich ein buchstäblich naheliegendes Ziel, liegt die Insel doch nur rund 70 Seemeilen vor der türkischen Küste. Zudem gehörte sie den Venezianern, deren militärisches Potential schon seit längerem den Zenit überschritten zu haben schien und die an gedeihlichen Handelsbeziehungen interessiert waren. Ein leichter Triumph schien denkbar,[4] und der war umso erwünschter, als sich Suleiman der Prächtige 1565, ein Jahr vor seinem Tod, bei dem

Versuch der Eroberung Maltas an den dortigen Johanniter-Rittern die Zähne ausgebissen hatte.

Doch gerade weil der venezianische Botschafter Barbaro diese Hintergründe der osmanischen Forderungen nach der Abtretung Zyperns durchschaute, sandte er sofort einen Eilboten in die Heimatstadt, um den venezianischen Senat von diesem unerhörten Ansinnen zu informieren, und antwortete einstweilen kategorisch: Kein Fürst habe jemals eine Provinz seines Reiches einfach abgetreten, ohne zu kämpfen.[5] In genau diesem Sinne fiel auch die Reaktion der venezianischen Senatoren aus, als sie am 28. März 1570 einen außerordentlichen Gesandten der Hohen Pforte empfingen: Man werde die Insel keinesfalls kampflos aufgeben.

Vorangegangen waren dieser klaren Absage, von der alle wussten, dass sie Krieg bedeutete, lange und quälende Diskussionen innerhalb der venezianischen Führungsschicht. Auch bei der einfachen Bevölkerung war die Aussicht auf Krieg zunächst keineswegs populär.[6] Denn die Stadt in der Lagune verdankte ihre Macht und ihren Reichtum dem Handel. Diesem Handel dienten die weitgestreuten Besitzungen, die Venedig im östlichen Mittelmeer über die Jahrhunderte hinweg erworben und verteidigt hatte, der *stato da mar*, das Seereich. Aus heutiger Sicht mag es erstaunen, dass die schmalen Küstenstreifen Dalmatiens, die wenigen Stützpunkte auf der Peloponnes, die Handvoll kleiner Ägäis-Eilande nebst den beiden größeren Inseln Kreta und Zypern als Basis für eine europäische Großmachtstellung reichten. Doch so war es, jedenfalls bis zum Beginn des 16. Jahrhunderts: Venedig agierte im Stile einer europäischen Großmacht, deren Machtbasis allerdings nicht Territorialbesitz, sondern die märchenhaften Profite aus dem Orienthandel bildeten.

Dieser Orienthandel war nach der Eroberung Konstantinopels durch die Osmanen 1453 erschwert; doch bemühten sich die Politiker im Dogenpalast sogleich um ein gutes Verhältnis zur Hohen Pforte. Man wusste um die existenzielle Bedeutung guter Handelsbeziehungen mit den Osmanen und versuchte, durch politische Zugeständnisse und «Geschenke» aller Art an den Sultan und seine Berater den Frieden zu erhalten.[7] Auch in der Krise des Frühjahrs 1570 gab es unter den venezianischen Politikern nicht wenige, die dazu rieten, es zunächst einmal ganz traditionell mit Bestechung der türkischen Würdenträger zu versuchen – und im äußersten Fall eben auf Zypern zu verzichten.[8] Aus wirtschaftlicher Perspektive erschien diese Argumentation vollkommen verständlich: Die Kriegsrüstungen würden gewaltige Summen verschlingen, und noch ruinöser mussten sich die gestörten Handelsbeziehungen auswirken.

Doch spielten wirtschaftliche Überlegungen im Europa des 16. Jahrhunderts noch nicht entfernt jene Rolle, die ihnen spätere Zeiten zuschreiben sollten. Die «Falken» unter den venezianischen Politikern argumentierten staatstragend: Gäbe man in einem so einzigartigen Falle politischer Erpressung nach und trete die Insel widerstandslos an die Osmanen ab – wer garantierte dann, dass der Sultan nicht morgen Kreta und übermorgen, wer weiß, sogar Venedig selbst fordern würde? Vor allem aber argumentierten sie mit der Ehre, die man durch kampfloses Nachgeben verliere. Deren Verlust müsse unweigerlich dazu führen, dass die stolze Republik in ganz Europa zum Gespött werde, mit katastrophalen Folgen für den politischen Handlungsspielraum. Wer schließt schon Bündnisse mit einem Partner, den er verachtet?[9] Und dieses Argument konnte keine noch so besorgte Aussicht auf die Entwicklung der Handelsbilanz entkräften.

Das Arsenal von Venedig

So galt es denn, den Krieg vorzubereiten, und das hieß nach Lage der Dinge, eine Flotte auszurüsten. Bereits Ende Januar 1570 hatte der venezianische Senat den Beschluss gefasst, 100 neue Galeeren bauen zu lassen, und zwar binnen zweier Monate.[10] Ein höchst ehrgeiziges Ziel, an dessen Realisierung überhaupt nur zu denken war, weil die Venezianer über die größte und am besten organisierte Schiffswerft des damaligen Europa verfügten: das Arsenal. Auf dem riesigen Gelände am östlichen Stadtrand Venedigs wurden nicht nur Schiffe gebaut und repariert, sondern auch alles hergestellt, was man zu ihrer Ausrüstung benötigte. Hinter den mächtigen Mauern des Arsenals gingen Zimmerleute und Riemenschneider, Kanonengießer und Seilwinder, Tuchmacher und Kalfaterer ihrer Tätigkeit nach. Bis zu 3 000 Handwerker arbeiteten um die Mitte des 16. Jahrhunderts in dieser Stadt in der Stadt. Um im Kriegsfall die Kriegsschiffe buchstäblich im Akkord produzieren zu können, verfügte das venezianische Arsenal über eine «Reserve» von 100 Galeeren, die nach der Art von Bausätzen aus durchnummerierten Einzelteilen nur zusammengezimmert werden mussten; dadurch konnten, zumindest theoretisch, jeden Tag zwei Schiffe die Werft verlassen.[11]

Der Bau und die Ausrüstung der Flotte stellten eine enorme organisatorische Leistung dar, auf welche die Venezianer zu Recht stolz waren, und zwar umso mehr, als es mit der Bereitstellung der Schiffe ja nicht getan war. Die Galeeren mussten auch bemannt werden, und das war noch weitaus schwieriger, als sie zu bauen. Denn eine klassische Kriegsgaleere, die *galea sottil*, wurde mit Menschenkraft angetrieben. Das war mühsam, aufwändig und teuer, so dass man sich fragen kann, warum in einer Zeit, in der Segelschiffe längst Atlantiküberquerungen und Weltreisen bewältigten, im Mittelmeer nach wie vor die vergleichsweise archaische Form des Ruderschiffs dominierte.[12]

Die Gründe dafür liegen in den besonderen meteorologischen und nautischen Bedingungen des Mittelmeers, wo vor allem im Sommer häufige Flauten reine Segelschiffe lahmlegten. Leicht lässt sich vorstellen, wie fatal sich eine solche Flaute in einem Gefecht für das bewegungsunfähige Schiff auswirken musste. Und so kämpften alle großen Anrainerstaaten des Mittelmeers bis in das 17. Jahrhundert hinein ausschließlich mit Kriegsgaleeren, Schiffen von etwa 40 Metern Länge bei 5 Metern Breite, angetrieben bei günstigem Wind auch durch ein Lateinersegel am Großmast, vor allem aber von den je 25 bis 30 Riemen auf beiden Seiten, die jeweils drei Ruderer bedienten.

Allein zum Antrieb des Schiffes befanden sich, wie schon bei der attischen Triere, 150 bis 180 Mann an Bord, hinzu kamen 20 bis 30 Matrosen, eine Handvoll Offiziere und technisches Personal, schließlich 80 bis 100 Soldaten.[13] Insgesamt hielten sich also auf den etwa 200 Quadratmetern Grundfläche einer Galeere um die 300 Mann auf. Die Versorgung der Besatzungen auch nur mit den elementarsten Lebensmitteln wie Wasser und Schiffszwieback erforderte angesichts des fehlenden Stauraums Landgänge in sehr kurzen Abständen, die hygienischen Bedingungen an Bord spotteten jeder Beschreibung.[14] Kein Wunder also, dass es schwerfiel, überhaupt Mannschaften für die Ruderbänke zu finden. Traditionell dienten Freiwillige auf den venezianischen Galeeren, anders als auf denen der Türken, die vor allem christliche Sklaven verwendeten. Doch in der Krise des Frühjahrs 1570 fanden sich davon bei weitem nicht genug. Die Politiker im Dogenpalast sahen sich genötigt, auf Zwangsrekrutierungen zurückzugreifen,[15] und als immer noch Mannschaften fehlten, schickte man schließlich Strafgefangene auf die Ruderbänke – mit fatalen Folgen für das ohnehin geringe soziale Prestige, das der Ruderdienst genoss.

Doch auch nach der notdürftigen Besetzung der Ruderbänke war die venezianische Flotte noch längst nicht bereit zum Auslaufen, mussten doch für den eigentlichen Kampf Soldaten angeworben werden.[16] Auch das war eine mühsame und kostspielige Angelegenheit, denn in Zeiten, die außerhalb des Osmanischen Reichs weder stehende Heere noch gar eine allgemeine Wehrpflicht kannten, war es üblich, die Truppenwerbung adligen «Subunternehmern» zu übertragen, die in der Hoffnung auf späteren Gewinn die Aufstellung und Ausrüstung von Kompanien oder ganzen Regimentern vorfinanzierten. Angesichts noch kaum entwickelter bürokratischer und administrativer Strukturen, wie sie für den modernen Staat kennzeichnend sind, gab es keine andere Möglichkeit, Truppen aufzustellen.

Waren die Schiffe gebaut und halbwegs ausgestattet, die Ruderer, Seeleute und Soldaten angeworben, so hieß das immer noch nicht, dass die Flotte in See stechen konnte. Denn die unter so großen Mühen zusammengetrommelten Mannschaften mussten ja auch ernährt werden. Die Grundlage der Flottenverpflegung stellte Schiffszwieback dar, und genau daran mangelte es nach der schlechten Ernte des Jahres 1569. Oder besser gesagt, die venezianischen Kornvorräte des Frühjahrs 1570 hätten zwar gereicht, um den nötigen Schiffszwieback für die Ausstattung der Galeeren zu backen, dann aber wäre nichts mehr für die Versorgung der ohnehin schon unruhigen Bevölkerung geblieben.

In den Berichten, die der päpstliche Botschafter in Venedig im Frühjahr 1570 nach Rom sandte, wiederholen sich die Hinweise auf die prekäre Versorgungslage in Venedig fast schon gebetsmühlenartig: «hier wartet man darauf, zu rüsten, aber angesichts des Brotmangels steht die Abfahrt nicht zu erwarten»; «hier herrscht ein ungeheurer Mangel, und es findet sich kein Getreide»; «die Regierung ist ratlos, wie sie die Flotte erhalten soll, wenn sie nicht Unterstützung durch Kornlieferungen erhält.»[17] Als schließlich nach langwierigen Verhandlungen um Kornlieferungen aus den italienischen Nachbarstaaten auch dieses Problem gelöst war, sammelte sich die Flotte im Juni 1570 unter dem Befehl des Admirals Girolamo Zane im dalmatinischen Hafen Zara (heute Zadar), um hier auf Verstärkung durch ein auf Kreta stationiertes Geschwader zu warten. Und während man wartete, brach an Bord der Schiffe der Typhus aus.

Man braucht nicht viel Phantasie, um sich auszumalen, wie sich eine Epidemie auf den mit schlecht ernährten, erschöpften Männern vollgestopften Galeeren mit ihren unsäglichen hygienischen Verhältnissen auswirkte. Krankheiten und eine hohe Mortalitätsrate waren alltäglich auf den Ruderschiffen der Frühen Neuzeit. Doch die Typhusepidemie, die die Venezianer im Sommer 1570 traf, war selbst für diese Epoche von infernalischer Wirkung. Der verzweifelte Oberbefehlshaber Zane, dem die unter extremen Mühen zusammengestellten Schiffsbesatzungen zu Tausenden starben, schrieb bewegte Klagebriefe an den Senat, in denen er flehentlich um Mannschaftsersatz bat.[18] Aber alle Anstrengungen erwiesen sich als vergebens: Der venezianischen Flotte war, kaum, dass man sie zusammengebracht hatte, durch die Epidemie das Rückgrat gebrochen. Die Hoffnung, der türkischen Invasion Zyperns dadurch zuvorzukommen, dass man den Gegner in einer Seeschlacht zerstreute, hatte sich in Luft aufgelöst. Am 1. Juli 1570 landeten türkische Truppen auf Zypern und drangen schnell in das Innere der Insel vor. Gegen Ende des Jahres betrugen die Verluste der Venezianer allein durch Seuchen und Stürme, ohne dass irgendeine größere Schlacht stattgefunden hätte, an die 40 000 Mann.[19]

Die Stunde der Diplomaten

So sahen sich die Politiker im Dogenpalast gehalten, die bisher eher zurückhaltend betriebene Suche nach Verbündeten zu intensivieren. Unter den italienischen Staaten musste der Hilferuf im Kampf gegen den Glaubensfeind naheliegenderweise beim Papst in Rom auf offene Ohren stoßen. Dabei war das Verhältnis zwischen den Pontifices und der Markusrepublik keineswegs ungetrübt, weil die Venezianer die päpstliche Regelungskompetenz in allen Fragen, die kirchliche Institutionen innerhalb ihres Herrschaftsgebiets betrafen, systematisch untergruben. Doch angesichts der Bedrohung durch den türkischen Angriff hielt der regierende Pontifex Pius V. Ghislieri (1566–1572) die Stunde für eine Neubelebung des Kreuzzugsgedankens gekommen. Und da es sich bei diesem Papst um einen persönlich frommen Überzeugungstäter handelte, ließ er nichts unversucht, um unter den katholischen Fürsten Europas für Unterstützung für die Sache der Venezianer zu werben.[20]

Nach Lage der Dinge kam für ein solches Bündnis vor allem der spanische König Philipp II. in Frage, denn Spanien stellte neben Venedig in der zweiten Hälfte des 16. Jahrhunderts unbestritten die größte Seemacht im Mittelmeer dar, und als solche befand es sich beinahe ständig im Krieg mit der Hohen Pforte. Als störend empfanden die Spanier besonders die Satelliten des Sultans an der nordafrikanischen Küste, die sogenannten Berberstaaten, die bei loser Anerkennung der politischen Oberhoheit Konstantinopels weitgehend ihre eigene Politik verfolgten. Das heißt, sie führten einen munteren Kaperkrieg im westlichen Mittelmeer und überfielen dabei auch gerne die Küsten Süditaliens, um dort zu plündern und die christlichen Einwohner als Sklaven zu entführen.[21]

Die Feindschaft gegenüber dem Sultan hatte der fromme spanische König Philipp II. mit den Venezianern gemeinsam, sonst aber herzlich wenig. Im Gegenteil, die Gegensätze zwischen Spanien und Venedig waren auf fast allen Gebieten fundamental.[22] Schon rein geographisch sahen sich die Venezianer von den spanischen Territorien in Italien, dem Herzogtum Mailand im Norden und dem Königreich Neapel im Süden, eingekreist und bedrängt. Wirtschaftlich musste die Serenissima in der spanischen Expansion nach Übersee, nach Südamerika und in den fernen Osten eine unliebsame Konkurrenz zu ihrem bisher nahezu monopolartig betriebenen Fernhandel mit den Gütern des Orients sehen. Auf religiösem Gebiet wiederum hätten die Gegensätze zwischen den liberalen venezianischen Kaufleuten, die sich weit mehr für ihre Geschäfte als für die Durchsetzung des wahren Glaubens interessierten, und dem strenggläubigen Habsburger Philipp II. kaum größer sein können.

Aus all diesen Gründen beobachtete Philipp II. jeden politischen Erfolg der Venezianer mit größtem Misstrauen. Umgekehrt fanden die Venezianer die Aussicht auf eine massive spanische Militärpräsenz im

Mittelmeer alles andere als erfreulich; zumindest so lange, wie sie die Hoffnung hegen konnten, mit ihrer Flotte allein den Gegner in die Schranken zu weisen. Versorgungsgüter, Ausrüstungsgegenstände, ja, die könnten sie gebrauchen, und am besten natürlich spanisches Geld – aber kein eigenes spanisches Flottenkontingent. So etwa sahen die Vorstellungen der Politiker im Dogenpalast aus, bis die verheerende Typhus-Epidemie ihren Hoffnungen auf einen Sieg aus eigener Kraft ein jähes Ende bereitete.

Seit dem Sommer 1570 intensivierten sich deswegen die Verhandlungen zwischen Rom, Venedig und Madrid. Es ging in diesen Sondierungen – natürlich – um Schiffe und Soldaten; es ging um Geld, sehr viel Geld, um Einsatzpläne und strategisch-militärische Ziele. Aber es ging auch, und fast mehr noch als um all diese praktischen Dinge, um Fragen der Ehre und des Zeremoniells, etwa darum, wer denn den Oberbefehl über die vereinigte Flotte der «Lega Santa», der «Heiligen Liga», wenn sie denn je gebildet würde, erhalten sollte. In zähen, von abgründigem gegenseitigen Misstrauen geprägten Gesprächen suchten die Diplomaten nach Kompromissen. Mehrfach standen die Verhandlungen kurz vor dem Scheitern, ehe schließlich im Mai 1571 der Vertrag über den Abschluss der Liga doch zustande kam.[23] Die Verbündeten vereinbarten darin, noch im laufenden Jahr eine Flotte von 200 Galeeren mit 50 000 Soldaten auszurüsten. Unter dem Oberbefehl des jugendlichen Don Juan d'Austria, eines unehelichen Sohns Kaiser Karls V. und Stiefbruders König Philipps II., sollte diese Flotte so schnell wie möglich den türkischen Feind, der inzwischen ganz Zypern mit Ausnahme der Hafenfestung Famagusta erobert hatte, angreifen und zur Schlacht stellen.

Doch was sich auf dem Papier so eindrucksvoll ausnahm, musste nun erst einmal in der widerspenstigen Realität umgesetzt werden. Was es bedeutete, eine Flotte von 100 kriegstüchtigen Galeeren auszustatten, haben wir am Beispiel der venezianischen Rüstungen des Vorjahres bereits gesehen. Die Probleme waren seither nicht geringer geworden. Die spanischen Verhandlungsführer hatten die Bereitstellung von 80 Galeeren zugesagt. Schnell stellte sich heraus, dass die Erfüllung dieser Zusage keine Kleinigkeit war. Das spanische Weltreich verfügte, anders als Venedig, nicht über ein zentrales Arsenal; und die Werften, die es in einigen Hafenstädten dieser aus vielen Einzelterritorien zusammengesetzten Monarchie gab, waren von begrenzter Leistungsfähigkeit. In Messina, Neapel, Barcelona wurden Galeeren gebaut und in Stand gesetzt,[24] doch am Ende konnten die zugesagten Zahlen nur erreicht werden, weil König Philipp II. insgesamt 27 Galeeren in Genua anmietete.[25] Auch der Papst musste die 12 Galeeren, die er versprochen hatte beizusteuern, «chartern», in diesem Fall bei Cosimo I., Großherzog der Toskana.

Schwerer noch als im Vorjahr fiel im Sommer 1571 die Anwerbung der notwendigen Mannschaften. Die miserable Versorgung, die katastrophalen Epidemien und die daraus resultierenden hohen Verluste der venezianischen Flotte hatten sich herumgesprochen und verfehlten ihre Wirkung auf die Kriegsbegeisterung potentieller Söldner keineswegs. Immer wieder klagten die adligen Militär-Unternehmer, es sei nahezu «unmöglich, in diesen Zeiten Soldaten zu finden, denn alle sind verschreckt ob des Sterbens in der Armee im vergangenen Jahr und des extremen Mangels an Lebensmitteln, ohne dass man auch nur ein einziges Mal das Antlitz des Feindes gesehen hätte».[26] So verwundert es nicht, dass es bis zum 16. September 1571 dauerte, ehe die im sizilianischen Messina versammelten Teilkontingente endlich zum gemeinsamen Aufbruch bereit waren. Das Jahr war weit fortgeschritten, die Herbststürme drohten, das Misstrauen zwischen den Verbündeten führte zu immer neuen Konflikten und Komplikationen – sollte man unter diesen Umständen überhaupt noch einen gemeinsamen Angriff riskieren?

Galeassen vor Lepanto

Es war vor allem der rastlosen Aktivität des jugendlich-ruhmbegierigen spanischen Oberbefehlshabers Don Juan zu verdanken, wenn die Stimmen der Skeptiker, unter denen der erfahrene genuesische Admiral Gian Andrea Doria das Wort führte, schließlich verstummten. Unterstützung fand Don Juan in der Person des diplomatisch gewandten römischen Fürsten Marcantonio Colonna, dem als Vizekommandanten der Flotte zugleich die Führung des kleinen päpstlichen Geschwaders oblag. Die venezianischen Schiffe hingegen befehligte ein Mann, dem nichts ferner lag als Diplomatie. Sebastiano Venier, den der venezianische Senat statt des glücklosen Girolamo Zane mit dem Oberkommando betraut hatte, mangelte es gewiss nicht an Führungsqualitäten, persönlichem Mut und Entschlossenheit. Und dennoch war es seine bollerköpfige Art, die um ein Haar das ganze Unternehmen hätte scheitern lassen.[27]

Nachdem in Messina die Nachricht eingetroffen war, die feindliche Flotte sei in der südlichen Adria gesichtet worden, brachen die Schiffe der Liga am 16. September 1571 gen Osten auf. Mehr als zehn Tage brauchte die bisher im Verbandsfahren gänzlich ungeübte Flotte, ehe sie am 27. September Korfu erreichte. Drei Tage später kam es zu einem skandalösen Zwischenfall. Eine der zahllosen Auseinandersetzungen zwischen venezianischen und spanischen Soldaten war eskaliert, als der Hauptmann Muzio Alticozzi aus Cortona, im Dienste der Spanier stehend, die venezianische Besatzung der Galeere, auf der er Dienst tat, in provozierender Weise beschimpfte. In seiner Eigenschaft als Kommandant der venezianischen Schiffe schickte Venier daraufhin einen Offizier, der den inzwischen handgreiflichen Streit schlichten sollte. Alticozzi, völlig außer Rand und Band, verwundete ihn schwer durch einen Arkebusenschuss und tötete zwei Begleitsoldaten. Darauf ließ der seinerseits vor Wut kochende Venier den unbeherrschten Alticozzi ohne viel Federlesens und vor allem, ohne Don Juan zu informieren, aufknüpfen. Das wiederum veranlasste Don Juan, seinen Kriegsrat einzuberufen, der beschließen sollte, Venier seines Amtes zu entheben, vor Gericht zu stellen und ebenfalls hinzurichten. Es drohte ein Eklat. Doch das Auseinanderbrechen des so mühsam zusammengebrachten Bündnisses verhinderte einmal mehr der kluge Colonna,[28] indem er eine Kompromissformel ersann, die es allen Beteiligten gestattete, das Gesicht zu wahren: Der durch sein Verhalten gegenüber den Spaniern kompromittierte Venier blieb auf freiem Fuß, überließ aber das Kommando über das venezianische Geschwader in dem bevorstehenden Kampf dem *provveditor generale da mar* Agostino Barbarigo.

Am Morgen des 7. Oktober kam es schließlich zur Schlacht. Auf beiden Seiten war bis zum Schluss diskutiert worden, ob man das Gefecht annehmen solle, auf beiden Seiten hatten Falschmeldungen, die den Gegner schwächer machten, als er tatsächlich war, am Ende den Ausschlag gegeben, den Kampf zu wagen. Die dafür vorgesehene Schlachtordnung nahm sich auf beiden Seiten recht simpel aus und lässt erkennen, dass der Entwicklungsstand der Militärtechnik im späten 16. Jahrhundert wie auf

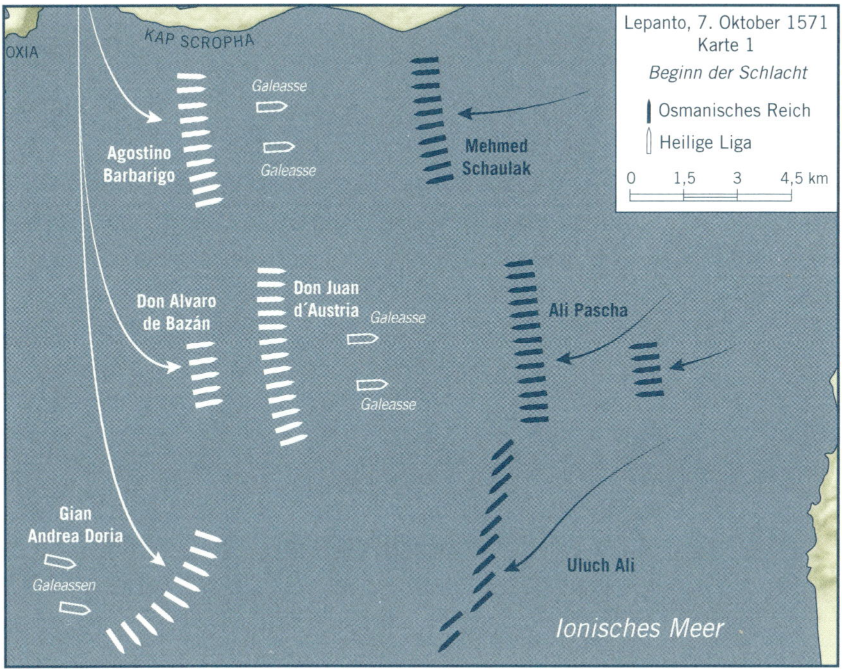

dem Land so auch zur See keine taktischen Raffinessen gestattete: Die gesamte Streitmacht sollte jeweils in vier Geschwader aufgeteilt werden, ein zahlenmäßig etwas stärkeres Zentrum, zwei annähernd gleich starke Flügel, schließlich die deutlich schwächeren Reserven.

Im Einzelnen sahen die Kräfteverhältnisse in der Schlachtordnung, wie sie die Oberbefehlshaber der beiden Flotten im Vorfeld festgelegt hatten, folgendermaßen aus:[29] Auf dem nördlichen Flügel, an das griechische Festland angelehnt, standen sich mit 53 Galeeren unter dem Kommando des Venezianers Agostino Barbarigo und 54 Galeeren Mehmed Schaulaks, von den Italienern «Scirocco» genannt, zwei nahezu gleich starke Gegner gegenüber. Im Zentrum würden die 62 christlichen Galeeren unter dem Befehl Don Juans auf die über 80 Galeeren des Geschwaders von Ali Pascha treffen; doch wurde diese auf den ersten Blick eindrucksvolle Überlegenheit von den Osmanen um den Preis schwacher Reserven erkauft. Diese bestanden auf türkischer Seite aus gerade einmal 8 Galeeren (nebst

Die schwimmende Batterie: Ein Nürnberger Kupferstich aus dem Jahre 1571 zeigt die Charakteristika der venezianischen Galeassen: Am Bug des Schiffes befindet sich ein kastellartiger Aufbau, auf dem ebenso Geschütze aufgestellt sind wie auf den Galleriedecks über den Reihen der Ruderer. An den Masten der schwerfälligen, aber beeindruckend kampfkräftigen Galeasse ist das Banner mit dem geflügelten Markuslöwen zu erkennen, im Bildhintergrund eine Ansicht Venedigs.

22 leichten Galeotten), während die Liga über ein Reservegeschwader von immerhin 38 Galeeren mit dem Marqués de Santa Cruz als Kommandanten verfügte. Stellt man in Rechnung, dass die Reservegeschwader letztlich kaum etwas anderes als die «zweite Linie» des Zentrums darstellten, so erscheint das Kräfteverhältnis mehr als ausgeglichen, da die christlichen Galeeren wesentlich mehr und besser ausgerüstete Soldaten an Bord hatten als der türkische Gegner.

Bedenklich hingegen musste den Befehlshabern der Liga das zahlenmäßige Ungleichgewicht auf dem südlichen, dem rechten christlichen Flügel erscheinen. Hier nämlich standen den 57 Galeeren des Gian Andrea Doria mehr als 60 Galeeren sowie 27 Galeotten unter dem Befehl von Uluch Ali gegenüber. Die Disposition des türkischen Oberbefehlshabers Ali Pascha und seiner Berater zeugt an diesem Punkt von strategischem Weitblick. Indem er seinen linken Flügel nicht nur zahlenmäßig stark machte, sondern ihm auch das Gros der schnellen Galeotten überließ, setzte er darauf, den Gegner im Süden zu überflügeln – eine für die Liga-Flotte sehr ernste Bedrohung.

Musste das Kräfteverhältnis auf dem Südflügel aus Sicht der Liga-Flotte nachdenklich stimmen, so verfügte man andererseits über einen Trumpf, dessen Wirksamkeit bisher zwar noch nicht erprobt war, der sich aber schon bald als ungemein wertvoll erweisen sollte: Dies waren die

sechs venezianischen Galeassen, eine Neuentwicklung der venezianischen Schiffsbaumeister. Die gewaltigen Schiffe waren wegen ihrer Größe kaum wirksam zu attackieren und verfügten dank ihrer Bewaffnung mit etwa 30 Geschützen, die nicht nur an Bug und Heck, sondern auch auf den Seiten positioniert waren, über eine so überlegene Feuerkraft, dass sie den Eindruck schwimmender Festungen erweckten. Allerdings war es um deren Beweglichkeit nicht zum Besten bestellt. Aufgrund des extrem hohen Gewichts der Kanonen manövrierten sie höchst unbeholfen. Deswegen mussten die schwerfälligen Galeassen vor Lepanto von jeweils vier Galeeren mühsam in ihre Kampfpositionen geschleppt werden, die sich etwa eine halbe Seemeile vor dem Gros der Liga-Flotte befanden. Das gelang mit den jeweils zwei Galeassen auf dem Nordflügel und im Zentrum, während ausgerechnet auf dem besonders gefährdeten rechten Flügel der Liga-Flotte die Zeit dafür nicht mehr ausreichte, so dass sich die dortigen beiden Galeassen zu Beginn des Kampfes noch hinter der Schlachtlinie von Gian Andrea Dorias Geschwader befanden und somit nicht in den Kampf eingreifen konnten.

Der Schlachtenlenker mit dem Pfeil: Dieses Porträt von Paolo Veronese (1528–1588), der aus Verona stammte, aber zeitlebens in Venedig wirkte, zeigt den venezianischen Patrizier Agostino Barbarigo mit einem Pfeil in der Hand. Von einem solchen war der Kommandant des nördlichen Geschwaders der «Heiligen Liga» in der Schlacht im Auge getroffen worden, der bald darauf verstarb. Der Maler stilisiert Barbarigo durch diese Darstellung zu einem Quasi-Heiligen, der dem Betrachter sein Martyriumswerkzeug präsentiert.

Don Juan gegen Ali Pascha

Doch begann der Kampf zunächst im Norden, wo das türkische Geschwader unter dem Befehl von Scirocco versuchte, den Gegner durch extrem dichtes Navigieren an der Küstenlinie zu überflügeln.[30] Noch bevor der Geschwader-Kommandant Agostino Barbarigo reagieren konnte, indem er einigen Schiffen den Befehl gab, die Lücke zur Küste zu schließen, waren die venezianischen Galeeren in der verwundbaren Flanke gefasst. Barbarigo steuerte sein Flaggschiff genau in den Umfassungsversuch des Gegners hinein. Er sah sich schnell von mehreren gegnerischen Galeeren eingekeilt und einem Pfeilregen ausgesetzt, hielt aber der feindlichen Übermacht etwa eine Stunde lang stand, ehe ihm Unterstützung durch nach Backbord rudernde Schiffe von der rechten Flanke seines Geschwaders zuteilwurde. Der hier kommandierende Marco Querini sah sich keinem Feinddruck ausgesetzt, da ja das Hauptgewicht des türkischen Angriffs im Norden, direkt an der Küstenlinie lag. Unbedrängt von türkischen Galeeren, ließ Querini gen Norden schwenken – das Bild einer Drehtür gibt einen anschaulichen Eindruck von diesem Manöver – und konnte so den Widerstand des christlichen Nordflügels entscheidend verstärken.

Gegen 12 Uhr erreichte hier das Kampfgeschehen seinen Höhepunkt. Zum Lärm der Trommeln und Fanfaren, zu den Kampfrufen und Schmerzensschreien der Verwundeten kam das pausenlose Feuern der Geschütze und Arkebusen. Pulverdampf und der Rauch in Brand geschossener Schiffe sorgten dafür, dass das ohnehin chaotische Kampfgetümmel vollkommen unübersichtlich wurde.[31] In dieser Situation senkte Agostino Barbarigo den Schild, mit dem er sich gegen die feindlichen Pfeile schützte, um seinen Befehlen Gehör zu verschaffen, und wurde sogleich von einem Pfeil ins Auge getroffen. An seiner Stelle übernahm Federico Nani das Kommando auf dem linken christlichen Flügel, der inzwischen Unterstützung durch die beiden Galeassen erfuhr, deren eine nach Norden gerudert war und die feindlichen Galeeren mit ihrer überlegenen Feuerkraft wirksam bekämpfte.[32] Das Gros des türkischen Nordflügels sah sich nunmehr eingezwängt zwischen den von Süden herandrängenden christlichen Galeeren und den Sandbänken vor dem Festland. Zahlreiche Schiffe liefen auf Grund. Gegen 13 Uhr war hier der Kampf entschieden; die türkischen Schiffsbesatzungen versuchten, sich durch einen Sprung ins seichte Küstenwasser an Land zu retten. Wem die Flucht nicht gelang, der wurde erbarmungslos niedergemacht.

Die beiden Hauptgeschwader unter dem Kommando der Oberbefehlshaber trafen etwa eine halbe Stunde später als die Schiffe des Nordflügels aufeinander. Auch hier erwies sich der Einsatz der schweren Galeassen als ein taktischer und psychologischer Vorteil für die Liga-Flotte. Sie wirkten nicht nur durch ihre Feuerkraft, sondern schon durch ihre schiere Existenz wie Wellenbrecher, an denen sich die geschlossene Linie der türkischen Galeeren brach. Dies führte zu Ausweichmanövern, Zusammenstößen und gegenseitigen Behinderungen der in möglichst konzentrierter Nähe positionierten Schiffe und bremste so den Angriffsschwung, ja lähmte ihn augenblicksweise geradezu; und zwar umso mehr, als die in Unordnung geratene Schlachtreihe der türkischen Schiffe

Ali Pascha verliert seinen Kopf: Als Landsoldat war der osmanische Flottenkommandant Ali Pascha weniger ein versierter Taktiker als vielmehr ein draufgängerischer Kämpfer, und so suchte er bei Beginn der Schlacht sofort das direkte Duell. Sein Flaggschiff *Sultana* kämpfte Bordwand an Bordwand mit der *Real* Don Juans. Ali Pascha wurde durch Musketenfeuer zunächst schwer verwundet und dann trotz des Befehls, ihn lebend gefangen zu nehmen, von einem spanischen Soldaten enthauptet. Seinen Kopf stellte man auf einem Spieß zur Schau.

nun auch unter das Feuer der Galeassen geriet. Erst gegen 11:30 Uhr – auf dem Nordflügel näherte sich das Kampfgeschehen bereits seinem Höhepunkt – eröffneten die türkischen Schiffe im Zentrum das Feuer. Es blieb jedoch nahezu wirkungslos, weil die Kanonen, deren Treffsicherheit äußerst gering war, auf zu große Distanz abgefeuert wurden, während die Schiffskanoniere der Liga-Flotte strikte Anweisung erhalten hatten, erst im allerletzten Moment oder gar nach dem Zusammentreffen mit dem Feind auf kürzeste Distanz zu feuern.[33]

Obwohl die osmanischen Schiffe schon zu diesem Zeitpunkt einige Treffer durch die Galeassen erhalten und ihrerseits den Gegner durch den Einsatz ihrer Geschütze nicht zu erschüttern vermocht hatten, vollzog sich das Zusammentreffen der beiden Hauptgeschwader kurz vor Mittag mit elementarer Wucht. Auf beiden Seiten befand sich um das Flaggschiff des jeweiligen Oberkommandierenden eine Gruppe von Galeeren mit hochrangigen Offizieren. Da deren Schiffe zugleich mit ausgewählten Elitetruppen bemannt waren,[34] entstand hier der Brennpunkt des Gefechts. Die Galeeren Don Juans und Ali Paschas verkeilten sich sogleich ineinan-

der. Dadurch entwickelten sie sich, manövrierunfähig wie sie nunmehr waren, zum Schauplatz eines erbitterten Nahkampfs. Unter schweren Verlusten wogte der Kampf Mann gegen Mann lange hin und her. Auf beiden Seiten führten Galeeren der Reservegeschwader frische Kämpfer heran. An eine koordinierte Führung der Schlacht war nicht mehr zu denken, auf beiden Seiten griffen nun auch die Kommandeure persönlich in das Gefecht ein. Die Augenzeugen berichten sowohl von der Ausdauer, mit der sich Ali Pascha als Bogenschütze betätigte, als auch von der grimmigen Entschlossenheit, mit welcher der über siebzigjährige Sebastiano Venier seine Armbrust handhabte, die er immer wieder aufs Neue von einem Gehilfen spannen ließ.[35]

Die Entscheidung bahnte sich an, als es der Mannschaft um Marcantonio Colonna gegen 13 Uhr gelang, eine an Backbord des osmanischen Flaggschiffs befindliche Galeere zu kapern. Dem nun folgenden Angriff von zwei Seiten war die erschöpfte und dezimierte türkische Besatzung der *Sultana* nicht mehr gewachsen.[36] Sie wurde bis auf den letzten Mann niedergemacht. Unter den Toten befand sich auch ihr Oberbefehlshaber

Ali Pascha, dessen abgeschlagener Kopf auf einer Pike den jubelnden Liga-Soldaten gezeigt wurde. Der Kampf hatte von Anfang an mit erbitterter Härte getobt. Gefangene wurden auf beiden Seiten nicht gemacht, was nicht nur durch die Glaubensgegensätze und den sich im Handgemenge entwickelnden Blutrausch zu erklären ist, sondern auch durch das praktische Problem, was mit etwaigen Gefangenen zu tun sei: Solange der Kampf währte, konnte man keine wertvollen Kämpfer zu ihrer Bewachung abstellen, der Abtransport war ebenso wenig praktikabel. Kurz nach der Kaperung von Ali Paschas Flaggschiff brach der türkische Widerstand im Zentrum zusammen. Was nun, nach etwa 13:30 Uhr, folgte, war nurmehr ein gnadenloses Abschlachten von Wehrlosen. Doch war die Schlacht zu diesem Zeitpunkt noch keineswegs entschieden.

Der Kampf auf dem Südflügel

Am Südflügel verlief die Schlacht nämlich anders als am Nordflügel und im Zentrum, wo die Enge des Raums und die Masse der dort konzentrierten Schiffe sehr bald nach dem Aufeinanderprallen der Kontrahenten jede operative Entwicklung verhinderten und der Kampf zu einem verbissenen Handgemenge entartete. Hier hingegen gestattete das offene Meer ausgreifende Operationen. Die beiden Oberbefehlshaber hatten diesem Umstand Rechnung getragen, indem sie das Kommando auf dem Südflügel jeweils dem erfahrensten und profiliertesten Seemann unter ihren Offizieren übertrugen: Auf christlicher Seite war dies der Genuese Gian Andrea Doria, auf türkischer Uluch Ali. Letzterer verfügte durch eine beträchtliche Zahl an Galeotten über die entschieden stärkeren Kräfte.[37] Leichter und wendiger als die klassische Schlachtgaleere, konnten die Galeotten zu einer höchst wirksamen Waffe werden, sobald sie die Gelegenheit bekamen, ihre überlegene Manövrierfähigkeit und Schnelligkeit auszuspielen. Und genau für diese Aufgabe befanden sie sich am Südflügel am richtigen Ort und unter dem Kommando des richtigen Mannes.

Denn Uluch Ali erkannte schon vor Kampfbeginn den schwachen Punkt der Liga-Flotte: Indem Zentrum und Nordflügel unter Don Juan

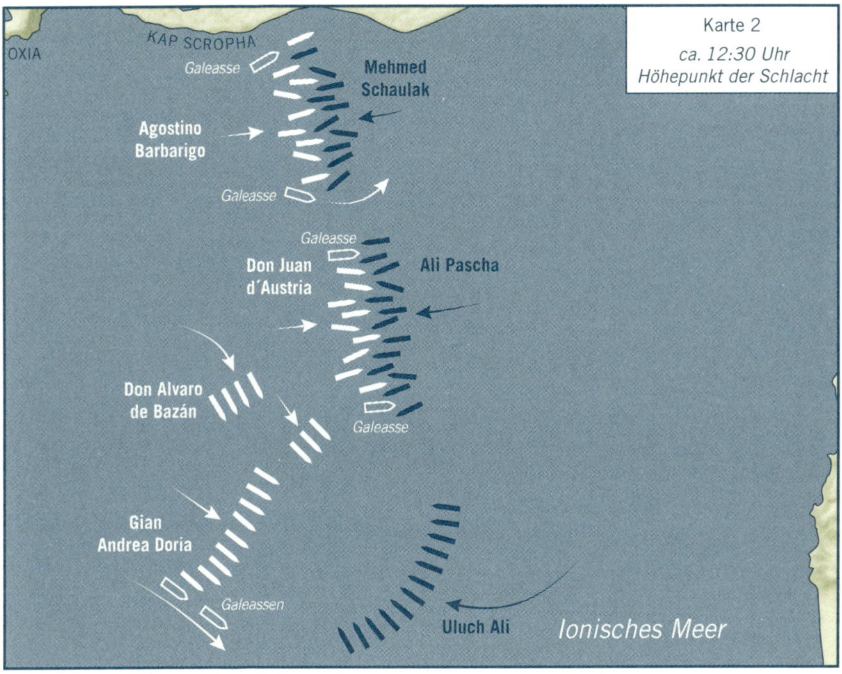

und Agostino Barbarigo ihren Gegnern zahlenmäßig mehr als ebenbürtig waren, fehlten Doria im Süden Schiffe, um einem Überflügelungsversuch des Osmanen wirksam zu begegnen. Der genuesische Admiral tat in dieser höchst gefährlichen Situation das einzig Mögliche: Er ließ sein eigenes Geschwader ebenfalls nach Süden ausschwenken.[38] Dafür hatte er zwei Gründe, zunächst den auf der Hand liegenden, dass er auf diese Weise die Schlachtlinie der christlichen Flotte nach Süden verlängerte. Vor allem aber erkannte der erfahrene Seemann Doria, dass es in dieser Situation von entscheidender Bedeutung sein musste, die Initiative in der Hand zu behalten, und das hieß, den Gegner nicht vor den Wind kommen zu lassen. Genau das glückte Doria, zur Überraschung und Verärgerung seines Gegners. Dadurch, dass Dorias Galeeren rechtzeitig jenen Kurs fuhren, den die türkischen Schiffe liefen, gelang es ihnen, den Feind in Lee, sich selbst aber in eine auch für riemengetriebene Schiffe günstige Luv-Position zu bringen und somit die Initiative zu behaupten.[39]

Uluch Ali sah damit seinen ursprünglichen Plan eines raschen Umfassungsangriffs konterkariert. In dieser Situation gab es für ihn zwei Möglichkeiten: Er konnte das Ziel der Überflügelung weiterhin verfolgen, indem er seinen Galeeren auf dem äußersten linken Flügel befahl, noch weiter auszuschwenken; doch nach den bisherigen Erfahrungen musste der Erfolg dieses Unternehmens mehr als zweifelhaft erscheinen. So entschied sich Uluch Ali für die andere Option: Dorias Geschwader direkt anzugreifen und es so schnell wie möglich zu schlagen, um sich dann seiner Hauptaufgabe, nämlich entscheidend in das Ringen im Zentrum einzugreifen, zuwenden zu können. Damit hatte sich Dorias vorsichtige Defensive schon jetzt ausgezahlt. Der eigentliche Trumpf der türkischen Flotte, das überlegene Südgeschwader, würde, wenn überhaupt, dann erst verspätet stechen.

Trotzdem nahm die Schlacht durch Uluch Alis Entschluss, das Überflügelungsmanöver aufzugeben und stattdessen sein ganzes Geschwader hart steuerbord drehen zu lassen, um den Gegner frontal anzugreifen, zunächst eine für die Liga-Flotte bedrohliche Wendung. Denn durch das weite Ausschwenken nach Süden hatte Doria zwischen seinem Geschwader und dem Zentrum eine Lücke von mehr als einer Seemeile aufgerissen. Für Doria dürfte das Ausmaß der daraus resultierenden Gefahr kaum abschätzbar gewesen sein, befand sich doch sein Flaggschiff auf dem äußersten rechten Flügel seines Geschwaders.[40] Durch seine exzentrische Position an diesem neuralgischen Punkt fiel es Doria schwer, die Entwicklung der Lage im Zentrum im Auge zu behalten und sie durch neue Befehle zu beeinflussen.

So entgingen ihm gegen Mittag zwei folgenreiche Wendungen des Geschehens; jedenfalls scheint Dorias Reaktion auf diese Wendungen verzögert erfolgt zu sein: Zum einen hatte sich eine Abteilung seines Geschwaders vom Gros getrennt, und zwar 16 Galeeren unter dem Kommando des Giovanni di Cardona, und drehte nach Osten. Diese Bewegung erfolgte offenbar nicht auf Befehl Gian Andrea Dorias. Unklar ist, ob die Galeeren Cardonas bei der Entfaltung des Flügels abgetrieben worden waren und deswegen ihre Kampfpositionen nicht rechtzeitig erreicht hatten,[41] oder ob, wahrscheinlicher, Cardona auf eigene Faust beschloss,[42] die bedrohlich wachsende Lücke zum Zentrum zu schließen. Tatsache ist, dass sich eine kleine Teilstreitmacht der christlichen Flotte isoliert zwischen Südflügel und Zentrum befand, als Uluch Ali, der von Doria unbemerkt auf den rechten Flügel seines Geschwaders gerudert war, die dortigen Galeeren scharf nach Norden drehen ließ und sich mit äußerster Kraft voraus auf den zahlenmäßig weit unterlegenen Gegner stürzte.

Auch hier entbrannte nun ein erbitterter Nahkampf, der angesichts der ungleichen Kräfte zunächst die Türken im Vorteil sah. Die meisten Schiffe Cardonas befanden sich bereits in türkischer Hand, als Doria mit dem Gros seines Geschwaders eintraf und damit das Blatt wendete. Nach und nach wurden die verloren gegangenen Galeeren zurückerobert. Uluch Alis Angriff war gescheitert. Und da zu diesem Zeitpunkt die Entscheidung im Zentrum gefallen war, konnten nunmehr sowohl der Marqués de Santa Cruz mit einem Teil des Reservegeschwaders als auch Don Juan mit einigen Galeeren des Zentrums nach Süden eindrehen und zum Angriff auf Uluch Alis Schiffe übergehen. Vor allem aber sah sich dieser von weiteren Galeeren Dorias bedroht, die sich aus Süden näher-

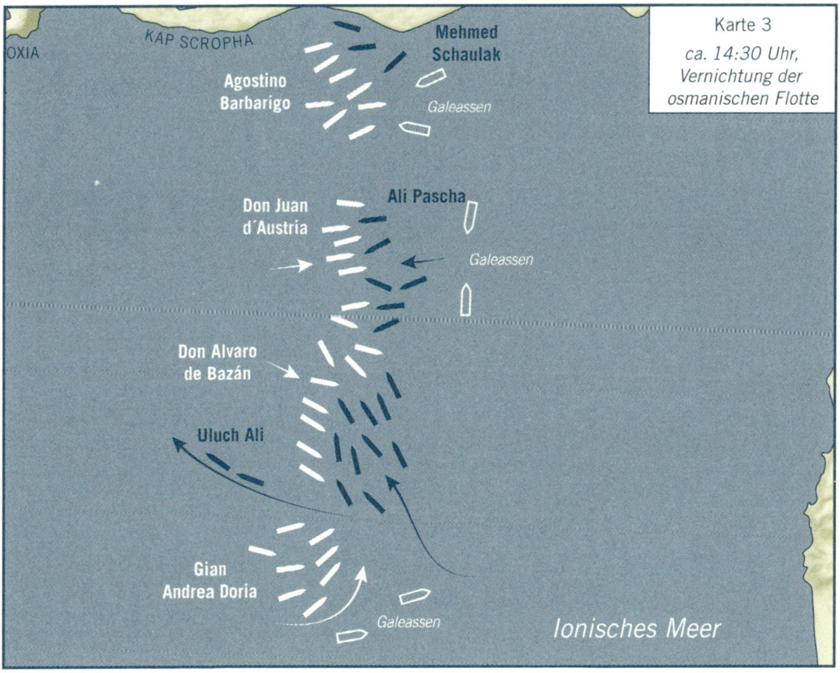

ten. Doria konnte nun, da keine Gefahr mehr bestand, überflügelt zu werden, seinerseits den Gegner in der Flanke fassen.[43]

Dadurch drohte Uluch Ali zum Opfer eines klassischen Zangenangriffs zu werden. Spätestens in diesem Moment muss er erkannt haben, dass die Schlacht verloren war. Sein Angriff, der eine Stunde zuvor die entscheidende Wendung zugunsten der Osmanen hätte bringen können, erreichte sein Ziel einen historischen Augenblick zu spät. Der Grund dafür ist in der klug abwartenden defensiven Strategie Gian Andrea Dorias zu sehen, der sich dabei über die im Vorfeld der Schlacht abgesprochenen Planungen hinwegsetzte und auf die gewandelte Lage mit einer raschen und folgerichtigen Änderung der Befehle reagierte. Mit einigen wenigen Schiffen gelang Uluch Ali im letzten Moment die Flucht. Damit endete gegen 15 Uhr die eigentliche Schlacht.

«Ein Bart wächst nach»

Die Verluste waren gewaltig: Die christliche Flotte hatte rund 7500 Tote zu beklagen und ungefähr ebenso viele Verwundete, von denen in den nächsten Tagen angesichts der miserablen medizinischen Versorgung noch viele starben. Auf türkischer Seite wurde die Zahl der Toten auf mehr als 20 000 Mann geschätzt. Den Christen fielen 117 türkische Galeeren in die Hände. Und schon über deren Verteilung, überhaupt die Aufteilung der Kriegsbeute gerieten sich die Sieger in die Haare. Noch ehe sich die Siegesnachricht verbreitet hatte, die in Venedig grenzenlosen Jubel und spontane Volksfeste auslöste, zeigten sich von neuem die Spannungen und großes gegenseitiges Misstrauen zwischen den widerstrebenden Verbündeten.

Sehr bald erwies sich der Sieg bei Lepanto als politisch folgenlos. Während die Türken mit aller Energie darangingen, eine neue Flotte zu bauen, schafften es die Angehörigen der Liga nicht, sich im folgenden Jahr auf eine energische Offensive zu einigen. 1573 schloss die erschöpfte Republik Venedig einen Separatfrieden mit der Hohen Pforte, in dem sie auf Zypern verzichtete. Der Großwesir Sultan Selims II. kommentierte die Ereignisse gegenüber dem venezianischen Botschafter in Konstantinopel

Vereinte Himmelsmächte: Paolo Veronese schuf wohl bereits ein Jahr nach der Schlacht von Lepanto 1571 ein Altarbild, das einen klaren Hinweis darauf gibt, dass der Ausgang der Schlacht himmlischen Mächten zu verdanken war. Im unteren Teil zeigt es die in der Bucht miteinander kämpfenden Schiffe. Darüber flehen der heilige Petrus, der heilige Jakobus, die heilige Justina, an deren Gedenktag die Schlacht stattfand, und der an seinem Löwen erkennbare heilige Markus, der Stadtpatron Venedigs, die Jungfrau Maria an, der christlichen Flotte den Sieg zu schenken. Die Bitte wird prompt erhört, denn rechts beginnt bereits ein Engel, Feuerpfeile auf die osmanische Flotte zu schleudern.

höhnisch, aber zutreffend: «Ihr habt uns bei Lepanto den Bart geschoren. Wir haben euch mit Zypern einen Arm abgehauen. Ein Bart wächst nach.»

Dennoch sollte die Schlacht im kulturellen Gedächtnis Europas präsent bleiben wie kaum ein anderes militärisches Ereignis dieser Epoche; ja, man wird kaum zu weit gehen, sie als eines der größten Medienereignisse der Frühen Neuzeit zu bezeichnen. Sofort nach der Schlacht gab der venezianische Senat ein Gemälde für den Dogenpalast in Auftrag, auf dem der Maler Jacopo Tintoretto den Triumph bei Lepanto festhielt. Tintorettos Konkurrent Paolo Veronese schuf eine Darstellung der Schlacht, welche die religiöse Deutung des Triumphs veranschaulicht: Während in der unteren Bildhälfte das unübersichtliche Getümmel der ineinander verkeilten Schiffe zu erkennen ist, zeigt die obere Bildhälfte, wie die Heiligen Petrus, Jakobus und Markus, die Schutzheiligen von Papsttum, Spanien und Venedig, die Gottesmutter Maria um Beistand für die christliche Flotte anflehen.

Doch nicht nur in Venedig, auch in Madrid und Rom und vielen anderen Städten, im 17. und 18. Jahrhundert dann auch in vielen süddeutschen Klosterkirchen, ja selbst in japanischen Holzschnitten wurde der Triumph der christlichen Flotte immer wieder inszeniert. Bis heute ist er in Italien im öffentlichen Gedächtnis so präsent, dass die norditalienische Tageszeitung «La Padania» am 29. Dezember 2009 einen flammenden Aufruf zum Kampf gegen das Al Qaida-Terrornetzwerk mit einer Abbildung des Lepanto-Bildes von Paolo Veronese schmückte, um vollmundig «ein neues Lepanto», zumindest aber eine harte Linie im Umgang mit Islamisten zu fordern.

7. Armada 1588

DIE WELTMINUTE VON PLYMOUTH

oder Die Geburt des Kapitalismus aus dem Geist der englischen Seekriegsführung

Der Untergang der «Unbesiegbaren Armada» zählt zu den großen Mythen der Seekriegsgeschichte: Die haushoch überlegene, jedoch von ebenso arroganten wie unfähigen spanischen Aristokraten befehligte Flotte des hochmütig-verbohrten Königs Philipp II. wurde im Sommer des Jahres 1588 von unerschrockenen englischen Seebären mit Witz, Geschick und göttlicher Hilfe auf nahezu wunderbare Weise besiegt und zerstreut – so die scheinbar unausrottbare Legende. Tatsächlich haben diese Klischees kaum etwas mit den historischen Ereignissen zu tun. Zahlenmäßig waren die beiden größten Segelflotten ihrer Zeit, die sich im englischen Kanal zum Kampf auf Leben und Tod entgegentraten, ungefähr gleich stark, und beide mussten am Ende riesige Menschenverluste hinnehmen. Doch ansonsten unterschieden sie sich von Grund auf, sowohl was den Bau der Schiffe wie deren Ausrüstung als auch ihre Mannschaften anging – vor allem aber im Hinblick auf Herkunft und Mentalität ihrer Kommandanten. Und so stellt das Scheitern der spanischen Armada vor der englischen Küste eine Epochenschwelle nicht nur in der Geschichte der Seekriege dar.

Der Augenblick der Entscheidung

Land in Sicht!» Die gewaltige Flotte, die am Abend des 29. Juli 1588 an der Südwestküste Englands aufkreuzte, hatte eine ungemütliche Fahrt hinter sich. Zwei Monate zuvor war sie von Lissabon aus aufgebrochen, um England zu erobern. Auf Befehl König Philipps II. von Spanien, des mächtigsten Monarchen seiner Zeit und Erben eines Reichs, «in dem die Sonne nicht untergeht», waren dort mehr als 25 000 Mann an Bord von rund 130 Schiffen gegangen. Die Instruktionen des Monarchen sahen vor, dass die Flotte so schnell wie möglich den Ärmelkanal durchqueren und sich an der niederländischen Kanalküste mit spanischen Landtruppen vereinigen sollte, die dort unter dem Befehl Alessandro Farneses, Herzog von Parma, des berühmtesten Feldherrn seiner Zeit, gegen die aufständischen Niederländer kämpften. Die vereinten Streitkräfte würden dann an die englische Küste übersetzen, um unverzüglich gen London zu ziehen und Elisabeth I., Königin von England, gefangen zu nehmen.

Auf dem Papier nahm sich der hochfliegende Plan einfach und einleuchtend, die Gefahr für die Königin tödlich aus. Doch schon die Fahrt gen Norden hatte die spanischen Seeleute und Soldaten kräftig durchgeschüttelt und, schlimmer noch, zu beträchtlichem Zeitverlust geführt. Nur wenige Tage nach der Ausfahrt aus Lissabon zwang ein Sturm die Schiffe, im nordspanischen Hafen von La Coruña Zuflucht zu suchen. Notwendige Reparaturen und widrige Winde hielten die Flotte dort über einen Monat, vom 9. Juni bis zum 12. Juli fest – mit fatalen Folgen. Denn durch den langen Aufenthalt schrumpften die Nahrungsmittel- und Wasservorräte an Bord der Schiffe in besorgniserregender Weise zusammen. Immerhin, als der Wind endlich drehte und die «Große Armada», wie die Streitmacht genannt wurde, ihre Fahrt fortsetzen konnte, verlief diese reibungslos, bis am Abend des 29. Juli die englische Küste am Horizont auftauchte.

Im Angesicht des Feindes rief der spanische Oberbefehlshaber die hohen Offiziere an Bord seines Flaggschiffs, der 1000-Tonnen-Galeone *San Martin*, zu einem Kriegsrat zusammen.[1] Vor ihnen lag der Hafen von Plymouth, und durch Kundschafterberichte war bekannt, dass sich dort das Gros der englischen Kriegsflotte zusammengefunden hatte. Einige der spanischen Kapitäne beschworen ihren Kommandanten mit allem ihnen zu Gebote stehenden Nachdruck, den günstigen Wind aus Südwest und den Vorteil des Überraschungsmoments zu nutzen, um sich unverzüglich auf den Feind zu stürzen, in den Hafen einzudringen und die englischen Schiffe im Nah- und Enterkampf niederzuringen. Auf diese Weise könne man den einzigen Trumpf gegenüber den Engländern, eine haushohe Überlegenheit an gut gerüsteten Soldaten, ausspielen. Setze man hingegen die Fahrt einfach fort, indem man Plymouth mit der einsatzbereiten englischen Flotte links liegen lasse, so sei man auf der gesamten weiteren Fahrt ihren Angriffen ausgesetzt, Angriffen, die angesichts der vorherrschenden westlichen Winde aller Voraussicht nach den Gegner in der günstigen, dem Winde zugewandten Luv-Position sähen.

Don Alonso Pérez de Guzmán y Sotomayor, Siebenter Herzog von Medina Sidonia (1549–1615), war es nicht an der Wiege gesungen worden, sich einmal in einer so dramatisch verantwortungsvollen Entscheidungssituation auf See wiederzufinden. Nach dem frühen Tod seines Vaters hatte er schon in jungen Jahren reiche Besitzungen in Andalusien und nicht minder reiche familiäre Traditionen geerbt.[2] Doch was ihn auszeichnete und ihm die Achtung der Zeitgenossen eintrug, war sein gleichermaßen selbst- und verantwortungsbewusster Umgang mit diesem Erbe. Ihm kam dabei eine hervorragende Erziehung durch den Humanisten Pedro de Medina zugute, einen der renommiertesten Gelehrten seiner Zeit. Von klein auf vertraut mit den Bildungstraditionen des christlichen Mittelalters, brachte der Herzog auch den neuen Gedanken seiner Zeit ein aufgeschlossenes Interesse entgegen. Unter den Büchern, die sein Beichtvater mit an Bord des Flaggschiffs nahm, befanden sich solche, deren

Inhalt von Vertretern der spanischen Inquisition mit Misstrauen beäugt wurde.[3] Aus der umfangreichen erhaltenen Korrespondenz des Herzogs spricht ein ausgeprägtes Verantwortungsgefühl gegenüber seinen Mitmenschen und, ganz ungewöhnlich für einen Hochadligen dieser Zeit, die offene Ablehnung des Handels mit Negersklaven, in dem er aus Gewissensgründen, «ein böses und ungeheuerliches» Tun erblickte, das Gottes Strafe verdiene.[4] Über sein Pflichtbewusstsein und seinen Gerechtigkeitssinn gab es unter Standesgenossen wie Untergebenen aller Rangstufen nur ein Urteil: unbedingte Anerkennung.

Freilich: ein Seebär war der Siebente Herzog von Medina Sidonia nicht. Und als ihn im Februar 1588 der Befehl seines Königs ereilte, das Oberkommando über die Große Armada zu übernehmen, die in den kommenden Monaten das feindliche England in die Knie zwingen sollte, da hatte er keinen anderen Weg gesehen, als König Philipp einen Brief zu schreiben, in dem er offen bekannte, sich dieser Aufgabe schlicht nicht gewachsen zu fühlen. Schon physisch nicht, denn er leide unter Gicht und, schlimmer noch, selbst bei leichtem Seegang unter Seekrankheit. Aber auch finanziell sehe er sich nicht in der Lage, aus eigenen Mitteln wesentliche Summen zuschießen zu können – was zu tun in dieser Epoche eine wesentliche Voraussetzung für die Übernahme eines wichtigen Amtes war. Vor allem aber führte der Herzog an, dass es ihm an Erfahrung sowohl im See- wie im Kriegsdienst fehle: «Abgesehen davon gestatten mir weder mein Gewissen noch mein Pflichtgefühl, diese Aufgabe anzunehmen, denn es ist nicht richtig, dass das Kommando über eine so große Kriegs-Maschine und ein so wichtiges Unternehmen jemandem obliegt, der weder See- noch Kriegserfahrung besitzt, und ich habe den Krieg nie gesehen und war nie an ihm beteiligt. Und deswegen [...] fehlt es mir an Fähigkeiten, Gesundheit und Mitteln für dieses Unternehmen, und auch an Glück. Jeder dieser Mängel wäre schon für sich disqualifizierend, wie viel mehr ihr Zusammenkommen, wie in diesem Fall.»[5]

Doch König Philipp II. weigerte sich, Medina Sidonias Bitte zu entsprechen.[6] Der König brauchte einen Mann an der Spitze der Flotte, auf dessen Loyalität er unbedingt vertrauen konnte und dessen Autorität zugleich aufgrund seiner gesellschaftlichen Stellung unangreifbar war. Unter den hohen Adeligen des spanischen Weltreichs schien ihm nur Medina Sidonia diesem doppelten Anspruch zu entsprechen.[7] So gehorchte der

Herzog denn dem Befehl seines Souveräns und kümmerte sich im Frühjahr 1588 darum, die Ausrüstung der Flotte mit Mannschaften, Geschützen, Munition und Versorgungsgütern aller Art voranzutreiben. Seine Zweifel verließen ihn nie; und noch während des erzwungenen Aufenthalts in La Coruña hatte er dem König nachdrücklich dazu geraten, das Unternehmen, an dessen Erfolg er nicht glauben könne, abzubrechen und Frieden mit den Engländern zu schließen. Doch dieses Schreiben hatten die Räte des Königs, aus Furcht, in Ungnade zu fallen, dem Herrscher nicht einmal vorgelegt. Und so fand sich der Herzog am Morgen des

29. Juli 1588 an Bord seines Flaggschiffs mit der schwersten Entscheidung seines Lebens konfrontiert.

Die Argumente, mit denen ihn seine Unterführer beschwörend zum tollkühnen Handstreich gegen die englische Flotte im Hafen von Plymouth drängten, kamen von Männern, die sich auf die Kriegführung zur See weitaus besser verstanden als der Herzog selbst.[8] Allerdings gab es auch Gegenstimmen, die im Ton ruhiger Vernunft warnten: Die Position des Gegners sei nur ungefähr bekannt, man wisse nicht einmal, ob die feindlichen Schiffe nicht schon ausgelaufen seien (was sie in der Tat zum Teil schon waren); auch sei die Einfahrt in den Hafen von Plymouth schmal und gefährlich, sie liege zudem im Schussfeld starker Küstenbatterien. Unter diesen Umständen gleiche der Angriff einem Hazardspiel. Der Herzog von Medina Sidonia zögerte – und stützte seine Entscheidung schließlich auf die Anweisungen seines königlichen Herrn, in denen es ausdrücklich hieß, die Flotte solle sich ohne Zeitverlust zur Kanalküste durchschlagen und sich dort mit den Truppen des Herzogs von Parma vereinigen. Wäre Medina Sidonia ein erfahrener Seemann und genialer Stratege vom Schlage Lord Nelsons gewesen, er hätte vermutlich in diesem Moment die Gelegenheit beim Schopfe ergriffen. Doch nach Wesensart und Werdegang musste er anders entscheiden. Und so verstrich die Weltminute von Plymouth – der einzige Augenblick, in dem die stolze spanische Armada eine zwar hochgefährdete, aber doch reale Aussicht besaß, die Voraussetzungen für eine Invasion der englischen Insel zu schaffen.[9]

Englische Händler und Freibeuter

Was folgte, war die Niederlage und Zerstreuung der mächtigsten Segelschiffflotte, welche die Welt bis zu diesem Zeitpunkt jemals gesehen hatte. Sie vollzog sich mit einer fast mathematischen Folgerichtigkeit und mit der gleichen Konsequenz, mit der sich der Krieg zwischen Spanien und England in den drei Jahrzehnten zuvor angebahnt hatte.

Um die Mitte des 16. Jahrhunderts waren die Beziehungen zwischen den beiden Ländern noch freundlich gewesen. Für einige Jahre saß sogar niemand anders auf dem englischen Thron als Philipp II., hatte er doch 1554 die älteste Tochter König Heinrichs VIII. geheiratet, die unter dem bezeichnenden Namen «Bloody Mary» in die Geschichte einging. Bis zu ihrem frühen Tod im Jahre 1558 versuchte Maria Tudor, ihre zum großen Teil protestantisch gewordenen Untertanen zum Katholizismus zurückzuführen. Doch blieben diese Bemühungen blutiges Stückwerk, weil ihre Nachfolgerin und Stiefschwester Elisabeth den Protestantismus ebenso strikt verfocht, wie Maria den alten Glauben. An die Stelle der Protestantenverfolgungen traten unter Elisabeth Maßnahmen gegen den Katholizismus, die weniger auf das Leben als vielmehr die Geldbörse der Glaubensfeinde zielten. Die Strafen, die für das Fernbleiben vom protestantischen Gottesdienst zu zahlen waren, erreichten schnell beträchtliche Höhen und drohten die wirtschaftliche Substanz vor allem der adligen Familien auf dem Lande, die sich noch zum Katholizismus bekannten, aufzuzehren.

Die religiösen Gegensätze zwischen der protestantischen Queen und dem streng katholischen König im Escorial waren das eine; doch für sich genommen hätten sie kaum zum Krieg geführt, wenn nicht sehr viel handfestere, wirtschaftlich-politische Gegensätze im Laufe der zweiten Hälfte des 16. Jahrhunderts hinzugekommen wären. Im Vergleich zu Spanien war England ein bitterarmes Land. Bei einem Blick auf ihre Einkünfte musste sich Elisabeth I. gegenüber König Philipp II. wie ein Aschenputtel vorkommen. Ihre gesamten Einnahmen entsprachen kaum dem, was der spanische Souverän in einem guten Jahr aus einem einzigen der vielen Territorien seines Weltreichs, dem Herzogtum Mailand, bezog.[10] Dazu hatte Elisabeth noch aus der Regierungszeit ihres Vaters Heinrich VIII. einen Berg Schulden geerbt. Unter diesen Umständen erwies sich ihr politischer Handlungsspielraum als eng begrenzt. Wollte sie ihn erweitern, so musste sie ihr Parlament um die Bewilligung von Abgaben und Sondersteuern bitten, was sie auch tat.

Doch war das ein dorniger, unerfreulicher Weg für jeden Monarchen dieser Epoche, denn die Untertanen ließen sich die finanzielle Unterstützung des Landesherrn in Gestalt neuer Rechte und Privilegien teuer bezahlen. Und so nimmt es nicht wunder, wenn die machtbewusste Queen Elizabeth stets die Augen nach weiteren Einnahmequellen offen hielt. Seit den 1560er Jahren entwickelten sich neue finanzielle Perspektiven infolge der Entdeckung der Neuen Welt. Nicht, dass England damals schon über Besitzungen in Übersee verfügt hätte. Das englische Kolonialreich entstand erst später, im 17. und 18. Jahrhundert. Handelsstützpunkte und Siedlungen in Süd- und Mittelamerika unterhielten zuvor lediglich die spanische und portugiesische Krone, die seit 1580 Philipp II. in seiner Person vereinte. Doch entdeckten englische Seeleute sehr schnell, dass sich mit der Einmischung in den von der Krone monopolisierten iberischen Kolonialhandel fabelhafte Gewinne erzielen ließen. Dies lohnte sich umso mehr, wenn man die Reisen in die Neue Welt auch dazu nutzte, spanische und portugiesische Kauffahrer zu kapern und die in der Regel lediglich von einer Handvoll Soldaten geschützten Hafenstädte in der Karibik und Südamerika zu überfallen. Die Voraussetzung dafür war allerdings, dass man selbst über Schiffe verfügte, die dem Gegner an Geschwindigkeit und Manövrierfähigkeit überlegen waren und unter dem Kommando von Seeleuten standen, die zugleich über hervorragende nautische Fähigkeiten und Skrupellosigkeit verfügten. *Merchant Adventurers*, «Abenteurer-Kaufleute», bildeten eine für die Zeit typische Berufsgruppe von Leuten, die Gewinnstreben mit Abenteuerlust und jenen praktischen Fertigkeiten zu verbinden wussten, die man nun einmal brauchte, wenn man die Gefahren einer Monate, mitunter Jahre dauernden Reise in unbekannte Weltgegenden bestehen wollte. Darüber hinaus war als Charakteristikum der neuen Epoche ein gewisses Organisationstalent bei der Beschaffung des Kapitals nötig, um eine Handelskonvoifahrt in die Neue Welt auszurüsten und durchzuführen. Diese Fahrten waren nämlich nicht nur risikoreich, sondern auch teuer. Und die Geldgeber drangen natürlich auf eine ansprechende Rendite. Wer sie erzielen wollte, durfte nicht zimperlich sein, konnte aber auch binnen kurzem ein reicher Mann werden.

Ein solcher Mann war etwa John Hawkins.[11] 1530 als Sohn eines Schiffskapitäns in der südenglischen Hafenstadt Plymouth geboren, war Hawkins von klein auf mit der Seefahrt vertraut und überzeugte im Jahre 1555 einige wohlhabende Londoner Kaufleute davon, ihm Kapital für die Ausrüstung von drei Schiffen zur Verfügung zu stellen. Hawkins' Ziel war es, schwarze Sklaven von Afrika in die Karibik zu bringen und sie dort zu verkaufen. Doch bot sich auf der Fahrt die günstige Gelegenheit, einen portugiesischen Sklaventransporter zu kapern und auf diese Weise nicht nur günstig an menschliche Ware zu kommen, sondern auch gleich noch ein Schiff als Prise einzustreichen. Nach dem äußerst lukrativen Verkauf der Sklaven im Karibikhafen Santo Domingo kehrte Hawkins 1563 wohlbehalten nach England zurück und konnte mit dem gewaltigen Gewinn der Reise ein Geschäftsmodell etablieren, das sich in der Folgezeit als überaus erfolgreich erwies, freilich auch zur galoppierenden Zerrüttung der politischen Beziehungen zwischen England und dem spanischen Königreich führte.

Schon ein Jahr nach Hawkins' Rückkehr war es keine Geringere als Königin Elisabeth selbst, die dem Kapitän anbot, sich an der Ausrüstung einer neuen Sklavenhandelsexpedition zu beteiligen. Die Königin überließ Hawkins zu diesem Zweck ein Schiff, die 700-Tonnen-Galeone *Jesus von Lübeck*, für seine Unternehmung. Das klingt für moderne Ohren einigermaßen ungewöhnlich: die englische Königin als Geschäftspartnerin eines Sklavenhändlers, der bei seinen Fahrten nicht die geringsten Skrupel zeigte, fremde Schiffe zu kapern. Und doch müssen wir uns mit der Vorstellung vertraut machen, dass Handelsschifffahrt von Piraterie in der Frühen Neuzeit ebenso schwer zu unterscheiden war wie Piraterie von der per Kaperbrief «legitimierten» Freibeuterei oder «reguläre» Kriegsflotten von Handelsgeschwadern.[12] Als epochale und für die Zukunft höchst folgenreiche Neuerung sollte sich die Verbindung von seetüchtigen Freibeutern bescheidener Herkunft, finanzieller Beteiligung des Souveräns und Londoner Kaufleuten bei der Ausrüstung der Kaperflotten sowie schließlich monarchischer Protektion mit dem schlichten Ziel der Profitmaximierung erweisen.[13]

Die Sprengkraft dieser Mischung aus vorurteilsfreier Bereicherungsmentalität, privatem Profitinteresse und königlicher Rückendeckung wuchs nochmals beträchtlich, wenn eine kräftige Portion religiösen Sendungsbewusstseins hinzukam, wie dies bei Francis Drake (1540–1596) der Fall war. Neben Horatio Nelson dürfte Drake der berühmteste Kriegskapitän der Weltgeschichte sein; seinem abenteuerlichen Leben sind mittlerweile über hundert Biographien gewidmet.[14] Die erste Fahrt in die Karibik hatte Drake, Sohn eines südenglischen protestantischen Predigers, auf dem Schiff seines Cousins John Hawkins unternommen, doch schon bald führte Drake, dessen seemännisches Talent allenfalls von seinem religiösen Sendungsbewusstsein übertroffen wurde, selber das Kommando auf

Der kämpferische Jesus: Die *Jesus von Lübeck* war, wie ihr Name verrät, in der Hansemetropole an der Ostsee gebaut und erst später von Königin Elisabeth I. den Handels- und Freibeuterunternehmungen des John Hawkins zur Verfügung gestellt worden. Die zeitgenössische Buchmalerei lässt die vergleichsweise hohen Aufbauten des Viermasters erkennen und eine Reihe von Geschützen, die im Seekrieg dieser Jahre eine wachsende Rolle spielten.

Expeditionen. Dabei überfiel er mit bravourösem Geschick spanische Schiffe und Handelsstützpunkte und umsegelte in den Jahren zwischen 1577 und 1580 als erster Engländer die Welt. In vielerlei Hinsicht verkörperte Drake den Idealtypus des modernen Seekapitäns, dem die Zukunft gehören sollte: Von bescheidener Herkunft, schaffte er dank seiner hoch entwickelten nautischen und seemännischen Fertigkeiten, verbunden mit rücksichtsloser Durchsetzungsfreude und ausgeprägtem Profitstreben, einen raschen militärischen und gesellschaftlichen Aufstieg, der ihm schließlich sogar die Verleihung des Adelstitels eintragen sollte.[15]

Philipps Invasionspläne

Angesichts der Raubzüge englischer Freibeuter vom Schlage Hawkins' und Drakes, deren Überfälle auf Schiffe und Stützpunkte des spanischen Handelsimperiums zwar materiell gesehen kaum mehr als Nadelstiche darstellten, jedoch als permanente Provokation empfunden wurden, entschloss sich König Philipp II. im Jahre 1585, aus der Phase des kalten Kriegs mit England zur offenen Austragung des Konflikts zu schreiten. Er sah sich dazu umso mehr genötigt, als Königin Elisabeth schon seit einiger Zeit dazu übergegangen war, die niederländischen Rebellen, an deren Unterwerfung das spanische Weltreich sich seit bald zwei Jahrzehnten verblutete, nicht nur finanziell, sondern auch durch die Entsendung englischer Truppenkontingente zu unterstützen.[16] Angesichts der wachsenden Spannungen musste der Queen und ihren Ratgebern die Aussicht auf spanische Militärpräsenz in den Häfen der Kanalküste als eine tödliche Bedrohung erscheinen; die Unterstützung der niederländischen Rebellen durch England verschärfte den Gegensatz weiter. Der Konflikt trat in eine Eskalationsspirale, jede als «Gegenmaßnahme» verstandene Aktion der einen Seite führte unvermeidlich zu einer verschärfenden Reaktion des Gegners.

Im Mai 1585 verhängte Philipp II. ein Handelsembargo gegen England und ließ alle ausländischen Schiffe in spanischen Häfen sequestrieren.[17] Im Herbst desselben Jahres äußerte er den Entschluss, England anzugreifen; nicht zum ersten Mal,[18] aber in diesem Fall mit einer bis dahin unbekannten Entschiedenheit. Sowohl der Herzog von Parma als Oberbefehlshaber der spanischen Truppen in den Niederlanden als auch Philipps höchster Seekriegsoffizier, Don Álvaro de Bazán, Marqués de Santa Cruz, erhielten den Auftrag, Angriffspläne zu entwerfen. Santa Cruz, Veteran der Seeschlacht bei Lepanto, wo er das Reservegeschwader mit Bravour geführt hatte, zählte zu den renommiertesten Seeleuten seiner Zeit. Schon 1583 hatte er angesichts des eskalierenden Konflikts dem König einen Angriff gegen die Britischen Inseln ans Herz gelegt. Kein Wunder also, dass er sich im Frühjahr 1586 mit Feuereifer an die Arbeit machte. Das Flottenbauprogramm, das er schließlich seinem Souverän vorlegte, gehört durch die detailbesessene Genauigkeit, mit der er nicht nur Schiffe und Kanonen, Mannschaften und Pferde, Segel und Musketen aufführte, sondern ebenso die Mengen an Tauwerk, Schiffszwieback und Pulverfässern und was immer noch eine Flotte für ein großes amphibisches Angriffsunternehmen benötigte, zu den interessantesten wirtschaftsgeschichtlichen Dokumenten, die sich aus dem frühneuzeitlichen Spanien erhalten haben.[19] Doch ist das Programm nicht nur in dieser Hinsicht bemerkenswert, sondern auch, weil es die realen Möglichkeiten überschätzte, über die selbst ein so mächtiger Monarch wie Philipp II. verfügte. Denn die insgesamt 510 Schiffe, 30 000 Seeleute und 55 000 Soldaten, die dem Marqués de Santa Cruz für die Invasion vorschwebten, waren nicht im Entferntesten zu beschaffen, geschweige denn auszurüsten und zu versorgen.

So entstand schon bald ein neuer Plan. Er sah an der Stelle einer einzigen Invasionsflotte die Zusammenarbeit einer von Spanien aus gen England segelnden Armada mit der Armee des Herzogs von Parma vor, die von der niederländischen Kanalküste aus operierte. Ein solcher Plan besaß zwar weniger Durchschlagskraft, weil er das präzise Zusammenspiel zweier Kraftzentren voraussetzte, deren Koordination, auch angesichts der beschränkten und unzuverlässigen Kommunikationsmöglichkeiten jener Zeit, heikel blieb. Doch immerhin erschien er in einem überschaubaren Zeitraum realisierbar. Im Laufe des Jahres 1586 flossen die Ressourcen des spanischen Weltreichs in Bau und Ausrüstung einer Landungsflotte, wie sie die Welt bis dahin noch nicht gesehen hatte.

Ein solches Projekt konnte natürlich nicht lange geheim gehalten werden. Und so nimmt es nicht wunder, dass die besorgte Königin Elisabeth schon bald mit ihren Hofräten und Admirälen auf Gegenmaßnahmen sann. Gleichzeitig schickte sie Unterhändler zum Herzog von Parma, um Friedensverhandlungen in die Wege zu leiten.[20] Währenddessen machte sich Francis Drake daran, eine eigene Flotte auszurüsten, um den spanischen Flottenbau vor Ort zu stören und auf diese Weise, wie sich Drake in einem vielzitierten Wort ausdrückte, «des Königs Bart zu versengen». Neben den mittlerweile üblichen Investitionen von Londoner Kaufleuten[21] unterstützte ihn auch bei diesem Vorhaben Elisabeth I. Am 29. April 1587 segelte die Freibeuter-Flotte überfallartig in den Hafen von Cadiz, plünderte und versenkte knapp dreißig dort vor Anker liegende Schiffe, um in den folgenden Tagen an verschiedenen Stellen der südspanischen Küste Expeditionskommandos an Land zu schicken. In seinem Bemühen, «dem König den Bart zu versengen», zerstörte Drake dabei, was immer für die Ausrüstung einer Kriegsflotte von Bedeutung sein konnte. So ließ er unter anderem eine gewaltige Menge gut abgelagerter Fassdauben verbrennen, aus denen Fässer für die Lebensmittelversorgung der spanischen Flotte gemacht werden sollten. Die Verwendung zu jungen, nicht abgelagerten Holzes führte leicht dazu, dass die in den Fässern gelagerten Vorräte verdarben, wie die Besatzungen der spanischen Schiffe im Sommer des nächsten Jahre bitter zu schmecken bekommen sollten.[22]

Drakes Blitzangriff erwies sich jedoch nicht nur als ein militärischer, sondern auch als ein immenser wirtschaftlicher Erfolg, da es ihm am 18. Juni 1587 vor den Azoren gelang, den reich beladenen portugiesischen Kauffahrer *San Felipe* zu kapern und mit dieser Prise im erstaunlichen Wert von 140 000 Pfund Sterling wohlbehalten nach England zurückzukehren. Die Königin und die Finanziers des Seefeldzugs zeigten sich zufrieden.[23] Drakes Autorität als Seestratege war nun unumstritten.

Zwei Flotten, zwei Welten

Auf spanischer Seite wirkte der Präventivschlag des kühnen Korsaren nicht nur als Schock, der dem Namen Drake eine geradezu mythische Schreckensaura verlieh, sondern auch in logistischer Hinsicht als fatale Verzögerung der Aufrüstung. Trotz des Drängens König Philipps, der die relative Ruhe an den meisten Fronten seines unüberschaubaren Reichs nutzen wollte, den entscheidenden Schlag gegen die Engländer so rasch wie möglich zu führen, berichtete Santa Cruz aus Lissabon von nicht enden wollenden Sorgen und Problemen und bat immer wieder um Aufschub. Mit seinen über sechzig Jahren nach den Maßstäben der Zeit ein alter Mann, brach Santa Cruz unter der Last der Aufgabe schließlich zusammen, diktierte vom Krankenbett aus noch letzte Anweisungen und verstarb am 9. Februar 1588.

König Philipp hatte seinen besten Admiral verloren. Der Mann, der an Santa Cruz' Stelle trat, der Herzog von Medina Sidonia, tat dies, wir haben es gehört, zunächst widerstrebend, dann aber mit einem Pflichtbewusstsein, das ihm allgemeine Anerkennung eintrug. Und tatsächlich bedurfte es schier übermenschlichen Arbeitseifers, um die Ausrüstung

Adlige Piraten: In der zweiten Hälfte des 16. Jahrhunderts etablierte sich in England ein neuer Typus von unternehmungslustigen Seefahrern, die den bisher von Spaniern und Portugiesen monopolisierten Fernhandel als profitträchtiges Betätigungsfeld entdeckten. Männer vom Schlag eines Francis Drake legten bei ihren Reisen wenig Skrupel an den Tag – trotz königlicher Kaperbriefe galten sie den Spaniern schlicht als Seeräuber. Das Porträt zeigt Drake nach seiner Erhebung in den Adelsstand mit stolz präsentiertem Wappen.

dieser Flotte so weit zu bringen, dass sie mit einiger Aussicht auf den Sieg auslaufen konnte. Denn selbst die Mittel des mächtigsten Monarchen jener Zeit reichten kaum, eine Flotte des geplanten Zuschnitts auszurüsten. In dieser Epoche war überhaupt kein europäischer Souverän in der Lage, große Kriegsflotten über einen längeren Zeitraum hinweg einsatzbereit zu halten.[24] Schon die Schiffe, die sich nach und nach im Hafen von Lissabon einfanden, bildeten zum größten Teil nicht etwa eine königliche Kriegsmarine, sondern mussten von privaten Kaufleuten angemietet werden; anders als in England jedoch gegen Bezahlung, nicht gegen Gewinnbeteiligung – ein feiner, aber wichtiger Unterschied. Dank der reichen Silberströme aus der Neuen Welt konnte König Philipp immerhin diese Mietzahlungen zusagen. Seine Kapitäne hatten wahrlich Sorgen genug, dem Zwang zur Profitmaximierung für renditeinteressierte Kaufleute waren sie immerhin nicht ausgesetzt.

Allerdings war es mit der Bereitstellung der Schiffe keineswegs getan. Ihre Ausrüstung mit Seeleuten und Soldaten, mit Geschützen, Pulver und

Munition, mit Versorgungsgütern aller Art stellte den Herzog von Medina Sidonia vor weitere schier unlösbare Aufgaben.[25] Der Herzog tat, was er konnte, und langsam, langsam nahm die spanische Flotte im Frühjahr 1588 Gestalt an.

Diese Gestalt war geprägt von den Erfahrungen, welche die Spanier in langen Jahrhunderten des Seekriegs im Mittelmeer gesammelt hatten; zuletzt bei dem triumphalen Sieg über die türkische Flotte bei Lepanto im Jahre 1571. Dabei hatte es sich um eine Galeeren-Schlacht gehandelt, in der auf beiden Seiten über 200 Ruderschiffe ineinandergefahren waren, ehe ein stundenlanger Enterkampf Mann gegen Mann tobte. Die wenigen Geschütze an Bord der Galeeren hatten dabei nur eine nebensächliche Rolle gespielt. Für den Einsatz auf der rauen See des Atlantiks aber taugten Galeeren nicht, so viel hatten die Erfahrungen mit der Überseeschifffahrt gelehrt. Und so spielten die traditionellen Ruderschiffe bei der Zusammenstellung der Großen Armada nur eine unbedeutende Nebenrolle; ganze vier Galeeren sollten die Segelflotte begleiten.

Doch bei der Ausrüstung der gesegelten Galeonen erwiesen sich die Erfahrungen der Spanier als übermächtig. Da in den Seegefechten bisher stets der Enterkampf Mann gegen Mann den Ausschlag gegeben hatte, erhielten die spanischen Schiffe eine vergleichsweise schwache Artillerieausstattung, sowohl was die Zahl als auch, was die Kalibergröße der Geschütze betraf. Stattdessen sollten die Galeonen für den Nahkampf stark gemacht werden: einerseits durch eine große Anzahl von Soldaten an Bord, deren Verhältnis gegenüber den Seeleuten am Ende ungefähr bei 3 : 1 lag; andererseits durch gewaltige kastellartige Aufbauten an Bug und Heck. Von diesen aus ließ sich der Gegner wirkungsvoll mit Musketen beschießen und dann entern, doch bedarf es wenig Phantasie, sich vorzustellen, wie sich diese hohen Aufbauten auf die Segeleigenschaften der Schiffe auswirkten: verheerend. Bei frischem Wind oder gar Sturm wirkten sie nicht anders als Segel, die man nicht reffen kann.

Während in den spanischen Häfen die Große Armada ihre Ausrüstung für den traditionellen Enterkampf erhielt, wurde auch in den Häfen Südenglands fieberhaft an der Verstärkung der Flotte gearbeitet. Die Sorgen, welche die englischen Kommandanten dabei plagten, unterschieden sich nicht wesentlich von denen ihrer spanischen Kontrahenten. Auch hier zeugen die erhaltenen Briefe von Mangel und Not in allen Bereichen.[26]

Und dennoch entstand in den englischen Häfen eine ganz andere Flotte als in den spanischen. Ihre Gestalt, Ausrüstung und Kampftechnik trugen den Erfahrungen mit den ozeanischen Segelbedingungen Rechnung. Planten die Spanier, einen Landkrieg auf dem Wasser zu führen, in dem der Enterkampf Mann gegen Mann den Ausschlag geben sollte, so bereitete sich die englische Flotte auf einen Kampf vor, in dem nicht individueller Mut, sondern technisches Geschick entscheiden würde. Schnell und manövrierfähig sollten die englischen Schiffe sein, jedenfalls nach den Maßstäben der Zeit,[27] um dank einer zahlreichen und großkalibrigen Artillerieausstattung den Gegner aus größerer Distanz zusammenschießen zu können, ohne sich auf den Nahkampf einzulassen. So lag das Verhältnis von Soldaten zu Seeleuten an Bord der englischen Schiffe im Vergleich zu den Spaniern genau umgekehrt bei 1:3.

Das Kommando schließlich oblag Kapitänen, die aus einem ganz anderen Milieu stammten als ihre spanischen Gegner. Der Oberbefehlshaber der englischen Flotte, Admiral Charles Lord Howard of Effingham, war zwar wie sein Gegenspieler Medina Sidonia ein Cousin des Souveräns und ein prominenter Hofmann, doch verfügte er über einige Erfahrung in der Seefahrt.[28] Bei den Männern dagegen, die unter Howards Kommando dienten und denen der Admiral klugerweise weitgehende Handlungsfreiheit ließ, handelte es sich nicht etwa um Aristokraten, die auch zur See vom Ethos des adligen Landkampfs geprägt waren, sondern um *sea-dogs*, auf dem Meer eher zu Hause als auf dem Land. Allen voran Drake und Hawkins, gehörten sie zu einer Gruppe von Sozialaufsteigern, die ihre Stellung einzig und allein ihrer seemännischen Tüchtigkeit und Erfahrung verdankten. Sie verfügten über Schiffe, die nach anderen Prinzipien gebaut und ausgestattet waren als die ihrer spanischen Gegner, und sie waren entschlossen und fähig, die daraus resultierenden Vorteile konsequent zu nutzen.

Darüber machten sich im Übrigen auch ihre Gegner keine Illusionen, wie ein Gespräch erkennen lässt, das am Vorabend der Ausfahrt der spanischen Flotte geführt wurde. An dem feierlichen Festgottesdienst, der am 24. April 1588 in Lissabon stattfand, nahm auch ein Sondergesandter des regierenden Papstes Sixtus V. Peretti (1585–1590) teil, der einige Tage zuvor Gelegenheit gehabt hatte, mit «einem der höchsten und erfahrensten Offiziere der spanischen Flotte» zu sprechen. Der Brief, in dem er von dieser Unterredung berichtete, dürfte in Rom für einige Ernüchterung gesorgt haben. Bei diesem Zusammentreffen habe er nämlich, so der Nuntius, seinen spanischen Gesprächspartner gefragt, ob denn Anlass zur Zuversicht bestehe, die englische Flotte zu schlagen, wenn es zu einer Seeschlacht im Kanal komme. «Natürlich», antwortete dieser knapp, um auf die anschließende Frage: «Woher nehmt Ihr die Gewissheit?» eine Antwort zu geben, die dem päpstlichen Gesandten das Blut in den Adern gefrieren ließ: «Das ist einfach genug. Es ist altbekannt, dass wir für Gottes Sache streiten. Wenn wir also auf die Engländer treffen, wird Gott es sicherlich so einrichten, dass wir an sie herankommen und entern können, entweder dadurch, dass Er uns plötzlich ein unberechenbares Wetter schickt oder – was noch wahrscheinlicher ist – den Engländern einfach den Verstand verwirrt. Wenn wir aneinandergeraten, werden spanische Tapferkeit und spanische Klingen – dazu die Unmassen von Soldaten, die wir an Bord haben – uns sicher den Sieg einbringen. Wenn Gott uns jedoch nicht mit einem Wunder hilft, werden die Engländer, die schnellere und manövrierfähigere Schiffe und vor allem Geschütze mit größerer Reichweite haben als wir und diesen ihren Vorteil ebenso gut kennen wie wir, sich auf keinen Nahkampf einlassen, sondern uns aus sicherer Entfernung mit ihren Feldschlangen in Stücke schießen, ohne dass wir ihnen das Geringste anhaben können. Und so […] segeln wir gen England in der vertrauensvollen Hoffnung auf ein Wunder.»[29]

Galeassen und Galeonen: Das um 1605 entstandene Gemälde eines anonymen niederländischen Künstlers zeigt den Kampf zwischen der spanischen Armada zur Linken und der englischen Flotte auf der rechten Seite. Gut erkennbar sind zwei mit Riemen angetriebene schwere spanische Galeassen und die hohen Aufbauten auf den gesegelten Galeonen. Die meisten englischen Segelschiffe waren kleiner als ihre Gegner, dafür aber wendiger.

Fahrt in den Untergang

Wer immer der Gesprächspartner des päpstlichen Gesandten am Tag, bevor die Armada in See stach, war, seine Worte sollten sich als prophetisch erweisen. Denn als am Abend des 29. Juli die spanische Flotte die einmalige Chance vor sich sah, sich in Luvposition, also vor dem Wind, auf den teils noch nicht in Gefechtsposition rangierten, teils sogar noch im Hafen von Plymouth ankernden Gegner zu stürzen und ihn, auch ohne dass Gott den Engländern den Verstand verwirrt hätte, zum Nah- und Enterkampf zu zwingen, da entschied ihr Kommandant nicht wunderbarerweise mit der kühnen Intuition des erfahrenen Seemanns, sondern so, wie er nach Herkunft, Tradition und Befehlslage entscheiden musste: nüchtern abwägend, pflichtbewusst – und falsch.

Und so segelte die spanische Armada an den folgenden sieben Tagen vom 30. Juli bis 6. August langsam westwärts, um sich in der Nähe von Calais mit der Invasionsarmee des Herzogs von Parma zu treffen. Dabei näherten sich die Engländer aus der Luvposition von Westen immer wieder ihren Gegnern auf Kanonenschussweite und nahmen sie unter ein Feuer, das die Spanier nicht wirksam erwidern konnten,[30] um sodann allen feind-

lichen Angriffen, die zum Enterkampf hätten führen sollen, mit tänzerischer Eleganz auszuweichen.

Auf diese Weise entspann sich ein Zermürbungsgefecht, das sehr bald den Kommandeuren beider Seiten Sorgenfalten auf die Stirn trieb. Während die spanischen Kapitäne zunächst mit Erbitterung, dann mit wachsender Resignation feststellten, dass sich ihr Gegner den gewohnten Kampfformen, in denen sie ihre Stärken hätten ausspielen können, einfach entzog, zeigten sich die englischen Befehlshaber zunehmend beeindruckt von der Disziplin der spanischen Flotte und dem Kampfgeist ihrer Besatzungen. Auf beiden Seiten nahmen sich die Verluste in dieser ersten Phase der Schlacht gering aus. Die Engländer verloren nicht ein einziges Schiff, die Spanier gerade einmal zwei. Zwar handelte es sich dabei um besonders kampfkräftige Galeonen und Geschwader-Flaggschiffe; doch bei einer Gesamtstärke von 130 Schiffen blieb ein solcher Verlust verschmerzbar. Dazu war er nicht etwa durch die Wirkung des feindlichen Feuers zustande gekommen, sondern im einen Fall durch die Explosion des Pulvermagazins, im anderen als Folge einer Kollision zweier spanischer Schiffe. Als Medina Sidonia seine Flotte am 6. August an der Kanalküste bei Calais vor Anker gehen ließ, schien es, also könne er den bisherigen Verlauf der Ereignisse als Erfolg verbuchen: Er hatte das erste wichtige taktische Ziel seiner Mission erreicht, den raschen Durchbruch durch den Kanal, an dem ihn die geballte Macht der englischen Kriegsflotte nicht hatte hindern können.

Rückblickend war dies jedoch nur eine kurze Atempause auf dem Weg in den Untergang. Denn bei seiner Ankunft vor Calais sah sich der spanische Oberbefehlshaber mit drei Problemen konfrontiert, die sich sehr schnell als unlösbar erwiesen und in ihrem Zusammenspiel zur Katastrophe führten. Zunächst einmal hatten seine Schiffe ihre Munitionsvorräte, vor allem die Kanonenkugeln, fast völlig verbraucht. So schrieb denn Medina Sidonia dringlich an den Herzog von Parma, ihm an Geschossen zu schicken, was immer dieser entbehren konnte. Doch Parma war keine große Hilfe, weder jetzt, noch in den folgenden Tagen. Schlimmer noch: Der Herzog war zur vereinbarten Zeit am vereinbarten Ort nicht einsatzbereit. Dem ursprünglichen Plan zufolge hätten seine Truppen bei Eintreffen der Armada an der Kanalküste zur Einschiffung auf Transportbooten bereitstehen sollen, um unter dem Schutz der spanischen Flotte an die englische Küste überzusetzen. Doch weder die Transportschiffe noch die Truppen waren da.[31]

Über das Verhalten des spanischen Oberbefehlshabers in den Niederlanden im August 1588 ist viel spekuliert worden, verständlicherweise, denn seine geringe Kooperationsbereitschaft sollte sich für die Armada als fatal erweisen. Einem so erfahrenen Heerführer wie Parma muss das bewusst gewesen sein. Da an seiner Loyalität ebenso wenig Zweifel möglich sind wie an seiner militärischen Kompetenz, ist es am wahrscheinlichsten, dass er nach den endlosen Verzögerungen bis zur Ausfahrt der Armada und in Kenntnis der englischen Seeüberlegenheit den Glauben an den Erfolg der Invasion verloren hatte und seine erfahrenen und ihm treu ergebenen Truppen nicht sinnlos opfern wollte.[32]

Sollten den Herzog von Parma Überlegungen dieser Art geleitet haben, so zeigte der weitere Verlauf der Ereignisse, wie Recht er mit seinen Zweifeln hatte. Schon in der Nacht vom 7. auf den 8. August erwies sich das dritte Problem, mit dem Medina Sidonia zu kämpfen hatte, als fatal: das Fehlen eines großen Tiefwasserhafens, in dem die spanische Flotte hätte anlegen können. Stattdessen mussten die Schiffe vor der Küste ankern, so dass sie ein wundervolles Angriffsziel für den Einsatz von in Brand gesetzten kleinen Schiffen boten, den Medina Sidonia vom ersten Moment an fürchtete. Ein solcher Branderangriff wurde von den Engländern denn auch mit vielem Geschick ausgeführt und veranlasste die spanischen Schiffe zur panikartigen Flucht. Dabei verloren sie zum ersten Mal seit Beginn der Gefechte ihre Ordnung und erlitten am folgenden Tag ihre erste schwere und zugleich entscheidende Niederlage.

Dieses Gefecht vor Gravelines, nicht weit von Calais an der Kanalküste gelegen, verlief noch viel unübersichtlicher als alle bisherigen Auseinandersetzungen, und es war folgenreicher. Denn die zum guten Teil bereits beschädigten und unter Munitionsmangel leidenden spanischen Schiffe sahen sich nun auch noch durch widrige Winde und die starke Kanalströmung auf die flandrische Küste zutreiben. Es gelang ihnen zu keinem Zeitpunkt, die gewohnte halbmondförmige Verteidigungsformation zu gewinnen, mit der sie sich bisher so erfolgreich ihrer Haut gewehrt hatten. Etwa ein Dutzend spanische Schiffe ging während des Gefechts verloren, der Rest drohte an der Küste auf Legerwall zu geraten und zu zerschellen, ehe im allerletzten Moment – viele Spanier hatten schon die

Beichte abgelegt – der Wind drehte und die scheinbar verlorenen Schiffe doch noch die freie See gewinnen konnten.

Nach der Niederlage vor Gravelines war die Kampfkraft der Armada endgültig gebrochen, wie der Herzog von Medina Sidonia in seinem Bericht an König Philipp am Abend nach der Schlacht illusionslos feststellte: Praktisch keines seiner großen Schiffe sei mehr kampftauglich, teilweise wegen der beträchtlichen Schäden, teilweise wegen des Munitionsmangels.[33] Ein Kriegsrat am folgenden Tag beriet darüber, was zu tun sei: Man konnte entweder auf Südwest-Kurs drehen und die englische Flotte angreifen, im Bewusstsein des sicheren Untergangs, was jedoch erst bei drehendem Wind möglich wäre, oder aber versuchen, an der britischen Küste entlang nach Norden zu segeln und die Reste der Flotte und ihrer Besatzungen in einem weiten Bogen um Schottland und Irland herum nach Spanien zurückzubringen. Gegen das Votum einiger seiner Unterführer, die für die rücksichtslose Fortsetzung des Kampfes plädierten, entschied Medina Sidonia einmal mehr gemäß seinem Pflichtgefühl gegenüber dem König und suchte zu retten, was zu retten war.[34]

Die Folgen der Schlacht

Doch schon bald zeigte sich, dass im Vergleich zu dieser Aufgabe die bisherigen Schwierigkeiten ein Kinderspiel gewesen waren. Ein ungewöhnlich kalter, regnerischer und stürmischer Sommer sorgte dafür, dass die Verluste an Schiffen und Mannschaften auf der wochenlangen Rückfahrt der Flotte viel schlimmer ausfielen als die während der Kampfhandlungen erlittenen. Reihenweise zerschellten die Galeonen an der irischen Westküste. Wenn es den erschöpften Besatzungen gelang, sich an Land zu retten, wurden sie von englischen Truppen erbarmungslos niedergemacht. Selbst auf den Schiffen, die schließlich in die nordspanischen Häfen von Santander und La Coruña zurückfanden, waren die Verluste enorm, da die Wasser- und Nahrungsmittelvorräte in den minderwertigen Fässern aus nicht abgelagerten Fassdauben allzu schnell verdarben. Im Laufe des Oktober erreichten die Verlustmeldungen eine solche Höhe, dass das Tragen von Trauerkleidung am spanischen Hof nurmehr mit be-

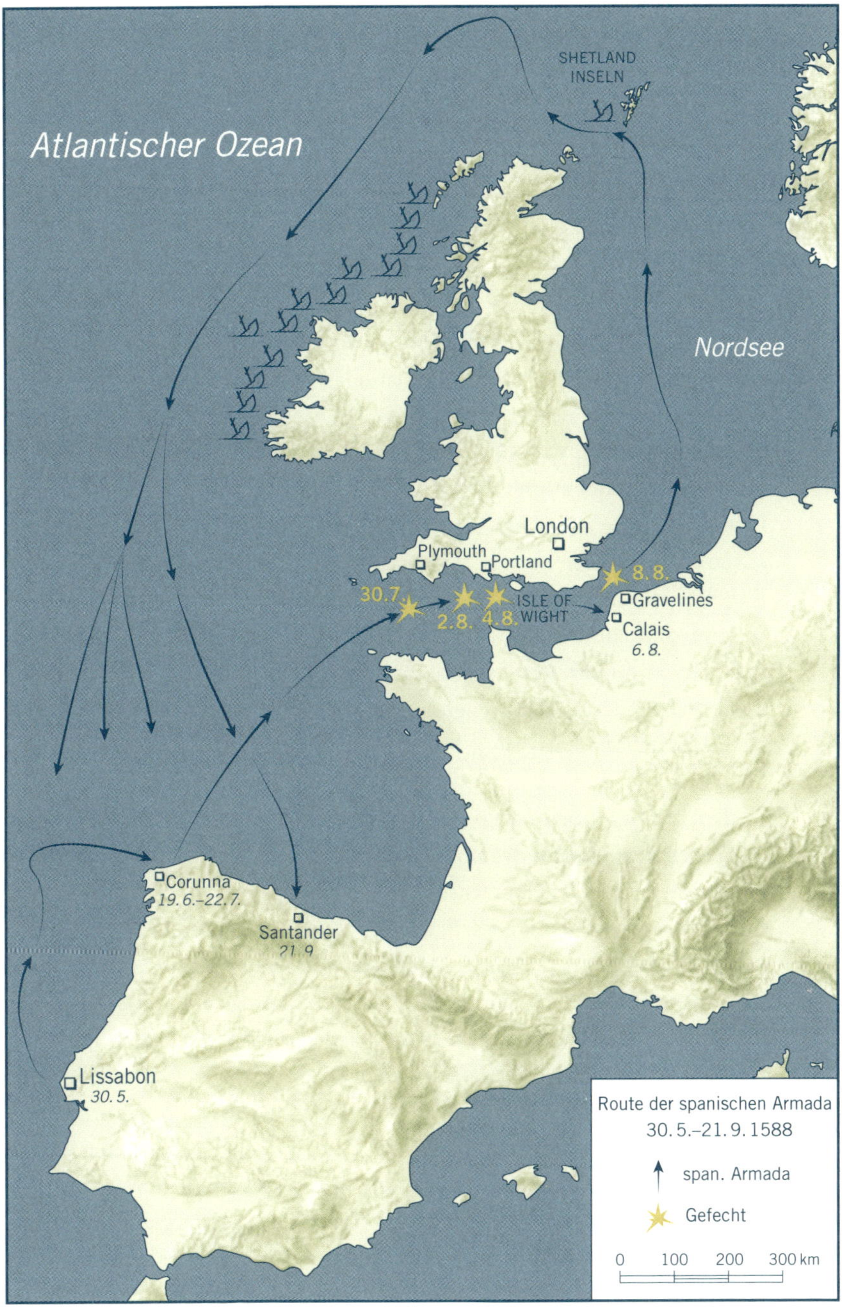

Atlantischer Ozean
SHETLAND INSELN
Nordsee
London
Plymouth
Portland
ISLE OF WIGHT
30.7.
2.8.
4.8.
8.8.
Gravelines
Calais
6.8.
Corunna
19.6.–22.7.
Santander
21.9
Lissabon
30.5.
Route der spanischen Armada
30.5.–21.9.1588
span. Armada
Gefecht
0
100
200
300 km

sonderer Erlaubnis gestattet war, da man eine demoralisierende Wirkung fürchtete.[35] Zu denen, die schwerkrank in die Heimat zurückkehrten, zählte auch der Herzog von Medina Sidonia. Gleich nach seiner Ankunft legte er dem König Rechenschaft ab – und erhielt von diesem daraufhin ein Schreiben, aus dem Fügung in den göttlichen Willen und Sorge um die Gesundheit des Herzogs sprachen, jedoch nicht einmal die Andeutung eines Vorwurfs zu lesen war.[36] Nach seiner Genesung diente Medina Sidonia König Philipp und dessen Nachfolger bis zu seinem Tod im Jahre 1615 als Ratgeber in Militär- und Marineangelegenheiten.

Vorwürfe, bittere Vorwürfe hingegen wurden, kaum dass die spanische Armada zerstreut war, in England laut. Nach dem Gefecht von Gravelines hatte sich zunächst Optimismus unter den englischen Kommandeuren verbreitet, der sich jedoch zurückhaltend äußerte, etwa wenn Lord Howard noch am Abend nach der Schlacht an den Staatssekretär Francis Walsingham schrieb, man habe der spanischen Flotte schwer zugesetzt, doch bestehe sie aus mächtigen Schiffen von beträchtlicher Kampfkraft, um dann hinzuzufügen: «Ich will Ihrer Majestät nicht schreiben, bevor nicht mehr erreicht ist. Die Armada ist wundervoll, groß und mächtig, und dennoch werden wir ihnen eine Feder nach der anderen ausrupfen.»[37] Erst in den folgenden Tagen stellte sich nach und nach heraus, dass die Spanier genug hatten und ihre Invasionspläne einstweilen aufgaben.

Doch Jubel mochte sich auf der Insel auch jetzt nicht einstellen, im Gegenteil. Ungeachtet des militärischen Siegs, dessen welthistorische Bedeutung erst aus der Perspektive der Nachwelt erkennbar wurde, stellte die Versorgung ihrer eigenen Flotte für die englische Regierung ein kaum lösbares Problem dar. Angesichts des nachlassenden Feinddrucks blieben die Lieferungen an Nahrungsmitteln aus, so dass das große Sterben unter den englischen Seeleuten paradoxerweise erst jetzt, nach dem Ende der Kämpfe, begann. Nicht etwa als stolzer Triumphator, sondern voller Verzweiflung berichtete Lord Howard am 14. August an Walsingham, es breche einem einfach das Herz, mitansehen zu müssen, wie Männer, die so tapfer gekämpft hätten, nun massenweise so jämmerlich stürben.[38]

In dieser Hinsicht verdeutlichen Kampf und Untergang der spanischen Armada einmal mehr die strukturellen Unzulänglichkeiten der sich entwickelnden modernen Staaten bei der Aufstellung und Ausrüstung größerer Flottenverbände. Die Ressourcen, über die sie verfügten, reichten für die zu bewältigenden Aufgaben kaum aus, in England ursprünglich noch viel weniger als in Spanien. Doch unter dem Druck der politischen und bald militärischen Bedrohung wurden auf der Britischen Insel Lösungswege gesucht und gefunden, die sich als überaus zukunftsträchtig erweisen sollten. Die Beteiligung privater Kaufleute an staatlichen und auch im engeren Sinne militärischen Aufgaben führte zu technischen wie mentalen Veränderungen in der Seekriegsführung, die langfristig nicht nur zum Entstehen des Britischen Empire, sondern auch wesentlich zum Siegeszug kapitalistischer Wirtschaftsformen in Europa beitrugen.

8. Vier-Tage-Schlacht 1666

HOLLAND IN NOT!

Wie sich die Entstehung der Kiellinien-Taktik auf die Entwicklung des modernen Staates auswirkte

Die drei Seekriege, die 1652–1654, 1665–1667 und 1672–1674 zwischen den Vereinigten Niederlanden und England ausgefochten wurden, haben keinen Eingang in das kulturelle Gedächtnis Europas gefunden. Trotz einer Vielzahl großer Gefechte und bemerkenswerter seemännischer Leistungen auf beiden Seiten kam es nicht zu einer «historischen» Entscheidungsschlacht, an der sich die Phantasie der Nachwelt hätte begeistern können. De facto jedoch brachte wohl kaum ein anderer Seekrieg so viele wegweisende Weichenstellungen mit sich wie gerade der englisch-niederländische Konflikt. Er besiegelte den Triumph der Kiellinien-Taktik, die von nun an für rund zweihundert Jahre den Seekrieg prägte; er setzte entscheidende Impulse für die Entwicklung von Militärhierarchie, Militärbürokratie sowie Militärfinanzierung und damit für die Entstehung des modernen Staates; und er stellte eine wesentliche Etappe dar auf dem Weg zur maritimen Vorherrschaft Englands, dessen Weltgeltung im Zuge dieser Kriege definitiv begründet wurde.

Wer kontrolliert die Seewege?

Mit gutem Grund ließ Alfred Thayer Mahan seine vielzitierte Studie über den Einfluss der Seemacht auf den Lauf der Geschichte im Jahre 1660 beginnen. Mit diesem Datum verbindet sich zwar keineswegs die Erinnerung an eine große Seeschlacht, kein klingender Name wie «Salamis», «Lepanto» oder «Trafalgar». Die Jahreszahl dürfte auch im 19. Jahrhundert, als Mahans Buch erschien, außerhalb der Niederlande und Großbritanniens nur Fachhistorikern etwas gesagt haben. Und doch ist es kein Zufall, dass der amerikanische See-Theoretiker gerade dieses Jahr als Ausgangspunkt seiner Studie wählte. Es war das Jahr, in dem König Karl II. von England auf den Thron kam, den sein Vater im Kampf mit dem widerspenstigen Parlament unter der Führung Oliver Cromwells 1649 verloren hatte. Damit war die Restaurierung der englischen Monarchie geglückt, einer Monarchie jedoch, deren Position gegenüber dem selbstbewussten Parlament stets prekär blieb. Der König benötigte Geld und Prestige, um sich zu behaupten. Beides war über das Meer zu erlangen: durch die Förderung des renditeträchtigen Überseefernhandels und durch militärische Siege über die Konkurrenten in diesem einträglichen Gewerbe.

Einer dieser Konkurrenten war im Begriff, aus dem Kampf um die Beherrschung der Seewege auszuscheiden. 1659 hatte der Pyrenäenfrieden den jahrzehntelangen Kampf zwischen Spanien und Frankreich um die Vorherrschaft in Europa beendet und damit zugleich die spanische Großmachtstellung. Das spanische Weltreich begann sich aufzulösen. Damit stellte sich die Frage, wer das Erbe der Spanier im Handel mit ihren überseeischen Besitzungen antreten würde, und diese Frage erhöhte das Konfliktpotential zur See.

Hinzu kam als ein dritter Faktor der Regierungsantritt des französischen Königs Ludwig XIV. (1643–1715). Am 9. März 1661 war mit Kardinal Jules Mazarin der Premierminister, der bis zu diesem Zeitpunkt die Geschäfte für den noch jugendlichen Monarchen geführt hatte, gestorben. Ludwig hatte daraufhin erklärt, nunmehr selbst herrschen zu wollen. Sein Ehrgeiz, die solide Machtbasis, die er 1661 vorfand, zur Begründung französischer Weltgeltung zu nutzen, erwies sich schon bald als grenzenlos. Und der König fand einen kongenialen Partner zur Durchsetzung seiner Pläne: Jean-Baptiste Colbert (1619–1683) sorgte als leitender Minister dank seiner profunden Kenntnis wirtschaftlicher Zusammenhänge dafür, dass die königlichen Kassen jene Mittel bereithielten, die für eine aktive Großmachtpolitik in dieser Epoche zunehmend nötig waren. Dass diese Mittel zu großen Teilen aus dem Überseefernhandel, dem eigentlichen *big business* der Zeit, stammen müssten, sah Colbert sofort. Und so ist es nicht verwunderlich, dass schon sehr bald nach dem Regierungsantritt Ludwigs XIV. Frankreich mit aller Energie in das Wettrüsten zur See einstieg.

Diese drei Faktoren – eine aufsteigende Monarchie in Frankreich, eine absteigende Monarchie in Spanien und eine labile Monarchie in England – führten zu erbitterten Kämpfen um die Kontrolle der Seehandelswege. Fast ständig wurde im 17. Jahrhundert Krieg auf den Meeren geführt. Den Höhepunkt dieser Auseinandersetzungen stellten die drei Englisch-Niederländischen Kriege dar, an denen im Falle des zweiten und dritten Kriegs bezeichnenderweise auch die Franzosen teilnahmen. Mit ihnen begann eine neue Epoche der Seekriegsgeschichte: eine Phase rascher militärischer, gesellschaftlicher und wirtschaftlicher Wandlungen, die langfristig geradezu revolutionäre Veränderungen der europäischen Lebenswelt, ja der Weltgeschichte zeitigten.[1] Um deren Hintergründe zu verstehen, ist es hilfreich, noch einmal auf die langfristige Entwicklung der Seemächte und der Seekriegstechnik zurückzublicken, die dem so folgenreichen englisch-niederländischen Konflikt vorausgegangen war.

Kanonen und Segel

Mit dem Scheitern der Großen Armada 1588 setzte der langsame Niedergang der spanischen Seemacht ein, oder besser: verlor Spanien mehr und mehr den Anschluss an jene rapiden Modernisierungsprozesse im Bereich der Seefahrt, die zuvor bereits im nordwestlichen Europa begonnen hatten und sich im Mittelmeerraum nur zögernd durchsetzten. Von langfristig kaum zu überschätzender Bedeutung erwiesen sich dabei vor allem zwei technische Neuerungen: erstens die Verwendung von Geschützen an Bord, und zweitens grundlegende Verbesserungen der Segeltechnik. Die Verwendung von Geschützen führte dazu, dass Kriegsschiffe, anders als zuvor, nicht mehr nur als Transportmittel für Soldaten dienten, die dann den eigentlichen Kampf führten, sondern selbst zu Kampfmitteln wurden. Insofern bedeutete der Einsatz von Kanonen letztlich nichts anderes als die Ersetzung von Menschenkraft durch Technik und Kapital. Der Vorteil dieser Neuerung bestand nicht nur in einer höheren militärischen Schlagkraft, sondern vor allem darin, dass diese Schlagkraft leichter zu unterhalten und weiter zu transportieren war: Geschütze, Geschosse und Pulver müssen nicht ernährt und versorgt werden, damit sie noch in den letzten Winkel der Erde befördert und dort wirksam werden können. Der Einsatz physischer Gewalt als Basis von politischer Macht wurde dadurch, wenn man so will, exportfähig. Auf diese Weise konnte die Herrschaft über die See – und mittelbar über weit entfernte Regionen der Erde – wirkungsvoller als je zuvor ausgeübt werden.[2] Insofern bildete die Verwendung von Geschützen auf Kriegs- und Handelsschiffen eine entscheidende Voraussetzung für den Erfolg der europäischen Expansion.[3]

Doch sollte es lange dauern, bis das Potential der Schiffsartillerie ausgeschöpft werden konnte. Ein grundlegendes Problem stellte die Produktion leistungsfähiger Geschütze dar.[4] Kanonen waren schwer, aufwändig in der Herstellung, mühsam zu laden und besaßen nur eine äußerst geringe Treffsicherheit. Bronze-Geschütze blieben außerdem extrem teuer, da sie aus einer Kupfer-Zinn-Legierung bestanden und die europäischen Kupfervorkommen die Nachfrage lange Zeit kaum decken konnten. Gusseiserne Kanonen dagegen waren zwar deutlich billiger, aber sehr explosionsgefährdet; erst in der Mitte des 16. Jahrhunderts gelang es, und

Verhängnisvolle Innovation: Die Galeone *Vasa* war eines der großen Kriegsschiffe, die König Gustav II. Adolf von Schweden ab 1625 bauen ließ, um seine Interessen auch zur See in Europa stärker durchsetzen zu können. Das Prestigeobjekt des Königs mit einer Länge von fast 70 Metern, gezimmert aus 1000 schwedischen Eichen, sollte erstmals auf zwei Decks 64 Kanonen tragen. Am kunstvoll gestalteten Heck gab es ein leuchtend bunt bemaltes Gewimmel aus mythischen Kriegern und Gottheiten, Löwen und Phantasiefiguren, das der Welt Schwedens Stärke und die Legitimation des Hauses Vasa vor Augen halten sollte. Allerdings endete die Jungfernfahrt am 10. August 1628 nach einer knappen Seemeile Fahrt, als das Schiff nach einer einfallenden Bö kenterte und im Hafen von Stockholm versank. Zu viele Kanonen auf dem zweiten Deck und der etwa 20 Meter über dem Wasserspiegel liegende Achteraufbau waren dem instabilen Schiff zum Verhängnis geworden.

zwar zunächst in England, einigermaßen sichere gusseiserne Geschütze zu produzieren.[5] Seit etwa 1600 spielten gusseiserne Kanonen zumindest bei der Ausrüstung von Handelsschiffen, die in die Karibik und den Fernen Osten segelten, eine wichtige Rolle.[6] Doch blieb die Verwendung der vergleichsweise billigen Eisen-Geschütze auf bewaffnete Kauffahrer beschränkt. Die im 17. Jahrhundert rasch wachsenden Kriegsflotten hingegen waren weiterhin auf Bronze-Kanonen angewiesen, weil sich Eisen im kontinuierlichen Salvenfeuer so stark erhitzte, dass das Geschütz leicht barst. Mit anderen Worten: Als stille Drohung oder für den Einzeleinsatz gegen schwächere Gegner, wie sie den Europäern in Übersee gegenübertraten, reichten Eisenkanonen aus, nicht jedoch für die extreme Belastung eines Flottengefechts.

Wenn es im Laufe des 17. Jahrhunderts tatsächlich gelang, immer größere Flottenverbände mit immer zahlreicheren Bronzegeschützen auszurüsten, so lag das nicht zuletzt an der sich rasch drehenden Rüstungsspirale, die der Dreißigjährige Krieg in Gang gesetzt hatte, der bekanntlich ganz Europa erschütterte und zu vielfältigen Modernisierungsschüben in der Militärtechnik geführt hatte.[7] Sie betrafen nicht zuletzt die Kriegsfüh-

rung zur See. Viele am Dreißigjährigen Krieg beteiligte Mächte erkannten, dass Kriegsflotten unverzichtbar geworden waren, etwa der dänische König Christian IV. und sein baltischer Nachbar, der kriegslustige Gustav II. Adolf von Schweden. Aber auch die Niederländer und Spanier rüsteten ihre Flotten im Zuge des Dreißigjährigen Kriegs systematisch auf.[8]

Nicht nur die Größe der Kriegsflotten, sondern auch die Formen, in denen die Gefechte dieser Flotten geführt wurden, wandelten sich im Laufe des 16. und 17. Jahrhunderts von Grund auf. Die spanischen Seeleute hatten das 1588 in brutaler Weise erfahren müssen. An die Stelle des traditionellen Enterkampfes trat das Artilleriegefecht. Die Voraussetzung hierfür bestand in der zweiten revolutionären technischen Neuerung im Bereich der frühneuzeitlichen Seefahrt, nämlich in den stark verbesserten Segeleigenschaften der Schiffe. Auch dieser Entwicklungsprozess nahm viel Zeit in Anspruch. Zu Recht hat der schwedische Marinehistoriker Jan Glete darauf hingewiesen, dass «der Entwurf und die Konstruktion von kanonenbestückten Segel-Kriegsschiffen eine der schwierigsten Herausforderungen überhaupt im vorindustriellen Europa» darstellte.[9] Kanonen, zumal großkalibrige, die auf größere Distanz wirksam waren, hatten ein enormes Gewicht: Ein 24-Pfünder, also ein Geschütz, das Eisenkugeln mit einem Gewicht von knapp 12 Kilogramm verschoss, wog zwischen 2,5 und 3 Tonnen. Es lässt sich leicht ausmalen, dass eine größere Anzahl solcher Geschütze sowohl durch ihr Eigengewicht als auch durch die für sie nötigen massiven Konstruktionsformen der Decks die Manövrierfähigkeit und Geschwindigkeit des Schiffs massiv beeinflussten.

Wie ließ sich das Problem lösen? Zunächst einmal bedurfte es prinzipiell verbesserter Antriebsmöglichkeiten durch Windkraft. Bereits seit dem 15. Jahrhundert wurde die Segelfläche vergrößert. An die Stelle des mittelalterlichen Einmasters traten Zwei- und schon bald auch Dreimaster, die sich bis zum Beginn des 17. Jahrhunderts als Standardmodell für Kriegsschiffe durchsetzten. Dabei wiesen Fock- und Hauptmast je drei Rahsegel auf, während am Besan-Mast ein Lateinersegel und ein weiteres Rahsegel befestigt waren.[10] Diese Grundform der Takelage blieb während des gesamten 17. Jahrhunderts im Wesentlichen unverändert.

Weitere Neuerungen betrafen die Form der Schiffe. An die Stelle der traditionellen Klinkerbeplankung, bei welcher der Bootskörper mit sich überlappenden Planken gestaltet wurde, trat im Laufe des 15. Jahrhunderts die sogenannte Kraweelbeplankung,[11] bei der die einzelnen Planken Kante an Kante gesetzt waren, was den Oberflächenwiderstand des Schiffskörpers verringerte. Auch verschwanden die hohen Aufbauten an Bug und Heck, die so lange von Vorteil gewesen waren, wie der Nah- und Enterkampf eine dominierende Rolle gespielt hatte. Die Aufbauten der Schiffe konnten nun flacher gestaltet werden, jedoch nur in Maßen, denn kampfkräftige Schiffe brauchten zumindest zwei, bald oft auch drei Kanonendecks. Um diese – im Dienste eines tief gelegenen Schwerpunkts und dadurch verbesserter Stabilität – möglichst nah oberhalb der Wasserlinie einziehen zu können, bedienten sich die Schiffsbauer seit dem frühen 16. Jahrhundert der «Stückpforten», die sich während der Fahrt und bei schwerer See schließen ließen und nur zum Gefecht geöffnet wurden.

All diese technischen Neuerungen trugen dazu bei, dass die neuen Aufgaben, die der ins Globale erweiterte Aktionsradius der europäischen Schifffahrt mit sich brachte, zu einer auffälligen Differenzierung des Schiffbaus sowohl in regionaler Hinsicht als auch mit Blick auf neue Bautypen führten. Im alten, relativ geschlossenen Kulturraum des Mittelmeers hatten sich die geruderte Galeere und ihre Vorläufer über einen Zeitraum von annähernd zwei Jahrtausenden als optimaler Schiffstyp für alle Aufgaben bewährt, an dem nur minimale gestalterische Veränderungen vorgenommen wurden, ganz gleich, ob eine Galeere in Venedig, Genua, Barcelona oder Konstantinopel gebaut wurde. Selbst im beginnenden Zeitalter der Segelschiffe blieb die Galeere im Mittelmeer mit seinen unberechenbaren Windverhältnissen und der vorherrschenden Küstenschifffahrt fester Bestandteil der Kriegsflotten. So verfügte das französische Mittelmeergeschwader zu einer Zeit, da in den Atlantikhäfen Frankreichs längst modernste Linienschiffe in Serie gebaut und dann auf den Weltmeeren eingesetzt wurden, weiterhin über eine Galeeren-Flotte.[12]

Doch führte das Mittelmeer seit der Entdeckung der Neuen Welt und des Seewegs nach Indien zunehmend das Schattendasein eines zweitrangigen Binnenmeers. Das Ausgreifen der Europäer über die Ozeane hinweg hatte die Verlagerung der wichtigsten Handelswege und damit der wirtschaftlichen Kraftzentren Europas zur Folge. Mittelbar aber brachte es eben auch eine Vielzahl neuer Schiffstypen hervor, die ihren Aufgaben immer besser angepasst werden sollten. An dieser Stelle sei lediglich auf den wichtigsten Konstruktionsunterschied hingewiesen: Große Kauffahrer, die zu Handelsreisen nach Übersee ausliefen, mussten zu ihrer Verteidigung und zur Wahrnehmung etwaiger günstiger Kapergelegenheiten mit großkalibrigen Geschützen bewaffnet werden. Doch galt es bei ihrer Konstruktion und Ausstattung andererseits, den Bedarf an Stauraum für Versorgungsgüter der Mannschaften und natürlich für die Handelsgüter, deren Transport die Reise ja diente, im Auge zu behalten. Mit anderen Worten: Fernhandelsschiffe wurden im 17. Jahrhundert eher etwas kleiner und vor allem leichter gebaut und bewaffnet als reine Kriegsschiffe.

Dieser Sachverhalt könnte auf den ersten Blick ebenso logisch wie nebensächlich erscheinen: Ein Handelsschiff ist eben ein Schiff für den Handel, mag man denken, und es ist doch ganz gleichgültig, wie stark es bewaffnet ist, da es ja ohnehin nicht in einer Seeschlacht zum Einsatz kommt.[13] Doch bis zur Mitte des 17. Jahrhunderts war noch kein europäischer Staat, weder Spanien noch England, noch die aufstrebenden skandinavischen Königreiche Dänemark und Schweden, ja, nicht einmal die wirtschaftlich so überaus erfolgreichen Vereinigten Niederlande in der Lage, dauerhaft eine reine Kriegsflotte zu unterhalten. Dazu fehlte es praktisch an allem: zunächst an den wirtschaftlichen Möglichkeiten, die Schiffe und Mannschaften einer solchen Flotte auch in Friedenszeiten zu unterhalten; des Weiteren an einem hierarchisch strukturierten Offizierskorps; schließlich an einer professionellen Marinebürokratie zur Erledigung der zahlreichen organisatorischen und administrativen Aufgaben, die mit dem Bau, Unterhalt und Einsatz großer Kriegsflotten unvermeidlich verbunden waren.[14]

Die Vereinigten Niederlande im Aufwind

In der ersten Hälfte des 17. Jahrhunderts bemühten sich verschiedene europäische Staaten wieder verstärkt darum, reine Kriegsflotten zu schaffen, da sich der Überseehandel mehr und mehr zu einer Einnahmequelle von überragender Bedeutung entwickelte, die man wirksam schützen musste. Nirgendwo war das eindrucksvoller zu beobachten als in den «Vereinigten Niederlanden», die in der zweiten Hälfte des 16. Jahrhunderts zunächst nichts anderes gewesen waren als eine Gruppe von sieben unbotmäßigen spanischen Provinzen, die sich aus religiösen und wirtschaftlichen Gründen von der Herrschaft König Philipps II. von Spanien losgesagt hatten. Im Achtzigjährigen Krieg (1568–1648) konnten sich die Vereinigten Niederlande gegen die scheinbar übermächtige Weltmacht behaupten und selbst zu einer wirtschaftlichen Großmacht werden.[15] Denn die spanischen Heere, die unter so namhaften Befehlshabern wie Alessandro Farnese, Herzog von Parma, oder dem genuesischen General Ambrogio Spinola versuchten, den niederländischen Widerstand zu brechen, verfügten zwar über die gefürchtetsten Soldaten ihrer Zeit, nicht jedoch über die Seeherrschaft. Und diese verstanden die Niederländer aufgrund ihrer avancierten Schiffsbautechnik und bestens ausgebildeter Seeleute dauerhaft zu behaupten.[16]

Um zu überleben, waren die eigentlich armen Nordprovinzen gezwungen, ihr maritimes Potential zu nutzen. Das taten sie konsequent, indem sie neue Profitmöglichkeiten aus dem Fernhandel erschlossen, wo immer es ging: nicht nur in Auseinandersetzung mit Spaniern und Portugiesen um die Importe aus Übersee, sondern auch dadurch, dass sie mit erheblichem Durchsetzungsvermögen ihren Anteil am Ostsee- und Mittelmeerhandel ausbauten. Militärische und wirtschaftliche Bedürfnisse gingen dabei Hand in Hand. So blieb der Warenaustausch, auf den die Niederländer existenziell angewiesen waren, im Zuge des jahrzehntelangen Kampfes mit Spanien nicht nur ungeschmälert, sondern wurde in den Kriegszeiten und durch den Handel mit Kriegsgütern sogar in Quantität und Qualität nachhaltig gesteigert.

Außerdem versuchten die Niederländer angesichts der existenziellen Bedrohung durch die spanischen Truppen, ihre Einnahmen aus dem besonders profitablen Fernhandel durch innovative Finanzierungsmodelle zu erhöhen. Die 1602 eingerichtete privatwirtschaftliche «Ostindische Kompanie» (Verenigte Oostindische Compagnie, VOC) stellte eine besonders folgenreiche Gründung dar, weil sie zur Finanzierung von Konvoi-Fahrten nach Indien und Indonesien die Beteiligung von Investoren auf der Basis von Anteilsscheinen am Unternehmen einführte. Damit war die Idee der Aktiengesellschaft geboren und trat ihren Siegeszug im Wirtschaftsleben der Neuzeit an.[17] Das erfolgreiche Modell der Beteiligung weiter Bevölkerungskreise an den Unternehmungen von Kaufleuten und Handelsgesellschaften führte zu einem wirtschaftlichen Entwicklungsschub. Die Verquickung von ökonomischen und politischen Interessen, wie sie die weitere Geschichte Europas dann zunehmend prägte, erreichte in den Niederlanden eine bis dahin unbekannte Intensität.

In einer Epoche aber, in der die Grenzlinien zwischen Seehandel und Seeräuberei nach wie vor fließend verliefen, musste der lukrative Verkehr der Handelsflotten weiterhin mit Waffen geschützt werden. Und so entstand in den Häfen der «Vereinigten Provinzen» neben der wachsenden Flotte an immer auch bewaffneten Kauffahrern eine ebenfalls wachsende Zahl an Kriegsschiffen, die besonders gut für den Einsatz als Begleiter der Handelsschiffe im Fernen Osten geeignet waren: mit zwei Artillerie-Decks durchaus schwer bewaffnet, aber doch nicht zu schwer, um genügend Stauraum für Versorgungsgüter der Mannschaften zu bieten, und auch, um die für weite Reisen unverzichtbaren guten Segeleigenschaften aufzuweisen. Die Schlagkraft der niederländischen Fernhandelsflotten war in der ersten Hälfte des 17. Jahrhunderts konkurrenzlos, wie sowohl Potentaten im Fernen Osten zu spüren bekamen als auch die Portugiesen und

Spanier, die bisher den Gewürzhandel in diesen Regionen der Welt monopolisiert hatten und nun gegenüber der neuen Konkurrenz aus dem Norden Europas mehr und mehr das Nachsehen hatten. Nicht, dass die Iberer das Feld kampflos geräumt hätten – aber in den Kämpfen mit den Niederländern unterlagen sie mit bemerkenswerter Regelmäßigkeit. Davon legen nicht zuletzt die zahlreichen Neugründungen niederländischer Handelsniederlassungen, die wichtigste darunter Batavia, das heutige Jakarta, beredtes Zeugnis ab. Noch bemerkenswerter als die erfolgreichen Gründungen von Stützpunkten im Fernen Osten war jedoch das Wachstum der Handelszentren in der Heimat. Vor allem Amsterdam, der wichtigste holländische Handelshafen, nahm einen rasanten Aufschwung. Mitten im und gerade durch den Krieg avancierte es zum Zentrum des Welthandels und erlebte in den Jahrzehnten zwischen 1580 und 1660 ein schwindelerregendes Bevölkerungswachstum.[18] Am Ende dieser Periode zählte die Stadt am Ijsselmeer mit rund 200 000 Einwohnern nach London, Paris und Neapel zu den größten Städten Europas – und zu den reichsten.[19]

Der Erste Englisch-Niederländische Krieg

Allerdings führte der wachsende Wohlstand der Holländer nicht nur auf der Iberischen Halbinsel zu der Erkenntnis, dass den niederländischen Handel treffen musste, wer den politischen Machtzuwachs der Niederlande bekämpfen wollte. Die erstaunlichen Profite, welche die niederländischen «Pfeffersäcke» im Fernhandel erzielten, wurden auch auf der anderen Seite des Ärmelkanals misstrauisch beäugt. Im Kampf gegen Philipp II. von Spanien hatten Niederländer und Engländer in den letzten Jahrzehnten des 16. Jahrhunderts noch zusammengestanden. In dem Maße jedoch, in dem die spanische Bedrohung an Brisanz verlor, hatte sich zwischen den einstigen Verbündeten ein Konkurrenzverhältnis entwickelt. Der Konflikt um die Kontrolle des Fernhandels wurde lange Zeit nur deswegen nicht militärisch ausgetragen, weil die Engländer bis 1650 noch drängendere Sorgen hatten als die niederländische Konkurrenz. Denn König Karl I. (1625–1649) aus dem Hause Stuart suchte den Handlungsspielraum der Krone nach Kräften zu erweitern und geriet dabei in einen zunehmend grundsätzlichen Konflikt mit dem Parlament, der schließlich ab 1642 in einem Bürgerkrieg einschließlich Absetzung und Hinrichtung des Monarchen 1649 eskalierte.

Einer der vielen Streitpunkte zwischen dem Souverän und seinen ständischen Konkurrenten um die Macht hatte in der Kriegsflotte bestanden. Für deren Bau und Ausrüstung waren gewaltige Mittel nötig, die das Parlament umso weniger bewilligen mochte, als die höheren Offiziersposten unter Karl I. viel stärker als etwa unter seiner Vorgängerin Elisabeth I. wieder nach höfischen Kriterien besetzt wurden. Anders als zu Zeiten des Kampfs gegen die spanische Armada erhielten in der Regel nicht etwa bürgerliche *sea-dogs*, sondern adlige Amateure das Kommando über die Schiffe des Königs. Man kann geradezu von einer «Re-Aristokratisierung» der englischen Flottenführung unter Karl I. sprechen[20] – die vielen Parlamentsmitgliedern zutiefst missfiel.

Trotz des widerspenstigen Parlaments war in der Regierungszeit Karls I. eine Reihe moderner Kriegsschiffe vom Stapel gelaufen. Darunter befand sich die 1637 in Dienst gestellte *Sovereign of the Seas*, die durch Größe, Pracht der Ausstattung, aber auch die schwere Bewaffnung den Herrschaftsanspruch ihres Auftraggebers demonstrierte. Sie war das mit über hundert Kanonen am schwersten bewaffnete Kriegsschiff ihrer Zeit. Neben der *Sovereign* fielen nach der Hinrichtung des Königs im Januar 1649 und der Ausrufung des «Commonwealth» auch einige weitere schwere Galeonen in die Hände der siegreichen Revolutionäre unter der Führung Oliver Cromwells. Die Anhänger der neuen Regierung verfügten damit über ein schlagkräftiges Instrument zur Durchsetzung ihrer Interessen, und die bestanden, vor allem im Falle des wohlhabenden Bürgertums, das wesentlich zum Erfolg der Revolution beigetragen hatte, in der Förderung des Fernhandels.

So kann es nicht verwundern, dass es kaum zwei Jahre nach der Hinrichtung Karls I. zum Krieg mit den Niederländern kam. Der Auslöser war die im Oktober 1651 erlassene *navigation act*. Von allen Gesetzen, die das englische Parlament verabschiedet hat, war diese Bestimmung nach Ansicht Leopold von Rankes «vielleicht die, die die umfassendsten Folgen für England und die Welt herbeigeführt hat».[21] Zunächst war sie jedoch eine unverhohlene Provokation der Niederländer, und das sollte sie auch sein. Dem englischen General und späteren Admiral George Monck (1608–1670) wird ein Ausspruch zugeschrieben, der die Ursachen des englisch-niederländischen Konflikts auf knappestmögliche Weise zusammenfasst: «Was spielt dieser oder jener Grund für eine Rolle? Was wir wollen, ist ein größerer Anteil an dem Handel, den zur Zeit die Holländer in Händen halten.»[22] Dieses Ziel suchte die *navigation act* zu erreichen, indem der Seehandel nach England fortan nur noch unter englischer Flagge oder unter derjenigen des Ursprungslandes eines Handelsguts betrieben werden durfte. Sowohl der Kapitän als auch mindestens drei Viertel der Besatzung eines jeden Handelsschiffs, das Waren in England löschte, mussten Engländer sein; bei Zuwiderhandlungen drohte die Konfiszierung von Schiff und Ladung.

Es bestand kein Zweifel, dass diese Bestimmungen, die formal gesehen alle Flaggen betrafen, de facto allein gegen die Holländer gerichtet waren, die zu dieser Zeit den Überseehandel nach England in Händen hielten. Dementsprechend energisch reagierten die Generalstaaten: Am 3. März 1652 wurde beschlossen, zusätzlich zu den 76 Kriegsschiffen, die man mittlerweile unterhielt, weitere 150 Einheiten auszurüsten, womit eine gewaltige Kriegsflotte von 226 Schiffen entstanden wäre.[23] Doch blieb diese Zahl auf dem Papier, da es an Geld fehlte, wirklich 150 Schiffe für den Krieg auszustatten. Und bei den Schiffen, die schließlich in See stachen, handelte es sich, wie es angesichts des Zeitdrucks nicht anders sein konnte, größtenteils um bewaffnete Kauffahrer, die in der Folgezeit nur von begrenztem Nutzen waren. Denn erstens erwiesen sich in dem nun ausbrechenden Ersten Englisch-Niederländischen Krieg die größeren und schwerer bewaffneten englischen Kriegsschiffe ihren niederländischen Gegnern im Einzelkampf als überlegen. Zweitens aber begann sich eine neue, revolutionäre Gefechtsordnung zu entwickeln, die sehr bald zum Verschwinden von kleineren Schiffen und umgerüsteten Kauffahrern aus den Hauptgefechten führte: die Kiellinien-Taktik.

Die erste Schlacht des Ersten Englisch-Niederländischen Kriegs fand am 29. Mai 1652 vor der Küste bei Dover statt, noch vor der offiziellen Kriegserklärung. Die Engländer kämpften unter der Führung von Robert Blake, dem «Father of the Royal Navy»,[24] die Niederländer unter dem bewährten Admiral Maarten Tromp d. Ä.[25] Die Schlacht ließ noch keine klare taktische Ordnung erkennen. Segel- und Gefechtsinstruktionen oder ein konkreter Schlachtplan der Oberbefehlshaber und ein daraus folgendes koordiniertes Zusammenspiel der einzelnen Geschwader gab es nicht. Noch nicht. Denn all diese Dinge sollten schon bald eine entscheidende Rolle für die Seekriegsführung spielen.

Neben den Gefechten der großen Flotten, die in der für beide Seiten verlustreichen Schlacht vor Scheveningen 1653 kulminierten, blieben die Auseinandersetzungen im Ersten Englisch-Niederländischen Krieg von traditionellen Formen der Seekriegsführung geprägt: den Attacken auf Handelskonvois der Gegner, dem Kaperkrieg gegen einzelne Handelsschiffe und der Hafen-Blockade, durch welche die Engländer mit einigem Erfolg versuchten, den Lebensnerv der auf ständige Güterzufuhr angewiesenen Niederländer zu treffen. Doch wurde im Verlauf des Kriegs immer deutlicher, dass es in einem reinen Seekrieg, wie er in dieser Auseinandersetzung erstmals auftrat, vor allem darauf ankam, die Seeherrschaft zu erlangen, indem man die Hauptflotte des Gegners ausschaltete. Das konnte nur in großen Schlachten gelingen. Die großen Schlachten aber würde derjenige gewinnen, dem es gelang, die Feuerkraft seiner Schiffe in möglichst wirksamer Form einzusetzen. Dazu aber bedurfte es gänzlich neuer Formen der Flottenausrüstung, der Mannschaftsausbildung und der Gefechtstaktik.

Schon zuvor war im Jahre 1636 die erste schriftliche Gefechtsinstruktion für die englische Flotte erschienen.[26] Zwar bestand die einzige dort festgelegte Anordnung, die zu Beginn der Englisch-Niederländischen Kriege praktisch angewandt wurde, in der Einteilung der Flotte in drei Geschwader, nämlich Vorhut, Hauptstreitmacht und Nachhut – nach den von ihnen geführten Flaggen weißes, rotes und blaues Geschwader genannt –, doch gründete die anfängliche englische Überlegenheit in den Seegefechten mit den Niederländern neben der besseren Ausstattung mit Kanonen vor allem auf eingespielterem taktischen Verhalten dank der Vertrautheit mit den Segelinstruktionen, auch wenn sie noch so rudimentär waren. Auch brachten die englischen Schiffe ihre überlegene Feuerkraft zur Geltung. Dabei erwies es sich als zweckmäßig, ja, sehr schnell als zwingend, die Flotte in Kiellinie zu formieren, um nach Möglichkeit in Luvposition, also vor dem Wind, den Feind zu passieren und ihn dabei unter konzentriertes Salvenfeuer zu nehmen.

Das klingt ebenso einleuchtend wie simpel, doch simpel war die Kiellinien-Taktik nur in der Theorie. In der Praxis stand ihrer Einführung und effizienten Ausführung eine ganze Reihe von komplizierten Hindernissen im Weg, sowohl technischer und administrativer als auch psychologischer Art.

Die technischen Schwierigkeiten liegen auf der Hand: Es war keine Kleinigkeit, eine Flotte von 60 bis 100 Schiffen – so viele Einheiten umfassten die großen Kriegsflotten inzwischen – mit geringen Abständen über eine größere Strecke hintereinander segeln zu lassen, ohne dass Lücken aufrissen. Die Schiffe des 17. Jahrhunderts entstanden ja noch nicht in industriell-genormter Arbeitsweise, sondern waren das Produkt individuell-handwerklicher Arbeit. Kein Schiff glich vollständig einem anderen, vielmehr gab es eine unendliche Vielfalt im Hinblick auf Größe, Segelfläche, Kanonenzahl und somit Segeleigenschaften. So bedurfte es großen seemännischen Geschicks und der gemeinsamen Übung im Verbandssegeln, um eine ganze Flotte gleichmäßig in der Linie vorrücken zu lassen.

Aber selbst wenn diese beiden Voraussetzungen gegeben waren, leuchtet es ein, dass nur einigermaßen gleichwertige Schiffe einen erfolgreichen Linienschiff-Kampf führen konnten. Deswegen setzte schon während des Ersten Englisch-Niederländischen Kriegs ein sehr rascher Normierungsprozess ein, der den Einsatz bewaffneter Kauffahrer und leichter Einheiten in den Hauptflotten binnen weniger Jahre beendete.[27] Aufgrund ihrer schlechteren Segeleigenschaften und geringeren Feuerkraft waren sie im Linienkampf chancenlos. Von nun an bestanden die Kriegsflotten der europäischen Seemächte durchgängig aus großen «Linienschiffen», die eigens und exklusiv für den Einsatz im Geschwaderkampf gebaut wurden. Schnell entwickelte sich dabei in den europäischen Flotten ein nur im Detail voneinander abweichendes System der Klassifizierung von Kriegsschiffen gemäß ihrer Größe, vor allem aber ihrer Bewaffnung: So verfügte in der englischen Marine ein Linienschiff 1. Rangs über mehr als 100 Geschütze, ein Schiff 2. Rangs über 90 bis 100 Geschütze und so weiter, bis hinab zu leichteren Fregatten 6. Rangs, mit 20 bis 40 Geschützen.[28]

Mit der In-Dienst-Stellung größerer und stärker armierter Schiffe konnte es nicht sein Bewenden haben. Um solche Schiffe wirkungsvoll einzusetzen, brauchte man gänzlich neue Ausbildungs- und Übungsstandards. Die traditionelle Anwerbung von ungeübten Seeleuten und Kapitänen im Kriegsfall hatte ebenso ausgedient wie die Anmietung von Handelsschiffen für den Kriegseinsatz. Im Laufe der Englisch-Niederländischen Konflikte stellte sich immer deutlicher heraus, dass nur eingespielte Mannschaften und im Geschwadereinsatz erfahrene Kommandanten in der Lage waren, die komplizierten Segelmanöver auszuführen, die nötig waren, um die gesteigerte Feuerkraft der neuen, teuren Linienschiffe auch wirksam zur Geltung zu bringen. Die daraus resultierende Notwendigkeit, die Kriegsflotte nicht erst im Bedarfsfall auszurüsten, sondern zumindest in ihrem Kern auch in Friedenszeiten einsatzbereit zu halten, führte zu einem rapiden Anstieg der Staatsausgaben. Die aber ließen sich langfristig nur durch Schulden oder erhöhte Einnahmen bestreiten. So führte der Flottenbau dazu, dass entweder die Staatsverschuldung rasch wuchs oder die Steuern erhöht werden mussten.[29] Wenn man die Entwicklung des modernen Staats nicht zuletzt an die Durchsetzung dreier zentraler Pflichten der Staatsbürger gekoppelt sieht, nämlich der allgemeinen Schulpflicht, der allgemeinen Wehrpflicht und der allgemeinen Steuerpflicht, so hat bei der Durchsetzung der Letzteren der Flottenausbau eine wichtige Rolle gespielt.[30]

Drittens brauchte man zum Bau großer Flotten nicht nur Geld, sondern auch gewisse logistische, organisatorische und administrative Voraussetzungen. Gewaltige Mengen an Holz waren nötig, ebenso wie eine Vielzahl zum Teil hochspezialisierter Handwerker, Zimmerleute natürlich, aber auch Seilwinder, Segelmacher, Kanonengießer etc. Die mit dem Flottenbau verbundenen Aufgaben konnten deswegen nicht mehr dezentral von privaten Handwerksbetrieben gelöst werden. So entstanden im 17. Jahrhundert in allen europäischen Seefahrernationen Staatswerften: in Schweden und Dänemark ebenso wie in den Vereinigten Niederlanden, in England und schon bald auch in den Häfen der französischen Atlantikküste. Die Großwerften, in denen die neuen Segelflotten gebaut und in Stand gehalten wurden, mussten allerdings zentral organisiert werden. So entwickelte sich in der zweiten Hälfte des 17. Jahrhunderts als weitere Begleiterscheinung der Englisch-Niederländischen Kriege eine rasch wachsende Marinebürokratie, die mit dem sachgemäßen Bau, Unterhalt und Einsatz von Kriegsflotten befasst war. Einer der leitenden Angehörigen des englischen Flottenamts, Samuel Pepys (1633–1703), hat mit mehrbändigen Tagebuchaufzeichnungen aus den Jahren zwischen 1660 und 1670 ein in vielerlei Hinsicht interessantes Quellenkonvolut hinterlassen, nicht zuletzt im Hinblick auf die Entwicklung der englischen Marinebürokratie und den Verlauf des Zweiten Englisch-Niederländischen Kriegs.[31]

Schließlich aber und viertens wirkte sich die Entwicklung der Linienschiff-Taktik grundlegend auf die Mentalität der Flottenoffiziere aus. Solange der Kampf zwischen einzelnen Schiffen geführt wurde, entschieden ihn in letzter Konsequenz individuelle Tapferkeit, Draufgängertum und seemännisches Können des jeweiligen Schiffskommandanten. Nun aber gewannen Disziplin und Unterordnung des einzelnen Schiffsführers unter den Willen des Flottenkommandanten immer mehr an Bedeutung.

Der zweite Krieg: Zwischensieg der Niederländer

All diese langfristigen Entwicklungen lassen sich wie in einem Brennspiegel gebündelt im Verlauf des Zweiten Englisch-Niederländischen Krieges beobachten. Die erste militärische Auseinandersetzung zwischen den Nachbarn diesseits und jenseits des Kanals hatte bereits nach zwei Jahren mit einem eindeutigen Erfolg der Engländer geendet, denn die Holländer erklärten sich bereit, die Bestimmungen der *navigation act* zu akzeptieren. Doch war allen Beteiligten klar, dass der Friedensschluss von Westminster des Jahres 1654 kaum mehr als ein Waffenstillstand sein konnte. In der Folgezeit erwies sich der holländische Handel als erstaunlich robust, umso mehr, als die Niederländer die *navigation act* wo immer möglich umgingen, ohne dass von englischer Seite wirksame Kontrollmaßnahmen ergriffen werden konnten. Wären nicht in England nach dem Tod Oliver Cromwells am 3. September 1658, der unglücklichen Herrschaft seines Sohnes Richard und der Restauration der Monarchie mit der Thronbesteigung König Karls II. im Jahre 1660 innenpolitische Probleme in den Vordergrund getreten, so hätte der Kampf um die Vorherrschaft zur See schon früher wieder ausbrechen können. So aber dauerte es bis

1665, ehe es erneut zum Krieg kam. Dieses Mal wurde er nicht nur in europäischen Gewässern geführt, wie die Eroberung der holländischen Kolonie Neu-Amsterdam im Sommer 1665 erkennen lässt, die sogleich nach dem englischen Flottenbefehlshaber, dem Herzog von York und designierten Thronfolger in «New York» umgetauft wurde. Die Entscheidung jedoch fiel auch diesmal in mehreren Gefechten, die in dem vergleichsweise winzigen Seegebiet des Ärmelkanals stattfanden.

Wieder schienen die Engländer zunächst überlegen. Die erste Schlacht des Kriegs, bei Lowestoft am 14. Juni 1665, entschied ihr Entwicklungsvorsprung beim Einsatz der Kiellinien-Taktik. Trotz individueller Tüchtigkeit vieler holländischer Kapitäne endete der Tag mit einer bitteren Niederlage der Niederländer, die 17 Schiffe und 4000 Mann verloren, gegenüber nur 2 Schiffen und 800 Mann auf der Gegenseite. In seiner «Seekriegsgeschichte» kommentierte Alfred Stenzel das Gefecht als entscheidenden Schritt auf dem Weg zur konsequenten Anwendung der Linienschiff-Taktik: «Die förmlich rangierte Schlacht konnte aber als solche nicht sehr weit durchgeführt werden, weil die Unordnung in der holländischen Flotte die Engländer bald zu besonderem Vorgehen zwang und ferner die Ungleichmäßigkeit der Schiffe [...] bei der Ungeübtheit vieler Schiffsführer das Zusammen-Fahren und Manövrieren noch sehr behinderte. Aber, soweit es ging, ist die in geschlossener rangierter Kiellinie unter kleinen Segeln auf kurze Entfernung eingeleitete Schlacht auf englischer Seite zum ersten Mal taktisch richtig durchgeführt worden, wobei den reglementierten Instruktionen gefolgt wurde.»[32]

Sehr bald schon sollten jedoch die Niederländer die Oberhand gewinnen. Dies lag zum einen an der prekären finanziellen Situation der englischen Flotte, trotz der Bewilligung von 1,25 Mio. Pfund im Oktober 1665 durch das Parlament.[33] Zum anderen hatten die Niederländer unter der energischen politischen Führung ihres Regierungschefs Johan de Witt (1625–1672) die Zwischenkriegszeit zur Ausführung eines gewaltigen Flottenbauprogramms genutzt und sich Verbündete gesucht: Anfang 1666 traten sowohl Dänemark als auch Frankreich unter Ludwig XIV. auf Seiten der Niederlande in den Krieg ein. Dänemark konnte die Ostsee sperren und damit Englands Zugang zu dringend benötigten Rohstoffen für den Schiffsbau; in Frankreich hatte der junge König gerade mit dem Bau einer Kriegsflotte begonnen, die seinen Großmachtambitionen Nach-

Nationalheld: Admiral Michiel Adrianszoon de Ruyter (1607–1676) war der führende Seestratege im Zweiten und Dritten Englisch-Niederländischen Krieg. Er stammte aus einfachen Verhältnissen und diente sich schnell hoch an die Spitze der Marine der jungen Seemacht. De Ruyter starb an den Folgen einer Verwundung an Bord seines Schiffes und wurde 1677 in der Nieuwe Kerk in Amsterdam begraben. Bei einer Abstimmung im Jahre 2004 über die berühmtesten Niederländer erreichte er mit Platz 7 eine Position noch vor Rembrandt und van Gogh.

druck verleihen sollte.[34] Schließlich aber stand die niederländische Kriegsflotte nach dem Tod von Admiral Maarten Tromp d. Ä. in der Seeschlacht bei Scheveningen am 20. August 1653 unter dem Oberbefehl eines der brillantesten Kommandanten der Seekriegsgeschichte: Michiel Adrianszoon de Ruyter.[35]

Typisch für die Sozialstruktur der niederländischen Kriegsmarine war die Herkunft de Ruyters aus kleinen Verhältnissen. Der Großvater hatte Hab und Gut im Kampf gegen die Spanier verloren. Seine Eltern führten ein kümmerliches Dasein als Tagelöhner im holländischen Vlissingen. Schon früh äußerte sich die Begeisterung des Sohnes für das Meer. So erhielt er denn von den Eltern im Alter von elf Jahren die Erlaubnis, als Ma-

Die «Sieben Provinzen» im Kampf: Eines der berühmtesten niederländischen Kriegsschiffe jener Zeit war die *Zeven Provincien,* das Flaggschiff Admiral de Ruyters. Der Name des Schiffs griff die offizielle Bezeichnung der Niederlande «Republiek der Zeven Verenigde Provinciën» auf. Es lief 1665 in Delfshaven vom Stapel und verfügte als Zweidecker über 80 Kanonen. Der Ausschnitt aus einem Gemälde von Abraham Storck zeigt das Schiff kämpfend in der Vier-Tage-Schlacht von 1666, während im Vordergrund gerade die völlig zerstörte englische *HMS Swiftsure* versinkt.

trose anzuheuern. Schnell zeigte sich, dass er nicht nur begeistert, sondern auch begabt für die Seefahrt war. De Ruyter gelang eine rasche und steile Karriere. Er brachte es bald zum Kapitän und war während der 1630er Jahre im Handelsverkehr mit den westindischen Inseln tätig. Während des Ersten Englisch-Niederländischen Kriegs erhielt er das Kommando über ein Geschwader, mit dem er am 26. August 1652 den englischen Vize-Admiral George Ayscue besiegte.

Im Zweiten Englisch-Niederländischen Krieg avancierte de Ruyter zum Oberbefehlshaber der Flotte, und es gelang ihm, den Engländern eine der bittersten Niederlagen ihrer Geschichte beizubringen. In der sogenannten Vier-Tage-Schlacht vom 11. bis 14. Juni 1666 traf de Ruyter auf einen Gegner, der zunächst durch einen schweren strategischen Fehler geschwächt war. Denn die englische Flotte unter dem Kommando des Herzogs von York und George Moncks, inzwischen zum Herzog von Albermarle erhoben, hatte kurz vor dem Zusammentreffen mit dem Feind 20 ihrer kampfkräftigsten Schiffe abgeben müssen, die ein französisches Geschwader abfangen sollten, dessen Eintreffen man erwartete.[36] Diese Erwartung erwies sich bald als irrig. Doch selbst wenn französische Schiffe zur Unterstützung der Niederländer unterwegs gewesen wären, hätte die Zersplitterung der eigenen Kräfte einen fundamentalen Verstoß gegen die Grundregel Nummer 1 aller militärischen Planung dargestellt: «Zur Entscheidung kann man nie stark genug sein.»

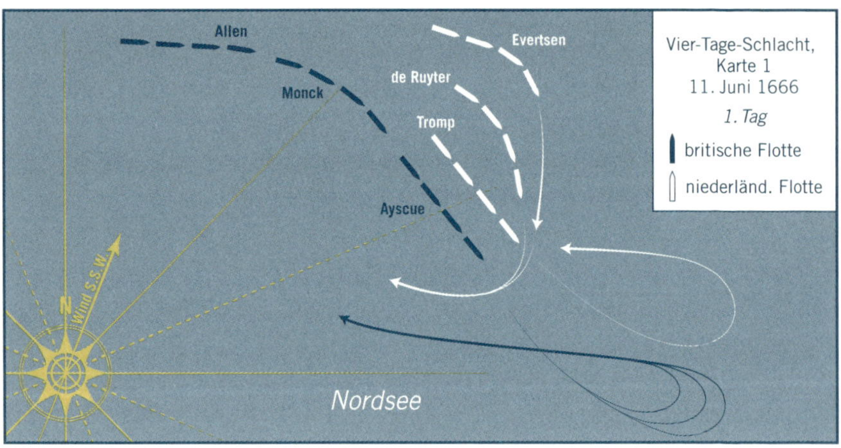

Das Schiff und sein Schöpfer: Zu den bedeutendsten Schiffsbaumeistern des 17. Jahrhunderts gehören ohne Zweifel Phineas Pett (1570–1647) und sein Sohn Peter (um 1610–1672), der hier mit einem Stechzirkel in der Hand auf einem Gemälde von Peter Lely (1618–1680) aus dem Jahr 1637 dargestellt ist. Neben ihm das kunstvoll verzierte Heck des gemeinsamen Meisterwerks von Vater und Sohn, die *HMS Sovereign of the Seas*. Das 1637 für König Karl I. gebaute Schiff mit seinen 104 Kanonen blieb für anderthalb Jahrhunderte an Größe, Bewaffnung und Verzierung unübertroffen.

Wer auch immer für diesen Fehler verantwortlich war, er hatte zur Folge, dass die Engländer den 84 Schiffen de Ruyters zunächst nur 58 eigene Einheiten entgegenstellen konnten. Dennoch beschlossen Monck und der Herzog von York bei In-Sicht-Kommen des Gegners sofort, ihre günstige Luvposition auszunutzen und sich auf den Feind zu stürzen. Es entwickelte sich ein «laufendes Gefecht» mit den beiden Flotten auf Parallelkurs, bei dem die Engländer den Vorteil leistungsstärkerer Artillerie und größerer Disziplin ihrer Unterführer hatten. Doch verstanden es die Niederländer, diese Vorteile durch die brillanten Manöver ihres Kommandanten auszugleichen.

Am vierten Tag der Schlacht gewannen die Niederländer schließlich die Oberhand. Obwohl am vorangegangenen Nachmittag das gegen die Franzosen detachierte Geschwader zur englischen Hauptmacht gestoßen war, gelang es den Niederländern zunächst, die feindliche Schlachtlinie zu doublieren, das heißt zwischen das Feuer ihrer Schiffslinien zu nehmen, bevor an mehreren Stellen der Durchbruch durch die englische Schlachtlinie erfolgte, was konzentriertes Feuer auf die wehrlosen Bug- und Heckpartien einzelner feindlicher Schiffe ermöglichte.

Zu den Opfern auf englischer Seite zählte der Vize-Admiral Sir Christopher Myngs. Samuel Pepys nahm an seiner Beisetzung in London teil und trug anschließend in sein Tagebuch eine Notiz ein, die aufschlussreich ist im Hinblick auf die Möglichkeiten sozialen Aufstiegs, den die modernen Flotten eröffneten: «Tatsächlich war Sir Christopher Myngs ein ebenso tapferer wie verständiger Mann, der großes Ansehen auch bei den einfachen Leuten genoss [...]. In England hat er es zu großem Ansehen gebracht, aber mehr noch in Westindien, dabei stammt er aus ganz einfachen Verhältnissen. (Sein Vater ist bis heute ein einfacher Schuster und seine Mutter Tochter eines Schiffers, worauf er immer sehr stolz war.) Und jetzt ist er tot, und sein Andenken und sein Name werden in kurzer Zeit vergessen sein, ebenso wie der seiner Familie, da er nicht die Zeit hatte, ein Vermögen zusammenzubringen und eher arm als reich gestorben ist.»[37]

Die Vier-Tage-Schlacht endete mit einem klaren Sieg de Ruyters. Zunächst taktisch: Die Engländer verloren 10 Schiffe und hatten weit über 3 000 Gefallene und Verwundete sowie rund 2 000 Gefangene zu beklagen. Die Niederländer büßten lediglich 4 Schiffe ein und verloren knapp 3 000 Mann.[38] Weitaus wichtiger als diese Zahlen waren allerdings die strategischen Folgen der Schlacht: Die englische Flotte kehrte zutiefst demoralisiert in die Heimathäfen zurück. Sogleich entflammten erbitterte Streitigkeiten innerhalb des höheren Führungskorps, wer welche Fehler begangen habe: Dabei ging es vor allem um die Entsendung des Geschwaders gegen die gar nicht aufgetauchten Franzosen.[39] Die meisten

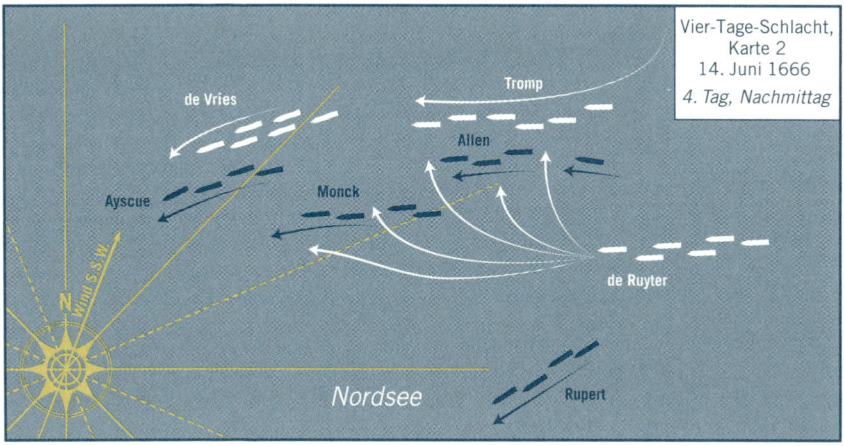

der Kriegsschiffe, die nicht gesunken oder von den Niederländern erobert worden waren, erwiesen sich als so schwer beschädigt, dass sie von Grund auf überholt werden mussten. Dafür aber fehlte das Geld, da sich das Parlament, das ja in England das Steuerbewilligungsrecht besaß, zunehmend halsstarrig gegenüber immer neuen finanziellen Forderungen des Königs zeigte, zumal ein beträchtlicher Teil der bisher bewilligten Gelder in die immer wieder als «extravagant» gebrandmarkte Hofhaltung des Herrschers geflossen war.

Erschwerend, nämlich stimmungsverschlechternd, kam hinzu, dass der französische Kaperkrieg gegen englische Handelsschiffe immer mehr Wirkung zeigte. Die Londoner Kaufleute, die sich vom Kampf gegen die Niederländer wirtschaftliche Vorteile versprochen hatten, sahen sich unversehens mit wachsenden Verlusten konfrontiert, was ihre Begeisterung für den Krieg nachhaltig dämpfte.[40] Die finanziellen Engpässe schlugen sich in der zunehmend mangelhaften Versorgung der englischen Flotte nieder. Lieferanten von Ausrüstungs- und Versorgungsgütern aller Art weigerten sich, weiterhin auf Kredit zu liefern, weil ihre Rechnungen seit langem schon nicht mehr bezahlt worden waren. Auch fiel es immer schwerer, Matrosen und Soldaten für die Besatzung der Kriegsschiffe zu finden, da das Marineamt dazu übergegangen war, in Ermangelung von Bargeld sogenannte «Tickets» auszugeben – nichts anderes als Schuldscheine, die man theoretisch gegen Bargeld, also edelmetallhaltiges Münzgeld, einlösen konnte. Nur war eben solches Münzgeld nicht vorhanden, so dass die frustrierten Seeleute ihre Papierschnipsel mit hohen Abschlägen an Spekulanten verkauften. In seinem Tagebuch berichtet Samuel Pepys von mitunter brutalen Maßnahmen, um den Matrosenmangel zu beheben: «[Ich] verbrachte den ganzen Vormittag [...], um die Männer einzuschiffen, die sie gestern und vorgestern aus ihren Häusern herausgeholt und zwangsrekrutiert haben, die meisten davon sind gänzlich untauglich für die See. Es waren auch viele Vornehme darunter, was eine Schande ist.» Der Fährdienst über die Themse brach zusammen, weil die Fährleute aus Furcht, an Bord der Kriegsschiffe verschleppt zu werden, flüchteten.[41]

Die Lage in England wurde verschärft durch unvorhergesehene Naturkatastrophen: Erst traf eine furchtbare Pestepidemie London mit Zehntausenden von Toten, dann folgte Anfang September 1666 der Große Brand der Hauptstadt. Er zerstörte rund 13 000 Gebäude und 87 Gemeindekirchen; an die 100 000 Londoner wurden obdachlos, die Kosten des Wiederaufbaus wurden auf die astronomische Summe von 10 Millionen Pfund geschätzt.[42]

Allgemeine Kriegsmüdigkeit und finanzielle Erschöpfung, an der auch der englische Erfolg in der Seeschlacht am St. James Day (4./5. August 1666) nichts Grundlegendes änderte, führten dazu, dass König Karl II. im Frühjahr 1667 befahl, einen großen Teil der Flotte zu entwaffnen und in die Docks zu bringen. Das sollte sich rächen, obwohl zu diesem Zeitpunkt bereits Friedensverhandlungen aufgenommen worden waren, denn auf der holländischen Seite zeigte sich Statthalter Johan de Witt entschlossen, die eigene Position bei diesen Verhandlungen durch einen spektakulären Erfolg zu verbessern. Sein Plan sah vor, die englische Flotte, über deren stark verminderte Kampfkraft die Niederländer natürlich informiert waren, in ihren Heimathäfen zu «besuchen», also einen blitzartigen Überfall auf die Medwaymündung und die dortigen wichtigen Docks von Chatham vorzunehmen.

Dieser «Raid of Medway» im Juni 1667, de Ruyters Plünderung der Docks von Chatham, entwickelte sich zu einer traumatischen Demütigung der englischen Seemacht. Samuel Pepys berichtet in seinem Tagebuch ebenso von den panikartigen Vorbereitungen zur Flucht aus dem bedroht geglaubten London wie von der wenig später einsetzenden Suche nach den Schuldigen für eine solche Katastrophe.[43] Die Engländer verloren eine ganze Reihe von Schiffen, die zum größeren Teil in den Docks verbrannt wurden. Teilweise aber gelang es den Niederländern sogar, feindliche Schiffe zu besetzen und nach Amsterdam zu bringen, wo das mächtige, in Holz geschnitzte Heck-Wappen der erbeuteten *Royal Charles* noch heute im «Rijksmuseum» zu besichtigen ist.

Doch trotz der aufsehenerregenden Demütigung der Engländer durch den Überfall auf Medway stellte der wenig später zustande gekommene Friedensschluss von Breda vom 31. Juli 1667 eher einen Kompromissfrieden dar; England behielt New York – was sich als äußerst folgenreich erweisen sollte –, und die *navigation act* blieb in Kraft, wenn auch mit einigen Abmilderungen.

Der dritte Krieg: Frankreich kommt ins Spiel

Nur fünf Jahre später brach der Konflikt als Dritter Englisch-Niederländischer Krieg (1672–1674) erneut aus. Doch hatte sich dieses Mal die Gesamtkonstellation grundlegend gewandelt, da die Auseinandersetzungen um einen dritten Kontrahenten «bereichert» waren: das Frankreich Ludwigs XIV. Der französische König hatte im Jahrzehnt zuvor den Kampf um die Herrschaft über die Weltmeere energisch vorbereitet und ein ehrgeiziges Flottenbauprogramm umgesetzt. Unter der Führung von Ludwigs «Super-Minister» Jean-Baptiste Colbert waren zwischen 1661 und 1665 immerhin 35 große Kriegsschiffe vom Stapel gelaufen, im daran anschließenden Jahrfünft folgten sogar 85 Einheiten, die meisten davon in Größe und Artillerieausstattung sowohl den niederländischen als auch den englischen Konkurrenten überlegen.[44]

Doch war es nicht so sehr die formidable französische Flotte, die diesem Krieg ein grundlegend verändertes Gesicht gab. Schon vor dessen Beginn hatte Ludwig XIV. die Niederländer zu Lande angegriffen. Seine Bemühungen um eine territoriale Expansion gen Norden hatten unvermeidlich zum Konflikt mit den «General-Staaten» geführt, in dessen Verlauf es dem Sonnenkönig gelungen war, sich die finanziellen Nöte König

Karls II. von England zunutze zu machen und ihn durch großzügige Zahlungen zu einem Bündnis gegen die Niederländer zu bewegen. Obwohl es auch während des Dritten Englisch-Niederländischen Kriegs zu einer Reihe blutiger Seeschlachten kam, in denen Michiel de Ruyter immer wieder brillierte, handelte es sich nicht, wie in den beiden vorangegangenen Konflikten, um einen reinen Kampf um die Seeherrschaft, sondern um eine Verbindung von Land- und Seeoperationen. Nach dem Ausscheiden der Engländer aus dem Krieg schien es so, als sollte die französische Überlegenheit in der Landkriegsführung den Ausschlag geben. Ihr waren die Niederländer trotz verzweifelter Maßnahmen wie der Durchstechung ihrer Deiche und der daraus resultierenden Überflutung weiter Teile des Landes nicht gewachsen. Der größte Teil der Niederlande war von französischen Truppen besetzt, ehe es abermals der Führungskunst Michiel de Ruyters gelang, die Franzosen zur See zu schlagen und damit einen Kompromissfrieden zu erzwingen.[45]

Das Ende des Dritten Englisch-Niederländischen Kriegs und des Abwehrkampfes der Niederländer gegen die Franzosen läutete das Ende der niederländischen Großmachtstellung zur See ein. Dabei spielten viele Faktoren eine Rolle, nicht zuletzt die geostrategische Lage der Niederlande, wie schon Mahan klar gesehen hat.[46] Allzu leicht ließen sich die niederländischen Häfen blockieren und damit der lebenswichtige Handelsverkehr lahmlegen, während umgekehrt eine wirkungsvolle Blockade der Britischen Inseln mit den Mitteln der Zeit nicht gelingen konnte. Doch mit dem Ausscheiden der Niederländer aus dem Kampf um die Herrschaft über die Weltmeere war den Engländern sogleich ein neuer Konkurrent entstanden: Frankreich. Die Geschichte des 18. Jahrhunderts sollte vom englisch-französischen Gegensatz zur See geprägt werden, der schließlich 1805 in der Schlacht bei Trafalgar kulminierte.

9. Trafalgar 1805

«THE NELSON TOUCH»

Tollkühne Manöver und triumphale Siege sichern die britsche Seeherrschaft

Die englische Flotte unter Admiral Horatio Nelson besiegte gleich mehrere bedeutende Seemächte der Zeit: Frankreich, Spanien und Dänemark. Dabei bediente sich der Seeheld einiger bis dahin unerhörter und zudem extrem riskanter Manöver. Seine Taktik, die als «The Nelson Touch» in die Geschichte einging, brachte der englischen Flotte bei Trafalgar 1805 den Sieg und bedeutete den Anfang vom Ende Napoleons. Der große Admiral, der selbst im Gefecht fiel, wurde zum wohl berühmtesten Helden der Seekriegsgeschichte. Und für mindestens ein Jahrhundert galt nun: «Rule Britannia, Britannia rule the waves.» Erst im Gefolge dieser Seeschlacht formte sich das Britische Empire zu seiner vollen Größe aus.
Doch andrerseits: Ohne die Lösung des Längengradproblems einige Jahrzehnte zuvor hätten sich die Gegner 1805 vielleicht gar nicht gefunden...

«England expects ...»

Fast dreißig Flaggen musste man setzen, zwölfmal eine Kombination von mehreren Fahnen aufziehen, achtmal für je ein Wort und viermal sogar für je einen Buchstaben, dann wusste die Flotte endlich Bescheid: *England-expects-that-every-man-will-do-his-d-u-t-y – England erwartet, dass jeder Mann seine Pflicht tun wird.* Und beinahe wären sogar noch mehr Flaggen nötig gewesen, denn gemäß der ursprünglichen Idee sollte es beginnen mit *Nelson confides – Nelson vertraut.* Der Admiral wollte dann doch lieber *England* statt *Nelson.* Und für *confides* gab es keine Flaggenkombinationen, das hätte als Einzelbuchstaben gesetzt werden müssen, wie schon das Wort *duty.* Da es schnell gehen sollte, riet der Flaggenoffizier John Pasco zu *expects.* Dafür gab es nämlich eine Kombination nach Sir Home Pophams «Telegraphic Signals of Marine Vocabulary», einem erst fünf Jahre zuvor in der Royal Navy eingeführten Codesystem, das erstmalig mit Hilfe von neun deutlich unterscheidbaren Flaggen das Absetzen eines regelrechten Alphabets ermöglichte. Mit diesem in der englischen Geschichte wohl berühmtesten Flaggensignal, das am 21. Oktober 1805 kurz vor Mittag am Mizzen-Mast, zu Deutsch: Kreuz- oder Besanmast, der *HMS Victory* wehte, gab Admiral Horatio Nelson den Befehl an seine Flotte zum Angriff.[1]

Die *HMS Victory*, ein riesiger, schon etwas über dreißig Jahre alter Dreidecker, diente Admiral Horatio Nelson als Flaggschiff eines Geschwaders von 27 britischen Linienschiffen und 4 Fregatten, das er gerade gegen einen vereinten französisch-spanischen Verband von 33 Linienschif-

Alle Ereignisse auf einen Blick: Joseph Mallord William Turners (1775–1851) zwischen 1822–1824 geschaffenes Gemälde «The Battle of Trafalgar» zeigt mehrere Ereignisse der Schlacht zugleich, die allerdings zu unterschiedlichen Zeiten geschahen: An der Takelage der *HMS Victory* weht noch Nelsons berühmtes Flaggensignal «England expects that every man will do his duty» von 11:45 Uhr, obwohl es kurz darauf durch «Engage the enemy more closely» ersetzt worden war, die Spitze des Fockmastes stürzt um 13:00 Uhr, im Hintergrund brennt die französische *Achille* am späten Nachmittag, und im Vordergrund sinkt am darauffolgenden Tag die *Redoutable*, von der der Todesschuss auf Nelson ausging.

fen und 7 Fregatten führte. Doch wirklich notwendig war das Signal nicht, denn die Details des Schlachtplans waren schon am Abend zuvor mit den Schiffskapitänen besprochen worden. Cuthbert Collingwood, Vizeadmiral und Befehlshaber des zweiten Geschwaders auf der *HMS Royal Sovereign*, brummte seine Umgebung an, Nelson solle gefälligst aufhören, Signale zu geben, schließlich wüssten alle ganz genau, was zu tun sei.[2]

In völliger, geradezu gespenstischer Ruhe glitten die Schiffe von einer leichten Westnordwest-Brise getrieben vorwärts. Wie in Zeitlupe näherten sie sich der feindlichen Linie. Der Wind war so schwach, dass die großen Linienschiffe kaum dem Ruder gehorchten. Den halben Tag hatten sie schon gebraucht, um sich überhaupt nur der französisch-spanischen Flotte anzunähern. Doch es war die Ruhe vor dem Sturm, und das gleich in doppelter Hinsicht: Nicht nur, dass kurz darauf die größte Seeschlacht toben sollte, die seit gut einem Jahrhundert geschlagen wurde, sondern kurz nach dem Gemetzel, aus dem Nelson siegreich hervorging, entlud sich auch noch ein über mehrere Tage anhaltender Orkan, dem zahlreiche Schiffe zum Opfer fielen.[3]

Die Royal Navy

Nelsons großer Sieg und die bis zur Verzückung reichende Verehrung für ihn in England ist ohne seinen großen französischen Gegenspieler nicht denkbar: Napoleon Bonaparte. Der korsische Emporkömmling war im Gefolge der Großen Französischen Revolution in einer sagenhaften Karriere zunächst zum General, zum Ersten Konsul der Republik und 1804 sogar zum Kaiser der Franzosen aufgestiegen. Als Oberbefehlshaber seiner Heere hatte Napoleon I. in Europa so ziemlich alles durcheinandergebracht, was seit Jahrhunderten unumstößlich schien: das Heilige Römische Reich – erledigt, das Papsttum als politische Kraft – erledigt, die alten Seemächte Genua und Venedig – erledigt. Und weitere Neuordnungspläne sollten folgen. Die Ikonographie seines Kaiserreiches zeigte der Welt, was der Korse und seine Anhänger eigentlich vorhatten: Ein neues römisches Weltreich im französischen Gewand sollte entstehen.

Aber es gab eine Macht, die sich ebenfalls anschickte, ein Weltreich zu erobern: England. Als das kaiserliche Frankreich seine Hände nach einer weltumspannenden Hegemonie auszustrecken begann, bedrohte es damit automatisch das seinerseits wachsende englische Empire, denn mit dem universalen Machtanspruch seines Kaisertums hatte Napoleon das Britische Empire zum unversöhnlichen Feind des kaiserlichen Frankreich werden lassen. Schon seit 1793, dem Beginn der Koalitionskriege, galt England als einer der Hauptgegner des revolutionären Frankreich.[4]

Um England in die Knie zu zwingen, musste Frankreich allerdings die Seeherrschaft erringen und die Insel erobern. Gegen diese Bedrohung zog England den stärksten Trumpf, den es im Machtpoker mit Frankreich besaß: die Flotte Seiner Majestät, die berühmte Royal Navy. Seit den siegreichen Kämpfen des 17. Jahrhunderts mit den Niederländern im Kanal hatte sich die englische Flotte ständig weiterentwickelt und war im 18. Jahrhundert zur einzigen weltweit operationsfähigen Marine gewachsen. Da sich zwischen 1688 und 1815 das britische Bruttosozialprodukt verdreifacht hatte und England begann, zum *workshop of the world* zu werden, war auch eine enorme Mobilisierung finanzieller Ressourcen für die Flotte möglich geworden. Die Royal Navy stand als Empfänger öffentlicher Mittel bald an erster Stelle. Dazu kam, dass auf allen Gebieten der Seefahrt im Laufe des 18. Jahrhunderts grundstürzende Neuerungen eingeführt worden waren. Das Zeitalter der Entdeckungen war in vollem Gange. Die geographischen Entdeckungsreisen und kartographischen Leistungen eines James Cook (1728–1779) sind nur die bekanntesten Ergebnisse dieses Bemühens. Die Royal Navy wurde bis weit in das 19. Jahrhundert hinein zur aktivsten Kraft bei der Exploration der Welt, wobei man dieses Herrschaftswissen natürlich für sich zu behalten versuchte. Und endlich hatte man auch das Längengradproblem gelöst – eine besonders verzwickte Angelegenheit.

Zur exakten Bestimmung des Längengrades muss nämlich wegen der Erdrotation die Zeit eines Nullmeridians genau ermittelt werden. Das geht nur durch aufwändige astronomische Beobachtungen, an denen sich schon Galileo Galilei vergeblich versucht hatte, oder durch eine sekundengenaue Zeitmessung anhand einer mitgeführten Uhr. Ohne einen präzise gehenden Chronographen an Bord – bei Seegang sowie den hohen Temperatur- und Feuchtigkeitsschwankungen eine enorme mechanische Herausforderung – und der damit ermittelbaren Vergleichszeit etwa zum Ausgangshafen war eine genaue Bestimmung des Längengrads unmöglich. Das war zuvor schon vielen Schiffen zum Verhängnis geworden, die sich östlicher oder westlicher wähnten, als sie tatsächlich waren, und an felsigen Untiefen scheiterten. Mit der Gründung des Königlichen Observatoriums in Greenwich durch König Karl II. 1675 vollzog England den ersten systematischen Schritt auf der Suche nach genauen Längenangaben. Das ganze 18. Jahrhundert hindurch hatte man ein Preisgeld von zwanzigtausend Pfund zur Lösung des Längengradproblems ausgesetzt. Verwaltet wurde es von einer «Längenkommission», *Board of Longitude,* der die bedeutendsten Astronomen und Mathematiker Englands angehörten. Ein Mann namens John Harrison, ein genialer Tischler, schuf mit dem Bau von mehreren Präzisionsuhren – eine davon tatsächlich aus Holz – die Grundlage zur Lösung. Als James Cook 1775 von seiner zweiten Weltreise heimkehrte und die Qualität einer der Versuchsuhren bestätigte, die eine exakte Kopie von Harrisons Exemplar des Jahres 1759 darstellte, war auch für die meisten Astronomen das Längenproblem vom Tisch. Erst von nun an wusste die britische Flotte wirklich genau, wo sie sich gerade befand.[5]

Auch neue Schifftypen waren entwickelt worden. Die lange Zeit beliebten hohen Vorder- und Achterkastelle verschwanden im 18. Jahrhundert völlig. Dadurch wurde der Schwerpunkt der Schiffe nach unten verlagert, so dass mehr Segelfläche gesetzt werden konnte. Neue dreieckige Stagsegel zwischen den Masten, verbesserte Klüver und eine optimierte Trimm ließen die Schiffe höher am Wind segeln. An den Rahen sorgten ausschiebbare Spieren für die Möglichkeit, Leesegel zu verwenden. Mit voll gesetztem Zeug, das auf großen Kriegsschiffen bis zu 36 Segel umfasste, konnten diese nun mit Kupferplatten gegen Schiffsbohrwürmer und Algenbewuchs beschlagenen Schiffe neun bis zwölf Knoten laufen – eine Geschwindigkeit, die man auch mit heutigen modernen Segelbooten nur gelegentlich erreicht. Im Durchschnitt fuhren sie aber eher fünf bis sechs Knoten. Bei sehr schwachen Brisen waren die großen Schiffe dagegen äußerst träge und gehorchten kaum noch dem Ruder. Nicht selten musste man dann für Manöver Boote ausbringen und die rund 3000 Tonnen Wasser verdrängenden Kolosse mit Ruderkraft in neue Positionen schleppen.[6]

Die Schiffe der Royal Navy wurden nicht mehr, wie in den Jahrhunderten zuvor, einzeln gebaut, sondern in geradezu industriemäßig organisierten Werften seriell hergestellt. Die bedeutendsten Schiffsbauplätze gab es in Plymouth, Portsmouth oder Chatham, wo auch die *HMS Victory* gebaut worden war. Mit der Entwicklung der Kiellinien-Taktik im 17. Jahrhundert begann man, Kriegsschiffe als Linienschiffe, als *ships-of-the-line*, zu bezeichnen. Sie wurden im 18. Jahrhundert in sechs Klassen oder «Ränge» eingeteilt; bei diesem *rating of warships* galt als entscheidender Faktor die Anzahl der Langrohrkanonen. Den ersten Rang nahmen Dreidecker ein, die 100 und mehr Kanonen, die sogenannten Stücke, trugen und fast 1000 Mann Besatzung benötigten. Dann folgten abgestuft Schiffe mit weniger Kanonen. Nur Schiffe der ersten drei Ränge gehörten zu den Linienschiffen.

Doch der wohl wichtigste Faktor für den Erfolg der Briten auf See war ihre Artillerie. Die großen Linienschiffe führten auf ihren Kanonendecks leichte 12-Pfünder, schwerere 18- und 24-Pfünder sowie die besonders schweren 32-Pfünder. Man verschoss meistens eiserne Vollkugeln, aber auch mit Ketten oder Stangen verbundene Halbkugeln, die speziell zur Zerstörung der Takelage des Gegners eingesetzt wurden. Um die feindlichen Mannschaften zu bekämpfen, kamen Ladungen zum Einsatz, die aus vielen kleineren Kugeln, einer Art großer Schrotladung, den sogenannten Kartätschen, bestanden. Die *Scottish Carron Company* entwickelte Ende der 1770er Jahre zudem Kanonen mit kurzem Rohr und einem sehr großen Kaliber, die wesentlich leichter als normale Kanonen und in der Regel auf einer beweglichen Schiene montiert waren. Man bezeichnete sie nach

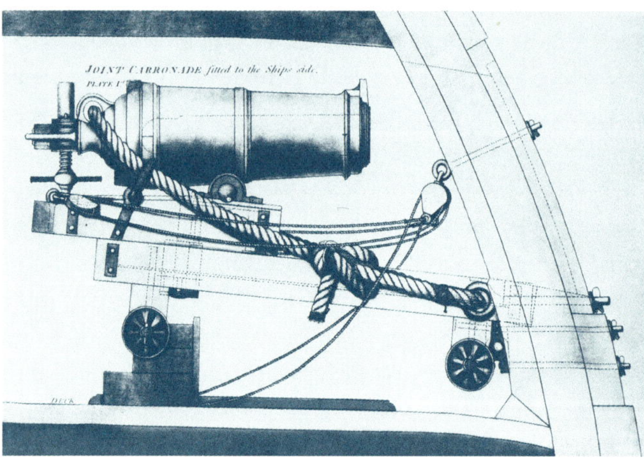

ihrem Hersteller als *Carronades* – Karronaden. Sie besaßen zwar nur eine geringe Reichweite, dafür aber eine verheerende Wirkung, wenn man sie mit Kartätschen lud, die bis zu 500 Kugeln enthielten. Nur auf englischen Schiffen dieser Zeit gab es solche Karronaden.

Die Feuergeschwindigkeit dieser Vorderlader war abhängig von Kaliber und Art der Ladung. Die leichteren Kanonen ließen sich schneller laden, man brauchte etwa drei bis sechs Minuten dafür. Einen 32-Pfünder zu laden, dauerte schon bis zu fünfzehn Minuten. Manche Breitseiten wurden mit Spezialladungen versehen, wie etwa den sogenannten *double shoots*, bei denen gleich zwei Kanonenkugeln – natürlich mit doppelter Pulverladung – abgefeuert wurden. Die Ladezeit verlängerte sich zwar, dafür war aber die Wirkung größer. Wegen des besseren Drills der Stückmannschaften und überhaupt der eisernen Disziplin an Bord konnten englische Schiffe schon seit der Zeit, als 1588 die spanische Armada besiegt wurde, in der Regel ihre Kanonen doppelt so schnell laden und abfeuern als ihre Gegner. Dagegen hatte das französische Marinekorps durch die Revolution so sehr gelitten, dass gute und erfahrene Offiziere und selbst Kanoniere, die zu treffen verstanden, eine Seltenheit waren. Auch dies ließ die britische Flotte über Jahrzehnte so erfolgreich agieren und zeigt, dass die Royal Navy einen fundamentalen Anteil an der sozialen Disziplinierung der englischen Gesellschaft bis in die Führungsebenen besessen hatte.

Die «Teufelskanone»: Die *Scottish Carron Company* entwickelte Ende der 1770er Jahre eine Kanone mit kurzem Rohr und sehr großem Kaliber, die wesentlich leichter als normale Langrohrkanonen war und in der Regel auf einer beweglichen Schiene montiert wurde. Man bezeichnete sie nach ihrem Hersteller als Karronade. Die Reichweite der Karronaden war gering, dafür besaßen sie aber im Nahkampf eine verheerende Wirkung, wenn man sie mit Kartätschen lud. Von den Franzosen wurden sie deshalb «Teufelskanonen» genannt.

Das bekannteste Schiff der Royal Navy: Die *HMS Victory,* Nelsons Flaggschiff bei Trafalgar, war bereits das sechste Schiff der Royal Navy dieses Namens. Mit dem Bau wurde schon 1759 in Chatham begonnen, doch wurde sie erst 1778 in Dienst gestellt. Da sie bis heute als Flaggschiff des Zweiten Seelords in der Liste der aktiven Kriegsschiffe geführt wird, gab es auch nach ihr keine weiteren Schiffe der Royal Navy dieses Namens. Allerdings liegt sie nun nicht mehr schwimmend vor Anker im traditionsreichen Hafen von Portsmouth, wie auf dieser historischen Postkarte um 1900 abgebildet, sondern befindet sich dort in einem Trockendock.

Der Beschuss von Holzschiffen durch all diese Geschosse verursachte fürchterliche Verletzungen, von denen ein großer Teil neben der direkten Wirkung der Metallteile vor allem durch herumfliegende Holzsplitter hervorgerufen wurde. Man konnte mit den Kanonen zwar bis zu zwei Kilometer weit schießen, aber die Treffsicherheit ließ schon nach mehr als einhundert Metern sehr nach. Außerdem erschwerten die Bewegungen des Schiffes das Zielen. Selbst bei leichtem Rollen konnte eine Breitseite leicht über das Ziel hinweggehen. Um schneller als beim herkömmlichen Luntenschloss, das mitunter sekundenlang verzögerte, den Schuss abzufeuern, führten die Engländer das modernere Feuersteinschloss ein, das sofort zündete und den Briten auch auf diese Weise einen Vorteil verschaffte.

Das bekannteste Linienschiff der Royal Navy war die *HMS Victory*, Nelsons späteres Flaggschiff und bereits das sechste Schiff dieses Namens. Mit dem Bau wurde zwar schon 1759 begonnen, doch wegen Sparmaßnahmen wurde sie erst 1778 in Dienst gestellt. Am Tag von Trafalgar war

die *Victory* daher schon ein betagtes Schiff. Als sich der blutjunge Horatio Nelson 1771 in Chatham auf der *HMS Raisonnable* zum Dienst meldete, wird er sicher sein zukünftiges, zu diesem Zeitpunkt aber noch nicht aufgetakeltes Flaggschiff im Fluss Medway dümpeln gesehen haben.

Die Dimensionen der *Victory*, die man als einziges erhaltenes *ship-of-the-line* noch heute in Portsmouth besichtigen kann, sind für ihre Zeit gewaltig. Ihr Rumpf ist fast 70 Meter lang und knapp 16 Meter breit. Als sie noch im Wasser schwamm, verdrängte sie 3500 Tonnen. Der Tiefgang betrug fast 9 Meter. Da auf nautischen Karten der Zeit Wassertiefen in *Fathom*, zu Deutsch «Faden», der etwa 1,80 Meter entsprach, angegeben waren, bezeichnete die 5-Faden-Linie, ab welcher Wassertiefe es für Linienschiffe von der Größe der *Victory* gefährlich flach zu werden begann. Nicht weniger als 2500 große Eichen waren nur für die massiven, bis zu 60 Zentimeter starken Spanten und die sowohl innen als auch außen aufgebrachten Planken nötig gewesen. Die drei Masten waren einst wegen der Elastizität aus Tannenholz gefertigt, von denen sich der

Großmast 62 Meter über der Wasserlinie erhob. Da es keine so hohen Bäume gab, mussten die Masten aus drei Teilen, den sogenannten Stengen, zusammengesteckt werden. Insgesamt brauchte man für den Bau 6000 Bäume. Neben Eiche und Tanne sind auch Ulme sowie das besonders harte tropische Guajakholz, zu Deutsch «Pockholz», verwendet worden. Jeder der beiden großen Anker wog fast fünf Tonnen und konnte nur mit Hilfe von 260 Mann am Ankerspill aufgezogen werden. Die *Victory* war mit ihren 102 Kanonen in drei Batteriedecks und den beiden Karronaden auf dem Vorschiff ein Linienschiff erster Klasse. Mit einer Breitseite konnte sie eine halbe Tonne eiserner Geschosse auf den Gegner feuern. *HMS Victory:* das war zu ihrer Zeit eine furchterregende schwimmende Festung und komplexe Kampfmaschine.

Aufstieg und Leidenschaft des Admirals

England hatte im Kampf gegen Napoleon I. außer den Schiffen seiner Flotte noch einen weiteren Trumpf im Ärmel: Admiral Nelson. Der am 29. September 1758 in Burnham Thorpe geborene Horatio Nelson hatte eine für die Royal Navy musterhafte Marinekarriere durchlaufen und war der Inbegriff des britischen Seeoffiziers schlechthin. Von einem Onkel wurde er mit zwölf Jahren als Midshipman, also als Seekadett, auf der ehemaligen französischen, nun in britischen Diensten stehenden *HMS Raisonnable* mitgenommen. Nelsons Onkel übernahm später eine der wichtigsten Funktionen in der Royal Navy und förderte den Beginn der Karriere seines Neffen nach besten Kräften. Diese Protektion, gepaart mit seinem Talent und Ehrgeiz, ließ den jungen Nelson rasch aufsteigen. Im Juni 1779 wurde er zum Kapitän, englisch *post captain,* befördert. Aus dieser Zeit rührte seine lebenslange Freundschaft zu Cuthbert Collingwood, der bei Trafalgar die zweite Kolonne befehligen sollte.

Mit dem Ausgreifen der Französischen Revolution über die Grenzen Frankreichs und der Bildung einer dagegengerichteten Kriegskoalition der europäischen Monarchien wurde Nelson im Sommer 1793 mit der *HMS Agamemnon*, mit der er seinen Ruhm begründete, im Mittelmeer aktiv. Er war erst bei der Blockade von Toulon, dem damals wichtigsten französischen Kriegshafen am Mittelmeer, im Einsatz und kam dann in das mit England verbündete Königreich Neapel. Hier traf er im September 1793 zum ersten Mal Lady Emma Hamilton, die Frau des dortigen britischen Botschafters und berühmten Antikensammlers Sir William Hamilton. Mit dieser Frau, die unzählige Männerherzen betörte, verband Nelson eine tiefe, leidenschaftliche Liebe, die später mitunter den Charakter einer Groteske annehmen sollte. Man könnte auch sagen, er war der ebenso schönen wie skandalumwitterten Frau völlig verfallen. Ohne jedes Taktgefühl schrieb er seiner Ehefrau Frances (Fanny) über ihre Nebenbuhlerin, sie sei «eine der erstaunlichsten Frauen auf dieser Welt», und fügte noch hinzu: «Sie ist eine Zierde ihres Geschlechts.» Fanny wusste zwar von seiner Affäre und tolerierte sie sogar, dennoch verließ er sie später. Im Juli 1794 erlitt Nelson bei einem Angriff gegen Calvi auf Korsika an seinem rechten Auge eine so schwere Verletzung, dass er von nun an mit einem weitgehenden Verlust der Sehkraft fertigwerden musste.[7]

Am 14. Februar 1797 segelte Nelson, inzwischen zum *Commodore* ernannt, in die erste von insgesamt vier bedeutenden Seeschlachten, die ihm in England einen bis heute anhaltenden Ruhm einbringen sollten. Nach der siegreichen Seeschlacht bei Kap St. Vincent vor der Küste Portugals unter dem Oberbefehlshaber Admiral John Jervis wurde er zum *Rear Admiral of the Blue* befördert, dem neunthöchsten Rang in der königlichen Marine. Schon in dieser Schlacht, in der man erstmals die starre Linientaktik des Aneinandervorbeifahrens zu einem Durchbruch der feindlichen Linie abwandelte, zeigte er die Neigung, Befehle der Oberkommandierenden zu missachten. Nelson handelte hier, wie später noch so oft, mit dem Draufgängertum eines Hasardeurs. Ob diese Art, sich erfolgreich von traditionellen Strategien abzuwenden, als genial angesehen werden kann oder nur als das Glück des Beherzten, lässt sich schwer entscheiden. Vielleicht war es beides. Zumindest brachte ihm der Erfolg die Würde eines *Knight of the Bath*, eines Ritters vom Hosenbandorden, ein. Noch im selben Jahr wurde Nelson bei einem Gefecht durch eine Musketenkugel am Ellenbogen verletzt, woraufhin ihm der rechte Arm bis zur Schulter amputiert werden musste. Angst vor Verwundungen oder Tod hatte der ehrgeizige Admiral offenbar nie.

Den nächsten glorreichen Sieg errang der mittlerweile vierzigjährige Befehlshaber einer britischen Schwadron am 1. August 1798 in der Schlacht bei Aboukir in Ägypten, in der englischen Tradition als «Battle of the Nile» bezeichnet, die Napoleons erste schwere Niederlage darstellte. Der Korse war zuvor vom französischen Direktorium beauftragt worden, das eigentlich zum Osmanischen Reich gehörende Ägypten zu erobern, es zu einer französischen Provinz zu machen, dem levantinischen Handel Frankreichs eine beherrschende Rolle zu sichern und bei der Gelegenheit auch die britische Vormachtstellung im Mittelmeerraum zu beenden – ein Plan, den übrigens der Philosoph und Universalgelehrte Gottfried Wilhelm Leibniz schon 1672 dem «Sonnenkönig» Ludwig XIV. vorgeschlagen hatte.

Nelson griff die französische Flotte unter dem Befehl von Admiral François-Paul Brueys d'Aigalliers, die Napoleons Ägyptenfeldzug deckte und nun in der Bucht von Aboukir vor Anker lag, in einer überaus riskanten Annäherung in flachem Wasser auf kurze Distanz an, indem er seine eigenen Schiffe neben den französischen ankern ließ und dann mit der überlegenen englischen Artillerie vernichtete. Einigen seiner Schiffe gelang es sogar, sich zwischen den Strand und die ankernden Franzosen zu schieben, so dass diese von zwei Seiten beschossen werden konnten. Den Höhepunkt der Schlacht stellte die Explosion der *L'Orient* dar, des mit 120 Kanonen bestückten Flaggschiffes der französischen Flotte. Der Unterwasserarchäologe Franck Goddio, der Entdecker des Palastes der Kleopatra in Alexandria, fand 1998 die Überreste des riesigen Schiffes in Ufernähe wieder. Hier bei Aboukir begegneten sich zum ersten Mal die späteren Kontrahenten von Trafalgar, Horatio Nelson und Pierre Charles Villeneuve. Zeitlebens sollte der Befehlshaber der französischen Nachhut von Nelsons Draufgängertum beeindruckt bleiben; ja, seit dieser Schlacht hatte er regelrecht Angst vor ihm.[8]

Als Nelson nach der Schlacht nach Neapel kam, erreichte ihn eine Glückwunschbotschaft von Emma Hamilton: «Wäre ich König von England, ich würde Sie zum edelsten, mächtigsten Herzog Nelson, Marquis Nil, Grafen Alexandria, Vicomte Pyramide, Baron Krokodil und Prinz Sieg ernennen.» Kaum war der Anker geworfen, kam sie an Bord, stürzte sich in seinen Arm und fiel tränenreich in Ohnmacht. Der «Baron Krokodil» war hingerissen. Dank der Großzügigkeit des Botschafters wohnte Nelson bei den Hamiltons und pflegte unter anderem auf Emmas Balkon seine Affäre mit der Lady, obwohl die bald bekannt werdende Geschichte die Klatschmäuler von Neapel bis London beschäftigte. Ein draufgängerischer Seeheld mit einer skandalösen Beziehung – eine gute Mischung, um sich ein unsterbliches Andenken zu erwerben.[9]

Eine weitere Hasardaktion sollte Nelsons Ruhm noch stärker festigen: Am 2. April 1801 führt er einen englischen Flottenverband in der Seeschlacht von Kopenhagen, in der die Flotte Dänemarks ausgeschaltet werden sollte, um die «bewaffnete Neutralität» Dänemarks, Schwedens und Russlands zu brechen. Die Flotte, zu der auch der berühmt-berüchtigte Kapitän Bligh von der ehemaligen *HMS Bounty* gehörte, stand unter dem Oberkommando von Sir Hyde Parker. Der mittlerweile zum *Vice Admiral of the Blue*, dem sechsthöchsten Rang der Royal Navy, aufgestiegene Nelson brach zunächst durch den Øresund bei Helsingør und Helsinborg. Diese schmale Stelle von gerade etwas über zwei Seemeilen Breite zwischen Dänemark und Schweden deckte auf dänischer Seite die starke, auf einer Landzunge weit ins Meer vorgeschobene, imposant-drohende Festung Kronenborg. Das Schloss – jenes Elsinore, in dem William Shakespeare seinen *Hamlet* spielen lässt – ist von starken Bastionen umgeben, die mit zahlreichen Kanonen bestückt waren. Eine Durchfahrt war also ein nicht ungefährliches Manöver, hängt doch die schnelle Passage von der Richtung der wechselnden Strömung ab, die hier mitunter bis zu fünf Knoten betragen kann. Bei einer Marschgeschwindigkeit der Flotte von fünf oder sechs Knoten kann eine starke Gegenströmung ein Schiff buchstäblich zum Stehen bringen – unter Kanonenfeuer einer Festungsbatterie ein eher ungemütlicher Zustand. Doch Nelson hatte Glück: Die abgefeuerten dänischen Kugeln erreichten seine Schiffe nicht, weil die schwedischen Kanonen am anderen Ufer schwiegen und die Flotte dicht unter Land auf der schwedischen Seite vorbeifahren konnte.

Aber noch riskanter als die Durchfahrt war der Angriff auf die dänische Flotte vor Kopenhagen. Nelson ließ seine Schiffe von Norden kommend an Saltholm vorbei den Middelgrund umrunden, eine langgestreckte gefährliche Untiefe von 3 bis 5 Metern vor Kopenhagen, auf der heute eine lange Reihe von Windrädern steht. Östlich durch die Hollænderdybet, die Holländertiefe, und dann durch die Kongedybet, die Königstiefe, fuhren die Schiffe dann an die vor den Seebefestigungen der Stadt in Reihe verankerten dänischen Schiffe. Diese bildeten eine Feuereinheit mit Trekroner, der Drei-Kronen-Festung, der stärksten Küstenbatterie vor

Kopenhagen, sowie weiteren Küstenbatterien auf Amager. Einige englische Schiffe liefen tatsächlich auf Grund, obwohl man am Tag zuvor noch heimlich das Seegebiet ausgelotet hatte. Nun wurde wieder wie bei Aboukir mit etwa einer Kabellänge Abstand – das ist ein Zehntel einer Seemeile, also 185 Meter – gegenüber dem Gegner Anker geworfen und auf die Überlegenheit der englischen Artillerie vertraut. Doch die Dänen waren aus anderem Holz geschnitzt als seinerzeit die Franzosen in Ägypten. Sie hielten stand, und die Sache wäre um ein Haar schiefgelaufen.[10]

Als der Kampf immer verfahrener wurde, erhielt Nelson von seinem Oberbefehlshaber Parker, der in sicherer Entfernung zum Schlachtort mit dem Rest der Flotte ausharrte, den Befehl, den Kampf abzubrechen. Doch Nelson gehorchte nicht: «Verdammt will ich sein, wenn ich das tue!» Vielleicht beschlich ihn die Furcht vor den Rohren der dänischen Batterien, denn wegen des Windes hätte er nur nach Norden, und ausgerechnet dicht an Trekroner vorbei, ablaufen können. Das hätte zum Verlust vieler Schiffe führen können. Später sollte er sich damit herausreden – zumindest will es so die Legende –, dass er das Fernrohr an sein Auge geführt habe, jedoch keine Signalflaggen erkennen konnte. «Foley, Sie wissen doch, dass ich nur ein Auge habe – also habe ich das Recht, ab und zu blind zu sein», soll er zum Kapitän seines Admiralsschiffes gesagt haben, und mit dem Fernrohr am blinden Auge: «Ich sehe wirklich kein Signal!»[11]

Um doch noch zu siegen, bediente sich Nelson eines Bluffs. Er überging Parker auch in der diplomatischen Führung und bot trotz der unentschiedenen Situation dem dänischen Kronprinzregenten Friedrich, der die Gesamtverteidigung leitete, großzügig die ehrenhafte Kapitulation an. Offenbar rechnete Nelson darauf, dass der keine Ahnung hatte, wie sehr Olfert Fischer, der dänische Flottenkommandant, den Briten eigentlich zugesetzt hatte. Die List ging auf, die Dänen akzeptierten und ergaben sich. Das wichtigste Glied des Neutralitätsbundes war ausgeschaltet. Schweden und Russland, nun isoliert, trafen Einzelabmachungen mit England, nachdem Nelson noch weiter in die Ostsee vorgestoßen war.

Doch die Kapitulation der Dänen 1801 ist noch nicht das Erstaunlichste. Noch verwunderlicher erscheint es, dass die Befehlsverweigerung Nelsons von der Admiralität wohlwollend akzeptiert, ja, die Zurückhaltung und Fehleinschätzung Parkers in der Schlacht durch die Ernennung Nelsons zum Oberbefehlshaber über die Flotte in der Ostsee geradezu abgestraft wurde. Zusätzlich erhob ihn der König am 22. Mai 1801 zum *Viscount Nelson, of the Nile and of Burnham Thorpe*. Nelsons Ruhm wuchs weiter. Einige Jahre später, 1807, sollte es eine zweite Schlacht bei Kopenhagen geben, nun ohne Nelson. Nach diesen beiden Angriffen ist der englische Begriff *to copenhagen* entstanden, der einen Präventivschlag gegen eine Flotte, mit der man eigentlich nicht im Krieg liegt, beschreibt.

Horatio Nelson war nach diesen Gefechten nicht mehr nur einer der vielen Admirale der Royal Navy, er war ein Held geworden, ein Star mit Allüren, dem die öffentliche Verehrung und die Sympathie der Seeleute genauso gehörten wie das Vertrauen der Kapitäne. Viele Seeleute wären Nelson bis ans Ende der Welt gefolgt und bewunderten den charismatischen Helden glühend. Viele wollten für ihren draufgängerischen Kommandeur sogar sterben oder mit ihm untergehen. Am liebsten wollten sie natürlich mit ihm siegen und am Leben bleiben oder, noch besser, Prisengelder einstreichen und Karriere machen. Denn um in der Royal Navy aufsteigen zu können, mussten sich junge Offiziere vor dem Feind auszeichnen. Aber auch die einfachen Seeleute, darunter nicht nur Engländer, sondern auch Ausländer aus Europa und der Neuen Welt, hofften auf zusätzliche Einkünfte. Sie waren zum großen Teil mit Gewalt von sogenannten *press gangs* in den Dienst gezwungen worden, wurden für Kleinigkeiten überaus hart bestraft und erhielten oft nur miserables Essen für die schwere Arbeit. Bei den Seegefechten dieser Zeit ging es nämlich auch um viel Geld. Allein der Rumpf der *HMS Victory* hatte, als er im Mai 1765 ins Wasser glitt, bis dahin 63 176 Pfund Sterling und 3 Schillinge gekostet. Ein normales, vollständig ausgerüstetes Linienschiff war also gut 70 000 Pfund wert. Gelang es, eines zu erobern und an die Navy zu verkaufen, wurde der Erlös als Prisengeld an die Besatzung verteilt; ein enormer materieller Anreiz also.

Napoleons und Nelsons waghalsige Pläne

Im Jahr 1804 wurde es für England bedrohlich, als Napoleon I. einen Plan für die Invasion der Insel entwickelte. Der Kaiser der Franzosen ließ an der Kanal- und Atlantikküste Tausende von kleinen Schiffen, Booten,

Schaluppen sowie Prähmen mit flachem Boden als Truppen-, Pferde- und Kanonentransporter bauen. Zudem wurde am Kanal eine Armee in einer Stärke von 160 000 Mann, darunter 16 000 Kavalleristen, zusammengezogen. Diese *Armée des côtes de l'Océan* war der Ursprung der später so legendären *Grande Armée*. Es waren die besten Soldaten Frankreichs, und nie wieder sollte eine französische Armee so gut ausgerüstet werden. Zu den Soldaten kamen noch über 20 000 Seeleute hinzu. Das Zentrum dieser Invasionsvorbereitungen war Boulogne-sur-Mer, ein Ort, den die Römer einst *Portus Britannicus* genannt hatten und von dem aus schon Iulius Caesar erfolgreich nach England übergesetzt war. Hier baute man eigens ein großes Hafenbecken für die vielen Transportschiffe. Hier hielt der Kaiser Paraden ab und verteilte Orden. Und von hier aus sollte es losgehen.

Um aber auf die Insel übersetzen zu können, benötigte Napoleon die Deckung seiner Landungsschiffe durch die französische Kriegsflotte und zumindest für einige Tage die maritime Herrschaft über den Kanal. Wegen der britischen Seeblockade der französischen und, nach der spanischen Kriegserklärung an England, auch der spanischen Kriegshäfen war eine Kräftekonzentration der französischen Flotte jedoch unmöglich. Angesichts der drückenden britischen Überlegenheit zur See entwarf der Kaiser ein raffiniertes Täuschungsmanöver. Alle an der Atlantikküste und im Mittelmeer blockierten französischen und spanischen Schiffe sollten versuchen, die britische Blockade zu durchbrechen, und Kurs auf die Karibik nehmen.

Der Zweck des Manövers war, die englische Flotte vom europäischen Kriegstheater wegzulocken, da Napoleon darauf rechnete, dass starke britische Flottenverbände vom Kanal sowie vom Atlantik die Verfolgung der alliierten Flotte aufnehmen würden. Nach Ankunft der britischen Flotte in der Karibik sollte die französische Flotte sofort umkehren, mit einigen Tagen Vorsprung vor den verfolgenden britischen Schiffen wieder Europa erreichen und sich, wenn es gut ging, mit weiteren französischen und spanischen Verbänden aus dem Mittelmeer vereinen. Dann sollten die Schiffe die geschwächte britische Verteidigung des Kanals vernichten und die Invasion nach England decken. So der Plan. Die gesamte Idee der Invasion stand oder fiel mit dem Gelingen des raffinierten Täuschungsmanövers.

Der schöne Plan scheiterte allerdings. Es gelang zwar, starke britische Verbände in die Karibik zu locken und sich mit einem zeitlichen Abstand

Erneuter Schutz durch «hölzerne Mauern»: In einer zeitgenössischen Karikatur kündigt ein zwergenhafter Napoleon John Bull, der Personifikation Englands, an, dass er seine Sieben-Meilen-Stiefel anhabe und deshalb demnächst über das Wasser nach England springen werde. Doch der unerschütterliche Pfeifenschmaucher bleibt gelassen, denn ihn schützen seine *wooden walls*, die sich am Horizont schon nähern. Wie schon bei Salamis 480 v. Chr., so garantierte auch in den Napoleonischen Kriegen eine kampfstarke Flotte den letztendlichen Sieg eines bedrohten Landes über einen militärisch stärkeren Gegner.

vor ihnen wieder auf den Weg zurück nach Europa zu machen. Doch lief in krassem Widerspruch zu den Befehlen des Kaisers der französische Oberbefehlshaber der Flotte, Admiral Pierre Charles Villeneuve, nach einem Gefecht mit einem anderen britischen Geschwader nach Süden mit Kurs auf Cadiz und nicht in den Kanal. Napoleon tobte angesichts dieser Missachtung seiner Befehle, doch es nützte nichts: Villeneuve hatte damit eigenmächtig den napoleonischen Invasionsplänen für England ein vorläufiges Ende bereitet. Dass es sogar ein endgültiges Ende war, sollte sich bald herausstellen.

Bereits am 29. September 1805 stieß Nelson mit weiteren drei Linienschiffen zur Blockadeflotte vor Cadiz und übernahm das Kommando. Er postierte einige Fregatten vor Cadiz, die den Gegner beobachten sollten. Die Hauptstreitmacht seiner Flotte blieb jedoch hinter der Kimmlinie auf See, also für Beobachter vom Land außer Sichtweite. In den nächsten zwei Wochen richteten sich die Briten auf eine längere Blockade ein. Schiffe kamen und andere verließen den Flottenverband wieder für Reparaturen oder um Vorräte zu ergänzen. Mitte Oktober verfügte Nelson über 27 Linienschiffe und vier Fregatten. Im Hafen von Cadiz lagen jedoch 40 Kriegsschiffe der alliierten Flotte, eine immer noch deutliche numerische Übermacht. Am 19. Oktober begann die alliierte Flotte am frühen Morgen mit dem Anker-auf-Manöver. Doch es gab kaum Wind. Als um die Mittagszeit erst sieben Linienschiffe den Hafen verlassen hatten, schlief der Wind vollkommen ein. Nun musste man Boote zum Schleppen der riesigen Schiffe ausbringen. Erst am Mittag des nächsten Tages, am 20. Oktober, war die ganze alliierte Flotte auf See. Nelson hatte bereits rund zwei Stunden nach Beginn der Manöver vom Auslaufen der feindlichen Flotte erfahren. Er ließ dehalb seine Beobachtungsfregatten zum Gros der Flotte zurückkehren und traf erste Vorbereitungen, seine Schiffe für die Schlacht zu formieren.

Seit Mitte des 17. Jahrhunderts bestand die Standardschlachtordnung in dicht aufgeschlossenen Linien, Schiff reihte sich an Schiff. Man versuchte mit dieser Linie entweder auf Parallelkurs zum Gegner zu gehen oder ein Passiergefecht zu führen. So begegneten sich zwei Linien von Schiffen – daher der Name Linienschiff –, die in Entfernungen zwischen 50 und 200 Metern feuerten, und das so schnell wie möglich. Da die Kanonen der Länge nach über die Schiffsdecks verteilt waren, brachten die Schlachtschiffe auf diese Weise am besten ihre Breitseiten zur Geltung. In der Regel war die Schlacht beendet, wenn man die Linie nicht mehr halten konnte, Schiffe durch Beschädigungen aus der Linie ausscherten oder wenn der Hauptteil der gegnerischen Schiffe erobert oder versenkt war.

Das grundsätzliche Problem war allerdings: Eine Linienschlacht konnte es nur geben, wenn beide Gegner sich entsprechend aufstellten. Schon vor Beginn des 19. Jahrhunderts wurde die Lineartaktik deshalb mehrfach als unzeitgemäße Schlachtordnung kritisiert. Einige Gefechte Nelsons, aber auch seiner Admiralskollegen zeigten, dass die Kritik berechtigt war. Als Nelson bei der Schlacht von St. Vincent 1797 entgegen den Befehlen seines Admirals John Jervis frontal in einen zahlenmäßig überlegenen

Gegner hineinsegelte und die ihm folgenden Schiffe, darunter den damaligen Kommodore Cuthbert Collingwood, mitzog, erwies sich das für den Gegner als verheerend. Auch wenn die frontal zu der Linie angreifenden Schiffe der Briten annähernd zu Wracks geschossen wurden, zersprengten sie doch als Keile die feindliche Schlachtlinie zu kleinen, leichter zu attackierenden Schiffsgruppen.

Auf diesen Erfahrungen basierte der Plan Nelsons, der vorsah, die Flotte in zwei ungefähr gleich starke Angriffskeile zu teilen, die in die lange Schlachtlinie, an der die Franzosen ja mit Sicherheit noch festhalten würden, hineinstoßen sollten. Die Schiffe der Luvseite, die *weather column*, wollte Nelson selbst auf der *HMS Victory* führen. Sie sollten knapp über dem Zentrum der feindlichen Linie in den Gegner hineinfahren. Wenn möglich, wollte er gleich das feindliche Flaggschiff angreifen. Der nun als Vizeadmiral amtierende Collingwood sollte auf *HMS Royal Sovereign* mit den Schiffen der Leeseite, der etwa eine Seemeile entfernt fahrenden *lee column*, die feindliche Linie knapp vor der Nachhut des Gegners durchstoßen.

Der Sinn des Manövers, das als «The Nelson Touch» in die Geschichte einging, lag auf der Hand: Zunächst konnte die Vorhut des Gegners für einen längeren Zeitraum vom Kampf ausgeschlossen werden, denn ohne Kursänderung würde sie sich immer weiter vom eigentlichen Schlachtfeld entfernen. Der sich nähernden Nachhut dagegen würden sich die Steuerbord-Breitseiten der *lee column* entgegenstellen und gleichzeitig mit der Backbordseite den Rücken des Zentrums bedrohen. Ziel der Aktion war es, den Gegner durch numerische Überlegenheit an einem Punkt zu vernichten, und nicht das Ausscheren von Schiffen aus der Linie zu erzwingen. Zentraler Bestandteil des «Nelson Touch» war zudem, dass der Admiral den einzelnen Schiffskommandanten einen großen Entscheidungsspielraum zugestand, was eine rasche Reaktion auf unvorhergesehene Situationen ermöglichte.

So elegant oder vielleicht auch genial das alles klingen mag, es war ein unfassbar riskantes Manöver. Nelson musste nämlich in Kauf nehmen, dass die beiden Führungsschiffe zunächst für die lange Zeit der Annäherung dem konzentrierten Feuer des Gegners von mehreren Schiffen ausgesetzt wurden. Schlimmer noch: Im Grunde begaben sich Nelsons Schiffe von selbst in eine Position, die man einhundert Jahre später mehr als alles andere im Seekrieg fürchtete: das sogenannte *crossing the T.* Bei diesem Manöver, das einem großen T ähnelt, gelang es einer gut trainierten Artillerie, die geballte Feuerkraft mehrerer in Linie fahrender Schiffe auf ein gegnerisches Schiff, das sich im Winkel von 90° annäherte, zu konzentrieren; mit verheerender Wirkung, wie sich denken lässt. Und genau das war das geplante Schicksal der Führungsschiffe der beiden Angriffskeile. Die beiden Angriffslinien sollten außerdem ohne jeglichen Flankenschutz fahren. Wenn man bedenkt, dass für die Besatzung der *Victory*, des Führungsschiffs der *weather column*, und damit für Nelson selbst die Überlebenschancen im zu erwartenden Kugelhagel am geringsten waren, darf man sich fragen: Hatte Nelson denn überhaupt keine Angst vor dem Tod? Wollte er vielleicht sogar sterben?

Am 20. Oktober steuerte die aus Cadiz ausgelaufene alliierte Flotte weiter Südkurs und versuchte, zur Meerenge von Gibraltar zu gelangen. Daraufhin gab Nelson, informiert über die Bewegungen des Gegners, der britischen Flotte das Signal «Allgemeine Verfolgung nach Südosten». Der Tag neigte sich ohne Kampf, kurz vor Sonnenuntergang ermöglichte ein sich drehender Wind Villeneuve einen direkten Weg nach Gibraltar.

Die große Schlacht

Der schicksalhafte 21. Oktober 1805 dämmerte herauf. Eine schwache Brise wehte aus Westnordwest. Eine hohe Dünung ließ jedoch vermuten, dass auf dem Atlantik ein Sturm tobte, der langsam heranziehen würde. Schon seit Tagesanbruch konnten beide Flotten einander auf der Höhe von rund zwölf Seemeilen westlich vor dem Kap Trafalgar deutlich ausmachen, und die englischen Schiffe begannen sich in die beiden geplanten Angriffskeile zu teilen. Um Cadiz auf Lee und damit eine Fluchtmöglichkeit zu behalten, gab der französische Admiral gegen 8 Uhr der alliierten Flotte den Befehl zur gleichzeitigen Halse, also zum Drehen des Hecks, nicht des Bugs durch den Wind. Diese Art der Kursänderung ist gerade bei schwachem Wind einfacher zu fahren als eine Wende, dauert jedoch wegen der weiter zu fahrenden Strecke viel länger, bis der neue Kurs anliegt.

Der Befehl war eine weitere Fehlentscheidung in der Reihe der vielen Fehler, die der französische Admiral machte. Denn Villeneuves Anordnung führte nur zu neuem Chaos in der zuvor gerade ausgerichteten Schlachtlinie. Einige der Schiffe hatten die Halse schneller beendet als andere. Um auf die langsameren warten zu können, mussten die Mannschaften der schnelleren Einheiten Fahrt aus den Schiffen nehmen und dafür die Segel aufgeien oder backbrassen. Fast bewegungslos dümpelten sie nun auf der Stelle. Die ehemalige Nachhut, jetzt neue Vorhut, bekam einen gewissen Vorsprung vor dem Zentrum. Die jetzige Nachhut andererseits überholte Teile von Gravinas Geschwader. Es entstand eine zwei bis drei Schiffe tiefe, ungefähr vier Meilen lange und zudem löchrige Kurvenlinie. Damit würde das Feuer der Breitseiten, die auf die Angreifer schießen konnten, um mehrere Schiffe reduziert werden. Um das Ganze noch zu verschlimmern, wurde nun der ohnehin schwache Wind launisch und erschwerte weitere Manöver. Wäre Villeneuve weiter nach Süden gefahren, dann hätte Nelson vielleicht wegen des schwächelnden Windes nicht an ihn herankommen können. Doch Villeneuve hatte die Chance vertan, noch einmal davonzukommen, und wie auf einem Silbertablett bot er Nelson den Sieg an.

Doch auch die Briten fuhren nur mit Wind und hatten ebenfalls einige Schwierigkeiten, die Schlachtformation einzunehmen. Dennoch war es ihnen gelungen, die beiden Stoßkeile zu bilden. Collingwood führte vierzehn Linienschiffe, Nelson nur zwölf, da ein Schiff während der Nacht zu weit abgekommen war. Der schwache Wind verhinderte das schnelle Hineinstoßen in den Gegner und ließ nur ein «Hineinschlendern» zu; eine weitere Gefahr für die Angreifer. Auch die etwas konkave Form der gegnerischen Linie erwies sich als Problem, denn Nelson musste mit seiner Luv-Kolonne eine etwas weitere Distanz zurücklegen als Collingwood. Der Angriff konnte daher zeitlich nicht exakt koordiniert werden. Die lange Zeit bis zum Aufeinandertreffen nutzten die Offiziere, um Briefe zu schreiben oder frische Wäsche anzulegen. Letzteres hatte einen triftigen Grund: Bei Verletzungen war die Entzündungsgefahr der Wunden bei schon länger getragener Wäsche bedeutend höher als bei frisch gewaschener. Die Matrosen vermachten sich gegenseitig ihre Habe, tranken einen, wenn es das Schicksal wollte, letzten Grog, sangen *Britons, strike home* oder *Rule Britannia*, einige tanzten sogar einen Hornpipe. Nelson notierte seine letzten Gedanken, die Emma galten. Dann schrieb er ein Gebet nieder, in dem er den Weltschöpfer um den Sieg bat und sich selbst seiner Gewalt überantwortete. Es schloss mit «Amen – Amen – Amen». Es sollte sein letztes Dokument werden.[12]

Gegen 11 Uhr lagen nur noch zwei bis drei Meilen zwischen den feindlichen Flotten. Doch es dauerte noch fast eine Stunde, bis sie eine effektive Feuerreichweite erlangten. Nelson ließ nun das berühmt gewordene *England-expects*-Signal an alle Schiffe hissen. Kurz nach 12 Uhr folgte noch das Signal: *Engage the enemy more closely – Ran an den Feind!* Es war Nelsons letztes Signal an die Flotte und blieb stehen, bis es im Verlauf der Schlacht abgeschossen wurde. Da Villeneuve das Feuer schon seit 11:30 Uhr freigegeben hatte, versuchte das französische Schiff *Fougueux*, die «Feurige», ihrem Namen Ehre zu machen, und richtete die ersten Fernschüsse auf die sich annähernden Briten. Andere Schiffe der Verbündeten fielen ein. Dies war der eigentliche Beginn der Schlacht. Über eine halbe Stunde feuerten die Franzosen und Spanier auf die an der Spitze fahrenden Schiffe der Briten, die das Feuer außer mit einzelnen Jagdgeschützen am Bug nicht erwidern konnten. In diesen Minuten hätte eine schnell und präzise feuernde Artillerie der Alliierten den schönen Angriffsplan Nelsons buchstäblich zerfetzen können. Doch die französisch-spanischen Breitseiten blieben relativ wirkungslos.

Endlich, kurz nach Mittag, stieß Collingwoods Kolonne in die Linie

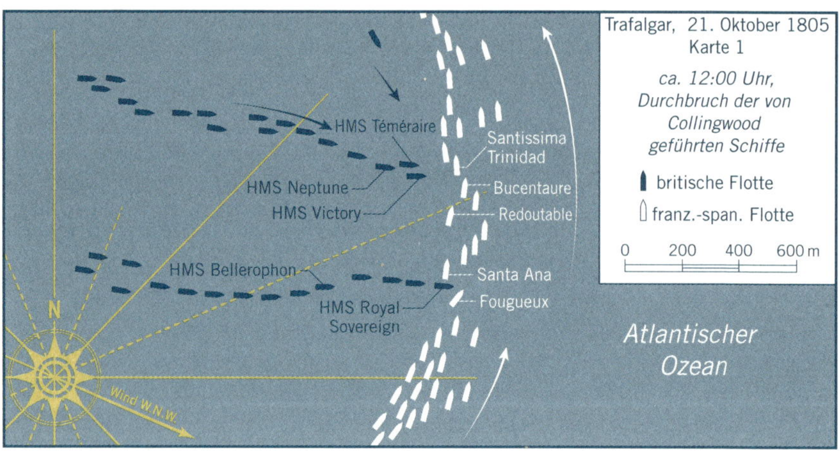

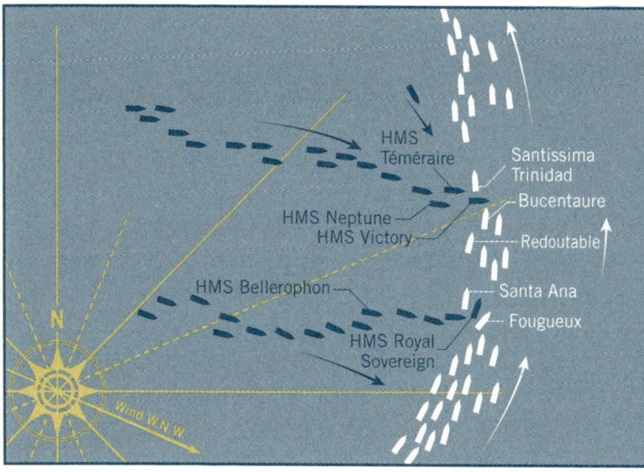

Karte 2
ca. 12:25 Uhr, Durchbruch der von Nelson geführten Schiffe

der Franzosen und Spanier. Nelson rief Kapitän Hardy, dem Kommandanten der *Victory,* zu: «Seht nur, wie dieser prachtvolle Collingwood sein Schiff ins Gefecht führt!» Und der sagte ungefähr zur selben Zeit zu Rotheram, seinem Flaggkapitän: «Was würde wohl Nelson dafür geben, jetzt hier zu sein!» Aus überaus geringer Distanz feuerte nun Collingwoods *HMS Royal Sovereign* eine Breitseite der doppelt geladenen Kanonen in das Heck der spanische *Santa Ana*, die auf einen Schlag 400 Mann tötete oder schwer verwundete. Im Gefolge griffen immer mehr Schiffe seiner Kolonne in das Gefecht ein, darunter auch die *HMS Bellerophon*, deren Kapitän auf die gleiche Weise sterben sollte wie Nelson. Viele Jahre später sollte dieses 74 Kanonen tragende *ship-of-the-line* dritter Klasse den gestürzten Kaiser der Franzosen in die Verbannung transportieren.[13]

Ungefähr zwanzig Minuten nachdem Collingwood mit seiner Lee-Kolonne und die alliierte Flotte die ersten Breitseiten ausgetauscht hatten, erreichte die *HMS Victory*, dicht gefolgt von der *HMS Temeraire* und der *HMS Neptune,* die feindliche Linie im Zentrum. Nelson versuchte, sich in eine Lücke zwischen der spanischen *Santissima Trinidad* und der französischen *Bucentaure* zu schieben. Die *Santissima*, das damals größte Kriegsschiff der Welt, führte auf vier Decks 130 Kanonen von gewaltiger Feuerkraft. Ihr Kommandant, Admiral Don Baltazar Cisneros, konnte zwar den Abstand zu der vor ihr laufenden *Bucentaure* verringern, aber nicht verhindern, dass die *Victory* hinter dem Heck des französischen Flaggschiffes vorbeiging. Die erste gewaltige Breitseite von Nelsons Flaggschiff fegte durch die Decks und hielt blutige Ernte. Insbesondere eine der mächtigen 68-pfündigen Karronaden verursachte viele französische Opfer. Immer mehr Schiffe griffen in den Kampf ein, der sich schnell zu einem allgemeinen «Getümmel» – einem Mêlée – entfaltete.

Erst jetzt, unter schwerem Beschuss, signalisierte Admiral Villeneuve dem Befehlshaber der Vorhut, Dumanoir, zu wenden, um auch in die Schlacht einzugreifen. Doch der reagierte auf das Signal zunächst nicht, steuerte unbeirrt Nordkurs und entfernte sich damit von der eigentlichen Schlacht. Wer weiß, wie die Schlacht bei einem baldigen Eingreifen der Vorhut ausgegangen wäre. Nelsons *Victory* wurde nun ihrerseits schwer durch den Beschuss der französischen *Neptune* getroffen und zudem von der anlaufenden *Redoutable* angegriffen, deren Kapitän Lucas der große Held auf französischer Seite werden sollte. Er gab erst auf, als sein Schiff, die «Furchterregende», völlig seiner Masten beraubt worden war. Während das englische Admiralsschiff vergeblich versuchte, sich an die Seite der *Bucentaure* zu legen, wurde es von der *Redoutable* gerammt, die sich nun an ihrer hinteren Seite festsetzte. Enterversuche konnten von der *Victory* zunächst abgeschlagen werden, wohl auch, weil ihr Deck viel höher ist. Intensives Musketenfeuer von der *Redoutable* führte allerdings zu schweren Verlusten auf der *Victory*. Die berüchtigten französischen Scharfschützen, die auf den Masten saßen, nahmen lohnende Ziele auf dem Oberdeck der *Victory* ins Visier.

Bereits eine halbe Stunde nachdem die *Victory* ins Gefecht gekommen war, um 13:15 Uhr, erkannte ein Scharfschütze aus den Marsen der *Redoutable* Nelsons Rangabzeichen und feuerte seine Muskete auf ihn ab. Die Kugel traf seine linke Schulter, riss Teile der Epaulette und des Uniformrocks mit sich, durchschlug das Schulterblatt, die Lunge und das Rückgrat und blieb erst in der Rückenmuskulatur stecken. Der tödlich verwundete Admiral wurde unter Deck gebracht, während Kapitän Thomas Hardy den Kampf auf der *Victory* weiterführte. Im Orlopdeck, dem sichersten Platz auf einem Linienschiff im Gefecht, wurde Nelson vom Schiffsarzt untersucht. Man versuchte, aufmunternd und hoffnungsvoll auf ihn einzureden, aber der Lord wusste schon mit Bestimmtheit, was nun der Arzt bestätigte. Es gab keine Überlebenschance mehr. Zum Glück für die

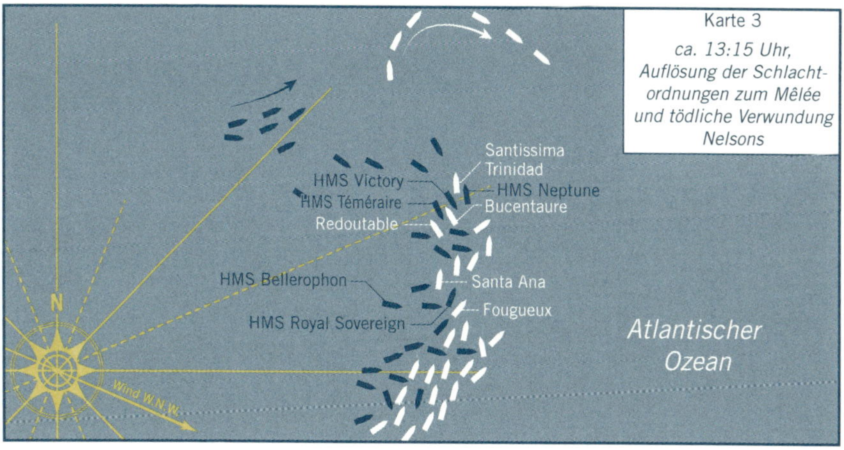

Victory kam ihr die *Temeraire* zu Hilfe und attackierte die *Redoutable* sehr wirkungsvoll an der anderen Seite. Doch für Lord Nelson kam die Hilfe zu spät.

Die Szenerie war ohnehin gespenstisch. Wie in dichtem Nebel blitzte und krachte es an allen Enden. Die Schiffe, viele von ihnen schon zum Teil entmastet, waren in undurchdringlichen Pulverdampf gehüllt. So manche Gegner trieben unbemerkt aneinander vorbei oder gerieten zufällig in Zweikämpfe. Überall schwammen Wrackteile und Leichen im Meer. Jean Jacques Étienne Lucas, der Kapitän der *Redoutable*, sagte später, dass es unmöglich sei, den Schrecken zu beschreiben, den die mörderischen Breitseiten der Briten anrichteten. In weniger als einer halben Stunde sei sein Schiff so zerschossen worden, dass es einem Haufen Schutt geähnelt habe. Alle eigenen Kanonen seien zerstört gewesen, und überall hätten Leichen und Schiffstrümmer herumgelegen. Von den 634 Mann seiner Besatzung seien 300 tot und über 200 verletzt worden.[14]

Bei der Vorhut hatte sich Dumanoir auf der *Formidable* mit seinem Geschwader dann doch endlich entschieden umzukehren. Wegen des schwachen Windes erwies sich das Manöver aber als äußerst mühselig. Boote mussten ausgebracht werden, um die Schiffskolosse zu wenden. Als Dumanoir mit seinem Geschwader endlich in Richtung Zentrum lief, formierten sich mehrere britische Schiffe zu einer Linie gegen den drohenden Entlastungsangriff. Der französische Vizeadmiral gab daraufhin die Schlacht verloren und setzte sich ab.

Die *HMS Africa*, die es schon zu Beginn der Schlacht in die Nähe der alliierten Vorhut verschlagen hatte, war glimpflich davongekommen. Sie wurde von der *Neptuno* und der *San Augustin* verfolgt, zwei der wenigen Schiffe aus der spanischen Vorhut, denen es noch gelang, dem Zentrum zu Hilfe zu eilen. Kapitän Digby von der *Africa* steuerte mit seinem Schiff in eine gewaltige Wolke aus Pulverdampf und glaubte, die *Santissima Trinidad*, deren riesigen Rumpf er immerhin erkennen konnte, habe die Flagge gestrichen. Daraufhin schickte er in einem Boot ein Prisenkommando zu dem spanischen Schiff, um die Kapitulation entgegenzunehmen. Doch der Bootsführer wurde von einem spanischen Offizier auf der *Santissima* höflich darüber informiert, dass die Flagge nur zufällig weggeschossen sei und man durchaus weiterzukämpfen beabsichtige. Das britische Prisenkommando musste unverrichteter Dinge abdrehen.

Admiral Villeneuve, der die ganze Zeit an Deck der mittlerweile schwer angeschlagenen *Bucentaure* war, blieb wie durch ein Wunder unverletzt. Doch angesichts der katastrophalen Lage kapitulierte er und begab sich in Gefangenschaft. Auch der spanische Admiral Cisneros von der *Santissima Trinidad*, die stundenlang von mehreren britischen Schiffen umringt war, musste schließlich die Flagge streichen. Admiral Gravina, der trotz seiner tödlichen Verwundung noch das Kommando innehatte, gab nun allen Schiffen, die ihm noch folgen konnten, das Signal zum Abbruch des Kampfes. Die Briten hatten gesiegt.

Der sterbende Nelson erfuhr durch Kapitän Thomas Hardy vom Ende der Schlacht und dem britischen Sieg. Kurz bevor er um 16:30 Uhr verschied, befahl er, um dem drohenden Sturm zu begegnen: «Ankern, Hardy, ankern!» und dann mit ersterbender Stimme: «Werft mich nicht über Bord. Sorgen Sie für meine liebe Lady Hamilton, Hardy, nehmen Sie sich der armen Lady Hamilton an – küssen Sie mich, Hardy!» Der Kapitän beugte sich nieder und erfüllte Nelsons Wunsch. Dann hauchte der sterbende Admiral noch: «Jetzt bin ich zufrieden! Gott sei Dank, ich habe meine Pflicht getan!» Als ob auch das Kampfgeschehen den Tod des Admirals verkünden wollte, steigerte sich der nach fünf Stunden langsam abebbende Kampflärm zu einem gewaltigen Finale: Mit einem ohrenbetäubenden Knall explodierte die Pulverkammer der französischen

Der Tod des Heilands: Der postume Nelson-Kult in England ist stark durch die zeitgenössische Malerei befördert worden. Eines der berühmtesten Gemälde in diesem Heroisierungsprozess ist das Werk «Death of Nelson» von Arthur William Devis (1762–1822). Für seine Darstellung des heldisch-entrückten Todes, die an einen in Leinen gehüllten Christus erinnert, hat Devis Zeichnungen und Vorstudien an Bord der *HMS Victory* nach deren Rückkehr von Trafalgar gemacht. Eine der Studien entstand sogar während der Autopsie durch den Schiffsarzt Sir William Beatty. Das Werk wird heute im National Maritime Museum Greenwich verwahrt, eine weitere Fassung befindet sich im Historic Dockyard in Portsmouth an Bord der *Victory* genau an der Stelle, wo der Admiral einst starb.

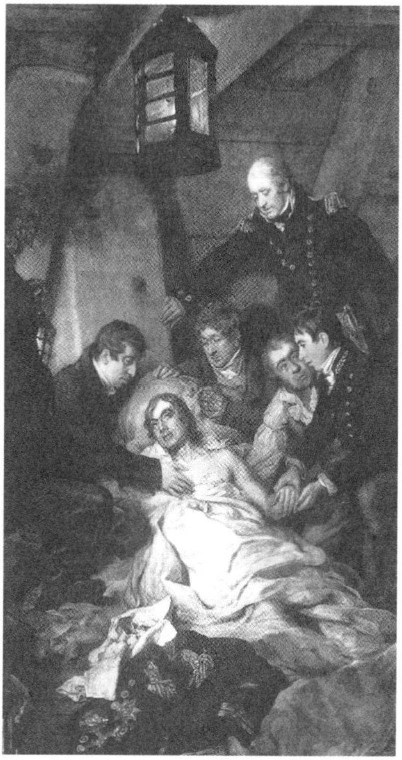

Achille und riss das Schiff augenblicklich auseinander. Die *Achille* war übrigens das einzige Schiff, das durch die direkte Einwirkung der Schlacht sank.

Der Seeheld im Brandy

Die britische Flotte hatte die Schlacht zwar gewonnen und dabei kein eigenes Schiff verloren, doch zum Ausruhen blieb nur wenig Zeit. Eine neue Gefahr drohte: Das schon lange erwartete schwere Wetter zog auf. Viele britische Schiffe waren stark beschädigt worden und in einem kaum besseren Zustand als die fast zu Wracks geschossenen und eroberten

Prisen. Auch Collingwood, der nach Nelsons Tod Oberkommandierender der schwer angeschlagenen britischen Flotte wurde, musste seine fast völlig entmastete *Sovereign* gegen ein anderes Schiff tauschen. Er stand vor mehreren schweren Entscheidungen. Sollte er ankern, wie Nelson noch befohlen hatte? Doch wo unter Land gehen, um das zu tun? Hatte er genug Leute, um die eigenen Schiffe einigermaßen gegen den Sturm zu rüsten, ganz abgesehen von den 17 eroberten Linienschiffen der alliierten Flotte mit den Tausenden von Gefangenen an Bord? Ihm blieb eigentlich keine Wahl, denn zu schnell hätte er auf Legerwall geraten können und wäre mit all seinen Schiffen an der Küste zerschellt. Er musste vom Land weg, weiter auf die See hinaus. Was die alliierte Flotte, deren Überreste wenigstens den Hafen von Cadiz ansteuern konnten, nicht geschafft hatte, wäre fast dem auf die Schlacht folgenden Orkan gelungen: die britische Flotte zu vernichten.

Die Schlacht von Trafalgar wurde in einem von allen unerwarteten zweiten Akt ein weiteres Mal gewonnen: von der unglaublichen Härte und Durchhaltekraft der englischen Seeleute während der nächsten Stunden und Tage. Nicht ein einziges britisches Schiff ging während des Sturmes verloren. Doch für die Prisen blieben nicht mehr genügend Kapazitäten übrig. Hilflos trieben die eroberten Schiffe im Wert von über einer Million Pfund durch den Sturm, nachdem man die Schlepptrossen hatte kappen müssen. Die *San Augustin* und die *Santissima Trinidad* sanken mit vielen Hundert Seeleuten an Bord. Auch die *Redoutable* und die *Bucentaure* teilten dieses Schicksal.

Nach fast einer Woche Sturm gewann die britische Flotte vor Trafalgar auch den Kampf gegen die Elemente. Die Liste der Verluste verzeichnete insgesamt bei der britischen Flotte 449 Tote oder Vermisste und 1204 Verwundete. Die spanische Flotte zählte 1000 Tote und rund 1400 Verwundete. Frankreich verlor mehr als 3000 Mann, und mehr als 1000 Seeleute wurden verwundet. Die Gesamtzahl der spanischen und französischen Gefangenen belief sich auf rund 20 000 Mann. Die meisten Opfer hatten allerdings nicht britische Geschosse gefordert, sondern der Sturm. Die Seeleute waren beim Untergang oder Stranden der Schiffe ertrunken.

Die Leiche Horatio Nelsons wurde, seinem Wunsch entsprechend, nicht wie die aller anderen Schlachttoten über Bord geworfen. Zur Konservierung für eine Reise nach England steckte man die bis auf ein Hemd entkleidete Leiche in ein Fass mit Brandy, das am Großmast der *Victory* festgebunden wurde. In Gibraltar tauschte man den Brandy gegen reinen Alkohol, denn schon während des Sturms hatten die Gase der einsetzenden Verwesung den Deckel des Fasses angehoben, was den dabeistehenden Ehrenposten in Panik versetzte. Anfang Dezember 1805 erreichte die *Victory* Portsmouth, wo man die Leiche obduzierte und die Kugel entfernte, an der immer noch Uniformreste hafteten. Nelsons Todeskugel kann man heute auf Schloss Windsor sehen, seine durchschossene Uniform im Nationalen Marinemuseum von Greenwich. In einem Sarg, den man aus dem Holz des Großmastes der *L'Orient* gefertigt hatte, transportierte man die Leiche nach London, wo sie in einem pompösen Staatsakt am 9. Januar 1806 in der St.-Pauls-Kathedrale beerdigt wurde. Da Frauen nicht zugelassen waren, fehlten dabei sowohl seine Geliebte Emma als auch seine Tochter Horatia sowie seine Ehefrau Fanny.

Um den schon zu seinen Lebzeiten verehrten Helden entwickelte sich postum ein regelrechter Personenkult. Dessen Höhepunkt stellt die 56 Meter hohe Säule am Trafalgar Square dar. Allein in London gibt es heute rund fünfzig Nelsonplätze, -straßen und -wege. Bilder seiner Person, seiner Taten, seines Todes, ja, sogar seiner Apotheose wurden gemalt. Sein Antlitz und Name schmückten Büsten, Tassen, Teller, Schals, Dosen und allerlei weiteren Nippes. Es setzte eine Legendenbildung ein, die den Charakter eines Mythos annahm und die Nelson in einem idealisierten Bild als unfehlbaren strahlenden Helden zeigte. Die Züge des Fanatikers, der, wie Earl St.Vincent 1814 schrieb, mit «animalischem Mut» rücksichtslos und brutal agierte, verblassten. Und von seinen beiden Leidenschaften, der Gier nach Ruhm und seiner Liebe zu Emma Hamilton, blieb nur die Amoure in den Erinnerungen.[15]

Unter den französischen Gefangenen befand sich auch Admiral Villeneuve, der nach England gebracht wurde. Er nahm sogar an der Beisetzung Nelsons teil. Villeneuve kann wohl, wie der Napoleon-Biograph Johannes Wilms schrieb, «mit Abstand als der größte Versager in der Geschichte der französischen Marine gelten». Schon bei Aboukir war er als Befehlshaber der Nachhut desertiert und hatte seinen Vorgesetzten Brueys, ohne einen Schuss abzugeben, im Stich gelassen; was überraschenderweise nicht seiner späteren Beförderung zum Flottenchef im Wege stand. Mit der Berufung Villeneuves zum Oberbefehlshaber der

Mittelmeerflotte mussten Napoleons Interventionspläne auch ohne einen Nelson scheitern. Wenige Monate nach Trafalgar entließ man den geschlagenen Admiral in seine französische Heimat. Ein solcher Mann erschien den Engländern in seiner Heimat wahrscheinlich nützlicher als in Gefangenschaft. Doch Villeneuve sollte Paris nie erreichen. In einem Gasthaus bei Rennes fand er einen mysteriösen Tod. Selbstmord aus Schande und aus Angst vor dem Gerichtsverfahren, behauptete die Napoleonische Propaganda. Doch die Vermutung, dass er durch die Hand eines Mörders fiel, vielleicht sogar im Auftrage des französischen Kaisers, liegt nahe.[16]

Für den Kaiser der Franzosen, der seine Invasionsarmee nun vom Kanal abzog, bedeutete die verlorene Schlacht von Trafalgar auf lange Sicht den Anfang vom Ende. Zwar errang er wenige Wochen später bei Austerlitz mit eben diesen Truppen einen seiner größten Siege und beherrschte immer mehr den Kontinent. Doch hatte die Seeschlacht dem Imperator zu der Einsicht verholfen, dass er England auf den Wellen, das seine «hölzernen Mauern» schützten, nicht bezwingen konnte. Ein Jahrzehnt später setzte die Schlacht bei Waterloo den Schlusspunkt unter seine Herrschaft.

Für England bedeutete die Seeschlacht von Trafalgar den Höhepunkt in einer Reihe von Seegefechten, die der Royal Navy die absolute Herrschaft über die Meere einbrachte. Ein nun forciert ausgebautes System von Marinestützpunkten sicherte die weltweite Handlungsfreiheit der Marine. Diese Form der maritimen Machtpolitik basierte neben den Schlachtschiffen mit ihren Kanonen vor allem auch auf der Aneignung und Anwendung von technologischem Wissen, sei es etwa die Bestimmung von Längengraden, die Kartierung der Seewege oder die Zurückdrängung des Skorbuts, der bis dahin ebenso vielen Seeleuten den Tod gebrachte hatte wie Seeschlachten selbst. Hatte es nicht schon im Attisch-Delischen Seebund eine Flotte gegeben, die zwar für den Krieg bestimmt war, aber dennoch zur Kontrolle von Bündnispartnern, Handelswegen und politischem Einfluss diente und die in vielfältiger Weise Impulse zu gesellschaftlichen Wandlungsprozessen gab? Wiederholt sich hier gar die Geschichte eines weiteren *seaborn empire?* So scheint es jedenfalls.

Seit jenem Oktobertag 1805 stand jedenfalls für ein Jahrhundert fest: «*Rule Britannia, Britannia rule the waves.*» Nun wurde die Royal Navy, deren Traditionen nach dem Bonmot von Sir Winston Churchill auf «nichts als

Der vervielfältigte Held: Horatio Nelson wurde schon während seines Lebens sehr oft von Malern porträtiert, deren Werke dann selbst als Vorlagen für viele weitere Gemäldekopien, Stiche, Zeichnungen oder Emailarbeiten dienten. Eines der berühmtesten Porträts wurde in den Jahren 1800 und 1801 im Auftrag des Prince of Wales, des späteren Königs Georg IV., von John Hoppner (1758–1810) gemalt. Von dieser Vorlage stammt der hier abgebildete Stich von Thomas Woolnoth, der Nelson mit den Abzeichen verschiedener Orden und den am Hals getragenen Marinemedaillen für seine Siege bei St. Vincent und Aboukir zeigt.

Rum, Sodomie und die Peitsche» beruhten, zum Instrument einer weltumspannenden maritimen Ordnungspolitik. Dieses globale Engagement ermöglichte erst Großbritanniens Weltmachtstellung im 19. Jahrhundert und die Schaffung des sogenannten Zweiten Empire. «Es waren die Flotte und das Pfund Sterling, die das Rückgrat des Empire bildeten.» Dessen Bedeutung ist durchaus mit dem Imperium Romanum vergleichbar. Eine *pax Britannica* herrschte über ein Viertel der Welt, so wie die *pax Romana* viele Jahrhunderte zuvor den Erdkreis dominiert hatte. Und wie das Lateinische auch noch nach dem Untergang des Römischen Reiches eine europaweite Kommunikation ermöglichte, so entfaltete sich Englisch zur Weltsprache des 20. Jahrhunderts.[17]

Eine Ironie der Geschichte dürfte sein, dass die britische Seeherrschaft letztendlich auch die gewaltige Territorialausdehnung der noch jungen USA, ihrer ehemaligen abtrünnigen Kolonien, überhaupt erst ermöglicht hat. Da Frankreich seine Kolonie Louisiana wegen der Überlegenheit der Royal Navy nicht entwickeln konnte, verkaufte es 1803 im «Louisiana-Purchase» dieses Territorium an die USA und ermöglichte deren Erweiterung um fast ein Drittel der heutigen Ausdehnung. Die Seestreitkräfte dieses nun so großen Landes sollten in der zweiten Hälfte des 20. Jahrhunderts zur größten Marine der Welt werden.[18]

Und Nelsons Signal? Die seinerzeit gehisste Aufmunterung an die Flotte *«England expects ...»* erlebte durch den Sieg eine enorme Verbreitung und wurde zumindest im anglo-amerikanischen Kulturkreis zu einem geflügelten Wort. John Braham komponierte 1811 das Lied «The Death of Nelson», in dem die Worte der Botschaft enthalten sind. Das Lied erlangte im 19. Jahrhundert große Popularität im ganzen Empire. Der berühmte Text prangt auch auf der Basis der Nelson-Säule und auf seiner Grabtumba in der St. Pauls Kathedrale. Generationen britischer Schulkinder lernten das Signal auswendig. Charles Dickens, Lewis Carroll oder James Joyce verarbeiteten es in ihren Werken. Und bis heute ist es omnipräsent: Ein TV-Drama, ein Fußballbuch, Krawattenaufdrucke, Tassenaufkleber verkünden es, und natürlich weht es jährlich am Tag von Trafalgar, am 21. Oktober, von Nelsons *Victory* in Portsmouth. Selbst fremde Flotten imitierten diese Botschaft. Schon Napoleon wollte eine Übersetzung: *«La France compte que chacun fera son devoir»* flatterte es von französischen Schiffen. Und vor Seegefechten benutzte es die US-Navy zu Beginn des 19. wie die japanische Marine zu Beginn des 20. Jahrhunderts. Herman Melville, der Autor von *Moby Dick*, stand mit seiner Ansicht also nicht allein, wenn er behauptete, Nelson sei «der größte Seemann, seit die Welt begann».[19]

10. Lissa 1866

TRIUMPH DER TODGEWEIHTEN

Wie die Flotte der moribunden Habsburger-Monarchie die Schiffe des aufstrebenden Italien in den Adriagrund bohrte

Die Gegner, die sich am 20. Juli 1866 vor der kleinen kroatischen Adriainsel Lissa (heute Vis) gegenüberstanden, hätten unterschiedlicher nicht sein können. Auf der einen Seite die Flotte des jungen Königreichs Italien, ausgestattet mit modernen Schiffen, modernen Geschützen und einer modernen Idee: derjenigen des geeinten Nationalstaats, für dessen Arrondierung man kämpfte. Demgegenüber verteidigte der österreichische Gegner nicht nur Ideen von gestern, in Gestalt eines halb absolutistisch regierten Vielvölkerstaats, sondern setzte dabei Schiffe ein, die ihrem Gegner technisch in jeder Hinsicht unterlegen waren. Doch unter der energischen Führung Admiral Wilhelm von Tegetthoffs gelang dem scheinbaren Underdog ein aufsehenerregender Triumph. «Lissa» wurde in Italien als eine geradezu traumatisierende Demütigung empfunden und lädt zum Nachdenken über die Frage ein, ob in der Geschichte die scheinbar fortschrittlichen Prinzipien immer so zwangsläufig siegen, wie es eine erfolgsverherrlichende Geschichtsschreibung für ausgemacht hält.

Rache für Vergangenes

In Thomas Manns ironischem Bildungsroman *Der Zauberberg* kommt der Figur des schöngeistigen Humanisten Lodovico Settembrini eine zentrale Rolle zu. Sorgenvoll bemüht, den Romanhelden Hans Castorp zu einem tüchtigen Vertreter des bürgerlichen Liberalismus zu erziehen, feiert Settembrini die Ideale der Aufklärung und der Französischen Revolution, wie sie, inzwischen etwas angestaubt, die «Zivilisationsliteraten» des frühen 20. Jahrhunderts vertraten: Der Dreiklang Nationalismus, Liberalismus, technischer Fortschritt begleitet die Ausführungen Settembrinis auf Schritt und Tritt.

Nicht zufällig hat Thomas Mann für die Erfüllung dieser pädagogisch-pedantischen Aufgabe einen Italiener gewählt, dessen wortgewaltige, wenn auch nicht immer gedanklich ganz konsequente Sonntagsreden zu guten Teilen von den Schriften des linksliberalen Politikers und Revolutionärs Giuseppe Mazzini (1805–1872) inspiriert sind. Und ebenso wenig ist es Zufall, dass in diesen Reden nicht nur abstrakte Prinzipien verfochten werden, sondern diese Prinzipien, auf die europäische Staatenwelt des 19. Jahrhunderts angewendet, ein erfreulich eindeutiges Freund-Feind-Schema spiegeln: Das gute, fortschrittliche, zukunftsträchtige Staatsmodell stellt das Frankreich der bürgerlichen Revolution dar. Das böse, rückständige, menschen-, weil fortschrittsfeindliche Prinzip verkörpert hingegen der österreichische Vielvölkerstaat mit seinem durch fromme Pietät und ehrwürdige Tradition legitimierten Kaiser in Wien. Der Traum des Zivilisationsliteraten besteht in der Verwirklichung der vernunftgeleiteten, demokratisch geprägten Nationalstaaten. «Zu diesem Ziele aber war vor allem erforderlich, das asiatische, das knechtische Prinzip der Beharrung im Mittelpunkte und Lebensnerv seines Widerstandes zu treffen, nämlich in Wien. Österreich gelte es aufs Haupt zu schlagen und zu zerstören, einmal um Rache zu nehmen für Vergangenes, und dann, um die Herrschaft des Rechtes und des Glückes auf Erden in die Wege zu leiten.»[1]

Eine Flotte für die italienische Nation

«Rache zu nehmen für Vergangenes» – das meint Lissa, jene Seeschlacht im Sommer 1866, die für Liberale, Patrioten und Vertreter der Aufklärung im jungen Italien eine kaum erträgliche Schmach darstellte. Lissa war einer von nur zwei militärischen Höhepunkten des kurzen «Dritten Italienischen Unabhängigkeitskrieges», der gewissermaßen den südeuropäischen Ableger des Preußisch-Österreichischen Krieges von 1866 bildete. Angesichts der wachsenden Spannungen zwischen den beiden deutschen Führungsmächten und der unmittelbar bevorstehenden militärischen Auseinandersetzung hatte sich das junge Königreich Italien, das erst am 17. März 1861 ausgerufen worden war, mit Preußen verbündet. Kaiser Franz Joseph I. war deshalb bei Beginn der Feindseligkeiten gezwungen gewesen, sein Heer zu teilen in eine Nordarmee, die gegen die Preußen kämpfte, und eine wesentlich schwächere Südarmee, die in Oberitalien operierte. Hier gelang es den österreichischen Truppen am 24. Juni 1866, die zahlenmäßig weit überlegene italienische Armee südlich des Gardasees bei Custozza empfindlich zu schlagen. Für den Ausgang des Krieges schien dieser Erfolg schon bald nebensächlich, weil bereits zehn Tage später die österreichische Hauptarmee bei Königgrätz gegen die Preußen eine vernichtende Niederlage erlitt. Doch die öffentliche Meinung Italiens war alarmiert. Konnte es sein, dass der Sieg gegen den verhassten Erzfeind in Wien allein durch die fremden Verbündeten errungen worden war? Das wäre für das militärische und politische Prestige des jungen Königreichs eine Katastrophe.[2] Es wäre jedoch auch im Hinblick auf die Durchsetzung der weitgespannten territorialen Forderungen, die man erhob, katastrophal: Das Veneto sollten die Österreicher abtreten, aber auch Südtirol, Triest, am besten sogar Teile Dalmatiens. Weitgehende Wünsche, die kaum in Erfüllung gehen würden, wenn der italienische Beitrag zum Sieg über die Österreicher allein in der Niederlage bei Custozza bestünde.

In dieser Situation lag es nahe, den Einsatz der Flotte zu fordern, jener Flotte, die das Königreich Italien nach seiner Gründung sogleich mit gewaltigem finanziellen und organisatorischen Aufwand ins Werk gesetzt hatte.[3] Die Gründe für die enormen Summen, die das Parlament in Florenz – Rom sollte erst nach dem Ende des Kirchenstaats 1870 zur italienischen Hauptstadt werden – für den Flottenbau bewilligte, lagen weniger im militärischen als im politischen Bereich. Die Proklamation des Königreichs Italien mochte von Intellektuellen und bürgerlichen Kreisen bejubelt worden sein. In der Praxis warf der Zusammenschluss von Territorien mit höchst unterschiedlichen Strukturen, Traditionen und Kulturen, ja selbst Sprachen eine Vielzahl von bis heute großteils nicht gelösten Problemen auf. Dringend wünschenswert musste deswegen die Schaffung nationaler Symbole erscheinen, und ein solches Symbol wäre die Kriegsflotte – gleichermaßen Verkörperung altehrwürdiger Tradition, der Italiener als Seefahrervolk nämlich, und fortschrittlichster Technik.[4] Denn im Bereich der Militärschifffahrt waren just die beiden Jahrzehnte zwischen 1860 und 1880 eine Phase sich geradezu überstürzender revolutionärer Neuerungen.

Dabei ist zunächst auf die Erfindung der Dampfmaschine und ihre Nutzung für die Seefahrt hinzuweisen, dank derer die Schiffe nicht nur unabhängig vom unbeständigen Wind wurden, sondern auch rapide wachsende Geschwindigkeiten erreichten. Noch Nelsons Flotte bei Trafalgar hatte unter normalen Bedingungen eine Höchstgeschwindigkeit von etwa 8 Knoten erreicht. Bei Lissa hingegen lag das Spitzentempo der modernen Panzerschiffe bereits bei 12 bis 14 Knoten. Zwar waren die Dampfmaschinen noch anfällig und der Kohlenverbrauch enorm,[5] so dass man auf die zusätzliche Nutzung der Windkraft einstweilen nicht verzichten mochte und die Schiffe das wenig elegante Erscheinungsbild von Kreuzungen aus Dampf- und Segelschiff, mit Masten, Takelage *und* Schornsteinen boten. Doch die Zukunft gehörte dem Dampfer, und das hatte weitreichende Konsequenzen für die Kampftechniken: Das bisher

Auf dem Weg zum modernen Schlachtschiff: Die *Re di Portogallo,* Schwesterschiff des italienischen Flaggschiffs *Re d'Italia,* lässt die eigenartige Zwitterform der Kriegsschiffe um 1860 deutlich erkennen: Dank der Masten ist das schwer gepanzerte Schiff segeltauglich, doch der Schornstein verrät bereits den modernen Dampfantrieb. Die Anordnung der Geschütze erfolgte noch in traditioneller Weise auf Batteriedecks an den Seiten des Schiffes, dieses System sollte schon in der nächsten Schlachtschiffgeneration durch Drehtürme ersetzt werden.

im Seekrieg oft entscheidende Entern des feindlichen Schiffes würde es in Zukunft nicht mehr geben; die Schiffe waren dafür einfach zu schnell geworden.[6]

Ein weiteres revolutionäres Element in der Seekriegsführung brachten die Fortschritte in der industriellen Eisenverarbeitung. Die Erfindung der Panzerplatte und die daraus resultierende neue Form des Panzerschiffs ging einher mit dem Einsatz der Dampfkraft, denn natürlich war ein Schiffskörper, der mit tonnenschweren, mehrere Zentimeter dicken Stahlplatten verkleidet wurde, ungleich mühsamer zu navigieren als ein Holzschiff. In der Tat erwiesen sich die ersten Panzerschiffe, wie sie im Krimkrieg (1854–1856) zum Einsatz gekommen waren, als wenig seetüchtig. Doch dafür zeigte sich sogleich, dass das traditionelle vollgetakelte Holzschiff ihnen im Kampf nicht nur unterlegen, sondern gegen sie schlechterdings chancenlos war: Die Vollkugeln, mit denen die alten Linienschiffe schossen, prallten an den Panzerschiffen ab wie Kieselsteine an einer Betonmauer. Umgekehrt erzielten die Treffer der «kürassierten Fregatten» auf den Holzschiffen eine furchtbare Wirkung, umso mehr, als ihnen weitere technische Entwicklungen zugute kamen, nämlich im Bereich der Artillerie.

Hier machten in der Mitte des 19. Jahrhunderts gleich vier Neuerungen Furore: (1) die Entwicklung von Hinterlader-Geschützen, die gegenüber den traditionellen Vorderladern wesentlich einfacher und schneller zu bedienen waren;[7] (2) die Ersetzung von Bronze durch Gusseisen und dann bald Gussstahl, die sich als haltbarer erwiesen; (3) die Verwendung «gezogener» Läufe, also Artillerierohre, auf deren Innenseite spiralförmige Nuten verliefen, die das Geschoss mit Drall versahen, wodurch seine Flugbahn stabilisiert und die Durchschlagskraft beträchtlich erhöht wurde; (4) der Ersatz der traditionellen massiven Vollkugeln durch explodierende Granaten, deren zerstörerische Wirkung deutlich größer war.[8]

All diese modernen Errungenschaften waren teuer. Doch «Königin der Adria zu sein war Italiens erster Traum»,[9] und so setzte das junge Königreich seinen Zugang zu den internationalen Kapitalmärkten ein, um auf französischen, englischen, amerikanischen Werften Schiffe auf dem neuesten Stand der Seekriegstechnik in Auftrag zu geben. 1866 verfügte die italienische Marine deswegen nicht nur über zwölf moderne Panzerschiffe, wie etwa die *Re d'Italia*,[10] sondern gerade rechtzeitig zum Kriegsbeginn wurde auch ein gänzlich neuer Schiffstyp ausgeliefert, ein hoffnungsvoll auf den Name *Affondatore* («Versenker») getaufter sogenannter «Widder». Das schwer gepanzerte und deswegen unverwundbar erscheinende Monstrum besaß nur zwei Geschütze; die jedoch, gegossen in der renommierten britischen Geschütz-Fabrik Armstrong, waren in gepanzerten Drehtürmen montiert, konnten ihr Ziel also unabhängig von der Fahrtrichtung des Schiffes anvisieren und mit 25,4-Zentimeter-Granaten von furchtbarer Wirkung beschießen. Die Typenbezeichnung «Widder» verdankte das Schiff seinem neun Meter langen Rammsporn, einer furchteinflößenden Waffe im Nahkampf.[11]

Einem solchen Spitzenprodukt des technologischen Fortschritts hatte die österreichische Flotte nichts entfernt Gleichwertiges entgegenzusetzen. Überhaupt war diese Flotte erst angesichts der Bedrohung durch den italienischen Einigungsprozess nach den Revolutionsjahren 1848/49 eher widerwillig aufgebaut worden.[12] Zwar gehörten zum österreichischen Kaiserreich durch die Besitzungen auf dem Balkan und in Oberitalien ausgedehnte Küstenregionen und mit Venedig und Triest auch zwei wichtige und traditionsreiche Häfen. Doch in Wien betrachtete man sich als Land-, nicht als Seemacht, und angesichts der notorisch prekären Haushaltslage wurde, wenn überhaupt, in die Modernisierung des Heeres investiert, nicht in die Marine.[13] Bezeichnend ist in diesem Zusammenhang die Ausrüstung der beiden modernsten Panzerschiffe der österreichischen Flotte, *Erzherzog Ferdinand Max* und *Habsburg,* im Jahr 1866. Ursprünglich für 32 schwere Geschütze ausgelegt, wurde deren Zahl auf 16 halbiert. Diese waren bei Krupp in Essen zwar bestellt, jedoch bei Kriegsbeginn noch nicht geliefert worden. So erhielten die beiden Panzerfregatten stattdessen 16 viel zu leichte 48-Pfünder, zudem mit glatten Läufen. Den wiederholten Hinweis auf die fatalen Folgen der mangelhaften Bestückung gerade dieser an sich leistungsfähigsten Schiffe konterte der österreichische Flottenkommandant Tegetthoff mit einem Telegramm, für dessen Charakterisierung man den paradoxen Ausdruck der «heroischen Ironie» einführen möchte: «Thut nichts; habt Ihr keine Kanonen, so gebt mir die Schiffe, und ich werde es schon so gut machen als möglich.»[14]

Konter-Admiral Wilhelm von Tegetthoff entstammte einer ursprünglich im Westfälischen beheimateten Familie, deren Geschicke exemplarisch für die vor- und übernationale Lebenswelt der Habsburger-Monarchie stehen könnten.[15] Der Urgroßvater war im burgenländischen Eisenstadt, der Großvater im galizischen Wieliczka gestorben, Wilhelm selbst am 23. Dezember 1827 im slowenischen Maribor/Marburg geboren. Weil es ihn zur Marine zog, trat der Dreizehnjährige 1840 in die Marinekadettenschule in Venedig ein, wo er zunächst einmal Italienisch bzw. den venezianischen Dialekt lernte, den er Zeit seines Lebens als Kommandosprache benutzte. Das war schon deswegen nötig, weil es sich weniger bei den Offizieren, umso mehr aber bei den Mannschaften der kaiserlichen Kriegsmarine in der Hauptsache um Kroaten handelte, die aus den bis 1797 von Venedig beherrschten Küstenregionen Dalmatiens kamen und daher ein ähnliches Italienisch sprachen wie die aus dem Veneto stammenden Flottenangehörigen.

Man sollte meinen, dass die «multiethnische» Truppe auf den teils veralteten, teils nicht vollständig ausgestatteten, auch zahlenmäßig weit unterlegenen Schiffen der österreichischen Flotte wenig Begeisterung aufbrachte für den Kampf mit einem auf dem Papier weit überlegenen Gegner, der ihr zudem, den Vorstellungen der Nationalisten zufolge, nicht als Feind, sondern als Bruder erscheinen musste. Doch bemerkenswerterweise bestanden die Probleme, mit denen sich Tegetthoff konfrontiert sah, keineswegs in der Motivation seiner Mannschaften. Zwar beklagte er mit dem ihm eigenen Spott die Trägheit der Marine-Verwaltung, etwa in einem Brief vom April 1866: «Ich verließ Wien mit dem peinigenden Gefühle, daß Unverstand und Gleichgültigkeit von oben auch in diesem Jahre der viel gelästerten und geschmähten Marine harte Opfer auferlegen würden, und ich traf hier in Pola ein, um trotz des Kriegsgeschreis aller in- und ausländischen Blätter das Hafenadmiralat und Arsenal in einem gemütlichen Friedensschlummer wiederzufinden, den zu stören einige von Wien eingetroffene Weisungen halb verschwommen kriegerischer Färbung nicht vermocht hatten. Wir sind, wie gewöhnlich, nicht gerüstet, um einer plötzlich herantretenden ernsten Anforderung einigermaßen zu genügen.»[16] Doch machte sich Tegetthoff unverdrossen an die Arbeit, den Ausrüstungsmissständen abzuhelfen, die Offiziere zu instruieren und die Besatzungen auszubilden.[17] Seine Fortschritte dabei ließen ihn schon wenig später seiner langjährigen Freundin und Vertrauten, der Baronin Emma von Lutteroth in Trient, von Tegetthoff gerne als die «Marine-Mama» bezeichnet,[18] mit Blick auf den bevorstehenden Kampf wenn nicht optimistisch, so doch gelassen schreiben: «Sie werden sich Ihrer Kinder – wenn Sie uns alte Esel schon so nennen wollen – nicht zu schämen brauchen, hierfür bürge ich Ihnen.»[19]

Admiral Persano

Während die rastlose Aktivität des österreichischen Kommandanten ihm die Achtung und das Vertrauen seiner Untergebenen eintrug, war die Stimmung auf der Seite des Gegners bei weitem nicht so gut, wie sie angesichts der materiellen Überlegenheit und der Begeisterung italienischer Nationalisten für die Befreiung der bislang zum habsburgischen Vielvölkerstaat gehörenden Gebiete in Oberitalien hätte sein sollen. Sie war miserabel. Das lag nicht allein, aber doch zu guten Teilen an der matten Energielosigkeit des italienischen Oberbefehlshabers, Admiral Graf Carlo Pellion di Persano, der sein Amt weniger militärischen Talenten und Erfolgen als guten Beziehungen zur Regierung verdankte, der er 1862 als Marineminister angehört hatte.[20] Im Gegensatz zu seinem österreichischen Widersacher zeigte Persano weder Interesse an der praktischen Ausbildung seiner Truppe noch am Einsatz seines Geschwaders überhaupt.[21] Die italienweite Pressekampagne nach der Niederlage bei Custozza, die unerbittlich nach einem militärischen Triumph verlangte, kam ihm höchst ungelegen. Wiederholt weigerte er sich, den unmissverständlichen Befehl, die österreichische Flotte anzugreifen und zu vernichten, zu befolgen; tagelang kreuzte er mit seinem Geschwader in der Mitte der Adria, sorgfältig darauf achtend, weder vom italienischen noch vom kroatisch-österreichischen Festland aus sichtbar zu sein. Die Verachtung, die ihm seither seine Untergebenen entgegenbrachten, war grenzenlos. «Wir ankern wieder vor Ancona», notierte der Linienschiff-Kapitän Agostino Riboty, Kommandant der Panzerfregatte *Re di Portogallo* am 13. Juli mit ätzendem Hohn in seinem Logbuch(!), «überaus neugierig zu erfahren, welchem Zweck diese Kreuzfahrt gedient haben mag, bei der wir eine enorme Menge an Kohle verbraucht und die Maschinen verschlissen haben, ohne doch nur ein einziges Mal, und sei es mit Hilfe eines Fernrohrs, den Feind, oder Venedig, oder die dalmatinische Küste zu Gesicht bekommen zu haben; doch sind wir gehalten, daran zu denken, dass unser Kommandant weiß, was er tut, und dass die Pflicht der Untergebenen darin besteht, blind zu gehorchen.»[22]

Der nach Persanos seltsamem Manöver am 15. Juli 1866 aufgeregt nach Ancona eilende Marineminister Agostino Depretis suchte den Admiral

Schlüsselmatrosen: Bis zum Ende des Kirchenstaats im Jahre 1870 unterhielt auch der Papst eine kleine Kriegsmarine, deren Uniformen die Abbildung aus dem Jahre 1861 zeigt. Doch war diese Flotte, weder was ihren Umfang noch was die Kampfkraft ihrer Kriegsschiffe betraf, den Anforderungen der modernen Seekriegsführung in der Mitte des 19. Jahrhunderts gewachsen. Admiral Persano konnte dadurch bei der Beschießung der päpstlichen Hafenstadt Ancona 1861 billige Lorbeeren ernten.

persönlich zum Angriff zu bewegen. Dieser wandte ein, weder Offiziere noch Mannschaften seien der Aufgabe gewachsen, worauf der entsetzte Minister erwiderte: «Nun, so sagt es doch diesem Volke, das in seiner tollen Eitelkeit seine Seeleute für die ersten in der Welt hält, daß mit den dreihundert Millionen, um die wir seine Staatsschuld beschwert haben, wir ihm nur eine Flotte herzustellen wußten, die nicht einmal die Österreicher zu bekämpfen vermag! Es würde uns steinigen. Wer hat von der österreichischen Seemacht je anders als spottweise gesprochen?»[23]

Angesichts des massiven Drucks der öffentlichen Meinung und eines bemerkenswerten Befehls des italienischen Oberkommandos: entweder er greife endlich an oder er werde entlassen,[24] gab Persano am 16. Juli die Order zum Auslaufen der Flotte. Mit an Bord des Flaggschiffs *Re d'Italia* befand sich, gewissermaßen als Ein-Mann-Propagandakompanie, der Rechtsanwalt, nationalliberale Abgeordnete und Duzfreund Persanos, Pier-Carlo Boggio.[25] Das Ziel der Expedition war Lissa, eine kleine, strategisch nicht unbedeutende Insel vor der dalmatinischen Küste (heute Vis),

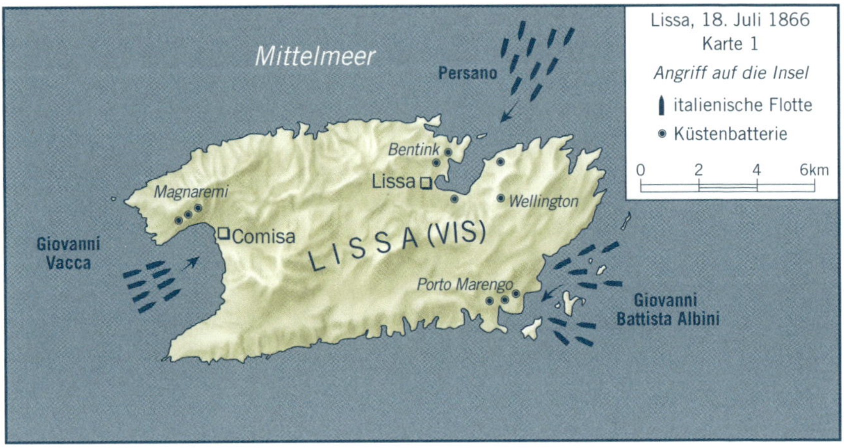

die durch ihre zentrale Lage, steile Küsten und einen gut zu verteidigenden Hafen von der italienischen Presse mit dem Titel «Gibraltar der Adria» bedacht worden war.

Zwei Tage später, am 18. Juli, begann die Beschießung der dortigen Küstenbatterien, bei der Kartenmaterial und eine sorgfältige Erkundung zweifellos von Nutzen gewesen wären. Beides fehlte, obwohl Marineminister Depretis Admiral Persano den wohlmeinenden Ratschlag gegeben hatte, geeignete Karten noch rasch in Ancona antiquarisch zu erwerben.[26] So stellten die italienischen Kommandeure erst vor Ort fest, dass die feindlichen Geschützstellungen auf den steilen Abhängen der Insel zu einem guten Teil außerhalb der Reichweite ihrer Schiffsartillerie lagen.[27]

Immerhin gelang es in zweitägigem Bombardement, von dem der Abgeordnete Boggio mit begeistertem Pathos dem Marineminister berichtete, wenigstens einen Großteil der österreichischen Hafenbatterien auszuschalten, allerdings um den Preis einiger Schäden und dreier Toter auf der Panzerkorvette *Formidabile*. Auch Persanos Befehl, die Telegraphenverbindung Lissas mit Pola, dem Heimathafen der österreichischen Flotte, zu kappen, gelangte zur Ausführung; freilich mit so großer Verzögerung, dass nicht nur der Angriff nach Pola gemeldet werden konnte, sondern auch Tegetthoffs Erkundigung nach der Stärke der feindlichen Flotte die Verteidiger erreichte.[28] Unbeeindruckt davon sandte Persano die Raddampferkorvette *Ettore Fieramosca* nach Ancona, um dem Marineminister Depretis zu melden, dass das «Gibraltar der Adria» praktisch genommen sei, auch wenn aus Mangel an Marineinfanterie die Landung noch nicht habe erfolgen können. Dabei verfügte er seinen eigenen Angaben zufolge am Morgen des 19. Juli über etwa 2600 Marine-Infanteristen für die Landung; ihnen standen knapp 1200 österreichische Infanteristen zur Verteidigung der Insel gegenüber.[29]

Zur gleichen Zeit ließ Persano den englischen Kapitän William Acton, Kommandant der Fregatte *Principe Umberto*, davon in Kenntnis setzen, dass man die Landung auf Lissa vorerst abgebrochen habe und dann morgen fortsetze. «In Ordnung», antwortete Acton, «aber warum?» – «Wir sind auf Widerstand gestoßen!» Worauf sich Acton bei seinem Flaggleutnant Vechi, der das Gespräch überliefert hat, erkundigte: «Was haben die denn erwartet? Dass sie zum Eis eingeladen werden? Diese Leute verstehen nichts vom Krieg.»[30]

«Muß Sieg von Lissa werden!»

Am frühen Morgen des 20. Juli sollte dann der Angriff fortgesetzt werden; inzwischen war eine weitere Verstärkung der italienischen Landungstruppen eingetroffen. Da wurde am nördlichen Horizont die Spitze der österreichischen Flotte sichtbar. Tegetthoff näherte sich mit 27 Schiffen, 525 Kanonen und 7700 Mann, Persano verfügte über 34 Schiffe, 695 Kanonen und 11 250 Mann.[31] Persano befahl daraufhin, die Vorbereitungen für die Landung abzubrechen und eine Schlachtlinie der Panzerschiffe in nordöstlicher Fahrtrichtung zu bilden, während die Holzschiffe unter dem Kommando von Konter-Admiral Giovanni Battista Albini als zweites Geschwader südlich der Panzerschiffe als Reserve standen. Damit beging er einen schweren strategischen Fehler. Angesichts seiner massiven artilleristischen Überlegenheit hätte Persanos Ziel darin bestehen müssen, Tegetthoff einfach auf Distanz zu halten und ihn zusammenzuschießen, was dank der größeren Geschwindigkeit seiner Einheiten an sich kein Problem gewesen wäre. Nur hätte er dafür auf Parallelkurs gehen, also Südost befehlen müssen.[32] Was Persano veranlasste, stattdessen mit seinem

Hauptgeschwader auf Nordnordost zu gehen, wird sich nicht mehr klären lassen. Vielleicht beabsichtigte er, dem Gegner die Panzerschiffe in kompakter Linie entgegenzustellen, doch dies wurde erheblich dadurch behindert, dass er wenig später erneut eine überraschende Entscheidung traf: nämlich im Angesicht des sich rasch nähernden Feindes sein Flaggschiff zu wechseln.[33] Persano verließ die *Re d'Italia* mit einem Teil seines Stabes, darunter seinem Sohn, der ihm als Adjutant diente, und ließ sich auf einem Beiboot zur stärker gepanzerten *Affondatore* übersetzen. Auch dem Abgeordneten Boggio bot Persano an, ihn mitzunehmen. Der jedoch lehnte dankend ab. Die *Affondatore* bot nun zwar aufgrund ihrer extrem flachen Aufbauten denkbar schlechte Voraussetzungen, das Kampfgeschehen zu überblicken,[34] aber dieser Überblick sollte sich im weiteren Verlauf der Schlacht ohnehin als überflüssig erweisen, weil es Persano unterließ, die Flotte über den Wechsel des Flaggschiffs in Kenntnis zu setzen. Und da auf der *Affondatore* leider keine Admiralsflagge zur Hand war, hisste man eben die immerhin vorhandene Vizeadmiralsflagge.[35] Mit anderen Worten: Die meisten italienischen Schiffskommandanten befanden sich im Moment des Schlachtbeginns in völliger Unkenntnis über den Aufenthaltsort des befehlshabenden Kommandeurs.

Die fatalen Folgen dieses in der Seekriegsgeschichte vermutlich einzigartigen Manövers wurden noch erheblich dadurch gesteigert, dass das Übersetzen des Admirals natürlich Zeit kostete, was wiederum verhinderte, dass die *Re d'Italia* ihre vorgesehene Position in der Gefechtslinie der italienischen Panzerschiffe einnahm und somit eine Lücke aufriss. Und in genau diese Lücke stießen die Österreicher hinein.

Tegetthoff hatte für seine Schiffe eine gewagte, angesichts der Kräfteverhältnisse aber vollkommen einleuchtende Marsch- wie Schlachtordnung gewählt,[36] indem er seine Einheiten in drei Geschwader einteilte, die jeweils eine Keilform bildeten. Das erste Geschwader, unter seiner Führung auf dem Flaggschiff *Erzherzog Ferdinand Max,* bestand aus den modernen Panzerschiffen, das zweite aus den größeren der verwundbaren Holzschiffe, während das dritte Geschwader die leichten und kaum noch kriegstauglichen Einheiten umfasste. Angesichts der überlegenen Reichweite und Durchschlagskraft der italienischen Geschütze musste es Tegetthoff darum gehen, ein Artillerieduell auf größere Distanz zu vermeiden, indem er die Distanz zum Gegner so rasch wie möglich verkürzte.

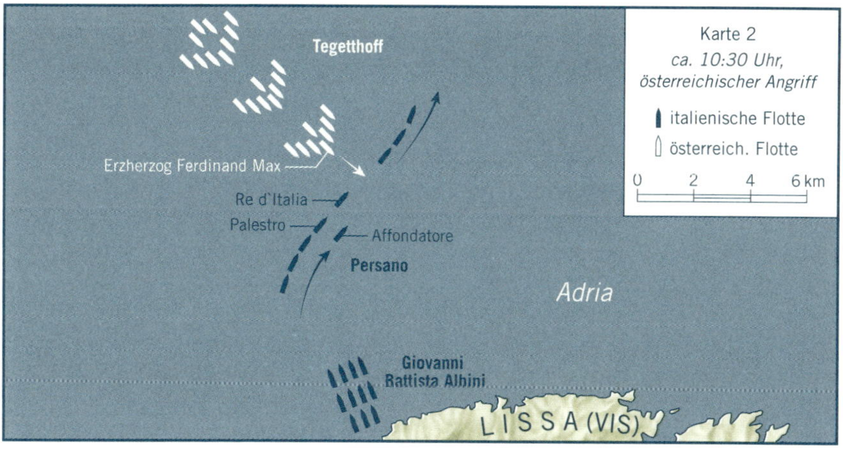

Vielleicht würde konzentriertes Salvenfeuer auf kurze Entfernung Wirkung erzielen, auf jeden Fall sollte jede Gelegenheit zum Rammstoß genutzt werden, wie der gegen 10:30 Uhr erteilte Angriffsbefehl unmissverständlich zum Ausdruck brachte: «Den Feind anlaufen, um ihn zum Sinken zu bringen.»[37] Die Annäherung erfolgte so schnell, dass das schon vorbereitete anschließende Signal «Muß Sieg von Lissa werden!»[38] nicht mehr gehisst werden konnte.

Das zunächst von den italienischen Schiffen eröffnete Feuer traf auf der Panzerfregatte *Drache* die Telegraphenscheibe, die dem Schiffskommandanten, Kapitän zur See v. Moll, den Kopf abriss, ein schlimmer Zufallstreffer; ansonsten war der Beschuss zu ungenau, um Wirkung zu zeigen. Die österreichischen Salven lagen besser, prallten aber an der Panzerung der feindlichen Schiffe ab. So fuhren eine Zeitlang die beiden Flaggschiffe, die *Re d'Italia* ohne Persano und Tegetthoffs *Erzherzog Ferdinand Max,* auf Parallelkurs, ohne dass das Salvenfeuer auf kurze Distanz Schäden verursachte: Die einen trafen nicht, die anderen schlugen nicht durch.

Allgemein wird in den Schlachtbeschreibungen die Leistung der italienischen Artillerie mit geradezu fassungslosem Staunen kommentiert. Stenzel geht von einem Trefferverhältnis Italiener : Österreicher von 1 : 10 aus – und das bei 1500 italienischen Schüssen gegenüber 4000 österreichischen![39] Und der Korrespondent der englischen «Times» berichtete am 15. August aus Triest: «Was nun das schlechte Schießen der Italiener betrifft, so ist das allerdings ein großes Rätsel. Zahlreiche Zeugen versichern, daß die Kanonen häufig mit blinder Ladung [also ohne Projektil] abgefeuert wurden. Alle aber stimmen darin überein, dass die Anordnungen wunderbar mangelhaft gewesen.»[40] Und ein österreichischer Schiffskommandant versicherte, er habe bei Lissa nicht aufgehört, «sich wieder und immer wieder zu fragen: ‹Ist das wirklich eine Schlacht?›»[41]

Auf der anderen Seite erwiesen sich die veralteten und zu kleinkalibrigen Geschütze der Österreicher als wirkungslos gegenüber den modernen Schiffspanzern. Unter diesen Umständen blieb nur, auf Zufallstreffer zu hoffen und tatsächlich zu versuchen, den Gegner durch Rammen zum Sinken zu bringen. Die Schlacht ging damit in einen unübersichtlichen Nahkampf über, zusätzlich behindert durch den dichten Pulverrauch, der die Sicht oft auf wenige Meter verkürzte.[42] Der Bericht des Kapitäns zur See v. Petz, Kommandant des zweiten Geschwaders auf dem alten, hölzernen Linienschiff *Kaiser*, vermittelt ein anschauliches Bild von den Bedingungen eines solchen Kampfes. Nachdem es v. Petz gelungen war, die gefürchtete *Affondatore* durch wohlgezieltes, zwar objektiv wirkungsloses, aber psychologisch doch einschüchterndes Salvenfeuer zum Abdrehen zu bringen,[43] «bemerkte ich eine große [...] Panzerfregatte, von Steuerbord kommend, die offenbar die Absicht hatte, uns anzurennen [zu rammen]; doch da selbe früher von Rauch verdeckt war, so geschah dies, als sie schon ziemlich nahe war; nun hätte ich zwar unfehlbar durch ein rasches Abfallen dem Anrennen ausweichen können, doch da Backbord Achter von uns auf kaum einen halben Kabel [weniger als 100 Meter] S. M. Dampfer «Elisabeth» und Dampfkorvette «Erzherzog Friedrich» sich befanden, selbe daher in Gefahr gewesen wären, den uns zugedachten Stoß zu erhalten, ich anderseits hoffte, durch einen Stoß des Linienschiffs [«Kaiser»] das feindliche Schiff kampfunfähig zu machen, so fiel ich zuerst etwas nach Steuerbord ab [...], erhielt zwar noch eine Lage [Salve] des Gegners, rannte ihn aber nun beiläufig in der Höhe der Maschine in den Leib.»[44]

Doch der Rammstoß war nicht tödlich: «Da der Stoß nicht senkrecht, sondern bloß in einem stumpfen Winkel erfolgte, so rutschte die feindliche Fregatte, die nach ihrer Steuerbordseite furchtbar stark überge-

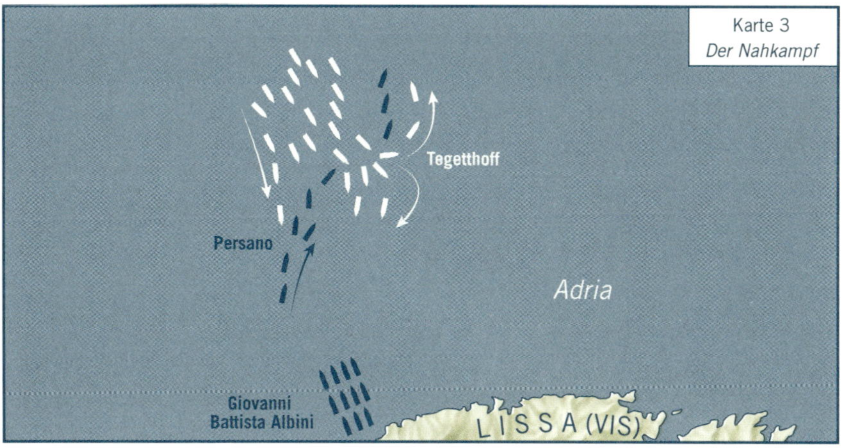

krengt worden war, längs unserer Backbordseite ab […],» beschädigt zwar, da einige Panzerplatten und sogar Geschützpforten eingedrückt waren, aber immer noch kampftauglich. Umgekehrt hatte die *Kaiser* bei dem Rammstoß ihren Fockmast eingebüßt, der achtern überkippte und den Schornstein zertrümmerte, was mehrere Feuer an Bord entfachte; weitere Schäden waren durch feindliche Treffer entstanden, so dass Kapitän v. Petz Order gab, Kurs auf den sicheren Hafen von Lissa zu nehmen, um das schwer angeschlagene Schiff nicht unnötig zu opfern.

Im Zentrum des Schlachtgetümmels sah sich inzwischen die *Re d'Italia* von mehreren österreichischen Panzerschiffen umringt, als ein Zufallstreffer ihre Ruderanlage beschädigte. Das sollte dem Schiff schon wenig später zum Verhängnis werden. Gegen 11:30 Uhr machte Tegetthoffs Flaggschiff *Erzherzog Ferdinand Max* die *Re d'Italia* wenige hundert Meter voraus aus. Ihr Kapitän Max v. Sterneck gab sofort den Befehl, das feindliche Schiff «anzurennen». Da die *Re d'Italia* aufgrund des beschädigten Ruders nicht beidrehen konnte, um den Auftreffwinkel zu verringern, versuchte ihr Kapitän zunächst, durch «Volle Kraft voraus» dem Stoß zu entkommen. Dazu war es zu spät, wie sich sogleich herausstellte, doch der Gegenbefehl «Volle Kraft zurück» führte nur dazu, dass die *Re d'Italia* wie regungslos dalag, als sie vom Rammstoß der *Erzherzog Ferdinand Max* mit Höchstgeschwindigkeit von 11,5 Knoten mittschiffs getroffen wurde.

Kaltblütig zum Sieg: Anton Romakos Gemälde von 1878/80 zeigt den österreichischen Admiral Wilhelm von Tegetthoff im Kreise von Offizieren und Mannschaften auf dem Höhepunkt der Schlacht, da sein Flaggschiff *Erzherzog Ferdinand Max* im Begriffe ist, die italienische Fregatte *Re d'Italia* durch Rammen zu versenken. Die extreme Dramatik der Handlung ist ganz in die bis an die Grenze der Karikatur gesteigerte psychische Anspannung der Protagonisten verlegt. Dies trug dem Bild bei den Zeitgenossen zunächst herbe Kritik ein, ließ es jedoch zu einem Meilenstein der Historienmalerei des 19. Jahrhunderts werden.

Der gewaltige Anprall ließ das italienische Schiff für einen Moment um etwa 25° gegen steuerbord krengen, ehe es dann nach backbord überrollte und in das mehrere Quadratmeter große Leck solche Wassermassen eindrangen, dass die *Re d'Italia* binnen weniger Minuten sank.[45] Von den 42 Offizieren und 620 Mann Besatzung der italienischen Panzerfregatte konnte nur rund ein Drittel gerettet werden, 27 Offiziere und 392 Mann versanken mit dem Schiff in den Fluten der Adria.[46] Unter ihnen befand sich auch der Abgeordnete Boggio, dessen Briefmappe mit Berichten über die Taten der Flotte zu den Kuriositäten zählte, die in den Tagen nach der Schlacht am Strand von Lissa angespült wurden.

Nach der Versenkung der *Re d'Italia* ging das Gefecht noch eine Weile weiter, aufgelöst in eine Vielzahl von ebenso verbissen geführten wie weitgehend folgenlosen Einzelkämpfen. Der italienische Konter-Admiral Albini an der Spitze seines Holzschiff-Geschwaders mit rund 400 Geschützen zog es vor, aus sicherer Entfernung zuzuschauen.[47] Gegen 12:15 Uhr gab Tegetthoff seinen Schiffen das Signal zum Sammeln. Nach ihrem Durchbruch durch die gegnerische Schlachtlinie befand sich nunmehr die österreichische Flotte näher an Lissa, der Gegner stand nordwestlich von ihr, man hatte also gewissermaßen die Stellung gewechselt. Somit war der italienische Angriff auf Lissa endgültig gescheitert, wenn nicht Persano den Kampf von Neuem aufnehmen und einen Durchbruch versuchen würde. Tatsächlich hisste der italienische Admiral wenig später das Signal «Die Flotte hat mit Freiheit der Bewegung und des Manövers den Feind zu verfolgen»,[48] doch fand dieses Kommando keine Beachtung.[49] Ob die italienischen Schiffskommandanten die Befehle der *Affondatore* noch immer nicht für verbindlich hielten oder ihnen die Situation schlechterdings nicht danach aussah, den Feind verfolgen zu können, lässt sich nicht mehr klären. Stattdessen gingen sie nun daran, ihre Einheiten in drei Schlachtreihen parallel zum Gegner zu ordnen. Auch weitere Signale

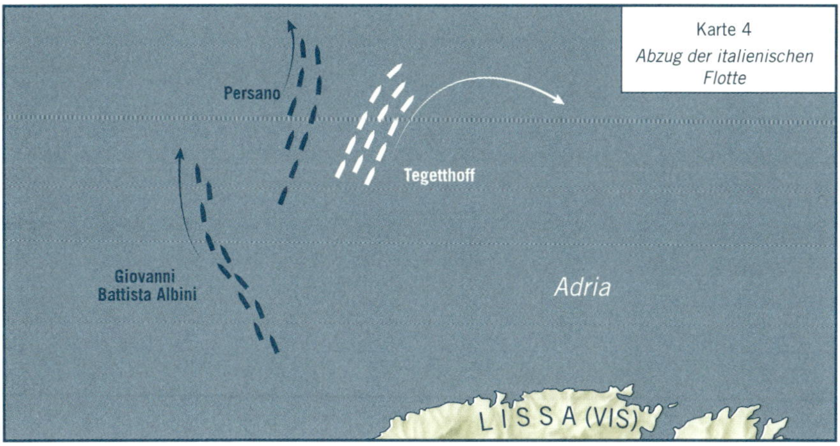

Karte 4
Abzug der italienischen Flotte

Persanos blieben ungehört, was den zunehmend erbosten Flottenchef gegen 13:30 Uhr dazu veranlasste, seine Untergebenen auf einen grundsätzlichen Sachverhalt hinzuweisen: «Der Kommandierende erinnert die Flotte, daß jedes Schiff, das nicht kämpft, nicht auf seinem Posten ist», also Fahnenflucht begeht.[50] Praktische Folgen hatte jedoch auch dieser als Befehl verkleidete Offenbarungseid nicht.

Zwischen den beiden Flotten mühte sich indessen das italienische Kanonenboot *Palestro*, die eigenen Reihen zu gewinnen. Das nicht vollständig gepanzerte Schiff hatte einen Granattreffer in den Vorraum der Offiziersmesse erhalten, in dem man 20 Tonnen Kohle gebunkert hatte, die sofort in Brand gerieten. Durch die enorme Rauchentwicklung war es den Löschkommandos nicht möglich, zum eigentlichen Brandherd vorzudringen, so dass sich das Feuer immer weiter fraß. Der Kommandant ließ die Pulverkammer unter Wasser setzen, um die Explosionsgefahr zu bannen, doch hatte man ärgerlicherweise vergessen, dass auch in einem Verschlag an Deck einige Munitionsvorräte gelagert worden waren. Just als mit der Ausschiffung der Mannschaften der offenbar nicht zu rettenden *Palestro* begonnen werden sollte, flog das Schiff gegen 14:30 Uhr in die Luft. Von den 240 Mann der Besatzung überlebten nur 22 die Katastrophe.[51]

Das fulminante Ende der *Palestro* erstickte den letzten Widerstandsgeist auf italienischer Seite, der sich ja nach Lage der Dinge in einem offensiven Vorstoß hätte äußern müssen. Eine Zeitlang lagen sich die beiden Flotten noch lauernd gegenüber, ehe Persano den Rückzug nach Ancona anordnete und Tegetthoff seine Flotte in den Hafen von Lissa einfahren ließ. Insgesamt hatte die österreichische Flotte kein einziges Schiff verloren, aber 138 Tote und Verwundete zu beklagen, davon allein auf dem schwer getroffenen hölzernen Linienschiff *Kaiser* 22 Tote und 83 Verwundete.[52]

Obgleich die italienischen Verluste mit 620 Toten und 161 Verwundeten ungleich schwerer wogen, stellte die Niederlage in materieller Hinsicht an sich keine Katastrophe dar. Nur zwei von 34 Schiffen waren verloren gegangen, eine Reihe weiterer Einheiten beschädigt, aber binnen kurzem wieder in Stand zu setzen. Zwar sank das angebliche Wunderschiff, die *Affondatore*, nur zwei Wochen nach der Schlacht bei schwerem Wetter auf der Reede vor Ancona,[53] doch trotz aller Verluste und Schäden war die Flotte insgesamt nach wie vor einsatzfähig. Als verheerend sollte sich allerdings die psychologische Wirkung der Schlacht erweisen.

Die in Italien zunächst gewählte Lösung des Problems war so schlicht wie erstaunlich: Man leugnete einfach die Niederlage, ja man verdrehte sie ins Gegenteil. Nach der Ankunft der Flotte in Ancona verbreitete sich die Nachricht, man habe gesiegt. Ein Leitartikel der «Times» vom 31. Juli 1866 berichtet: «Neapel, Mailand, Genua und Florenz haben Fahnen und Lichter als Zeichen nationalen Jubels ausgesteckt, und einige Tage wurde die Regierung ob ihrer mageren Bulletins arg hergenommen, durch welche sie, so klagte man, dem italienischen Heroismus den Lohn seiner herrlichen Taten zu rauben versuchte.»[54] Mehr noch: Die Nachrichten über den Triumph bei Lissa nahmen immer prächtigere Formen an. Waren in den ersten, offiziellen Bulletins noch keine Angaben über die Verluste des Feindes enthalten, so wurde schon kurz darauf das Linienschiff *Kaiser* zumindest publizistisch *ex post* versenkt, dann war die Rede von drei gesunkenen österreichischen Schiffen, aus denen manche italienische Zeitung schon bald acht machte.[55]

Auch die Menschenverluste der Österreicher erreichten nur wenige Tage nach dem Ende der Kampfhandlungen erstaunliche Zahlen. Eine große Rolle spielte dabei ein geheimnisvolles Tiroler Scharfschützen-Kontingent, das, ungeachtet des ja eher zweifelhaften Nutzens von Gebirgsscharfschützen zur See, auf der angeblich gesunkenen *Kaiser* auf seinen Einsatz gewartet haben soll, um mit Mann und Maus, vor allem aber mit rasch wachsenden Mannschaftsstärken in der Adria zu versinken: Erst 700 Mann stark,[56] hatte es sich schon bald auf 1500 Köpfe mehr als verdoppelt. Um die nur schwer zu erschütternden Gerüchte vom Untergang der *Kaiser* zu bekämpfen, griff der unmittelbar nach der Schlacht zum Vize-Admiral ernannte Tegetthoff zu einem probaten Mittel und veranstaltete auf dem «gesunkenen» Schiff ein Festbankett, zu dem er ausländische Korrespondenten und Marineoffiziere einlud. Zwar trug ihm dies eine Rüge der Marineverwaltung in Wien ob seines «eigenmächtigen Vorgehens» ein, was Tegetthoff in nachvollziehbarer Weise als einen «Amoklauf des Amtsschimmels» kommentierte;[57] dennoch hoffte er, der Triumph von Lissa werde den Ruf der Marine in Wien nachhaltig verbessern. «Unter Marine verstehe ich hier die Flotte, nicht das Pack schreibender Pharisäer, die hinterm Ofen in Wien für die Schiffe Gesetze dichten», so

Tegetthoff an Emma von Lutteroth kurz nach der Schlacht.[58] Die Hoffnung sollte sich jedoch bald als vergeblich erweisen. Schon fünf Jahre später starb der «Held von Lissa», erschöpft von endlosen Auseinandersetzungen um eine bessere finanzielle Ausstattung der österreichischen Flotte, im Dezember 1871 mit 44 Jahren an einer Lungenentzündung.[59]

Bei näherer Betrachtung scheint Tegetthoffs Scheitern tragischerweise auf eben jenen strukturellen Gründen zu beruhen, die den raschen Aufstieg des hochbegabten Offiziers und schließlich seinen Sieg von Lissa ermöglicht hatten. Gerade die Tatsache, dass die Flotte innerhalb der österreichischen Militärverwaltung nur eine Nebenrolle spielte, schuf die Voraussetzungen für die rasche Karriere leistungsfähiger Außenseiter, weitgehend unabhängig von gesellschaftlichen und politischen Rücksichten. Tegetthoffs starke Stellung in der Marine beruhte auf seinem persönlichen Charisma, seinem seemännischen Können, seinem ausgeprägten Pflichtbewusstsein, vor allem seinen Untergebenen gegenüber. Er erscheint geradezu als die idealtypische Verkörperung des «Fachmanns» auf militärischem Gebiet, wie er angesichts des immer schnelleren technischen Fortschritts in allen europäischen Armeen des 19. Jahrhunderts an Bedeutung gewann.

Doch Wilhelm von Tegetthoff stieß just in jenem Augenblick an unüberwindliche Grenzen, als er gerade aufgrund seiner Erfolge als militärischer Fachmann Rang und Ruf erreichte, die ihn in die inneren Zirkel der großen Politik und Gesellschaft zogen. Dort nahm man seine sachlichen Anliegen, die fachkundig erdachten und präzis ausgearbeiteten Reformvorschläge, mit scheinbarer Ehrerbietung zur Kenntnis, um sie im selben Augenblick kalt lächelnd höheren, und das hieß gesellschaftlichen und politischen Interessen zu opfern.

Wenn sich Tegetthoffs Schicksal als dasjenige eines hochbegabten Fachmanns verstehen lässt, der schließlich an politischen Konstellationen scheiterte, so bietet umgekehrt sein Gegenüber Persano das Beispiel eines hochbegabten Politikers, der schließlich an seiner fachlichen Unzulänglichkeit scheiterte. Der Aufstieg des piemontesischen Grafen zunächst zu Cavours Vertrauensmann in der Marine-Führung, dann zum Minister, schließlich zum Kommandanten der italienischen Flotte im Jahr 1866 beruhte zu keinem Zeitpunkt auf besonderen Fähigkeiten als Seemann oder gar Truppenführer. Im Gegenteil ließen seine Leistungen auf beiden

Liebigs Liebling: Nach Wilhelm von Tegetthoffs frühem Tod im Jahre 1871 wurde dem Sieger von Lissa 1896 auf dem Wiener Prater-Stern ein monumentales Denkmal errichtet. Das dabei verwendete Motiv der mit Schiffsschnäbeln geschmückten Säule, der *columna rostrata,* griff unübersehbar auf das Vorbild der berühmten Duilius-Säule im antiken Rom zurück. Wie populär der «Held von Lissa» bei den Zeitgenossen, war, nicht zuletzt durch dieses Werbebildchen des «Fleisch Extract und Pepton»-Herstellers Liebig deutlich.

Gebieten keine Zweifel daran aufkommen, dass er für höhere militärische Aufgaben denkbar ungeeignet war, was von aufmerksamen Zeitgenossen auch klar gesehen und gesagt wurde.

Wenn Persanos Aufstieg dennoch scheinbar unaufhaltsam verlief, so ist die Ursache dafür zunächst in seiner Herkunft aus dem *juste milieu* einer Familie mit guten Beziehungen zum savoyischen Hof, sodann aber in seinen ausgeprägten Fähigkeiten als «Netzwerker» zu suchen. Nicht nur in den Kreisen der führenden Politiker verstand es Persano, nützliche Kontakte zu pflegen und gegebenenfalls rechtzeitig abzubrechen. Mit sicherem Gespür für den Zeitgeist erfasste der Admiral die wachsende Bedeutung der öffentlichen Meinung. Die Art und Weise, in der seine suspekten Erfolge in der Presse bejubelt, seine nicht minder suspekte, in blanker Befehlsverweigerung kulminierende Passivität im Vorfeld der

Schlacht von Lissa rücksichtsvoll geschönt wurde, legen beredtes Zeugnis ab von den exzellenten Verbindungen Persanos zu den tonangebenden Zeitungsredaktionen Norditaliens. Seine vollkommene Skrupellosigkeit im Umgang mit Fakten zusammen mit einigem rhetorischen Talent ermöglichte es ihm zudem immer wieder, unangenehme Ereignisse in ein günstiges Licht zu rücken – bis zu dem Zeitpunkt, da er es zum ersten Mal in seiner Laufbahn mit einem ernstzunehmenden, zum Kampf entschlossenen Gegner zu tun bekam.

Das italienische Trauma

Die Gründe für die italienische Niederlage vor Lissa sind jedoch keineswegs allein im Versagen des kommandierenden Admirals zu suchen. So unzweifelhaft Persano seiner Aufgabe weder fachlich noch charakterlich gewachsen war, so unzweifelhaft hatte er in einem Punkte Recht, nämlich, wenn er im Frühsommer 1866 darauf hinwies, dass die italienische Flotte schlechterdings nicht einsatzbereit sei. Mannschaften und Unteroffizierskorps waren bei weitem nicht vollzählig und durch mangelnde Ausbildung mit den komplizierten technischen Einrichtungen der modernen Kampfschiffe nicht vertraut. Auch den Offizieren mangelte es an theoretischer Ausbildung und praktischer Erfahrung ebenso wie an Korpsgeist; vorherrschend waren abgrundtiefes gegenseitiges Misstrauen und persönliche Feindschaften. Von Seiten der italienischen Regierung fehlte es, was die Flotte betraf, an jedweder Planung. Obwohl der Krieg gegen Österreich seit dem als unbefriedigend betrachteten Gewinn der Lombardei 1859 eines der zentralen Ziele der italienischen Politik gewesen war, informierte Marineminister Depretis den kommandierenden Admiral Persano noch zehn Tage nach Beginn der Kampfhandlungen, dass es keinerlei Pläne für den Einsatz der mit enormem finanziellen Aufwand gekauften Flotte gab.[60] Dementsprechend war die Expedition nach Lissa von vornherein nichts anderes als ein improvisierter Propaganda-Coup, bei dessen Planung und Durchführung eklatante handwerklich-militärische Fehler auftraten. Sie lassen erkennen, dass nicht nur der befehlshabende Admiral und ein Großteil seiner Offiziere, sondern ebenso die politische und militärische Führung des Landes mit den Erfordernissen, welche die technischen und taktischen Fortschritte in der Seekriegsführung mit sich brachten, in keiner Weise vertraut und dementsprechend völlig überfordert waren. Das Scheitern der italienischen Flotte vor Lissa resultierte folglich aus dem unheilvollen Zusammenspiel von persönlichen und strukturellen Unzulänglichkeiten.

So kann es nicht verwundern, dass in Italien wenige Tage nach Lissa die zuvor so marinebegeisterte Stimmung kippte. Immer lauter wurden die Forderungen, die Verantwortlichen für das Versagen der Flotte zur Rechenschaft zu ziehen. Unter diesen Umständen sah sich Persano veranlasst, noch im Jahr 1866 eine kleine Verteidigungsschrift über *I fatti di Lissa* in Druck zu geben, die auf 35 Seiten seine Sicht auf die «Fakten von Lissa» präsentierte. In diesem erstaunlichen Dokument schiebt Persano die Schuld für die verlorenen Schiffe auf die Untätigkeit des Konter-Admirals Giovanni Battista Albini, reiht eine kaum glaubliche Menge an widersprüchlichen Aussagen aneinander und behauptet, die Österreicher hätten mit Gewehren auf die Schiffbrüchigen der *Re d'Italia* geschossen. Den prominenteren Opfern der Schlacht widmet er pathetische Nachrufe, und der Kampf der 10 italienischen Schiffe, die überhaupt nur aktiv ins Gefecht eingegriffen hätten, gegen 27 österreichische Einheiten – auf deren Qualität er an keiner Stelle eingeht – habe die Ehre der italienischen Flagge hochgehalten. Am Schluss sieht er sich, weil er länger auf dem Schlachtfeld verblieben sei als der Gegner, gar als Sieger der Schlacht.[61] Das änderte allerdings nichts daran, dass er sich, ebenso wie Konter-Admiral Albini, vor Gericht zu verantworten hatte. Der Prozess endete 1867 mit der Entlassung der beiden Admirale aus dem Marinedienst, der Aberkennung aller Auszeichnungen und der Streichung ihrer Pensionsansprüche.[62] Dank königlichen Gnadenaktes musste Persano dann aber doch nicht auf die Pension verzichten.

Die Schlacht vor Lissa zählt nicht zu den berühmten Seeschlachten wie etwa Salamis, Lepanto oder Trafalgar. Dabei stellt sie in militärgeschichtlicher Hinsicht tatsächlich eine Epochenschwelle dar: Bei Lissa wurde unübersehbar deutlich, dass das Zeitalter der hölzernen Segelschiffe unwiderruflich vorbei war. Die Zukunft würde den gepanzerten Schraubendampfern gehören, ohne dass die Schlacht hätte erkennen lassen, wie diese Zukunft kampftechnisch aussehen würde. «Lissa» war ein

Triumph der Defensive, insofern kein einziges Schiff durch direkte Artillerietreffer versenkt wurde. Den modernen Panzerungen schienen die Geschütze nicht mehr beikommen zu können, und in Marine-Kreisen überall in Europa wurde nach der Schlacht eifrig diskutiert, ob nun ein neues Zeitalter der Rammschiffe begonnen habe.[63] Diese Diskussion erledigte sich recht bald durch die Entwicklung neuer, durchschlagskräftigerer Explosiv-Granaten. Gerade deren Entwicklung wurde durch die bei Lissa gemachten Erfahrungen nachhaltig vorangetrieben.

Noch weiter reichten die Folgen der Schlacht in politischer Hinsicht. Nicht im engeren Sinne: Den Ausgang des Krieges beeinflusste Lissa in keiner Weise, im Friedensschluss von Wien am 3. Oktober 1866 trat Österreich Venetien ab. Jedoch mit einer kleinen, aber psychologisch wichtigen Besonderheit: nicht direkt an Italien, sondern zunächst an Frankreich, woraufhin eine Volksabstimmung über die Zugehörigkeit der Region entscheiden sollte. Statt der triumphalen Eroberung also eine diplomatisch verschachtelte Übertragung – das war nicht das, was die italienischen Nationalisten sich erträumt hatten.[64] Überhaupt hatten sie mehr erträumt: Gebietsgewinne weit über das Veneto hinaus,[65] militärische Triumphe, die aller Welt die Geschlossenheit des jungen Italiens und dadurch nicht zuletzt den Triumph des Nationalstaatsgedankens vor Augen geführt hätten.

Aber Lissa hatte gezeigt, dass es mit dieser Geschlossenheit gerade im Falle Italiens nicht weit her war. Die Tatsache, beim ersten Einsatz der mit enormem finanziellen und administrativen Aufwand geschaffenen nationalen Flotte von einem Gegner geschlagen, ja, gedemütigt worden zu sein, für den man zuvor nur Hohn und Spott übrig gehabt hatte und der ja auch tatsächlich in jeder Hinsicht technisch unterlegen war, traf das Selbstbewusstsein der politischen Führungsschicht und vieler Italiener ins Mark. Die traumatisierende Wirkung wurde noch verstärkt durch die Tatsache, dass dieser erste Kampf zwischen modernen Panzerschiffen in der Seekriegsgeschichte von Zeitungskorrespondenten aus aller Welt mit größter Aufmerksamkeit beobachtet und im Hinblick auf die Leistungsfähigkeit der italienischen Flotte mit beißendem Spott kommentiert worden war.[66]

Charakteristisch sind die Anmerkungen, die Giuseppe Garibaldi in seinen Memoiren den Ereignissen widmete: «Der Feldzug des Jahres '66 eröffnete brillante Perspektiven. Die Nation [...] war voller Enthusiasmus und Opferbereitschaft. Die zahlenstarke Flotte sollte sich mit einem unterlegenen Gegner messen, der sich von vornherein als geschlagen betrachtete. [...] Alles versprach eine brillante Kampagne, die trotz aller Hindernisse geeignet war, unsere Nation unter den ersten Europas zu etablieren. [...] Aber es kam anders, geführt von Jesuiten-Geist im Kriegerkostüm, wurde sie in eine Kloake der Demütigungen gezogen.»[67]

Die Katastrophe von Lissa schwelte weiter und kam immer wieder an die Oberfläche. Nicht zuletzt, vermittelt und auf Umwegen, in einem der großen Romane des 20. Jahrhunderts, wenn in Thomas Manns *Zauberberg* der Zivilisationsliterat Lodovico Settembrini alle Begeisterung für Frieden, Fortschritt und Völkerfreundschaft vergisst, sobald es darum geht, Italien «Rache nehmen zu lassen für Vergangenes».

11. Tsushima 1905

DIE VERNICHTUNG DER ZARENFLOTTE

«Wen die Götter verderben wollen ...»

Als im Februar 1904 der lange schwelende Konflikt zwischen Russland und Japan um die Vorherrschaft im Fernen Osten zum Krieg führte, rechnete kaum jemand damit, dass sich der ostasiatische Inselstaat gegen das Zarenreich behaupten würde. Doch zum Erstaunen der Kolonialmächte errang die japanische Flotte eine Serie von Erfolgen gegen die russischen Truppen im Hafen von Port Arthur. In St. Petersburg beschloss man daraufhin, ein zweites, schließlich sogar ein drittes Geschwader aus der Ostsee in den Pazifik zu entsenden. Unter schwierigsten Bedingungen gelang dem «2. Pazifischen Geschwader» die sechsmonatige Reise um die halbe Welt, ehe die unzulänglich ausgebildete und fahrlässig ausgerüstete russische Flotte am 27./28. Mai 1905 vor der Insel Tsushima von den in jeder Hinsicht überlegenen Japanern völlig vernichtet wurde. Wenig später endete der Krieg, der durch seinen katastrophalen Verlauf zu einem Wegbereiter der Russischen Revolution wurde.

Fehlende russische Kampfbereitschaft

Man darf nicht hoffen, im Kriege etwas zu können, das man im Frieden nicht gelernt hat.»[1] Admiral Stepan Ossipowitsch Makarow machte sich keine Illusionen über die Kampftauglichkeit des Geschwaders, dessen Kommando er am 8. März 1904, dem Tag seiner Ankunft im russischen Pazifikhafen Port Arthur, übernommen hatte. Auf dem Papier handelte es sich um eine eindrucksvolle Streitmacht: 7 Schlachtschiffe, 4 Panzerkreuzer, 7 schwere und 8 leichte Kreuzer sowie eine Reihe von Zerstörern und Torpedobooten lagen im wichtigsten russischen Pazifikhafen vor Anker.[2] Doch was den reinen Zahlen nach eine Flotte darstellte, die jedem Gegner Respekt einflößen musste, litt unter einer Reihe von Handicaps, die den Kampfwert des russischen Pazifik-Geschwaders massiv minderten. Kurz gesagt, das Geschwader war im Frühjahr 1904 schlechterdings nicht einsatzbereit.

Die Vorgeschichte dieses Krieges steht in unauflösbarem Zusammenhang mit dem langen Niedergang des Chinesischen Reichs im 19. Jahrhundert. Die einstige Vormacht des Fernen Ostens sah sich zunehmend hilflos den Expansionsbestrebungen der europäischen Mächte, vor allem Englands, ausgeliefert. Das dabei zutage tretende Machtvakuum füllten jedoch nicht nur die Europäer, sondern auch ein asiatischer Konkurrent, der im Gegensatz zu den Chinesen die aus Europa importierten Ideen und Fertigkeiten des technischen Fortschritts mit Eifer adaptierte: Japan.[3] Lange Zeit wurde der ferne Inselstaat von den Europäern kaum ernstgenommen, doch als es im Jahre 1894 zum Krieg zwischen Japan und China kam, zeigte sich erstmals, mit welchem Erfolg die Japaner sich die mo-

Der Admiral des Zaren: Konter-Admiral Sinowi Petrowitsch Rojestwenski (1848–1909) fiel die ebenso herkulische wie undankbare Aufgabe zu, das eilig zusammengestellte und völlig unzulänglich ausgebildete «2. Pazifische Geschwader» aus der Ostesee ins Gelbe Meer zu führen. Dank Rojestwenskis Energie und Pflichtbewusstsein gelang das scheinbar Unmögliche – und führte schließlich in die Katastrophe von Tsushima, der nur drei russische Kriegsschiffe entkamen.

derne Militärtechnik angeeignet hatten: Binnen kurzem schlugen sie die Chinesen vernichtend und erlangten im April 1895 die Abtretung Koreas und der südlichen Mandschurei mit dem wichtigen Hafen Port Arthur.

Diese territoriale Expansion der Japaner rief jedoch sogleich Russland, Chinas nördlichen Nachbarn, auf den Plan, das gemeinsam mit Frankreich und dem Deutschen Reich gegen die Annexionen protestierte. Daraufhin verzichteten die japanischen Politiker auf die hart erkämpften Eroberungen, zähneknirschend – und mit dem Entschluss, alles zu tun, um diese Demütigung so bald wie möglich zu rächen.[4]

In den folgenden Jahren wurden sie in diesem Entschluss durch die Politik der europäischen Großmächte nachhaltig bestärkt. Denn kaum hatten sich die Japaner aus Port Arthur zurückgezogen, erzwangen die Russen von der ohnmächtigen chinesischen Regierung die Genehmigung zum Bau einer Eisenbahnlinie von Sibirien durch die Mandschurei bis zum Hafen von Port Arthur – einschließlich der «Pachtung» dieses Hafens und seines näheren Umlandes. Der britische Militärhistoriker John Richard Hale konstatierte 1911, die Berichte über den russisch-chinesischen Vertrag seien in Europa zunächst mit schierem Unglauben zur Kenntnis genommen worden: «Es hieß, es sei doch wohl unmöglich, dass Russland zynischerweise eine Position besetze, von der es eben noch geheißen habe, ihre Inbesitznahme sei unvereinbar mit der Unabhängigkeit Chinas.»[5] Doch verstanden die Europäer ihr Erstaunen rasch zu bemeistern und sicherten sich in den folgenden Jahren nach besten Kräften weitere Beutestücke aus der chinesischen Konkursmasse, das Deutsche Reich etwa schon 1898 den Hafen von Kiautschou. Die Russen bauten indessen das wertvolle, weil im Gegensatz zu ihrem bisher wichtigsten Pazifikstützpunkt Wladiwostok ganzjährig eisfreie Port Arthur zu einem festungsartig geschützten Kriegshafen aus.

Die Leitung dieser Ausbaumaßnahmen oblag seit Dezember 1899 Fürst Eugen Alexejew, einem unehelichen Sohn Zar Alexanders II. (1855–1881), als Statthalter Seiner Majestät Zar Nikolaus II., Vizeadmiral und Oberbefehlshaber der Streitkräfte im Fernen Osten. Klug und diplomatisch versiert, dabei herrschsüchtig, skrupellos und grenzenlos eitel, bemühte sich Alexejew in den folgenden Jahren, den Krieg gegen Japan, den er unvermeidlich kommen sah, nach Kräften vorzubereiten. Der Aufbau des auf dem Papier so eindrucksvollen Ostasien-Geschwaders war sein Verdienst – wie es seine Schuld war, dass dieser Eindruck nur auf dem Papier blieb. Denn als egozentrischer Autokrat interessierte sich Alexejew wohl für die Bereitstellung moderner Schlachtschiffe, in keiner Weise jedoch dafür, dass die Schlagkraft dieser Schiffe nicht allein von ihrer Panzerstärke und Geschützzahl, von Kalibergrößen und Geschwindigkeit abhing, sondern zunächst und vor allem von Ausbildungsstand und Moral der Offiziere und Mannschaften.

Der technische Fortschritt im Zeitalters der Industrialisierung hatte gerade in der Seekriegsführung besonders rapide Veränderungen bewirkt. Seit jeher hatten zum Kampf auf dem Wasser, anders als auf dem Festland, nicht nur physische Kraft und persönlicher Mut, sondern auch technische Fertigkeiten gehört, die allein erst die sachgemäße Benutzung des Kampfmittels «Schiff» gestatteten. Besonders zur See waren dann die Anforderungen an den technischen Sachverstand der Besatzungen im

Laufe des 19. Jahrhunderts geradezu exponentiell gestiegen. Hatten bei Lissa im Jahre 1866 noch eigenwillige Kreuzungen zwischen Segel- und Dampfschiff versucht, sich durch Rammstöße zum Sinken zu bringen, so bildeten um 1900 Schlachtschiffe das Rückgrat der Flotten, die trotz eines Gewichts von 12 000–14 000 Tonnen und gewaltiger Panzergürtel durch modernen Dampfantrieb bis zu 20 Knoten liefen. Sie konnten aus ihren Panzertürmen mit Geschützen eines Kalibers von über 30 Zentimetern hochexplosive Granaten auf Entfernungen von mehreren Kilometern verschießen; und zwar dank neuester technischer Erfindungen wie Feuermessständen und Fernsichtvisieren mit einer Präzision, von der noch ein Tegetthoff vierzig Jahre früher nicht zu träumen gewagt hätte.

All diese staunenerregenden destruktiven Errungenschaften des technischen Fortschritts setzten freilich für ihren effizienten Einsatz langjährige, intensive Einübung durch die Schiffsbesatzungen voraus; diese wuchsen ja überhaupt erst zu einer leistungsfähigen, kampfbereiten Flotte zusammen, wenn sie auch Gelegenheit bekamen, nicht nur die Ausrüstung des eigenen Schiffs sachgemäß benutzen zu lernen und durch jahrelange Übung sicher zu beherrschen, sondern wenn die Großkampfschiffe darüber hinaus immer wieder das Manövrieren im Verband übten.

Das «Pazifische Geschwader» in Port Arthur

An alledem jedoch mangelte es auf der scheinbar so furchteinflößenden russischen Pazifik-Flotte. Fürst Alexejew hatte sich um die Bereitstellung der Schiffe gekümmert – die Ausbildung der Mannschaften interessierte ihn nicht, oder nur insofern, als er unbedingten, kritiklosen Kadavergehorsam von seinen Untergebenen erwartete.[6] Dementsprechend waren Stimmung und Verhalten der Geschwader-Führung, als zu Beginn des Jahres 1904 der lange absehbare, von beiden Seiten geplante und vorbereitete Krieg zwischen Russland und Japan ausbrach. Am 6. Februar 1904 hatten die Japaner die diplomatischen Beziehungen mit dem Russischen Reich abgebrochen, am 9. Februar folgten die Kriegserklärungen. Doch schon in der Nacht zuvor war es japanischen Torpedobooten unter der risikofreudigen Führung ihres Oberkommandierenden, Admiral Heiachiro

Togo, gelungen, drei der sorglos auf der Reede vor Port Arthur ankernden Großkampfschiffe, die Schlachtschiffe *Zessarewitsch* und *Retvissan* sowie den Kreuzer *Pallada,* so schwer zu beschädigen, dass sie auf Monate hin ausfielen.

In den folgenden Wochen hätte die russische Flotte eigentlich der drohenden Invasion des Festlands durch japanische Bodentruppen mit aktivem Eingreifen und der Sicherung der Seeherrschaft in den Gewässern vor Port Arthur vorbeugen müssen, aber sie spielte eine höchst unrühmliche Rolle. Der Kapitän zur See Wladimir Semjonow (Ssemenow), dem wir eine auf Tagebuchnotizen gestützte, detaillierte Beschreibung von Vorgeschichte und Verlauf der Schlacht bei Tsushima verdanken, charakterisierte die Lage wie folgt: «‹Nichts riskieren›, das war die Formel, an die sie [die Kommandanten in Port Arthur] sich klammerten […]. Wie oft habe ich im Laufe des Krieges an diese Formel mit bitterer Ironie denken müssen. Später wurden wir doch gezwungen, etwas zu riskieren. Derweilen hatten wir aber eine ganze Reihe von Mißerfolgen gehabt, einen großen Teil unserer Streitkräfte nutzlos vergeudet und die erste Begeisterung unserer Leute verfliegen lassen. [Die Niederlage zu Land bei] Mukden und Tsushima sind die Folgen dieses Grundsatzes.»[7]

Die «Begeisterung unserer Leute» hatte sich zwischenzeitlich eingestellt, als einen Monat nach Ausbruch der Feindseligkeiten Vize-Admiral Stepan Ossipowitsch Makarow als neuer Geschwader-Kommandant in Port Arthur eingetroffen war und sich unverzüglich daranmachte, das bisher Versäumte nachzuholen und den darniederliegenden Kampfgeist der Flotte aufzurichten. Seine Direktiven wirkten auf die von Alexejews diktatorischem Regime verunsicherten Offiziere geradezu elektrisierend: «Es ist zu spät, jetzt eine systematische Ausbildung zu beginnen»,[8] konstatierte Makarow illusionslos; jeder Einzelne müsse sich stattdessen darum bemühen, in seinem Bereich Mängel aufzuspüren und zu beseitigen. «Fürchten Sie sich nicht vor Fehlern und Mißerfolgen! Fehler macht jeder. […] Die Untätigkeit bleibt ohne jeden Erfolg, mag sie auch durch berechtigte Zweifel an der Zweckmäßigkeit einer Arbeit verursacht sein. […] Holen Sie alles, was Sie an Wissen, Erfahrung und Initiative besitzen, aus sich heraus, und tun Sie alles, was Sie können. Was wir nicht fertig bekommen, bleibt eben unfertig, aber alles, was geschehen kann, muß geschehen.»

Binnen kürzester Zeit wandelte sich die Stimmung der Flotte von Grund auf. Doch der von Makarow vom ersten Tag an gezeigte rücksichtslose Einsatz der eigenen Person wurde dem Admiral schon einen Monat später zum Verhängnis, als er im Rahmen eines energischen Vorstoßes des Geschwaders mit seinem Flaggschiff *Petropawlowsk* am 13. April 1904 auf eine Mine lief, die just unterhalb der Munitionsvorräte explodierte. In nicht einmal zwei Minuten versank der stählerne Koloss in den Fluten. 7 Offiziere und 73 Mann konnten gerettet werden; unter den 600 Matrosen und 31 Offizieren, die mit der *Petropawlowsk* untergingen, befand sich zum grenzenlosen Entsetzen seiner Untergebenen auch Vize-Admiral Makarow.[9]

Der Verlust eines modernen Schlachtschiffes wog schwer, viel schwerer jedoch wog der Tod des im wahrsten Sinne des Wortes unersetzlichen

Im Hafen versenkt: Das «Pazifische Geschwader» im russischen Hafen von Port Arthur stellte auf dem Papier eine eindrucksvolle Streitmacht dar, die jedoch unter katastrophalen Ausbildungsdefiziten litt und zudem unentschlossen geführt wurde. So gelang es den Japanern, den Gegner nach und nach aufzureiben. Das Foto zeigt das Hafenbecken von Port Arthur mit russischen Kriegsschiffen, die nach Artillerietreffern auf Grund gesunken sind.

Makarow. Sein Nachfolger, Konter-Admiral Withöft, ein Balte, zeichnete sich durch Korrektheit, Fleiß und persönliche Tapferkeit aus, aber ein weitsichtiger Flotten-Kommandant, gar ein mitreißender Truppenführer war er nicht, wie er schon in der ersten Besprechung seinen Offizieren unumwunden eingestand: «Meine Herren, ich erwarte von Ihnen Hilfe durch Rat und Tat. Ich – bin kein Flottenführer.»[10]

So nimmt es nicht wunder, dass die Lage des nahezu uneinnehmbar erscheinenden russischen Pazifikhafens sich rapide verschlechterte. Am 6. Mai 1904 landeten japanische Truppen etliche Kilometer nordöstlich von Port Arthur auf der Kwantung-Halbinsel, und schon kurze Zeit danach war die Festung eingeschlossen; freilich nicht, ohne dass sich der Statthalter Alexejew zuvor «befehlsgemäß» nach Wladiwostok abgesetzt hätte.[11] Alle höheren Offiziere hatte er noch einmal auf die Linie «Vorsichtig sein und nichts riskieren» verpflichtet – mit fatalen Folgen. Als am 15. Mai die japanischen Schlachtschiffe *Hatsuse* und *Yaschima* vor Port Arthur auf Minen liefen und sanken, ließ der zögerliche Withöft die glänzende Chance, das in völlige Unordnung geratene japanische Geschwader zu attackieren, ungenutzt verstreichen.[12] Ähnlich zögerlich suchte er am 23. Juni in einem halbherzigen Angriff den Erfolg. Den Durchbruchsversuch des Pazifik-Geschwaders nach Wladiwostok am 10. August bezahlte Withöft schließlich mit dem Leben, das Geschwader mit schweren Verlusten: Das Schlachtschiff *Zessarewitsch*, zwei schwere und ein leichter Kreuzer mussten nach zahlreichen Treffern in neutrale Häfen abdrehen und wurden dort entwaffnet. Der Rest der Flotte flüchtete mit großenteils schweren Beschädigungen zurück nach Port Arthur. Als eigenständiger Akteur kam das «Pazifische Geschwader» nicht mehr in Frage.

Eine zusammengeschusterte Flotte

Angesichts der besorgniserregenden Entwicklung auf dem östlichen Kriegsschauplatz begann man in St. Petersburg im Laufe des Frühjahrs 1904 mit Planungen, ein kampfkräftiges zweites Geschwader in der Ostsee zusammenzustellen und in den Fernen Osten zu entsenden. Die damit verbundenen Schwierigkeiten waren enorm, dessen waren sich die

Berater Zar Nikolaus' II. bewusst. Zunächst musste eine Reihe von im Bau befindlichen Schlachtschiffen in Rekordzeit fertiggestellt werden, dann galt es, dieses ungeübte Geschwader um die halbe Welt fahren zu lassen – und zwar, ohne dass auf dem Weg in den Pazifik eigene Stützpunkte für die Bekohlung und Versorgung der Schiffe zur Verfügung standen. Im Gegenteil, man musste mit Obstruktionsmaßnahmen von englischer Seite rechnen, da die Briten den russischen Kolonialambitionen mit ausgeprägter Skepsis gegenüberstanden: Obwohl eine formale Neutralität gewahrt blieb, suchte England die Japaner wo immer möglich zu unterstützen, und das würde die russische Flotte durch zahllose Behinderungen ihrer Reise zu spüren bekommen. Doch angesichts der Hiobsbotschaften aus Port Arthur und einer öffentlichen Meinung, die durch entsprechende Presseberichte suggeriert bekam, Russlands Macht und Größe müsse und werde sich just in diesem Flottenunternehmen offenbaren, stand der Entschluss zur Entsendung des «2. Pazifischen Geschwaders» schon bald fest. Zur großen Erleichterung des japanischen Militärs wurde er auch sogleich von der russischen Presse in allen Details ausgeplaudert.[13]

In fieberhafter Eile wurde im Sommer und Herbst 1904, während sich der Belagerungsring um Port Arthur in erbitterten Kämpfen immer enger zog, auf den russischen Werften in Kronstadt und Libau an der Fertigstellung von vier neuen, mit modernster Militärtechnik ausgestatteten Schlachtschiffen gearbeitet. *Knjas Suworow (Ssuworow), Imperator Alexander III., Borodino* und *Orel* waren bei einer Größe von 13 730 Tonnen und einer Panzerung von bis zu 25 Zentimetern mit vier 30,5-Zentimeter-Geschützen in Zwillingstürmen, zwölf 15,2-Zentimeter-Geschützen sowie einer Vielzahl von leichteren Schnellfeuer-Kanonen und Maschinengewehren ausgerüstet. Dank moderner Maschinen konnten sie theoretisch eine Höchstgeschwindigkeit von 17,5 Knoten erreichen.[14] Begleitet werden sollte der Stolz der russischen Flotte von einer Vielzahl älterer, nun in aller Eile nachgerüsteter Kampfschiffe und einem Tross, wie er für die Reise um die halbe Welt unvermeidlich war, bestehend aus Lazarett-, Versorgungs-, und Werkstattschiffen.

Zum Kommandanten der Flotte ernannte der Zar am 5. Mai 1904 den zu diesem Zeitpunkt 55-jährigen Konter-Admiral Sinowi Petrowitsch Rojestwenski, und er hätte keine glücklichere Wahl treffen können. Rojestwenski hatte seit früher Jugend in der Marine gedient und sich vor allem während des Russisch-Türkischen Kriegs 1877 durch Führungsqualitäten wie durch persönlichen Mut nachdrücklich für höhere Aufgaben empfohlen. Er galt als ausgesprochener Geschütz-Experte, vor allem aber als Mann von unbestechlichem Pflichtbewusstsein und eiserner Härte, und beide Eigenschaften sollten im folgenden Jahr über alle Maßen beansprucht werden.[15]

Die Schwierigkeiten, mit denen Rojestwenski von Anfang an zu kämpfen hatte, waren dreierlei Art. Zunächst einmal bestand das objektive Problem, dass er eine Flotte unter voraussehbar schwierigen Versorgungsbedingungen um die halbe Welt und gegen einen bestens geschulten, kampferprobten und entschlossenen Feind ins Gefecht führen sollte. Die Besatzungen der Schiffe des «2. Pazifischen Geschwaders» waren unvermeidlicherweise eilig zusammengestellt worden, es fehlte an gemeinsamen Übungen ebenso wie an gut ausgebildeten Offizieren und kompetenten Ingenieuren für die Wartung der komplizierten Schiffseinrichtungen.[16]

Gerade die regelmäßige Instandhaltung der technischen Ausstattung aber erwies sich schon sehr bald als wahre Sisyphosarbeit. Beim Bau bzw. der Überholung der Schiffe war nämlich, Problem Nummer zwei, in einem kaum vorstellbaren Maße geschlampt worden. Das lag zum einen am enormen Zeitdruck, unter dem die Arbeiten ausgeführt werden mussten; es lag aber ebenso an Korruption und Schlendrian der russischen Marineverwaltung.[17] Das verwendete Material, etwa der Panzerstahl, erwies sich nicht etwa hin und wieder, sondern in der Regel als minderwertig; mitunter verschwanden ganze Wagenladungen mit Ausrüstungsgegenständen spurlos, nachdem sie bereits bezahlt worden waren; die Zahlen über Mannschaftsbestände, Geschützlieferungen, Kalibergrößen, Materialreserven waren so unzuverlässig, dass sie der Admiral in jedem Einzelfall überprüfen musste. Es liegt auf der Hand, dass Rojestwenski sich durch die dabei entdeckten Missstände unter den Petersburger Bürokraten eine Vielzahl erbitterter Feinde schuf. Zur Korruption gesellte sich schon bald Sabotage.

Die Bekämpfung der Sabotage aber wurde durch das dritte Problem erschwert, dem Rojestwenski sich gegenüber sah: die revolutionären Bestrebungen der Anarchisten und Sozialisten. Deren Aktivitäten sollte nach den Vorstellungen der führenden Politiker am Zarenhof der Krieg mit Japan eigentlich entgegenwirken, indem er die Nation durch die siegreiche Überwindung eines äußeren Gegners einte. Doch in Wirklichkeit bereiteten die nicht enden wollenden Rückschläge und Niederlagen gegen die Japaner der Revolution erst recht den Boden. In Heer und Flotte machte sich die untergründige Aktivität der Anarchisten immer mehr bemerkbar, in der latent aufrührerischen Stimmung ebenso wie in Sabotageakten. Wo immer Probleme, Verzögerungen, Schäden auftraten, stellte sich die – meist unlösbare – Frage, ob sie das Resultat einer unfähigen und korrupten Bürokratie waren oder aber das der subversiven Tätigkeit der Revolutionäre.

So verzögerte sich die Fertigstellung des «2. Pazifischen Geschwaders», während die Lage im fernen Port Arthur immer bedrohlicher wurde, Woche um Woche, Monat um Monat. Ursprünglich hätten die Schiffe, um dem bedrängten Flottenstützpunkt im Pazifik Entlastung zu bringen, noch im Sommer auslaufen sollen. Daraus wurde September und schließlich Oktober, ehe das Geschwader zumindest auf dem Papier einsatzbereit war – ein Geschwader, das naturgemäß keinerlei Gelegenheit gehabt hatte, Erfahrung mit den grundsätzlichsten Erfordernissen der Seekriegsführung zu sammeln.[18] Am 12. Oktober besuchten der Zar und die Zarin die auslaufbereite Flotte, in ihrem Gefolge ganze Heerscharen von Höflingen und Schreibtischstrategen. Sie wurden auf den Schiffen feierlich empfangen und höflich herumgeführt. Doch aus Kapitän z. See Buchwostow, dem Kommandanten des Schlachtschiffs *Imperator Alexander III.*, brach es während des offiziellen Abschiedsessens an Bord seines Schiffs heraus: «Sie haben uns alle eine glückliche Fahrt gewünscht und die Überzeugung ausgesprochen, daß wir mit unseren tapferen Matrosen die Japaner schlagen werden. Wir danken Ihnen für diese gute Meinung, aber sie sagt uns nur, daß Sie nicht wissen, warum wir in See gehen. Wir aber wissen es. Wir wissen auch, daß Rußland keine Seemacht ist und die für den Schiffsbau ausgegebenen Staatsgelder nutzlos verschwendet wurden. Sie wünschen uns den Sieg, aber einen Sieg wird es nicht geben. Ich fürchte, wir werden die Hälfte des Geschwaders unterwegs verlieren. Nun, vielleicht wird das nicht sein, und wir werden dort ankommen, wohin man uns schickt; dann wird uns Togo zersprengen. Denn seine Flotte ist besser als diese, und die Japaner sind echte Seeleute.

Für das eine allerdings verbürge ich mich: wir werden alle zu sterben wissen, und ergeben werden wir uns nicht!»[19]

Angesichts solcher Worte aus dem Munde eines der tüchtigsten und zuverlässigsten Schiffskommandanten der russischen Flotte nehmen sich die Leistungen, die das «2. Pazifische Geschwader» in den folgenden Monaten vollbrachte, wie ein Wunder aus. Dieses Wunder bestand schlicht darin, dass die von Rojestwenski geführten Schiffe ohne auch nur einen einzigen Verlust das Gelbe Meer überhaupt erreichten. Denn was auf dem Weg dahin an Problemen, Pech und Pannen auftrat, das war, darin sind sich alle Berichte über die Reise des Geschwaders einig, in der Kriegsgeschichte noch nie da gewesen.[20]

Hindernislauf von Libau nach Tsushima

Schon wenige Tage nach dem Auslaufen des Geschwaders kam es beim Durchqueren der Nordsee in der Nacht vom 21. auf den 22. Oktober 1904 auf der Höhe der Doggerbank zu einem folgenreichen Unglück: Die russischen Schiffe feuerten auf englische Fischkutter, die sie irrtümlich für japanische Torpedoboote hielten. Die Versenkung eines Kutters und der Tod zweier Fischer lösten in England einen Sturm der Entrüstung aus. Die britische Presse und die öffentliche Meinung forderten mehr als nur die Wiedergutmachung des von der *mad dog fleet* angerichteten Schadens – sie forderten unverhohlen den Krieg. Die Home-Fleet unter Vize-Admiral Arthur Wilson lief mit acht Schlachtschiffen und vier schweren Kreuzern aus, acht weitere Schlachtschiffe der Reserve wurden in Alarmbereitschaft versetzt.[21] Am Ende blieb es beim englischen Muskelspiel. Die russische Regierung zahlte die enorme Entschädigung von 65 000 Pfund Sterling, und eine internationale Kommission von Seeoffizieren trat in Paris zur Untersuchung des Vorfalls zusammen. In ihrer abschließenden Stellungnahme am 15. Februar 1905 stellte diese Kommission fest: «Die Mehrheit der Kommission erachtet diese [Rojestwenskis] Befehle für angemessen, mit Rücksicht auf den Kriegszustand und besonders unter den vorliegenden Umständen, die der Geschwaderchef mit vollem Recht als sehr beunruhigend ansehen mußte.»[22]

Was immer in der Nacht vom 21. auf den 22. Oktober 1904 für Schiffe von den russischen Wachmannschaften ausgemacht worden waren – es blieb ungeklärt und wird sich wohl auch nicht mehr klären lassen.[23] Umso eindeutiger waren die Folgen der «Doggerbank-Affäre» für Rojestwenskis Geschwader: Der Hohn der internationalen Presse und die widerstandslose Bereitschaft der russischen Regierung, den englischen Forderungen nachzugeben, führten zu einer moralischen wie militärischen Diskreditierung, die sich im weiteren Verlauf der Flottenexpedition fast ständig bemerkbar machte. Auch das zuvor den Russen mit wohlwollender Neutralität gegenüberstehende Frankreich sah sich in der Folgezeit angesichts der öffentlichen Meinung und englischen Drucks gehalten, die für die Versorgung des «2. Pazifischen Geschwaders» existenzielle Erlaubnis zur Versorgung und Bekohlung in französischen Kolonialhäfen nur sehr restriktiv zu gewähren.

Die Folgen der französischen Zurückhaltung hatten zunächst einmal die russischen Schiffsbesatzungen auszubaden, die mit dem Beginn der Reise um Afrika herum gezwungen waren, den unentbehrlichen Kohlennachschub auf See zu nehmen. Zu diesem Zeitpunkt hatte Rojestwenski seine Schiffe in zwei Geschwader geteilt. Das eine, bestehend aus älteren Schlachtschiffen und einigen Kreuzern, sollte unter Führung von Konter-Admiral Fölkersam seinen Weg durch den Suez-Kanal nehmen. Rojestwenski selbst führte hingegen die vier modernsten und leistungsfähigsten Schlachtschiffe nebst einer Reihe leichterer Einheiten den längeren Weg um das Kap der Guten Hoffnung herum. Auf diese Weise suchte er Angriffen leichter japanischer Geschwader im Indischen Ozean oder sogar im Roten Meer zu entgehen, denn die Japaner würden kaum das Risiko eines solchen Angriffs auf sich nehmen, wenn die modernsten und kampfkräftigsten der russischen Schiffe den Weg um die Südspitze Afrikas nähmen.[24] Rojestwenskis Kalkulation ging auf. Nach unendlichen Mühen, doch unbehelligt vom Feind trafen sich die beiden Abteilungen Anfang Februar 1905 vor der Küste Madagaskars.

Inzwischen hatten den russischen Geschwader-Kommandanten neue Hiobsbotschaften ereilt. Zum einen war der lange Belagerungskampf um Port Arthur, der die japanischen Angreifer am Ende 58 000 Tote gekostet hatte – gegenüber mehr als 38 000 russischen Verteidigern –, mit der Kapitulation der Festung im Januar 1905 zu Ende gegangen. Zusammen mit der Festung gelangten auch die kümmerlichen Reste des einstigen Pazifik-Geschwaders der Russen in die Hände der Angreifer. Damit war der strategische Sinn von Rojestwenskis Odyssee im Grunde hinfällig. Denn die Aufgabe des «2. Pazifischen Geschwaders» sollte ja ursprünglich darin bestehen, in die ostasiatische Hafenfestung durchzubrechen, um nach der Vereinigung mit dem «1. Pazifischen Geschwader» der japanischen Flotte mit Aussicht auf Erfolg entgegentreten zu können, nach einem Sieg die Seeherrschaft im Gelben Meer zurückzugewinnen und anschließend die japanische Landarmee vom Nachschub abzuschneiden.

Nach dem Fall von Port Arthur konnte von alledem keine Rede mehr sein. Rojestwenski würde auf sich allein gestellt sein im Kampf gegen einen Gegner, der ihm an Zahl und Kampfkraft, an Ausbildung und Kriegserfahrung turmhoch überlegen war und nun auch noch Gelegenheit erhielt, seine Schiffe vor dem neuerlichen Einsatz in den Docks der Heimathäfen gründlich zu überholen. Unter diesen Umständen ließ sich für jeden Klarblickenden erkennen, dass die schon zuvor hochriskante Expedition des «2. Pazifischen Geschwaders» zu einem sinnlosen Opfergang werden musste.

Doch die Politiker in St. Petersburg erwiesen sich als überhaupt nicht klarblickend. Inzwischen nämlich war die Revolution ausgebrochen, jene letztlich nicht durchdringende, mit äußerster Mühe in viel Blut erstickte Revolution von 1905, die es nicht geraten erscheinen ließ, die innenpolitische Situation noch zusätzlich durch außenpolitische Rückzüge zu belasten. Und so insistierte man in St. Petersburg auf der Fortsetzung der sinnlos gewordenen Odyssee, ja mehr noch: Man beschloss, dem «2. Pazifischen Geschwader» ein «3. Pazifisches Geschwader» hinterherzuschicken. Eine Pressekampagne erklärte die Entsendung dieser «Verstärkung» zur nationalen Notwendigkeit.[25] Tatsächlich aber konnte von einer Verstärkung nicht im mindesten die Rede sein.

Die Schiffe des «3. Geschwaders» waren im Januar 1905 von Libau aus in See gestochen, um sich so rasch wie möglich mit dem Geschwader Rojestwenskis zu vereinigen. Das aber würde Zeit brauchen. Die eilig zusammengestellten Einheiten unter dem Befehl von Konter-Admiral Nebogatow waren allesamt vom technischen Fortschritt längst überholte, teilweise schon außer Dienst gestellte Relikte vergangener Zeiten, eine schwimmende Antiquitätensammlung, die prompt zu einer Vielzahl von

Spottnamen anregte: «Selbstversenker», «Selbstersäufer», «Bügeleisen», «Blechtöpfe» oder «Galoschen» nannten die eigenen Mannschaften diese Ansammlung von Schiffen, die im Hinblick auf Bewaffnung und Reichweite, Panzerschutz und Geschwindigkeit, Kalibergrößen und Munitionsausstattung nicht den Hauch einer Chance gegen die hochmodernen japanischen Kampfschiffe haben würde. Die Schreibtischstrategen in St. Petersburg, in Panik geratene Politiker und ihre journalistischen Handlanger zählten einfach Bruttoregistertonnen und Geschützzahlen zusammen und behaupteten kurzerhand, es komme nicht auf technische Perfektion und moderne Ausrüstung an, die schiere Zahl der Schiffe und Geschütze werde die Entscheidung bringen. In einem Zeitungsartikel hieß es: «Laßt sie mit solchen Mängeln nur ziehen, wenn sie nur die Möglichkeit haben zu fahren und mit Nutzen zu fechten! Schickt sofort ab, was nur möglich ist, verliert keine Minute!»[26]

Selten haben Wunsch und Realität weiter auseinandergeklafft als bei diesem Versuch, dem bereits verlorenen Krieg gegen Japan doch noch eine Wendung zu geben. Denn in Wahrheit stellten Nebogatows «Selbstversenker» nicht etwa eine Verstärkung dar, sondern im Gegenteil ein Handicap, einen Klotz am Bein, der die ohnehin schon geringen Hoffnungen Rojestwenskis, mit seinem Geschwader einem Debakel zu entgehen, endgültig zerstörte. Nach dem Fall Port Arthurs wäre Umkehren das einzig Vernünftige gewesen. Das aber durfte der Admiral nicht, stattdessen musste er vor der Küste Madagaskars unter ungünstigsten klimatischen Bedingungen und bei katastrophaler Versorgungslage auf die «Selbstersäufer» warten – die Krönung des Unsinns. Rojestwenski, der bisher mit eiserner Entschlossenheit und unerbittlicher Strenge nicht nur die Disziplin seiner Mannschaften und Offiziere, sondern vor allem auch sich selbst aufrechterhalten hatte, erkrankte. Er telegraphierte an den Zaren und bat um seine Enthebung vom Posten des Geschwaderchefs. Die Antwort war abschlägig.

Der Admiral gehorchte, und damit begann der letzte Teil der Tragödie. Die langen Wochen des Wartens auf die «Bügeleisen» konnten nicht einmal konsequent für die Ausbildung des Geschwaders genutzt werden, denn es mangelte an allem: an Kohlen, um das Manövrieren im Verband zu üben, an Ersatzteilen für die reparaturanfälligen Maschinen, an Munition. Auf die Frage, warum der Admiral so selten Schießübungen durchführen lasse, antwortete Rojestwenski lakonisch: «Warum werden keine Schießübungen abgehalten? Dafür habe ich 18 Gründe. Der erste ist, dass wir kein Pulver haben...»[27] – ein Hinweis, der es erübrigen mag, an dieser Stelle die anderen 17 Gründe im Einzelnen anzuführen.

Wo der Geschützeinsatz einmal nicht nur simuliert, sondern mit scharfer Munition geübt wurde, war das Ergebnis entsprechend. So hieß es in einer der Manöverkritiken während der langen Liegezeit vor Madagaskar: «Vom Schießen der 47-mm-Geschütze, die für die Torpedoabwehr bestimmt sind, muß man sich schämen zu reden [...], bei Tage erzielte das ganze Geschwader nicht *einen* Treffer in die Scheiben, welche die Torpedoboote darstellen, obgleich sich diese Scheiben von den japanischen Torpedobooten zu unserem Vorteil dadurch unterscheiden, daß sie unbeweglich waren.»[28]

Kennzeichnend für das vollkommene Versagen des Petersburger Marine-Amtes bei der Ausstattung der Flotte ist der Verlauf einer Übung der Torpedoboote, die Kapitän Semjonow in diesen Tagen veranstaltete. Dabei stellte sich, immerhin noch vor dem Zusammentreffen mit dem Feind, heraus, dass unterschiedliche Signal-Handbücher ausgegeben worden waren. Semjonow ließ zu Beginn des Manövers den Befehl «Kiellinie bilden» hissen und staunte nicht wenig, als daraufhin die Torpedo-Boote in alle Richtungen ausschwärmten. Die Kommandanten hatten gemäß den Angaben in ihren alten Handbüchern das Signal als «Küste absuchen» dechiffriert. «Eine Kleinigkeit?», kommentierte Semjonow nachdenklich. «Vielleicht – aber eine charakteristische.»[29]

Während Rojestwenskis Geschwader immer noch vor Madagaskar wartete, traf am 12. März 1905 die nächste Katastrophennachricht ein: Die russische Korea-Armee unter General Kuropatkin war in der fünftägigen, überaus blutigen Schlacht bei Mukden von den Japanern geschlagen worden; und die Berichte über den Ausgang der Schlacht übersteigerten noch die an sich schon deprimierenden Tatsachen. Von der vollständigen Vernichtung der russischen Armee war die Rede und dem damit unvermeidlich verlorenen Krieg.[30] Aber auch das änderte nichts am Befehl, die Reise in den Untergang fortzusetzen. Am 16. März 1905 lichtete das Geschwader, über 40 Schiffe stark, die Anker. Um den Indischen Ozean zu durchqueren, lief es am 5. April durch die Malakka-Straße, passierte am 8. April Singapur und trat in das Chinesische Meer ein – in vorbildlicher Marschfor-

Aus dem «Workshop of the World»: Die *Shikishima,* Schwesterschiff des japanischen Flaggschiffs *Mikasa,* zählte zu einer ab 1896 geführten Klasse von Linienschiffen der Kaiserlich Japanischen Marine, das, wie eine ganze Reihe von japanischen Großkampfschiffen dieser Zeit, in England hergestellt wurde. Ihre Dampfmaschinen leisteten über 14 000 PS und verliehen ihr eine Geschwindigkeit von 18 Knoten. Die Hauptbatterie der *Shikishima* bestand aus zwei Doppeltürmen mit 12-Zoll-(30,5 Zentimeter-)Geschützen. Mit einer Maximalverdrängung von 16 000 Tonnen und einem Panzer aus Harveystahl galt sie als eines der modernsten Schlachtschiffe ihrer Zeit.

mation und zum anerkennenden Erstaunen der britischen Militärs in Singapur, die angesichts der seemännischen Leistung, die über 16 000 Seemeilen von der Ostsee bis nach Singapur unter schwierigsten Bedingungen und ohne den Verlust auch nur eines einzigen Schiffs bewältigt zu haben, der *mad dog fleet* Abbitte leisten mussten.

Wenig später ankerte das «2. Pazifische Geschwader» im Hafen von Cam Ranh Bay vor der Küste des heutigen Vietnam. Hier sollte es zum letzten Mal Kohlen nehmen und auf die herandampfenden «Selbstersäufer» Nebogatows warten. Abermals wies Rojestwenski die vorgesetzten Behörden in St. Petersburg mit verzweifeltem Nachdruck darauf hin, dass sein Auftrag, gegen die japanische Flotte den Durchbruch zum russischen Pazifikhafen Wladiwostok zu erzwingen, nicht durchführbar sei. Er verwies auf den miserablen Zustand von Maschinen und Kesseln, auf die von Krankheit und Überanstrengung erschöpften Mannschaften, die zusätzliche Last durch die hilflosen Schiffe Nebogatows, die man werde schützen müssen, und zwar auf Kosten der Bewegungsfreiheit des übrigen Geschwaders. Als Antwort kam nicht nur der Befehl, dem bisherigen Plan zu folgen, sondern auch die Weisung, dem unzulänglich ausgerüsteten Hafen von Wladiwostok nicht zur Last zu fallen, sondern Versorgungs- und Trossschiffe weiterhin mitzuführen.

«Dies ist wohl der wahnsinnigste aller Befehle, die Rojestwenski jemals erhalten hat, und man wird glauben dürfen, wenn es heißt, daß er darüber ‹in außerordentliche Erregung geraten› sei», urteilte ein kenntnisreicher Autor.[31] Doch auch jetzt gehorchte der Admiral und setzte nach dem Eintreffen der «Galoschen» die Reise mit Kurs auf Wladiwostok fort. Am 22. Mai 1905 fand noch einmal ein Manöver des Geschwaders Nebogatows statt, mit dem nicht eben hoffnungsfroh stimmenden Ergebnis, dass «von allen Formationen nur eine gelang: die des regellosen Haufens».[32] Wenige Tage später stand man im Süden der Straße von Tsushima, die Japan von Korea trennt. Hier wartete Togos Flotte.

Auf dem Papier waren die beiden Gegner fast gleich stark.[33] Doch was die nackten Zahlen nicht erkennen lassen, war das Wesentliche: das perfekt aufeinander eingespielte, siegesgewisse Führungskorps der Japaner; die über Jahre hinweg ausgebildeten und kampferprobten Besatzungen der japanischen Schiffe; deren soeben in den Docks der Heimathäfen reparierte und generalüberholte Maschinen und Geschütze; schließlich die den Russen haushoch überlegene Munitionsausrüstung. Gegenüber den gusseisernen russischen Granaten verwendeten die Japaner solche aus gewalztem Stahl, die wesentlich kleinteiliger krepierten und eine entsprechend höhere Splitterwirkung erzielten. Als Sprengstoff diente nicht das von den Russen verwendete Pyroxilin, sondern Shimose-Pulver, das aufgrund höherer Temperaturen eine viel stärkere Sprengkraft besaß. Insgesamt waren dadurch die japanischen Granaten den russischen in ihrer Wirkung ungefähr um das Zwölffache überlegen.[34]

«Sie braten uns nur so!»

Eine letzte Hoffnung blieb den Russen, dem Zusammenstoß mit den Schiffen Togos, über dessen Ergebnis man sich keinerlei Illusionen machte, doch noch zu entgehen: der dichte Nebel, der in der Nacht vom 26. auf den 27. Mai 1905 über der Straße von Tsushima lag. Doch als in den frühen Morgenstunden des 27. der Kommandant des russischen Flaggschiffs *Suworow*, Kapitän 1. Ranges Ignatius, sich schon bereit erklärte, 200 000 Rubel darauf zu setzen, dass man den Japanern entwische, erblickten die Wachmannschaften eines Patrouille fahrenden japanischen Hilfskreuzers die Positionslichter eines russischen Lazarettschiffs. Der von diesem Augenblick an schlagartig belebte japanische Funkverkehr ließ auf russischer Seite, auch ohne dass man den Inhalt der Funksprüche hätte dechiffrieren können, keinen Zweifel darüber, dass man entdeckt war.

Noch bevor die Geschwader Togos in Sicht kamen, befahl Rojestwenski um 10:20 Uhr, Gefechtsformation einzunehmen. Hinter einigen aufklärenden leichten Kreuzern fuhren als 1. Division seine vier modernen Schlachtschiffe, an der Spitze das Flaggschiff *Suworow*. Es folgten als 2. Division die älteren Einheiten unter dem in der Nacht zuvor nach längerer Krankheit verstorbenen Konter-Admiral Fölkersam; um die Mannschaften nicht zu demoralisieren, hatte Rojestwenski befohlen, die Nachricht vom Tode seines Stellvertreters nicht bekannt zu geben. Nur Nebogatow, der die 3. Division, die der «Selbstversenker», am Ende der Schlachtreihe führte, war darüber informiert worden, dass im Falle von Rojestwenskis Tod oder schwerer Verwundung die Führung der Flotte an ihn übergehen werde.

Gegen Mittag wurde in spannungsgeladener Atmosphäre das Essen an die Mannschaften wachweise ausgegeben; die Offiziere versammelten sich in der Messe und stießen mit Champagner auf die sich just an diesem 27. Mai jährende Krönung des Zarenpaars an. Das «Hurra» war kaum verklungen, als die Alarmsirenen alle Mann auf die Gefechtsstationen riefen. Doch was man zunächst erblickte, war nicht das Gros der japanischen Schlachtschiffe, sondern eine feindliche Kreuzer-Division, die in großer Entfernung den Kurs des russischen Geschwaders kreuzte. Da Rojestwenski vermutete, dass die japanischen Schiffe Minen legen wollten, befahl er seiner 1. Division, zunächst zu schwenken und dann zu wenden, das heißt, in Dwars-Linie zu gehen, um den Feind durch das gemeinsame Feuer der weitreichenden Buggeschütze zu vertreiben.[35]

Dieser Befehl war taktisch richtig, aber risikoreich, denn jeden Moment musste man mit dem Auftauchen der japanischen Hauptstreitmacht rechnen, der es in Kiellinie zu begegnen galt. Vor allem aber misslang das Manöver, da das zweite Schiff in der russischen Linie, die *Alexander III.*, das Signal der *Suworow* zum Wenden, also Einheit für Einheit «kehrt um» zu machen, missverstand und stattdessen schwenkte, also in Kiellinie hinter dem Flaggschiff blieb. Daraufhin gaben die beiden folgenden Schlachtschiffe, *Borodino* und *Orel,* die bereits eingeleitete Wendung auf und schwenkten ebenfalls. Im Ergebnis stand damit die 1. Division in Kiellinie als eine zweite Kolonne steuerbord und leicht vorlich im Abstand von etwa 2000 Metern neben der Schlachtreihe, welche die 2. und 3. Division bildeten. Rojestwenski befahl daraufhin sofort seiner Division, sich mit

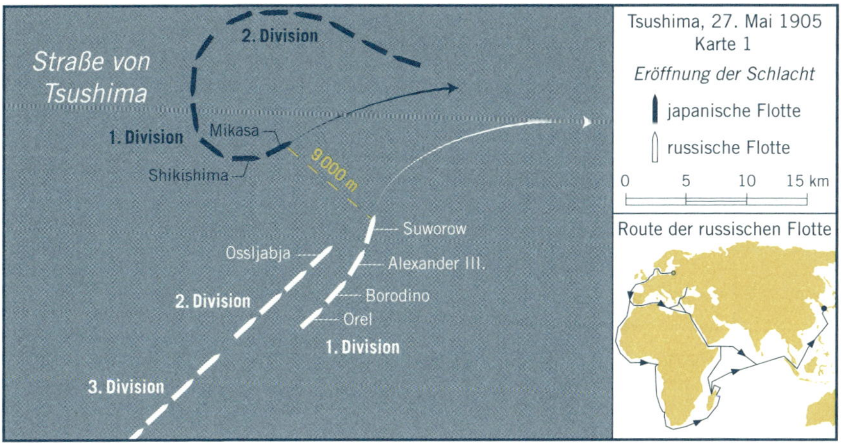

vermehrter Fahrt wieder an die Spitze zu setzen. Doch war dieses Manöver eben erst eingeleitet, als um 13:45 Uhr die japanische Hauptstreitmacht, voran die sechs Schlachtschiffe der 1. Division unter Admiral Togo, dahinter sechs moderne Schlachtkreuzer unter Vize-Admiral Kamimura, unter vollem Dampf im Nordosten auftauchten.

Togos Ziel war es, die überlegene Geschwindigkeit seiner Schiffe auszunutzen, um sich auf Parallelkurs vor die russische Schlachtreihe zu setzen und den Feind im Zuge der Umfassung zusammenzuschießen. Zu diesem Zweck musste er seine Schiffe, die bisher einen Westsüdwest-Kurs liefen, auf Ostkurs bringen. Am einfachsten wäre das durch eine Wendung aller zwölf Schiffe zu erreichen gewesen, also die Kehrtwendung jeder einzelnen Einheit. Doch hätte in diesem Fall das bisherige Schlusslicht der Schlachtreihe, die *Nischin*, die Führung übernommen.

Um die Führung des Gefechts in der Hand zu behalten, entschloss sich Togo in diesem Augenblick zu einem außerordentlich gewagten Manöver: Er ließ alle zwölf Großkampfschiffe im Angesicht des sich auf Schussweite nähernden Feindes eine Schwenkung um 180° ausführen. Bei diesem Manöver mussten alle japanischen Schiffe über *einen* Punkt laufen, wodurch sie sich der russischen Artillerie gewissermaßen auf dem Präsentierteller darboten, während die Geschütze der hinteren Schiffe durch die voran fahrenden Einheiten «maskiert», also am Feuern gehindert waren. Wenn es den russischen Geschützbesatzungen gelang, diesen Moment,

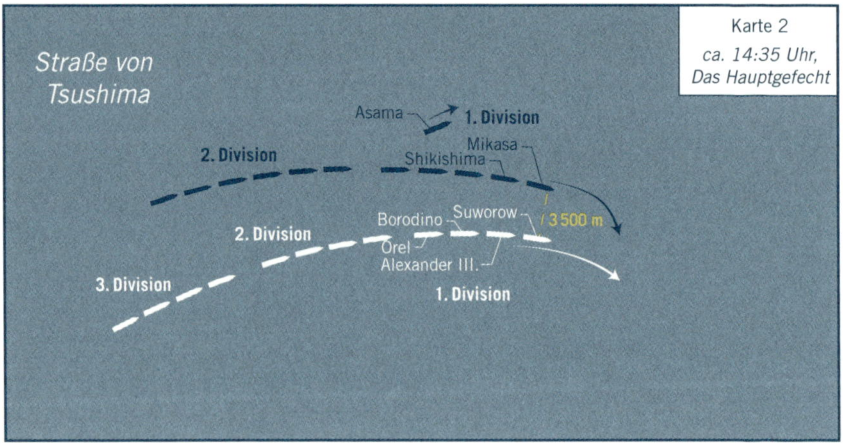

Karte 2
ca. 14:35 Uhr, Das Hauptgefecht

der selbst bei durchgehaltener Höchstgeschwindigkeit etwa eine Viertelstunde dauern würde, zu nutzen, wenn es ihnen gelang, durch einen «lucky punch», einen oder gar mehrere Glückstreffer auf Kommando-Brücken oder Munitionskammern, Unordnung in die japanische Schlachtreihe zu bringen und feindliche Einheiten kampfkraftmindernd zu beschädigen, so bestand Hoffnung für das «2. Pazifische Geschwader», den Durchbruch nach Wladiwostok doch noch ohne allzu schwere eigene Verluste zu erzwingen. Die Anspannung, als Togo um kurz vor 14 Uhr die lebensgefährliche Schwenkung einleitete, lässt sich dramatischer nicht vorstellen. Denn die Russen, denen sich so unverhofft eine traumhaft vielversprechende Eröffnung der Schlacht darbot, befanden sich ihrerseits noch auf dem Weg zurück in die Gefechtsformation, die Geschütze der beiden Schlussschiffe der 1. Division, *Borodino* und *Orel*, waren noch maskiert durch die schweren Einheiten der 2. Division, die zwischen ihnen und dem Feind lagen. Es ging buchstäblich um Sekunden. Wer würde das Manöver zur Herstellung der Gefechtsformation eher beenden?

Rojestwenski wartete nicht bis dahin und erteilt um 14:05 Uhr seinen Schiffen den Feuerbefehl. Die schweren 30,5-Zentimeter-Geschütze von *Suworow* und *Alexander III.* brüllen auf und nehmen die feindlichen Schlachtschiffe auf eine Entfernung von knapp 9000 Metern unter Feuer, von denen zu diesem Zeitpunkt lediglich Togos Flaggschiff *Mikasa* und die ihr folgende *Shikishima* die Schwenkung vollendet haben. Beide Schiffe erhalten schwere Treffer, doch die minderwertigen russischen Granaten krepieren entweder gar nicht oder nur unzulänglich. Dennoch, die ersten Toten der Schlacht sind auf japanischer Seite zu beklagen, ehe Togo um 14:08 Uhr seinerseits den Feuerbefehl gibt. Die Entfernung zwischen den beiden Flotten beträgt zu diesem Zeitpunkt kaum mehr 7000 Meter. Sekunden später bricht über die russischen Seeleute das Inferno herein.[36]

Das Feuer der japanischen Schlachtschiffe, die in mustergültiger Formation auf leicht konvergierendem Parallelkurs zu ihrem russischen Gegner fahren, konzentriert sich auf die Führungsschiffe der 1. und 2. Division, *Suworow* und *Osljabja*. Es erzielt sofort schwerste Treffer. Schon zwanzig Minuten nach Gefechtsbeginn rät der Kommandant der *Suworow*, Kapitän Ignatius, dem Flotten-Kommandanten, um einige Strich nach steuerbord zu drehen: «Euer Exzellenz, wir müssen den Kurs ändern! Sie haben sich schon zu gut eingeschossen. Sie braten uns nur so!»

Rojestwenski antwortet kaltblütig: «Warten Sie! Wir haben uns doch auch eingeschossen!»[37] Womit er nicht Unrecht hat: Das erste Schiff, das in der Schlacht seine Position aufgeben muss, ist die japanische *Asama*, die um 14:27 Uhr mit zerschossener Ruderanlage in Feuerlee, also die dem Feind abgewandte Seite der Schlachtreihe, ausschert. Togos Flaggschiff *Mikasa* hat zu diesem Zeitpunkt bereits zehn schwere Treffer erhalten, wenig später detoniert eine Granate auf der achteren Kommandobrücke. Doch die Wirkung der russischen Geschosse ist beschränkt, während die japanischen Granaten grauenvolle Zerstörungen hervorrufen. Kaum eine Stunde nach Gefechtsbeginn versinkt das Führungsschiff der russischen 2. Division, die *Osljabja*, in den Fluten der Straße von Tsushima.

Wenig später beschädigen Treffer die Ruderanlage der bereits schwer gezeichneten *Suworow*, so dass sie scharf nach steuerbord aus der Gefechtslinie ausbricht. Die Führung des russischen Geschwaders übernimmt damit die ihm folgende *Alexander III.* unter Kapitän Buchwostow, jenem Kommandanten, der vor der Abreise aus Libau beim feierlichen Galadiner an Bord seines Schiffes so pessimistisch in die Zukunft geblickt hatte: die Fahrt des «2. Pazifischen Geschwaders» sei sinn- und hoffnungslos, doch eines könne er garantieren: man werde anständig zu sterben wissen. In den folgenden Stunden stellte er unter Beweis, dass er damals keine leeren Phrasen gedroschen hatte.

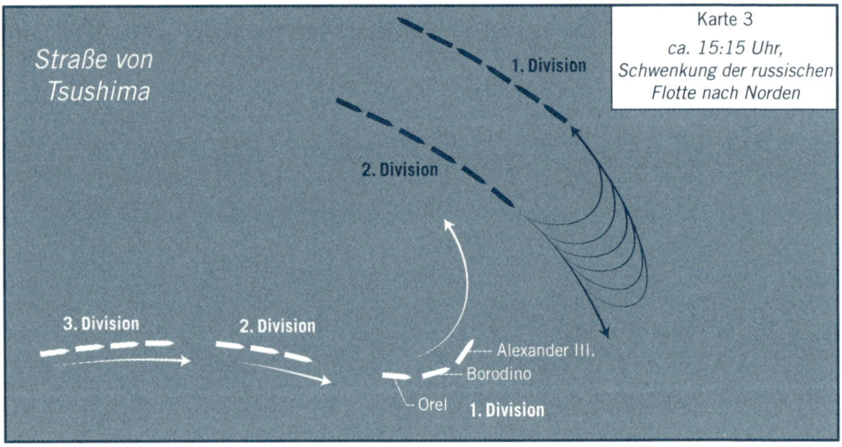

Karte 3
ca. 15:15 Uhr, Schwenkung der russischen Flotte nach Norden

Der Hölle entkommen: Die *Oleg*, ein Geschützter Kreuzer der Bogatyr-Klasse, wurde kurz nach Fertigstellung im Herbst 1904 Teil des in den Pazifik entsandten Geschwaders. Aus der Seeschlacht bei Tsushima konnte das Schiff gemeinsam mit den Einheiten *Schemtschug* und *Aurora* entkommen und wurde in Manila von US-Amerikanern interniert. Deutlich kann man auf dem Photo, das während der Internierung entstand, die durchschlagende Wirkung der japanischen Granaten erkennen.

Nach kaum einer Stunde war die Schlacht entschieden: *Osljabja* gesunken, *Suworow* manövrierunfähig, *Alexander III.*, *Borodino* und *Orel* nach einer Vielzahl schwerer Treffer, nach der Zerstörung von Entfernungsmessern, Signalanlagen, Feuerleitständen und zahlreichen Geschützen zu keiner wirksamen Gegenwehr mehr in der Lage. Und dennoch kämpften die russischen Schlachtschiffe bis zuletzt, bis zum Untergang. Als die *Alexander III.* am Abend des 27. Mai gegen 19 Uhr nach zahllosen Treffern kenterte, gab es nicht einen einzigen Überlebenden. Wenig später, noch vor Einbruch der Nacht, folgte ihr die *Borodino* auf den Meeresgrund nach.

Zu diesem Zeitpunkt hatte sich die Seeschlacht bereits in eine Reihe von Einzelgefechten aufgelöst, die zu schildern kaum lohnt, da es sich weniger um eine Schlacht, als das Abschlachten eines bereits aufgelösten Geschwaders handelte.[38] Der schwerverwundete Admiral Rojestwenski war von der brennenden *Suworow* bewusstlos auf das Torpedoboot *Buini* gebracht worden; die Führung der Flotte, soweit von einer solchen überhaupt noch die Rede sein konnte, hatte damit Konter-Admiral Nebogatow übernommen. Dessen 3. Division, die «Selbstersäufer», war bisher vergleichsweise gut davongekommen. Nicht etwa, weil sie sich durch ein Wunder gegen die Japaner behauptet hätte, sondern weil Togo nüchtern kalkulierte, die schwimmende Antiquitätensammlung nach der Ausschaltung der modernen Schlachtschiffe problem- und risikolos zusammenschießen zu können. Und diese Kalkulation schien aufzugehen, als die mit Kurs auf Wladiwostok gen Norden dampfenden Schiffe Nebogatows am Morgen des 28. Mai von den japanischen Divisionen gestellt wurden. Angesichts der vollkommenen Aussichtslosigkeit des Kampfes beschloss der russische Admiral, humanitäre über militärische Prinzipien zu stellen und seine Schiffe kampflos zu übergeben.

Japans Triumph

Keine andere Seeschlacht der modernen Geschichte endete so eindeutig wie die Schlacht bei Tsushima. Die Japaner hatten lediglich 3 Torpedoboote verloren und 116 Tote sowie 577 Verletzte zu beklagen. Die russische Flotte hingegen hatte am Abend des 28. Mai 1905 aufgehört zu existieren. Von den über 50 Schiffen, die Vize-Admiral Rojestwenski ins Gefecht geführt hatte, war mehr als die Hälfte versenkt worden oder dem Feind in die Hände gefallen. Lediglich drei russischen Einheiten, dem leichten Kreuzer *Almaz* und zwei Torpedobooten, gelang der Durchbruch nach Wladiwostok, der Rest wurde in neutralen Häfen entwaffnet.[39] Japans Triumph war vollständig. Admiral Togo erwies sich als ein ritterlicher Sieger. Er besuchte seinen schwer verwundeten Kontrahenten Rojestwenski am Krankenbett und versicherte ihn seiner Hochachtung: «Die Niederlage ist ein Los, das uns alle treffen kann. Und niemand braucht sich dessen zu schämen. Nein, es kommt nur darauf an, ob wir unsere Pflicht getan haben. In den zwei Tagen, da die Schlacht tobte, haben Sie mit Ihren Leuten eine bewundernswerte Leistung vollbracht.» Worauf ihm Rojestwenski dankte und versicherte: «Ich schäme mich nicht mehr, von Ihnen besiegt worden zu sein.»[40]

Der Dank des Vaterlands an den Admiral hingegen bestand in einem Prozess, der bald den Charakter einer Farce annahm. Um von den eigenen Versäumnissen, dem eigenen Versagen abzulenken, brauchten die Petersburger Schreibtischstrategen einen Sündenbock. Nach den übermenschlichen Leistungen, die der Admiral auf dem Weg der Flotte in den Fernen Osten vollbracht hatte, eignete er sich für diese Rolle denkbar schlecht. Doch angesichts politischer Interessen stand am Ende seine Entlassung aus dem Amt wegen «Pflichtversäumnisses». Wie der gesamte Russisch-Japanische Krieg trug auch dieses Urteil, dessen Absurdität jedem unbefangenen Beobachter in die Augen sprang,[41] dazu bei, die Führungsschicht des zaristischen Russland weiter zu delegitimieren. Die Niederlage von Tsushima gehört insofern zu den Meilensteinen auf dem langen Weg zur Oktoberrevolution. Und es entbehrt nicht eines tiefen symbolischen Zusammenhangs, wenn es einer der bei Tsushima dem Untergang entkommenen Kreuzer, die *Aurora,* war, von der aus im Oktober 1917 jener folgenreiche Signalschuss fiel, der mit dem Sturm auf das Winterpalais den Beginn der Oktoberrevolution auslöste.

Folgenreich war Tsushima auch für die weltgeschichtliche Entwicklung. Zum ersten Mal hatte eine europäische Großmacht des Industriezeitalters mit ihren imperialistischen Ambitionen gegen eine außereuropäische Macht eine katastrophale Niederlage im Krieg erlitten. In England betrachtete man nunmehr mit Sorge die nur allzu gelehrigen japanischen Schüler, die ihr seemännisches Können auf britischen Marineschulen erworben und die Russen mit Schiffen besiegt hatten, die auf britischen Werften gebaut worden waren. Wenngleich man in London den Dämpfer russischer Expansionsbestrebungen mit Genugtuung zur Kenntnis nahm, erschien doch die Aussicht auf eine japanische Hegemonie im Fernen Osten als eine neue Bedrohung der englischen Handelsinteressen. Einstweilen ließ sich dieser Gefahr dadurch begegnen, dass man den japanischen Siegern androhte, keine weiteren Kredite zu gewähren und das durch die Kriegskosten finanziell völlig erschöpfte Land auf diese Weise zu einem zurückhaltenden Frieden mit Russland zu zwingen. Die Bestimmungen des Vertrags von Portsmouth, der am 5. September 1905 den Russisch-Japanischen Krieg beendete, spiegelten keineswegs die spektakulären militärischen Triumphe der japanischen Truppen wider. Langfristig jedoch verstärkte die britische Politik dadurch nur die Entschlossenheit Japans, seine Machtstellung gegen die europäischen Kolonialmächte auszubauen. Und so führt ein Weg von Tsushima nicht nur zur Oktoberrevolution 1917, sondern auch zum Angriff auf Pearl Harbour 1941 und nach Hiroshima 1945.

12. Skagerrak 1916

SINN UND UNSINN DER DEUTSCHEN HOCHSEEFLOTTE

Sieg des Pragmatismus

Am 31. Mai 1916 kam es vor der norddänischen Küste zur größten und letzten Schlacht der Seekriegsgeschichte zwischen gepanzerten Schlachtflotten. Die in den Jahrzehnten zuvor mit immensem finanziellen Aufwand geschaffenen Geschwader der britischen Grand Fleet und der deutschen Hochseeflotte stellten auf der einen Seite Produkte fortschrittlichster Militärtechnologie, andererseits Relikte überholter Militärideologie dar. Das von beiden Seiten mit großem Einsatz geführte Gefecht endete mit einem taktischen Erfolg der Deutschen, der jedoch an der strategischen Überlegenheit der Briten nicht das Geringste änderte. Dadurch wurde die Skagerrak-Schlacht zu einem Meilenstein auf dem Weg in die deutsche Weltkriegsniederlage – und ebenso auf dem Weg zu jenen modernen Formen der Seekriegsführung, bei denen die großen Schlachtflotten als ausschlaggebende Faktoren ausgedient hatten.

Verzweifelter Anachronismus

In den ersten Junitagen des Jahres 1916 notierte der Münchner Privatdozent Victor Klemperer in seinem Tagebuch: «Mein Triumph über den Skagerraksieg hat nicht angehalten. Dieser Sieg ist noch sinnloser als die Siege zu Lande. Was entscheidet er denn? Wir haben nur ein Fünftel der englischen Verluste? Aber das wiegt ja für uns schwerer als für die Engländer der fünffach höhere Verlust! Wir haben den moralischen Erfolg? Aber die Engländer werden ja alles anders darstellen, und tatsächlich ist offenbar die deutsche Flotte geradeso erschöpft in ihren Hafen zurückgefahren wie die englische. Ja, wenn man nachstoßen, vernichten, landen könnte, oder wenn man die Blockade endgültig zuschanden machte ... Aber bloß so im Stil des Mittelalters sich um der Ritterehre willen eine Schlacht liefern, worauf beide Parteien wieder nach Hause ziehen, ohne daß irgend etwas Wesentliches geändert ist – es ist ein wahnsinniger Anachronismus.»[1]

Klemperers Notiz ist in mehrerlei Hinsicht bemerkenswert. Zum einen, weil ihr Autor ganz selbstverständlich vom «Skagerraksieg» schreibt und dadurch zeigt, dass er zunächst einmal die deutsche Darstellung der vor der dänischen Küste wenige Tage zuvor geschlagenen Seeschlacht übernimmt, auch wenn er sie sogleich hinterfragt.[2] Sodann lässt er unübersehbar die wachsende Kriegsmüdigkeit in Deutschland durchblicken, indem er klagt, der Sieg sei «noch sinnloser als die Siege zu Lande», die ja in der Tat nach bald zwei Kriegsjahren den entscheidenden Durchbruch nicht bewirkt hatten. Weiterhin sieht Klemperer klar und deutlich, worauf es statt eines Prestigeerfolgs eigentlich strategisch angekommen wäre: auf die Landung auf den Britischen Inseln oder aber die Vernichtung der britischen Flotte, zumindest so weit, dass sie nicht länger in der Lage wäre, die Seeblockade aufrechtzuerhalten, die durch das Abschnüren der lebenswichtigen Versorgungswege Deutschlands Reserven nach und nach aufrieb. Schließlich aber charakterisiert Klemperers Wort von dem «wahnsinnigen Anachronismus» das Geschehen im Skagerrak als solches mit erstaunlicher Hellsichtigkeit. Noch treffender wäre vielleicht der Ausdruck «verzweifelter Anachronismus» gewesen, um die Handlungsmotive zumindest der deutschen Protagonisten – die Klemperer natürlich nicht kennen konnte – in dieser größten Panzerschiffschlacht der Weltgeschichte zu beschreiben. Die Seeschlacht vor dem Skagerrak stellte den tragischen Höhepunkt einer langen unglücklichen Entwicklung dar, jenes deutschen Flottenbauprogramms, bei dessen Planung und Realisierung anachronistische Mentalität und avancierteste Technik sich in höchst folgenreicher Weise verbanden.

Die deutsche «Risikoflotte»

Brauchte das Deutsche Reich eine Flotte? Nach der Reichsgründung im Jahre 1871 kam zunächst niemand auf die Idee, dass dies der Fall sein könnte. Bismarck betrachtete Deutschland bekanntlich als saturiert und richtete sein Augenmerk nicht auf Kolonien und Weltmachtpolitik, sondern auf das Gleichgewicht der europäischen Mächte. Erst unter seinen Nachfolgern begann sich das zu ändern, und über die vielfältigen Ursachen dafür ist viel geschrieben worden.[3] Wie kam es, dass ein so brillanter Kopf wie Max Weber in seiner Freiburger Antrittsvorlesung behauptete, «daß die Einigung Deutschlands ein Jugendstreich war, den die Nation auf ihre alten Tage beging und seiner Kostspieligkeit halber lieber unterlassen hätte, wenn sie der Abschluß, und nicht der Ausgangspunkt einer deutschen Weltmachtpolitik sein sollte»?[4] Und dass Weber mit dieser Behauptung bei der großen Mehrheit seiner Mitbürger auf Zustimmung stieß? In jedem Fall lässt sich ein ganzes Bündel von Motiven ausmachen, deren Zusammenspiel nötig war, um die mitteleuropäische Landmacht Deutschland zu einer Seemacht werden zu lassen.

Ohne Zweifel spielten dabei innenpolitische Motive eine herausragende Rolle. Nachdem die Reichseinigung durch die siegreich geführten Kriege gegen Österreich 1866 und gegen Frankreich 1870/71 zustande gekommen war, genoss das preußische Heer ein enormes Renommee, und mit ihm sein Führungskorps, jene altaristokratischen Eliten, denen es gelang, trotz abnehmender wirtschaftlicher Bedeutung ihre politische Stellung ebenso zu konservieren wie ihre beherrschende Rolle innerhalb der Armee. Doch führte die weitgehende Monopolisierung der höheren und höchsten Führungspositionen im Heer bei gleichzeitig herausragendem gesellschaftlichen Prestige des Militärs naturgemäß zur Frustration der bürgerlichen Leistungseliten – die sich denn auch für den Plan einer mächtigen Kriegsflotte sofort begeistern ließen. Seit jeher hatte der Kampf zur See Aristokraten eher kaltgelassen und damit ein Betätigungsfeld für aufstiegswillige «Gemeine» geboten.[5] Daran hatte sich in Deutschland um die Wende vom 19. zum 20. Jahrhundert nichts geändert, im Gegenteil: Die Möglichkeit, am sozialen Ansehen des Militärs durch den Dienst in der Marine zu partizipieren, gewann noch zusätzlich an Attraktivität, weil die rasante Weiterentwicklung der modernen Kriegsschiffe als geradezu idealtypisches Produkt jenes technisch-industriellen Fortschritts galt, als dessen Träger sich die bürgerlichen Leistungsaufsteiger gerade in Deutschland mit seinen erfolgreichen, weltweit bewunderten Universitäten betrachteten. Es ist kein Zufall, dass der Soziologe Georg Simmel kurz nach der Jahrhundertwende just das Kriegsschiff als die vollkommenste Ausdrucksform der modernen Industrieproduktion, ja, als das Symbol der modernen, arbeitsteiligen und technisierten Massengesellschaft schlechthin bezeichnete.[6]

Ebenso wenig war es ein Zufall, dass die Begeisterung weiter Kreise für das Flottenbauprogramm der Kaiserzeit sehr bald eine Dynamik entwickelte, über deren verhängnisvolle Folgen der ehemalige Reichskanzler Theobald von Bethmann-Hollweg nach dem verlorenen Weltkrieg melancholisch räsonnierte: «Seegeltung war das Zauberwort, dem auch mancher jener Parlamentarier nicht widerstand, deren Kritik sich sonst auf die kleinsten Positionen des Etats erstreckte. [...] Zweifel eines engeren Kreises von Sachverständigen, ob wir mit dem Bau von Großkampfschiffen überhaupt auf dem richtigen Wege waren, kamen gegenüber einer fanatischen, im Dienste der herrschenden Richtung disziplinierten Publizistik nicht auf. Bedenken über die schwere internationale Belastung, die sich aus unserer Flottenpolitik ergeben hatte, wurden durch eine robuste Agitation niedergehalten. In der Flotte selbst war nicht überall das Bewusstsein wach, daß sie nur Werkzeug, nicht aber bestimmender Faktor der Politik zu sein hatte.»[7]

Die hinter dem Flottenbauprogramm stehende Idee von der Weltgeltung, die es im Wettstreit der Nationen zu erringen gelte, stimmte bestens mit den sozialdarwinistischen Ideen der Epoche vom *survival of the fittest* überein, die keineswegs nur in Deutschland Anhänger besaßen.[8] Hinzu kam weiterhin, dass die Schlachtflotte in der Person Kaiser Wilhelms II. einen Fürsprecher besaß, der sich für die «schimmernde Wehr» auf See mit jenem «Fanatismus» begeisterte, den Bethmann-Hollweg im Zusammenhang mit der Flotten-Agitation so bitter beklagte. Nach eigener Aussage hatte der Kaiser Mahans einflussreiches Buch über Seekriegsführung geradezu verschlungen, ja versucht, es auswendig zu lernen.[9] Wie weit er dabei gekommen ist, wissen wir nicht, sicher ist jedoch, dass Wilhelm ein offenes Ohr hatte, als ihm ein energischer und wortmächtiger Marineoffizier seine seestrategischen Überlegungen vorstellte: Alfred von Tirpitz.

Tirpitz, wie so viele Marineangehörige bürgerlicher Herkunft, war seit 1897 als Staatssekretär im Reichsmarineamt tätig. Formal gesehen stellte das keine Führungsposition dar, doch verstand es Tirpitz als Admiral, seit 1911 Großadmiral, dank unermüdlicher Arbeitskraft, schneller Auffassungsgabe und politischen Geschicks, bei dem ihm nicht zuletzt ein sensibles Gespür für die wachsende Bedeutung der Massenpropaganda zugute kam, seine Ziele durchzusetzen.[10] Diese Ziele oder besser: das eine, große Ziel bestand im Bau einer Flotte, mit der das Deutsche Reich Aussichten hatte, sich im Kampf der Nationen zu behaupten. Schon 1898 fasste er seine dem Flottenbauprogramm zugrunde liegenden geostrategischen Überlegungen knapp und anschaulich zusammen: «Das Zusammenballen von Riesennationen Panamerika, Great Britain, das Slawentum und möglicherweise der mongolischen Rasse mit Japan an der Spitze werden (!) Deutschland im kommenden Jahrhundert vernichten oder doch ganz zurückdrängen, wenn Deutschland nicht eine politische Macht auch über die Grenzen des europäischen Kontinents hinaus wird. Die unerläßliche Grundlage hierfür in dieser Welt, wo die Dinge hart aufeinandertreffen – ist eine Flotte.»[11]

Tatsächlich gelang es Tirpitz, enorme Mittel durch die Flottengesetze der Jahre 1898 und 1900 vom Reichstag bewilligen zu lassen, nicht zuletzt durch die energische Unterstützung des Kaisers, der nach eigenem Bekunden zu einem «Kampf auf Leben und Tod» für die Flotte entschlossen war.[12] Und es gelang Tirpitz auch, diese Mittel in der ihm angemessen erscheinenden Weise zu verwenden, nämlich für den Bau einer großen Schlachtflotte.

Das war keine Selbstverständlichkeit, denn zwischen den Marinetheoretikern hatte sich in den letzten Jahrzehnten des 19. Jahrhunderts eine erbitterte Debatte darüber entwickelt, welche strategischen Ziele im Seekrieg zu verfolgen seien. Da der Mensch als Landwesen ja von der Seeherrschaft als solcher nicht profitiert, musste es, zumal im Zeitalter der industriellen Massenproduktion mit ihrem gewaltigen Bedarf an Rohstoffzufuhr und Produktabsatz, darum gehen, die eigenen Handelswege zu sichern und diejenigen des Gegners zu unterbrechen. Diese Überzeugung teilten alle Vertreter des «Navalismus», denen die Kontrolle der Seewege in letzter Konsequenz für die Machtposition eines Staates wichtiger erschien als die Beherrschung des Festlands.

Umstritten blieb hingegen, wie dieses Ziel zu erreichen sei. Die Vertreter der Kreuzerkrieg-Theorie gingen davon aus, dass es am wirksamsten sei, durch weltweit einsatzfähige, schnelle, kleine Kreuzergeschwader den Gegner zu treffen und zugleich die eigenen Handelsverbindungen zu schützen. Demgegenüber vertraten die Schlachtflotten-Anhänger die Ansicht, das Ziel müsse sein, die Seeherrschaft direkt vor den Küsten des Feindes zu erringen. Zu diesem Zweck brauche man eine große, aus schweren Einheiten bestehende Schlachtflotte, die keiner anderen Aufgabe diene, als die Schlachtflotte des Feindes zu stellen und zu schlagen. Der wichtigste Vertreter der Schlachtflotten-Theorie war Alfred Thayer Mahan, und er führte als Beleg für seine These die historische Erfahrung der drei Englisch-Niederländischen Kriege an, die im 17. Jahrhundert ja in der Tat als eine Reihe von Seeschlachten im Ärmelkanal ausgefochten worden waren und England schließlich die maritime Vorherrschaft eingetragen hatten.[13]

Alfred von Tirpitz folgte den Ansichten Mahans, und das Deutsche Reich begann mit dem Bau einer Schlachtflotte, deren Ziel es war, im Kriegsfall stark genug zu sein, die Royal Navy zur Schlacht zu stellen.

Dabei kam es nach Tirpitz' Meinung gar nicht darauf an, die Engländer zu besiegen, was angesichts des unübersehbaren britischen Vorsprungs in der Flottenrüstung nicht nur einstweilen, sondern auch mittel-, ja langfristig eine selbst der begeisterungsfähigen deutschen Öffentlichkeit schwer zu vermittelnde Utopie dargestellt hätte. Nein, Tirpitz verfolgte zunächst bescheidenere Ziele: Die deutsche Flotte musste, um als wirksames Druckmittel zur Durchsetzung von Weltmachtambitionen dienen zu können, lediglich so stark sein, dass eine Seeschlacht für England derartig große Verluste mit sich zu bringen drohte, dass die Royal Navy dadurch riskierte, einem zweiten Konkurrenten zur See, etwa Frankreich oder Russland, nicht mehr gewachsen zu sein. Das Konzept der «Risikoflotte» war geboren.

Zu einem Risiko entwickelte sich Tirpitz' Flottenkonzept freilich zunächst einmal für die Außenpolitik des Deutschen Reichs. Denn die traditionell guten Beziehungen zu den «Vettern jenseits des Kanals» mussten naturgemäß darunter leiden, dass die Engländer in der deutschen Flotte genau das sahen, was sie war: eine Bedrohung. Die Reaktion auf diese Bedrohung folgte bald, und wie die deutsche war auch die englische Flottenrüstung mit einem Namen verbunden: Admiral John «Jacky» Fisher.

Wettrüsten und deutsche Ratlosigkeit

Fisher, wie sein Kontrahent Tirpitz aus bürgerlichen, anders als dieser jedoch aus ärmlichen Verhältnissen stammend, machte sich nach seiner Ernennung zum Ersten Seelord im Jahre 1905 mit vorurteilsfreiem Furor an die Modernisierung der britischen Marine und ließ zu diesem Zweck erst einmal binnen weniger Jahre mehr als 150 ältere Kriegsschiffe verschrotten.[14] An ihre Stelle traten Einheiten, die den rasanten technischen Fortschritt bei Antrieb, Panzerung und Artillerie erkennen ließen. 1906 wurde die *HMS Dreadnought* auf Kiel gelegt, ein Schlachtschiff, das einen solchen technischen Quantensprung darstellte, dass von nun an Kriegsschiffe in solche der «Dreadnought-Zeit» oder aber der «Vor-Dreadnought-Zeit» unterteilt wurden. «Vor-Dreadnought-Schiffe» waren ihren moderneren Kontrahenten im Seegefecht nahezu wehrlos unterlegen.

Auf deutscher Seite reagierte man zunächst bestürzt, dann energisch auf die Herausforderung durch die Dreadnought-Klasse, indem man seinerseits die technischen Neuerungen übernahm und nach Möglichkeit zu übertreffen suchte. Gemäß dem strategischen Konzept, das von einer gewaltigen Entscheidungsschlacht der Großkampfschiffe ausging, legten die deutschen Ingenieure bei den neuen Schlachtschiffen der «König-Klasse» vor allem auf den Schutz durch schwere und schwerste Panzerung Gewicht, doch standen ihnen die britischen Kontrahenten in dieser Hinsicht schon bald nicht mehr nach.[15] Neben den Schlachtschiffen gewann im Flottenwettrüsten vor dem Ausbruch des Ersten Weltkriegs auch ein neuer Schiffstypus rasch wachsende Bedeutung, von dem sich die Admirale beiderseits des Ärmelkanals geradezu Wunderdinge versprachen: Schlachtkreuzer sollten die Vorteile von Schlachtschiffen in der Feuerkraft mit der hohen Geschwindigkeit von Kreuzern verbinden. Doch gelang diese Quadratur des Kreises nur auf Kosten der Panzerung – dies sollten in der Seeschlacht vor dem Skagerrak vor allem die Engländer schmerzhaft zu spüren bekommen.

Am Vorabend des Ersten Weltkriegs verfügte die englische Grand Fleet – die nur einen Teil der ja über den ganzen Erdball im Einsatz befindlichen englischen Flotte darstellte – an schweren Einheiten über 21 Schlachtschiffe nach dem Dreadnought-Sprung, 4 Schlachtkreuzer und 8 Panzerkreuzer. Demgegenüber umfasste die deutsche Hochseeflotte nur 13 Schlachtschiffe, 3 Schlachtkreuzer und einen Panzerkreuzer.[16] Von einem auch nur annähernden Gleichgewicht der Kräfte konnte also keine Rede sein. Doch was sich sehr bald nach Kriegsausbruch als viel irritierender herausstellte, war, dass die deutsche Marinekriegsführung schlechterdings ohne adäquates strategisches Konzept in den Weltkrieg schlitterte. Im Flottenamt war man felsenfest davon überzeugt, dass die Engländer nach einem etwaigen Kriegsbeginn nichts Eiligeres zu tun haben würden, als vor die deutsche Küste zu dampfen und dort eine Entscheidungsschlacht zu suchen.[17] Entsprechend groß war die Überraschung, als sich zeigte, dass die Admirale der Royal Navy durchaus nicht gesinnt waren, ihren deutschen Kollegen diesen Gefallen zu tun. Sie beschränkten sich stattdessen auf eine wenig heroische, aber, wie sich bald erweisen sollte, sehr wirksame Blockade. Darunter verstand man in London die Beschlagnahmung aller Schiffe, die Waren mit sich führten, die möglicherweise

Auf einen Schlag war alles andere Schrott: Mit dem Stapellauf der *HMS Dreadnought* – englisch für «Fürchtenichts» – war 1906 ein Schlachtschiff völlig neuen Typs in die Welt getreten: Aufgrund des Antriebs mit neuen Dampfturbinen, die ihr eine Höchstgeschwindigkeit von 22 Knoten verliehen, sowie der Ausstattung mit ausschließlich schwerer Hauptartillerie einheitlichen Kalibers von zehn 30,5-Zentimeter-Geschützen waren schlagartig alle älteren Schlachtschiffe entwertet. Eine neue Runde des Flottenwettrüstens begann. 1910 besichtigte eine als angeblicher Kaiser von Abessinien mit seinem Hofstaat verkleidete und mit Schuhcreme eingeschmierte Gruppe von Künstlern, darunter Virginia Woolf mit angeklebtem Bart, den ganzen Stolz der Royal Navy und löste durch diesen «Dreadnought hoax» eine heftige Diskussion über die Sicherheitsstandards der britischen Flotte aus.

nach Deutschland gelangen könnten, also auch von neutralen Schiffen. Diese Maßnahme war zwar in keiner Weise mit den gültigen Seerechtskonventionen vereinbar und stellte einen eklatanten Bruch des Völkerrechts dar, doch interessierten die englischen Politiker die Proteste der Neutralen umso weniger, als sie sich mit immer radikaler werdenden Forderungen der britischen Öffentlichkeit konfrontiert sahen, alles zu tun, um den Feind möglichst schnell in die Knie zu zwingen.[18]

Angesichts dieser unerfreulichen, unerwarteten, aber an sich gar nicht so überraschenden Lageentwicklung machte sich auf deutscher Seite bald eine Resignation breit, die der bisher politisch so gewandte Groß-Admiral Tirpitz in einem Brief an seine Ehefrau vom 14. September 1914, kaum sechs Wochen nach Kriegsbeginn, in die wenig hoffnungsvollen Worte kleidete: «Wenn der liebe Herrgott der Marine nicht hilft, so sieht es schlimm aus.»[19] Und es sah schlimm aus. Unter der vorsichtigen Führung der Admiräle Friedrich von Ingenohl (bis 2. Februar 1915), danach Hugo von Pohl (bis 23. Januar 1916) wagte die Hochseeflotte nur halbherzige Vorstöße, die in den Gefechten bei Helgoland (28. August 1914) und vor der Doggerbank (24. Januar 1915) mit schweren Schlappen endeten.

Der Einsatz der mit gewaltigem finanziellem Aufwand gebauten Hochseeflotte litt zusätzlich darunter, dass der marinebegeisterte und trotz seines oftmals martialisch-nassforschen Auftretens im Grunde seines Wesens ängstliche Kaiser größte Scheu vor dem Verlust seiner Flotte an den Tag legte und sich die letzte Entscheidung über ihren Einsatz vorbehielt. Gleichzeitig wuchs angesichts der Patt-Situation in den blutigen Grabenkämpfen an der Westfront der Druck der Öffentlichkeit – übrigens auch in England –, dass die Marineleitung etwas wagen müsse. In der Marineleitung verbreitete sich die Ansicht, es gehe um nicht weniger als die Existenzberechtigung der Flotte.[20]

Das Gefecht der Schlachtkreuzer

Unter diesen Umständen führte der Wechsel im Flottenoberbefehl zu Beginn des Jahres 1916 zu dem Schluss, dass ein energischer Angriff nicht länger aufgeschoben werden könne. Reinhard Scheer, der den schwer erkrankten v. Pohl Anfang 1916 ersetzt hatte, entwickelte zu diesem Zweck mehrere Offensivpläne. Was Scheer nicht wusste und die deutsche Marineleitung bis zum Kriegsende nicht erfuhr, war, dass die britische Admiralität seit der Versenkung des Leichten Kreuzers *Magdeburg* am 28. August 1914 vor der russischen Ostseeküste von den verbündeten Russen das deutsche Funksignal-Handbuch zugespielt bekommen hatte.[21] Sie war somit im Voraus über die Manöver der Hochseeflotte informiert; oder hätte es jedenfalls sein können, wenn das Zusammenspiel zwischen ihren Geheimdiensten, die mit der Entschlüsselung des Funkverkehrs betraut waren, und dem Führungsstab der Royal Navy reibungsloser funktioniert hätte, als dies im Einzelfall immer gegeben war. Denn mitunter wurden aufgrund gegenseitiger Abneigung die Nachrichten des «Room 40», dem die Auswertung der Funkaufklärung oblag, nicht ernst genommen und nicht an die Flottenkommandanten weitergeleitet.

So tappte der Kommandant der Grand Fleet, Admiral John Jellicoe, über die Stärke seines Gegners im Dunkeln, als er am Abend des 30. Mai 1916 seine Schiffe aus dem Flottenstützpunkt Scapa Flow auslaufen ließ, um einem Vorstoß deutscher Einheiten in die nördliche Nordsee zu begegnen. Jellicoes Streitmacht umfasste nicht weniger als 24 Schlachtschiffe in 6 Geschwadern, 3 Kreuzergeschwader mit 8 älteren Panzerkreuzern und 10 Leichten Kreuzern sowie 3 Zerstörerflottillen mit 51 kleineren Zerstörern. Am selben Tag stach auch Vize-Admiral David Beatty an der Spitze des englischen Schlachtkreuzerverbands mit 6 Großkampfschiffen in See, zu dessen Unterstützung das V. Schlachtschiff-Geschwader mit vier der modernsten britischen Schlachtschiffe aus der «Queen Elizabeth-Klasse» unter dem Kommando von Konter-Admiral Hugh Evan-Thomas detachiert war.

Der deutsche Plan war simpel: Ein Vorstoß des Aufklärungsgeschwaders unter Konter-Admiral Franz Hipper, das im Wesentlichen aus den kampfkräftigen Schlachtkreuzern *Lützow* (Hippers Flaggschiff), *Derfflinger*, *Seydlitz*, *Moltke* und *Von der Tann* bestand, sollte vor der norddänischen Küste den englischen Handelsverkehr stören und damit das Eingreifen englischer Flottenverbände provozieren. Danach sollte Hipper den Gegner nach Süden locken, wo das Gros der Hochseeflotte mit 16 Schlachtschiffen, 5 Leichten Kreuzern und 32 Torpedobooten unter der Führung Scheers in einem Abstand von 60 Seemeilen den Schlachtkreuzern folgte, in der Hoffnung, entscheidend in das Gefecht eingreifen zu können.

Am Nachmittag des 31. Mai sichteten die deutschen Einheiten um 15:29 Uhr im Westen zunächst starke Rauchwolken und kurz darauf zwei Kolonnen schwerer Schiffe auf Nordkurs, die angesichts des Feindes auf Ostkurs schwenkten.[22] Doch verloren sie dabei aufgrund gestörter Signalübermittlung wertvolle Minuten, weil Evan-Thomas, der Kommandant des V. Schlachtgeschwaders, den Kurswechsel seines Vorgesetzten Beatty zwar sah, ihm jedoch ohne ausdrücklichen Befehl nicht folgen mochte; eine erste von vielen Kommunikationsstörungen, welche die nun folgende Schlacht prägten.

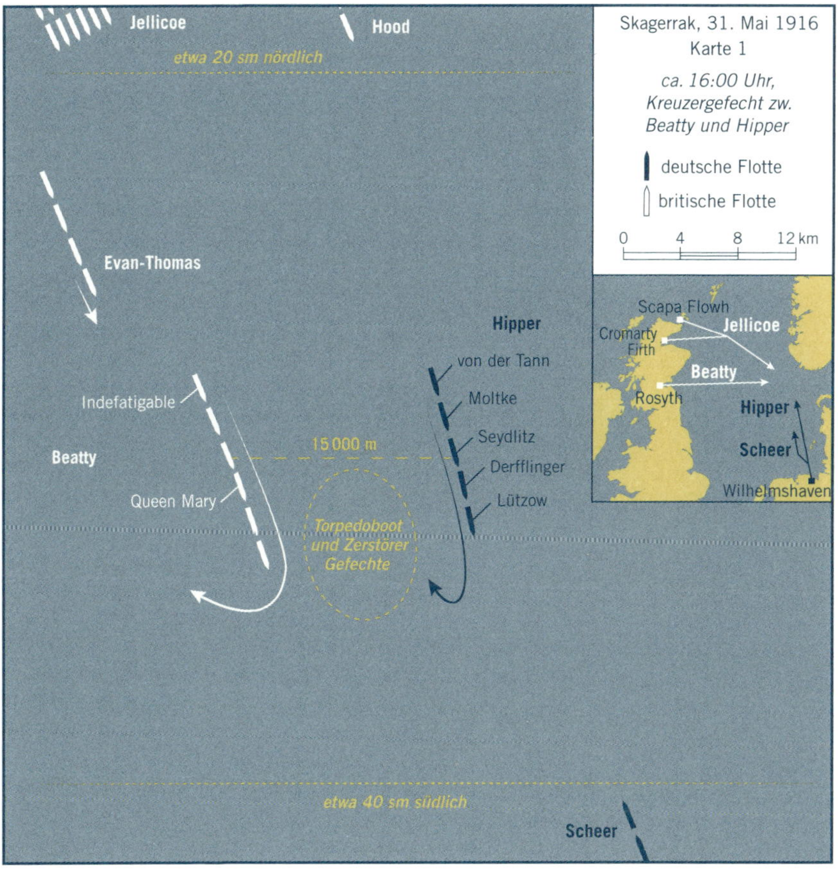

Der englische Zeitverlust bei der Bildung der Kiellinie hatte zur Folge, dass zunächst nur die sechs Schlachtkreuzer *Lion*, *Princess Royal*, *Queen Mary*, *Tiger*, *New Zealand* und *Indefatigable* das Feuer, das die Deutschen um 15:48 Uhr auf eine Entfernung von 13 000 Metern eröffneten, erwidern konnten. Durch bessere Sichtbedingungen und leistungsfähigere Feuerleitsysteme erwies sich die deutsche Artillerie rasch als weitaus wirksamer; schon nach wenigen Minuten erhielt der Schlachtkreuzer *Indefatigable* im Artillerie-Duell mit der *Von der Tann* fünf schwere Treffer und explodierte.[23] Von den 1019 Mann Besatzung überlebten nur zwei. Kurz darauf, um 16:06 Uhr, hatte Evan-Thomas so weit aufgeholt, dass seine Schlachtschiffe mit ihren gewaltigen 38,1-Zentimeter-Geschützen das Feuer auf die Schlussschiffe der deutschen Linie, *Von der Tann* und *Moltke* (28-Zentimeter-Geschütze), eröffnen konnten. Zur gleichen Zeit erhielt jedoch auch die *Queen Mary* eine Serie schwerer Treffer, deren Wirkung Georg von Hase, 1. Artillerie-Offizier auf der *Derfflinger*, in seinen Erinnerungen folgendermaßen beschrieb: «Zuerst zuckte im Vorschiff eine grelle rote Flamme auf. Danach erfolgte im Vorschiff eine Explosion, der eine viel gewaltigere Explosion im Mittelschiff folgte, schwarze Bestandteile des Schiffs flogen in die Luft, und gleich darauf wurde das ganze Schiff von einer ungeheuren Explosion erfasst. Eine riesige Rauchwolke entwickelte sich.»[24] Nur neun Mann überlebten, und Admiral Beatty knurrte dem Kommandanten seines Flaggschiffs *Lion*, Captain Alfred Chatfield, zu: «Da scheint heute irgendwas mit unseren verdammten Schiffen nicht zu stimmen.»[25]

«Crossing the T»

Während sich der Kampf zwischen den Schlachtkreuzern auf südsüdöstlichem Kurs als laufendes Gefecht der Schiffe auf Parallelkurs entwickelte, führte Scheer das Gros der Hochseeflotte mit 15 Knoten nach Norden. Um 16:38 Uhr sichtete Beatty die ersten Schiffe der Hochseeflotte und sah sich angesichts der drohenden feindlichen Übermacht genötigt, unverzüglich nach Norden abzudrehen – Jellicoe entgegen. Der jedoch hatte zu diesem Zeitpunkt keinerlei Überblick über die Lage, unter anderem deshalb, weil auf Beattys Flaggschiff *Lion* – wie im Übrigen auch auf Hippers *Lützow* – die Funkgeräte ausgefallen waren. Nach der Schlacht schrieb Jellicoe deswegen vorwurfsvoll an Beatty: «Ich habe mich noch nie so ‹ausgeschlossen› gefühlt. Ich konnte mir überhaupt kein Bild von der Lage machen. Stand die feindliche Schlachtflotte nun voraus, querab oder achteraus?» Und angesichts einer Vielzahl von Mündungsblitzen, die Jellicoe zwar sah, aber nicht zuordnen konnte, stöhnte der verzweifelte Admiral: «Ich wollte, jemand könnte mir sagen, wer dort schießt, und worauf man schießt!»[26]

Die Lagebeurteilung seines Gegenspielers Scheer war nicht viel klarer.[27] Aufgrund der noch in den Kinderschuhen steckenden Funktechnologie, die auch ohne Feindeinwirkung leicht ausfiel, blieben die Flottenkommandanten auf die sehr begrenzten Möglichkeiten der Kommunikation durch Flaggsignale und Sirenen angewiesen. Dadurch glichen die beiden Admirale Jellicoe und Scheer «Blinden, die einen Wagen nach den Anweisungen anderer fahren, Blinden aber, die jeden Augenblick die Sehkraft zurückgewinnen konnten, dann die Entscheidung über die günstigste Gefechtsformation für 20 und mehr Schlachtschiffe zu fällen hatten und entsprechend klare Befehle erteilen mußten – und das mit der Schnelligkeit, mit der ein Autofahrer einem Hund ausweicht.»[28]

Klar war Jellicoe lediglich, dass er unmittelbar vor dem Zusammentreffen mit dem Feind stand. Doch weder wusste er um dessen genaue Stärke noch um seine Gefechtsaufstellung, noch kannte er die Position der Deutschen, außer dass sie sich irgendwo in grob südlicher Richtung befanden – aber auf welchem Kurs? Als das Spitzenschiff von Jellicoes rechter Divisionskolonne, das Schlachtschiff *Marlborough*, um 18 Uhr die sich mit hoher Fahrt von Südwesten nähernden Schlachtkreuzer Beattys ausmachte und das sofort an Jellicoes Flaggschiff, die *Iron Duke*, meldete, ließ Jellicoe signalisieren: «Wo steht die feindliche Schlachtflotte?» und erhielt daraufhin die abermals unbefriedigende Antwort: «Feindliche Schlachtflotte auf Südsüdwest gesichtet» – ohne irgendwelche Angaben zu Stärke, Geschwindigkeit und Kurs des Gegners.

Um 18:15 Uhr entschloss sich Jellicoe zu handeln. Er ließ seine 24 Schlachtschiffe Gefechtskiellinie bilden und mit hoher Geschwindigkeit auf Kurs Südost-zu-Ost gehen – eine Instinktentscheidung, mit der er hoffte, vor Scheers Gefechtslinie «den T-Strich zu ziehen», also jenes berühmte «Crossing-the-T»-Manöver zu vollführen, bei dem die eigene Schlachtlinie das geballte Feuer ihrer Breitseiten auf die Führungsschiffe des Gegners konzentrieren konnte.

Jellicoes Intuition sollte sich auszahlen, doch bevor es so weit war, mussten die Briten abermals herbe Verluste hinnehmen. Das Jellicoes Hauptstreitmacht östlich vorausfahrend aufklärende 1. Kreuzergeschwader unter Konteradmiral Robert K. Arbuthnot machte etwa zur gleichen Zeit, da Jellicoe Gefechtskiellinie bilden ließ, den nach schweren Treffern manövrierunfähigen deutschen Leichten Kreuzer *Wiesbaden* aus. Bei der Annäherung, um ihn zu versenken, gerieten die britischen Panzerkreuzer unversehens in das Feuer der Hochseeflotte. Schon nach wenigen Minuten explodierte Arbuthnots Flaggschiff, der Panzerkreuzer *Defence*. Von den 903 Mann Besatzung überlebte nicht ein einziger. Der Panzerkreuzer *Warspite* wurde so schwer getroffen, dass er aus dem Gefecht ausscheiden musste und vor dem Erreichen des Heimathafens sank. Und um 18:35 Uhr explodierte zum dritten Mal an diesem Tag ein britischer Schlachtkreuzer, das Flaggschiff *Invincible* des Konter-Admirals Horace Hood, an der Spitze des britischen III. Schlachtkreuzergeschwaders. Dieses lieferte sich, ebenfalls weit östlich der Hauptstreitkräfte, mit den inzwischen arg mitgenommenen Schlachtkreuzern Hippers ein Gefecht über die für Großkampfschiffe sehr geringe Distanz von 9 bis 10 000 Metern. Dabei erhielt die *Lützow* weitere acht schwere Treffer, was dazu führte, dass Hipper das

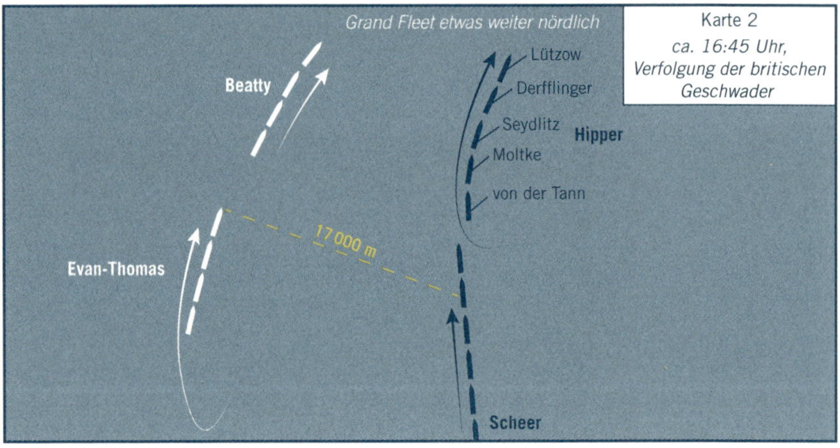

Der angeschlagene Riese: Die Schlacht vor dem Skagerrak begann mit dem Aufeinandertreffen von englischen und deutschen Schlachtkreuzern, einem relativ neuen Schiffstyp, der die schwere Artillerie-Ausstattung der Schlachtschiffe mit der hohen Geschwindigkeit von Kreuzern verbinden sollte. Das konnte jedoch nur auf Kosten der Panzerstärke gelingen, wie vor allem die Engländer schmerzhaft feststellen mussten. Doch auch das Foto des 1913 in Dienst gestellten Schlachtkreuzers *SMS Seydlitz* lässt die Wirkung der schweren Treffer erkennen, die das Schiff in der Skagerrak-Schlacht hatte hinnehmen müssen.

Flaggschiff wechseln musste und die *Lützow* in der folgenden Nacht aufgegeben und von der eigenen Besatzung versenkt wurde.

Trotz der bitteren Verluste der Briten schien die Schlacht just in diesem Moment die entscheidende Wendung zu ihren Gunsten zu nehmen, als kurz nach 18:30 Uhr die beiden Hauptflotten einander gewahr wurden. Der sich dabei bietende Anblick muss für Scheer ein niederschmetternder Schock gewesen sein: Vor ihm lagen über eine Länge von nahezu sieben Seemeilen von Nord bis Ost die Großkampfschiffe der Grand Fleet in mustergültig rangierter Gefechtslinie. Sie befanden sich also genau in der gefürchteten «Crossing-the-T»-Position und eröffneten sofort ein konzentriertes Salvenfeuer. Scheers ohnehin zahlenmäßig weit unterlegene Einheiten waren nicht nur durch ihre Position, sondern auch durch die Sichtverhältnisse darin behindert, das Feuer zu beantworten. Die Reaktion des

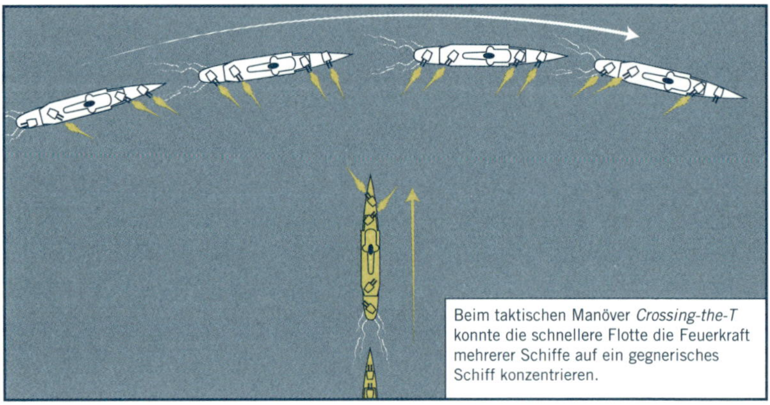

Beim taktischen Manöver *Crossing-the-T* konnte die schnellere Flotte die Feuerkraft mehrerer Schiffe auf ein gegnerisches Schiff konzentrieren.

deutschen Flottenkommandanten war kaltblütig und trug ihm Anerkennung auch auf Seiten des Gegners ein. «Da der Druck des feindlichen Feuers auf die Spitze offenbar sehr stark, ein weiteres Abbiegen der Spitze zu ungünstiger artilleristischer und taktischer Situation führen muß, sehe ich mich gezwungen, die Linie umzulegen.»[29] Hinter diesen dürren Worten in Scheers Kriegstagebuch verbirgt sich der Befehl zum kompliziertesten Manöver, das ein Flottengroßverband überhaupt ausführen kann, zur sogenannten «Gefechtskehrtwende», das heißt zur Wendung aller Einheiten um 180° – bei voller Geschwindigkeit und anschließender sofortiger Bildung einer neuen Gefechtslinie.

Das so schwierige wie überraschende Manöver gelang, und Jellicoe unterließ es, den abziehenden Feind energisch zu verfolgen, weil er befürchtete, die abdrehenden Deutschen würden Minen legen und Torpedos einsetzen. Damit hätte die Schlacht vor dem Skagerrak ihr Ende finden können, wenn nicht Scheer kaum eine halbe Stunde nach der ersten Gefechtskehrtwende das Manöver hätte wiederholen lassen, um den haushoch überlegenen Gegner ein zweites Mal anzufallen.

Über die Gründe für diesen Entschluss ist viel gerätselt worden. Scheer selbst führte in seinem Bericht über die Schlacht vom 4. Juni wenig zwingende Gründe an und soll später gesprächsweise geäußert haben, «man werde sich wohl später in allen Akademien usw. den Kopf darüber zerbrechen, was er sich dabei gedacht habe. Er habe sich tatsächlich nichts gedacht.»[30] Ob es tatsächlich Scheer vor allem darum ging, die Besatzung des havarierten Leichten Kreuzers *Wiesbaden* zu retten, ob er hoffte, durch den Überraschungseffekt den Gegner zu Fehlern zu veranlassen und zu einem «lucky punch» zu kommen, oder ob es schlicht die anachronistische Freude am Exzellieren mit der Waffe war, ungeachtet oder gerade wegen ihrer monströsen Größe – es wird sich nicht mehr klären lassen. In jedem Fall führte der martialische Befehl «Gefechtswendung rein in den Feind! Ran!» nur zu einer Reihe weiterer Treffer auf den deutschen Großkampfschiffen, so dass Scheer schon wenige Minuten später mit einer dritten Gefechtskehrtwende den Kampf erneut und nun endgültig abbrechen musste. Zur Deckung seiner ablaufenden Einheiten ließ Scheer die Torpedoboot-Flottillen angreifen.

Dass Jellicoe daraufhin nach Südosten abdrehte, um den Torpedobooten auszuweichen, statt seine insgesamt sehr vorteilhafte Lage zu nutzen, um den Gegner energisch zu verfolgen, zu stellen und unter günstigen Umständen zu vernichten, ist ihm später immer wieder vorgeworfen worden.[31] Doch lag seiner Entscheidung das nüchtern abwägende Verantwortungsbewusstsein zugrunde, mit dem er schon am 30. Oktober 1914 in einem Brief an die Admiralität die Prinzipien seines Handelns in einer solchen Lage erläutert hatte: «Wenn zum Beispiel die feindliche Schlachtflotte vor einer herannahenden Flotte abdreht, muß ich annehmen, daß

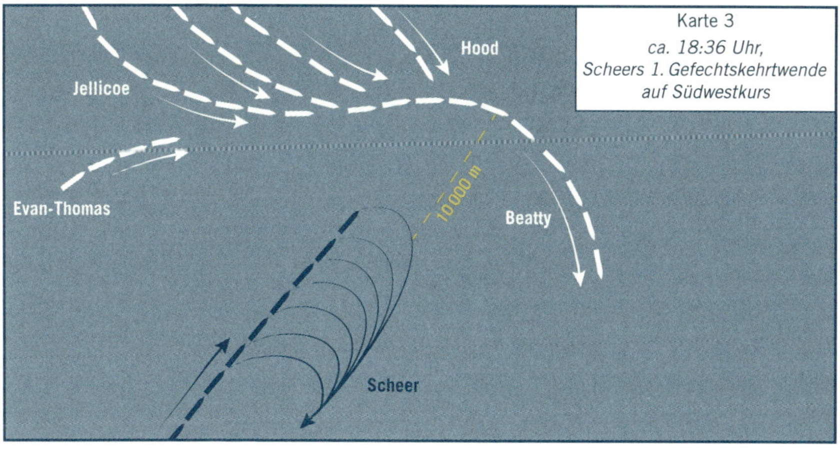

Karte 3
ca. 18:36 Uhr, Scheers 1. Gefechtskehrtwende auf Südwestkurs

die Absicht besteht, uns über Minenfelder oder an Unterseeboote zu führen, und würde es ablehnen, mich dorthin ziehen zu lassen. Ich glaube, daß eine solche Taktik, falls nicht verstanden, mir einen schlechten Ruf einträgt. Solange ich jedoch das Vertrauen Ihrer Lordschaften besitze, beabsichtige ich so zu handeln, wie es nach meiner wohlüberlegten Meinung angemessen und am besten ist.»[32]

Ohne Frage: Ein Nelson hätte in den Abendstunden des 31. Mai 1916 anders gehandelt und sich vom Angriff der Torpedoboote kaum beeindrucken lassen. Doch hatte Jellicoe sein wichtigstes strategisches Ziel erreicht: Die Deutschen hatten einsehen müssen, dass ihre materielle Unterlegenheit durch kein noch so exzellentes Feuer, durch keine noch so brillanten Manöver oder noch so wilde Entschlossenheit aufzuwiegen war. Sie sahen sich gezwungen, den Rückzug anzutreten, wenn sie ihre kostspielige Flotte nicht vollkommen sinnlos opfern wollten. Mit Scheers dritter Gefechtskehrtwende in den Abendstunden des 31. Mai 1916 war der Krieg zur See endgültig entschieden, ganz gleich, ob Jellicoe dem Angriff der deutschen Torpedoboote auswich oder nicht, und unabhängig davon, ob es ihm gelang, den Gegner zu vernichten.

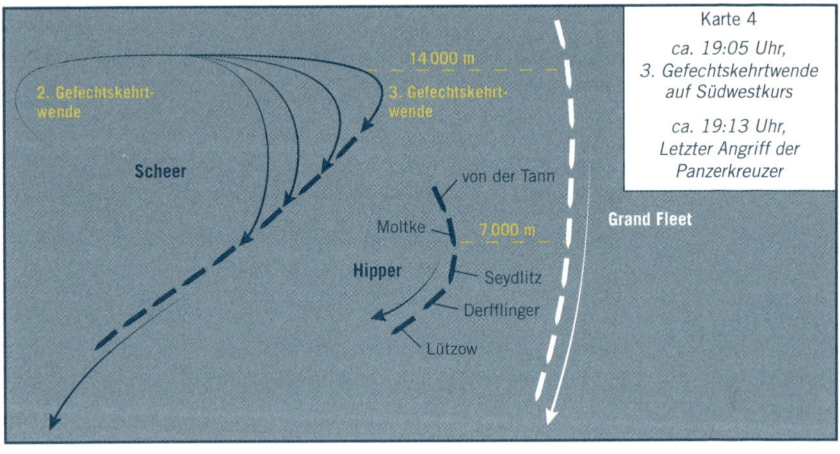

Nachgefechte zur See und in der Presse

Mit dem Ende des Kampfs zwischen den Hauptflotten endeten freilich noch lange nicht die Kampfhandlungen insgesamt. Doch können wir deren Verlauf und Ergebnisse rasch zusammenfassen. Auch in den Stunden nach Einbruch der Dunkelheit gab die vorsichtige Zurückhaltung Jellicoes den Ausschlag, der in seinem offiziellen Bericht nach der Skagerrak-Schlacht festhielt: «Ich habe den Gedanken an ein Nachtgefecht zwischen den schweren Schiffen sofort verworfen, hätte es doch möglicherweise zum Verhängnis führen können. Erstens wegen der Anwesenheit einer großen Zahl von Torpedoträgern [die in der Dunkelheit naturgemäß schwer auszumachen und deswegen besonders tückisch waren] und zweitens wegen der Unmöglichkeit, eigene von feindlichen Schiffen zu unterscheiden.»[33]

Auf der anderen Seite konnte Jellicoe nicht vorsichtig genug sein und musste versuchen, der Hochseeflotte die Rückkehr in ihre Heimathäfen zu verlegen, um sie danach auf hoher See erneut attackieren zu können. Die Chancen dafür standen nicht schlecht, denn der Verlauf der Tagesschlacht hatte die Grand Fleet in eine Position östlich der Deutschen geführt, mithin zwischen die aktuelle Position der Hochseeflotte und ihrem

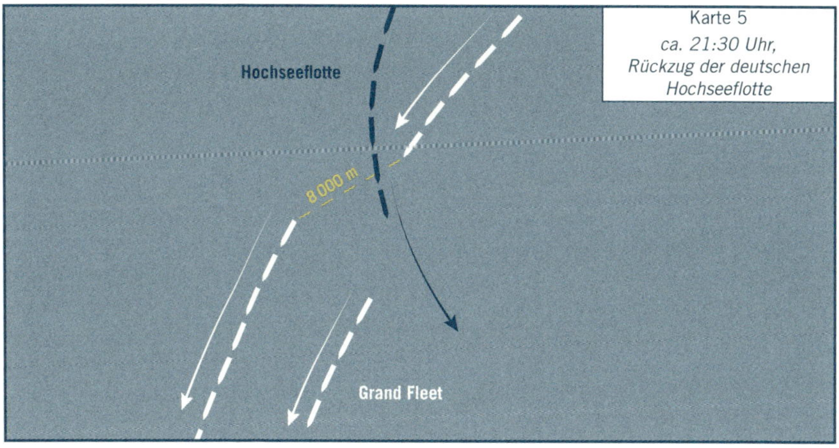

Stützpunkt Wilhelmshaven. Für Scheer gab es zwei Möglichkeiten: Der längere, aber weniger gefährliche Weg wäre ein reiner Südkurs gewesen, um erst kurz vor der norddeutschen Küste ostwärts Richtung Jadebusen zu schwenken. Scheer entschied sich jedoch für den kürzeren Weg, Kurs Südost, um so schnell wie möglich in den Schutz der Minenfelder vor Horns Riff zu gelangen und einer erneuten Aufnahme der Schlacht am folgenden Morgen auszuweichen. Viele seiner Großkampfschiffe, vor allem die teilweise schwer havarierten Panzerkreuzer, hätten den weit überlegenen Briten keinen wirksamen Widerstand mehr leisten können. «Das Gros selbst», so der Flottenchef, «mußte in geschlossenem Verbande auf dem nächsten Wege Hornsriff ansteuern und diesen Kurs, allen Angriffen des Feindes trotzend, durchhalten.»[34]

Beide Flotten befanden sich somit auf leicht konvergierenden Kursen, die Engländer Richtung Süden, die Deutschen nach Ostsüdost, und einmal mehr besaßen beide Flottenchefs nur eine ungefähre Vorstellung davon, was der Gegner plante. Auch machten Kommunikationsfehler aller Art die Lage zusätzlich unklar.[35] Ein britischer Zerstörer-Kommandant konstatierte nach der Schlacht: «Wir hatten wirklich keine Ahnung, wo der Feind stand, und nur eine sehr vage Vorstellung von der Position unserer eigenen Schiffe.»[36] So war es reiner Zufall, dass sich die beiden Flotten nicht an der Spitze des «V» trafen, das ihre Kurse bildeten, sondern die Schiffe der Grand Fleet diesen Schnittpunkt einige Minuten vor den Deutschen passierten, woraufhin sich die beiden Gros wieder voneinander entfernten. Bei den Gefechten der Leichten und Aufklärungs-Geschwader kam es noch einmal auf beiden Seiten zu beträchtlichen Verlusten. Die Hochseeflotte büßte das ältere Linienschiff *Pommern* sowie die Leichten Kreuzer *Elbing*, *Frauenlob* und *Rostock* ein, die Briten verloren den Panzerkreuzer *Black Prince* und vier Zerstörer. Als klar wurde, dass es nicht gelingen würde, die Hochseeflotte nochmals zur Schlacht zu stellen, gab Jellicoe in den Morgenstunden des 1. Juni seinen Einheiten Befehl, Kurs auf die Heimathäfen zu nehmen.

Dank des weitaus kürzeren Weges lagen die Schiffe der Hochseeflotte, von schwer beschädigten Einheiten wie den Panzerkreuzern *Seydlitz* oder *Derfflinger* abgesehen, früher vor Anker als ihre britischen Widersacher, so dass die deutsche Presse Gelegenheit bekam, das Gefecht zu einem eindrucksvollen, ja historischen Sieg zu stilisieren. Nach Maßgabe der bei-

Groß wie ein Scheunentor: Trotz schwerer Treffer konnten sich vier der fünf vor dem Skagerrak eingesetzten deutschen Schlachtkreuzer in die Heimatbasis Wilhelmshaven retten und binnen weniger Wochen repariert werden. Die Gefechtsschäden im Vorschiff des Panzerkreuzers *Derfflinger* veranschaulichen die gewaltige Zerstörungskraft der modernen Explosiv-Granaten.

derseitigen Verluste konnte die Schlacht tatsächlich als ein solcher erscheinen: Den eigenen Verlusten von einem Schlachtkreuzer, einem älteren Linienschiff, 4 Leichten Kreuzern und 5 Torpedobooten mit zusammen 61 180 BRT standen auf britischer Seite 3 Schlachtkreuzer, 3 ältere Panzerkreuzer und 8 Zerstörer mit insgesamt 115 025 BRT gegenüber. Auch die Personalverluste der Engländer waren deutlich höher: 6094 Gefallene und 674 Verwundete hatte die Royal Navy zu beklagen, gegenüber 2551 Toten und 507 Verwundeten auf deutscher Seite.

Doch für den weiteren Verlauf des Krieges sollte ungleich wichtiger werden, dass sich die materielle Überlegenheit der britischen Flotte als unaufholbar erwiesen hatte. Die daraus zu ziehenden Konsequenzen sprach der kurz nach der Skagerrak-Schlacht zum Admiral beförderte Flottenchef Reinhard Scheer in seinem Immediatbericht an den Kaiser vom 4. Juni 1916 offen aus: «Bei günstigem Verlauf der neu einsetzenden Operationen wird der Gegner zwar empfindlich geschädigt werden kön-

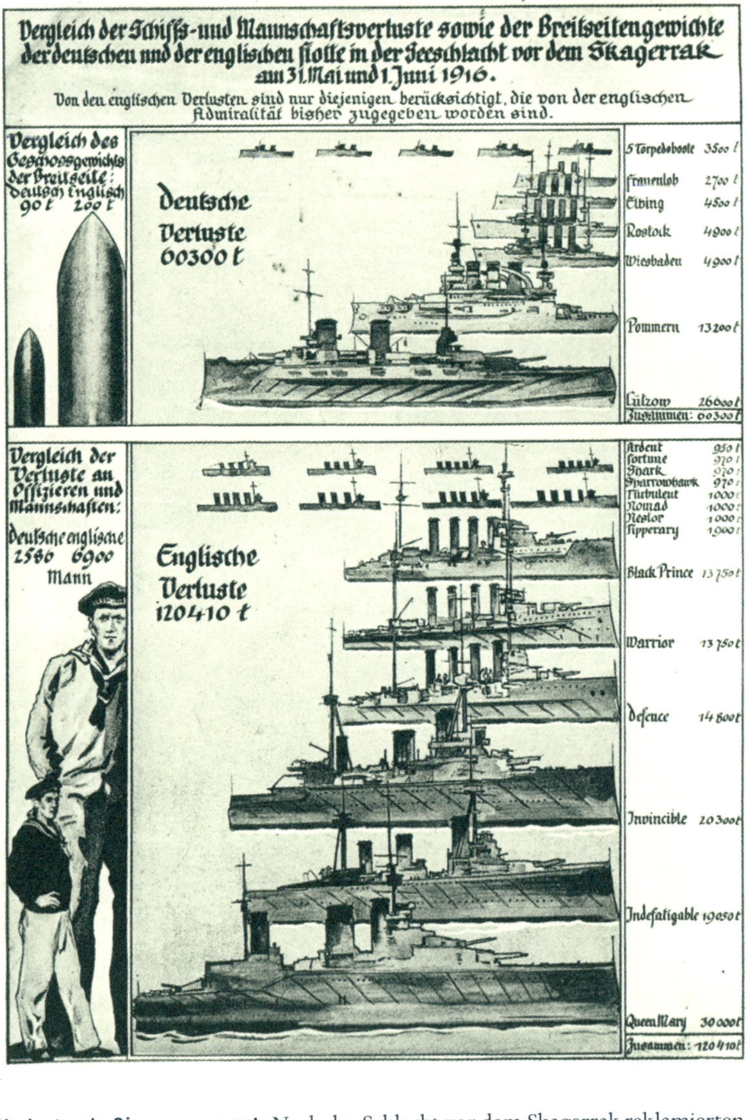

Verluste als Siegesargument: Nach der Schlacht vor dem Skagerrak reklamierten beide Kontrahenten den Sieg für sich. Auf deutscher Seite wurde dabei auf die höheren Verluste der Briten verwiesen, wie sie das hier abgebildete Propaganda-Plakat zeigt. Doch viel schwerer als solche Zahlen wog die Tatsache, dass die deutsche Hochseeflotte zu keinem Zeitpunkt eine Chance hatte, dem zahlenmäßig weit überlegenen Gegner eine entscheidende Niederlage beizubringen.

nen, trotzdem kann kein Zweifel bestehen, daß selbst der glücklichste Ausgang einer Hochseeschlacht England in diesem Krieg nicht zum Frieden zwingen wird. […] Ein sieghaftes Ende des Kriegs in absehbarer Zeit kann nur durch Niederringen des englischen Wirtschaftslebens erreicht werden, also das Ansetzen des Unterseebootes gegen den englischen Handel. Hierzu irgend eine abgeschwächte Form zu wählen, muß ich nach pflichtgemäßer Überzeugung nach wie vor Eurer Majestät dringend abraten.»[37] Nicht nur hatte sich das gewaltige Flottenbauprogramm der Vorkriegszeit als hoffnungsloser Anachronismus erwiesen. Das Scheitern der Hochseeflotte bei dem Versuch, entscheidend in den Ausgang des Ersten Weltkriegs einzugreifen, hatte zur Folge, dass die Befürworter des uneingeschränkten U-Bootkriegs in den folgenden Monaten ihre Agitation weiter verstärkten und im Frühjahr 1917 auch Erfolg hatten. Sehenden Auges wurde der Kriegseintritt der USA in Kauf genommen in der Hoffnung, durch den U-Boot-Krieg England wirtschaftlich in die Knie zwingen zu können – eine Hoffnung, die sich dann bekanntlich keineswegs erfüllte.

Aber nicht nur als Wegbereiter des uneingeschränkten U-Boot-Kriegs sollte sich die Skagerrak-Schlacht als fatal erweisen. Nachdem offenbar geworden war, dass keine Aussichten bestanden, mit der Hochseeflotte entscheidend in das Kriegsgeschehen einzugreifen, verfiel die Moral der Hochseeflotte kontinuierlich. In den Gefechtsberichten der Kommandanten vom Juni 1916 gibt es über Leistungsfähigkeit, Einsatzfreude und Opferbereitschaft der Besatzungen nur höchste Anerkennung.[38] Es mutet deswegen zunächst überraschend an, dass gerade von den Schiffsbesatzungen, die vor dem Skagerrak so zuverlässig gekämpft hatten, im November 1918 die Revolution ausging. Neben vielen anderen Faktoren, die demoralisierend auf die Matrosen der Hochseeflotte wirkten, dürfte auch die Erfahrung eine Rolle gespielt haben, einen letztlich aussichtslosen Kampf zu führen und dabei sinnlos geopfert zu werden. Der Entschluss, mit hoffnungslos unterlegenen Kräften um des Prestiges willen ins Gefecht zu ziehen, erwies sich tatsächlich als ein «wahnsinniger Anachronismus».

Epilog

SEESCHLACHTEN DES 20. JAHRHUNDERTS

Das Ende der Superschlachtschiffe

Die Schlacht vor dem Skagerrak im Frühjahr 1916 war die letzte «klassische» Seeschlacht zwischen großen Flottenverbänden, in welcher der Artilleriekampf den Ausschlag gab. Nachdem man in der Nachkriegszeit unverdrossen weiter Schlachtflotten geplant und gebaut hatte, stellte sich im Zweiten Weltkrieg bald heraus, dass die Zeit der Schlachtschiff-Geschwader abgelaufen war. Die Versenkung von Superschlachtschiffen wie der Bismarck *oder der* Prince of Wales *zeigte schon 1941, dass nicht mehr Kalibergröße und Feuergeschwindigkeit die militärische Entscheidung herbeiführten, sondern Flugzeuge oder U-Boote. So blieb den großen Superschlachtschiffen, einst Stolz und Sehnsuchtsobjekt nationalen Selbstwertgefühls, in den Konflikten der zweiten Hälfte des 20. Jahrhunderts wie Falklandkrieg und Golfkrieg nur noch die Aufgabe, Träger von selbständig agierenden Waffensystemen wie Raketen und Marschflugkörpern zu sein. Der technische Fortschritt veränderte ein weiteres Mal die Seekriegsführung von Grund auf – ohne dass die Herrschaft über die Meere an Bedeutung verloren hätte.*

Die Flottenverträge von Washington

In der Schlacht vor dem Skagerrak glichen die riesigen Flottenverbände der Briten und Deutschen Dinosauriern, die zwar über gewaltige Größe, enorme Schlagkraft und schwerste Panzerung verfügten, deren «Gehirn», das Kommunikations- und Aufklärungsvermögen, sich im Gefecht jedoch als höchst rudimentär ausgebildet und deswegen unzulänglich erwies.[1] Seit dem Beginn der Industriellen Revolution war daran gearbeitet worden, die Ausstattung der Kriegsschiffe zu verbessern: Durch leistungsfähigere Antriebe sollte die Geschwindigkeit erhöht werden, immer größere Geschütze konnten immer schwerere und explosivere Granaten immer präziser und immer weiter feuern, und um die immer teureren Großkampfschiffe zu schützen, mussten immer dickere Panzergürtel aus immer besserem Stahl eingebaut werden. Kein Wunder, dass sich die großen Kriegsflotten durch das in sie investierte Kapital und technische Knowhow in der ganzen Welt zu Symbolen des Nationalstolzes entwickelt hatten.

Nur diese ideologische und symbolische Aufladung der Flotten macht verständlich, warum die Forderung der Siegermächte im Versailler Vertrag, Deutschland müsse seine gesamte Hochseeflotte ausliefern, als eine der demütigendsten Bestimmungen des Vertragswerks betrachtet wurde. Die Selbstversenkung des größten Teils der deutschen Hochseeflotte in Scapa Flow beendete 1919 nicht nur den Streit der Entente-Mächte um die Aufteilung der Schiffe des besiegten Gegners auf unvorhergesehene Weise, sondern stellte auch die Seerüstungsuhr für Deutschland auf null zurück. Und nicht nur, dass die Hochseeflotte ausgeliefert werden musste, der Versailler Vertrag sah auch äußerst rigide Rüstungsbeschränkungen im Bereich des Flottenbaus vor. Die deutschen Großmachtträume zur See waren zunächst ausgeträumt.

Anders stellte sich die Situation der Siegermächte dar: Der Royal Navy drohte in der Nachkriegszeit ein erneutes Wettrüsten. Diesmal ging die Herausforderung Großbritanniens allerdings nicht vom Deutschen Reich, sondern von Übersee aus. Sowohl die USA als auch Japan vergrößerten ihre Kriegsflotten. Schon das US-amerikanische Bauprogramm von 1916 mit zehn modernen Schlachtschiffen und sechs Schlachtkreuzern musste für die britische Flotte langfristig eine Herausforderung darstellen, auch wenn die Aufrüstung des potentiellen und ab 1917 realen Verbündeten im Weltkrieg zunächst wünschenswert erscheinen mochte. Im Jahre 1919 bewilligte der US-Kongress den Bau von sechs weiteren Schlachtschiffen. Die amerikanische Konkurrenz entwickelte sich zu einem ernsten Problem für die Strategen der britischen Admiralität.

Auf beiden Seiten des Atlantiks dachte man weiter in den traditionellen Bahnen Mahans, nämlich in Schlachtschiffkategorien, obwohl die Entwicklung der Waffentechnik während des Ersten Weltkrieges fundamentale Veränderungen hatte ahnen lassen. Zwei neue Waffensysteme gewannen rasch an Bedeutung: Flugzeuge und U-Boote. Beide Waffensysteme waren im Ersten Weltkrieg noch nicht so ausgereift, dass sie entscheidend ins Kriegsgeschehen eingegriffen hätten, obwohl sie gerade unter den Kriegsbedingungen rasche Entwicklungsfortschritte machten. So kam es, dass die deutsche Seekriegsführung und in ihrem Gefolge auch die politische Führung des Reichs 1917 ihr Heil, sprich: die entscheidende Kriegswende, im unbeschränkten U-Boot-Krieg suchten. Doch schon die einfache britische Gegenmaßnahme, Handelsschiffe im Konvoi-System fahren zu lassen, minimierte angesichts der unzulänglichen Aufklärungstechnologie der U-Boote deren Wirksamkeit. Auch Flugzeugen und Luftschiffen kam im Ersten Weltkrieg in der Regel nur aufklärende Funktion zu, obwohl in vielen Marinen bereits mit ersten Flugzeugträgern experimentiert wurde.

Hellsichtige Militärs erkannten zwar das Potential, das in den neuen Technologien steckte. Wie so oft in der Geschichte wurde dann jedoch in der Zwischenkriegszeit der letzte Krieg vorbereitet und nicht der kommende. Deutlich zeigten das die internationalen Konferenzen zur Begrenzung der Flottenrüstung, die nahezu vollständig auf die Gesamttonnage der Großkampfschiffe fixiert waren. Die erste dieser Flottenkonferenzen fand 1921/22 in Washington statt, zwei weitere in London 1930 und 1935/36. Die schließlich abgeschlossenen Verträge legten Obergrenzen für den Schiffsbestand der beteiligten Länder sowie konstruktive Einschränkungen einzelner Schiffstypen fest, um ein unkontrolliertes Wettrüsten zu verhindern. Vereinbart wurde in Washington ein Verhältnis der Flottengröße von 5 zu 5 Anteilen zwischen den USA und Großbritannien – was praktisch den Verlust der britischen Dominanz zur See bedeutete –, sowie zu 3 Anteilen für Japan und jeweils 1,75 Anteilen für Frankreich und Italien. Des Weiteren sah der Vertrag die Begrenzung der einzelnen Schlachtschiffneubauten auf 35 000 Tonnen und ein Kaliber der schweren Artillerie von höchstens 40,6 Zentimetern vor. Allerdings stellte sich bald heraus, dass kaum Bereitschaft bestand, die Verträge zu respektieren. Ständig wurde mit fragwürdigen Rechenbeispielen bei der Gesamttonnage gemogelt, um die Eckdaten zu umgehen. Konnte für einen Schiffstyp einmal eine Grenze festgelegt oder ein Baustopp vereinbart werden, dann wurden eben verstärkt Einheiten der nächstkleineren Schiffsklasse gebaut.[2]

Die Überschreitung der Tonnagegrenzen bei Schiffsneubauten schien ohnehin als Kavaliersdelikt zu gelten. Ein anschauliches Beispiel dafür bietet die *USS Iowa*, das schnellste Schlachtschiff, das je gebaut wurde und das den Namen für eine ganze Klasse abgab. Die Planungen für die Schiffe der Iowa-Klasse begannen bereits 1938, also noch vor dem Beginn des Zweiten Weltkriegs und noch während der Geltungsdauer der Flottenverträge. Die Wasserverdrängung der *Iowa* entsprach nur auf dem Papier der auf der Londoner Flottenkonferenz von 1936 festgelegten Obergrenze von 45 000 BRT. Bei voller Zuladung lag sie tatsächlich bei etwa 58 000 Tonnen. Die Gewichtsüberschreitung von 13 000 Tonnen entspricht ungefähr der Standardverdrängung von Schweren Kreuzern, wie etwa der deutschen *Lützow* oder der *USS Indianapolis*. Frankreich und Italien, die sich mit ihren 1,75 Anteilen benachteiligt fühlten, hielten sich ebenfalls nicht an die Abmachungen. Auch Japan begann schon in den 1930er Jahren im Zuge seiner expansiven Pazifik-Politik, die Flottenverträge zu ignorieren, und trat schließlich sogar offiziell aus dem Vertragswerk aus.

In Deutschland, das als Kriegsverlierer nicht in das Vertragswerk eingebunden worden war, hatte man sich an viel strengere Auflagen hinsichtlich der Seerüstung zu halten. So gestand der Versailler Vertrag den Deutschen nur drei schwere Kriegsschiffe zu und legte für diese eine Höchstgrenze von 10 000 Tonnen fest. Eine solche Begrenzung entsprach derjenigen des Washingtoner Vertrages für die Schiffsklasse der Schweren Kreuzer, der sogenannten «Vertragskreuzer». Um sich aus der Tonnagebegrenzung herauszuwinden, kam man auf die Idee, Schiffe zu bauen, die stärker sein sollten als schnellere und schneller als stärkere: Die sogenannten Panzerschiffe, die später in Schwere Kreuzer umklassifiziert wurden, sollten in der Bewaffnung stark genug sein, um feindliche Kreuzer niederzukämpfen, zugleich aber schnell genug, um sich durch Flucht feindlichen Schlachtschiffen zu entziehen. Dieses Stärker-Schneller-Konzept schlug sich in der Konstruktion von drei Schwesterschiffen nieder: der *Deutschland*, später umbenannt in *Lützow*, der *Admiral Scheer* und der *Admiral Graf Spee*. Auf dem Papier respektierten sie durch eine geringere Panzerung die zugestandenen 10 000 Tonnen, waren aber voll ausgerüstet bedeutend schwerer. Da ihre großkalibrige Artillerie von sechs 28-Zentimeter-Geschützen derjenigen von Schweren Kreuzern weit überlegen und sogar der Bewaffnung vieler älterer Schlachtschiffe ebenbürtig war, wurden die neuen Schiffe von den Angelsachsen als *«pocket battleships»*, also als «Westentaschenschlachtschiffe» bezeichnet.

Jagd auf die *Bismarck*

Die aggressive Aufrüstungspolitik des nationalsozialistischen Deutschland seit 1933 zielte dann von Anfang an darauf ab, auch im Bereich der Seerüstung die Fesseln des Versailler Vertrags abzuschütteln. Schon zweieinhalb Jahre nach der «Machtergreifung» kam es am 18. Juni 1935 zum deutsch-britischen Flottenabkommen. Darin wurde Deutschland offiziell erlaubt, Schlachtschiffe mit einer Standardverdrängung von bis zu 35 000 BRT zu bauen. Doch selbst diese Beschränkung wurde von Anfang an ignoriert. Die Entwürfe für ein neues «Schlachtschiff F», die spätere *Bismarck*, sahen eine Verdrängung von fast 42 700 BRT vor. Am 1. Juli 1936

Fahrt in den Untergang: Das deutsche Schlachtschiff *Bismarck* unmittelbar vor dem Durchbruch in den Atlantik in norwegischen Gewässern, aufgenommen von der *Prinz Eugen* aus. Am Vormittag des 21. Mai nahmen die *Prinz Eugen* und die begleitenden Zerstörer bei Bergen noch Treibstoff an Bord, und der Anstrich der *Bismarck* wurde verändert. Einen Tag später setzte der Verband seine Fahrt fort, die am 27. Mai nach einer dramatischen Treibjagd durch über 50 britische Schiffe mit der Versenkung der *Bismarck* endete.

legte man bei Blohm & Voss in Hamburg das zukünftige Schlachtschiff auf Kiel und ließ es am 14. Februar 1939 in Anwesenheit Hitlers vom Stapel. Als die *Bismarck* 1941 in Dienst gestellt wurde, verdrängte sie, vollständig ausgerüstet und mit Treibstoff aufgefüllt, sogar 53 500 Tonnen. Unter vielen waffentechnischen Neuerungen der *Bismarck* beeindruckte besonders der Panzerschutz. Die Durchschlagfestigkeit der Panzerung wurde durch die Verwendung neuartiger Panzerstähle erhöht, darunter «Wotan hart (Wh)» und «Wotan weich (Ww)», die schweißbar waren und nicht mehr auf das Schiff aufgenietet werden mussten. Auf diese Weise ersetzte die Panzerung sogar teilweise die Außenhaut des Schiffes.[3]

Mit der *Bismarck* verfügte die deutsche Kriegsmarine über ihr erstes vollwertiges Schlachtschiff. Es sollte gegen Handelskonvois kämpfen, um England vom lebenswichtigen Nachschub abzuschneiden, was angesichts der quantitativen Unterlegenheit der deutschen Überwasser-Seestreitkräfte ein hoffnungsloses Unternehmen war. Dennoch liefen am 18. Mai 1941 die *Bismarck* und der Schwere Kreuzer *Prinz Eugen* aus Gotenhafen an der Ostsee zur Operation «Rheinübung» aus, um im Atlantik britische Handelsschiffe zu versenken.

Doch schon beim Passieren des Kattegats am 20. Mai wurde das Geschwader entdeckt. Der an Bord des Flaggschiffs *Bismarck* kommandierende Flottenchef Vize-Admiral Günther Lütjens wollte zunächst durch die Dänemarkstraße zwischen Grönland und Island in den Atlantik durchbrechen. Südlich von Island waren die *HMS Hood*, der größte britische, allerdings schon fünfundzwanzig Jahre alte Schlachtkreuzer, und das neue Schlachtschiff *HMS Prince of Wales* sowie sechs Zerstörer postiert, die nun zum südlichen Ausgang der Dänemarkstraße beordert wurden, um den deutschen Verband abzufangen. Im Morgengrauen des 24. Mai 1941 sichteten sich die Verbände. Auf 23 Kilometer Entfernung eröffneten die Briten um 5:52 Uhr das Feuer. Die *Bismarck* und die *Prinz Eugen* antworteten sofort. Nach nicht einmal zehn Minuten traf eine 38-Zentimeter-Granate der *Bismarck* die achtere Munitionskammer der *Hood*. Die darauffolgende gewaltige Explosion zerriss den britischen Schlachtkreuzer in drei Teile. Von den 1421 Mann Besatzung überlebten nur drei. Die *Prince of Wales* erhielt vier Treffer durch die *Bismarck* und drei durch die *Prinz Eugen*, drehte ab und zog sich hinter selbst erzeugten Rauchschleiern zurück.

Zwar war die *Prinz Eugen* unbeschädigt geblieben, doch die *Bismarck* hatte von der *Prince of Wales* drei Treffer erhalten, einen davon in einen Brennstoffbunker im Vorschiff. 1000 Tonnen Brennstoff liefen aus, die eine deutlich sichtbare Spur hinterließen. Dadurch war an eine erfolgreiche Fortsetzung des Unternehmens nicht zu denken. Der Verband trennte sich am Abend des ersten Kampftages. Die *Prinz Eugen* erhielt Befehl, selbständig zu handeln, während die *Bismarck* zur Reparatur in den französischen Atlantikhafen Saint-Nazaire laufen sollte.

Die britische Admiralität setzte sofort weitere Schiffe zur Verfolgung ein. Damit begann eine der größten Treibjagden der Seekriegsgeschichte. Von Norden verfolgten das Schlachtschiff *HMS King George V*, der Schlachtkreuzer *HMS Repulse*, der Flugzeugträger *HMS Victorious* und mehrere Kreuzer und Zerstörer die *Bismarck*. Von Süden fuhr ein weiteres Geschwader, bestehend aus dem Flugzeugträger *HMS Ark Royal*, dem Schlachtkreuzer *HMS Renown* und dem leichten Kreuzer *HMS Sheffield*, dem deutschen Schlachtschiff entgegen. Schließlich verfolgten über fünfzig Schiffe der Royal Navy die *Bismarck*. Der britische Premierminister Winston Churchill forderte von seinen Admiralen: «Es ist egal, wie ihr es macht, aber versenkt die Bismarck!»[4]

Eine ständige Fühlung mit dem Schlachtschiff aufrechtzuerhalten, erwies sich allerdings als schwierig. Einige Stunden lang riss der Kontakt gänzlich ab. Ausgerechnet in dieser Zeit setzte der Flottenchef Lütjens einen Funkspruch ab und verriet dadurch die Position der *Bismarck*. Doch nicht der bald darauf einsetzende Granathagel aus den Geschütztürmen der vereinten britischen Schlachtschiffe wurde der *Bismarck* zum Verhängnis, sondern der Torpedo eines antiquierten britischen Doppeldeckers vom Typ *Swordfish*, der vom Flugzeugträger *Ark Royal* gestartet war. Mit einem ihrer Torpedos trafen die Briten die Ruderanlage. Gegen 21:30 Uhr des 26. Mai war die *Bismarck* steuerunfähig. Knapp tausend Seemeilen von der rettenden französischen Küste entfernt, konnte das Schiff trotz verzweifelter Bemühungen, den Schaden zu beheben, nur noch im Kreis fahren.

In den Morgenstunden des nächsten Tages, dem 27. Mai 1941, begannen die britischen Schlachtschiffe und Kreuzer mit der Exekution des angeschlagenen Gegners. In einem etwa neunzigminütigen Gefecht wurden von den Schlachtschiffen der Royal Navy über 700 Granaten auf die *Bismarck* abgefeuert. Doch auf der *Bismarck* machte man bis zuletzt keine Anstalten, den sinnlosen Kampf zu beenden. Kurz nach 10 Uhr war die *Bismarck* zu einem brennenden Wrack zusammengeschossen. Am Ende feuerten die Briten Torpedos, den Untergang verursachten schließlich geöffnete Bodenventile. Das Schiff kenterte, die vier jeweils 1000 Tonnen schweren Geschütztürme fielen aus den Barbetten. Um 10:40 Uhr versank die *Bismarck* auf eine Tiefe von fast 5000 Metern. Nur 115 der 2221 Besatzungsmitglieder wurden gerettet.

Es mutet fast wie eine Ironie der Geschichte an, dass die beim Kampf gegen die *Bismarck* eingesetzten Schlachtschiffe *HMS Prince of Wales* und *HMS Repulse* der Royal Navy noch im selben Jahr, am 10. Dezember 1941, vor Singapur durch japanische Torpedobomber versenkt wurden. Ihr Schicksal zeigt wie dasjenige der *Bismarck*, dass 1941 ein Wendejahr der Seekriegsgeschichte war: Die Ära der Großkampfschiffe ging unwiderruflich zu Ende.

Der japanische Angriff auf den US-Marinestützpunkt Pearl Harbor am 7. Dezember 1941 machte deutlich, dass Schlachtschiffe gegen eine große Zahl angreifender Flugzeuge kaum Überlebenschancen hatten. Durch die Entwicklung von Großkampfschiffen, auf denen Flugzeuge starten und landen konnten, standen nun die technischen Möglichkeiten zur Verfügung, die für Schlachtschiffe so gefährlichen Flugzeuge überall auf den Weltmeeren zum Einsatz zu bringen. Flugzeugträger waren die Seekriegswaffe der Zukunft geworden.

Ganz offenkundig wurde dieser Bedeutungszuwachs der Flugzeugträger – und der damit verbundene Bedeutungsverlust der Schlachtschiffe – während des Zweiten Weltkriegs in der Schlacht bei Midway. Hier kämpfte ein großer Teil der Kaiserlich Japanischen Marine und der United States Navy um zwei kleine Vogelinseln, die jedoch strategische Bedeutung besaßen. An der Schlacht vom 4. bis zum 7. Juni 1942 waren auf japanischer Seite vier Flugzeugträger und 150 weitere Schiffe, auf US-Seite drei Flugzeugträger und 50 Schiffe beteiligt. Obwohl auch einige japanische Schlachtschiffe in Marsch gesetzt worden waren, spielten sie am

Ende keine Rolle. Statt großkalibriger Geschütze entschied der massive Einsatz von Flugzeugen diese größte Trägerschlacht der Seekriegsgeschichte. Innerhalb weniger Minuten verloren die Japaner vier ihrer sechs großen Flugzeugträger. Insgesamt hatten sie über 3000 Tote zu beklagen. Die US-Navy verzeichnete nur ein Zehntel der japanischen Verluste an Menschenleben und büßte lediglich einen Flugzeugträger ein.[5]

Die Schlacht bei Midway stellte eine wichtige Zäsur dar, zum einen, weil Japan die militärische Initiative im Pazifik verlor; zum anderen, weil erstmalig in einer Seeschlacht die Flugzeugträger und nicht mehr die Schlachtschiffe die wichtigste Schiffsgattung darstellten. Als die Japaner den Kern ihrer Trägerflotte verloren hatten, mussten sie trotz ihrer deutlichen Überlegenheit an Schlachtschiffen den Plan einer Invasion der Midway-Inseln aufgeben. Das Flugzeug hatte die Herrschaft nun auch über das Meer errungen.[6]

Doch nicht nur die großen Schlachtschiffe waren von der Überlegenheit der Flugzeuge betroffen. Auch der U-Boot-Krieg im Atlantik wurde durch den immer effizienteren Einsatz von Flugzeugen entschieden. Angesichts der hoffnungslosen Unterlegenheit im Bereich der Großkampfschiffe setzte die deutsche Seekriegsleitung ab 1941 allein auf den Einsatz von U-Booten, der tatsächlich zu empfindlichen Verlusten der englischen

Der erste Flugzeugträger der Welt: Noch vor dem Ersten Weltkrieg experimentierten europäische und US-amerikanische Militärs, ob und wie man Flugzeuge auf Schiffen landen und auch wieder starten könne. Im Januar 1911 gelang es dem Flugpionier Eugene Ely mit seinem Curtiss-Doppeldecker, auf der in der Bucht von San Francisco vor Anker liegenden *USS Pennsylvania* zu landen und nach dem Wenden der Maschine von dort auch wieder zu starten. Auf dem Kriegsschiff hatte man dafür eine provisorische Bretterpiste installiert, Sandsäcke und gespannte Seile sollten einen allzu harten Aufprall mindern.

Leichte Ziele: Obwohl Schlachtschiffe durch trägergestützte Flugzeuge leicht verwundbar geworden waren, bildeten die Flugzeugträger nun ihrerseits ebenfalls lohnende Ziele für Angriffe aus der Luft. Nach einem japanischen Bombenangriff am 19. März 1945 auf den Flugzeugträger *USS Franklin,* bei dem mehr als 700 Seeleute getötet wurden, bekam das schwer beschädigte Schiff starke Schlagseite. Zwar konnte der Flugzeugträger gerettet werden, doch die notwendigen Reparaturen dauerten bis weit nach Kriegsende und verhinderten, dass die *Franklin* jemals wieder im Krieg eingesetzt werden konnte.

Handelsflotte führte. Dabei spielte nicht zuletzt eine taktische Innovation eine wichtige Rolle, die «Rudeltaktik». Sie basierte auf einer simplen Überlegung: Im Kampf gegen einen von Zerstörern und Kreuzern geschützten Konvoi waren die Erfolgsaussichten eines einzelnen U-Boots ebenso gering wie seine Überlebenschancen. Um beides grundsätzlich zu verbessern, galt es, bei Sichtung eines britischen Konvois eine Gruppe von U-Booten zusammenzurufen und diese, nach Möglichkeit bei Nacht, den Konvoi an verschiedenen Stellen angreifen zu lassen. Das musste zu Verwirrung auf den Sicherungsschiffen und Panik auf den Handelsschiffen führen. Die Verluste der britischen Versorgungskonvois nahmen im Laufe des Jahres 1941 so besorgniserregende Formen an, dass die Royal Navy noch vor dem Kriegseintritt Amerikas am 7. Dezember 1941 um die «Leihgabe» amerikanischer Zerstörer nachsuchte, um den Geleitschutz zu verbessern.

Auch noch nach der deutschen Kriegserklärung an die USA konnten die U-Boote zunächst aufsehenerregende Versenkungsziffern erzielen, als sie im Rahmen der Operation «Paukenschlag» vor der amerikanischen Atlantikküste auf die Jagd nach den Handelsschiffen des neuen Kriegsgegners gingen.

Doch schon bald machte sich die materielle und technische Überlegenheit der Amerikaner und Briten auch auf dem Atlantik bemerkbar. Dank immer raffinierterer Ortungssysteme und weiterentwickelter Radartechnologie gelang es immer öfter, die U-Boote schon im Anmarsch auf ihre Bereitstellungsräume zu vernichten, wobei Seeflugzeuge eine wachsende Rolle spielten. Die empfindlichen Verluste an U-Booten führten vorübergehend zur Einstellung des deutschen U-Bootkriegs, ehe der Befehlshaber der U-Boote (BdU), Admiral Karl Dönitz, den Befehl gab, angesichts der katastrophalen Kriegslage den Kampf wieder aufzunehmen; eines von vielen Beispielen dafür, wie in der Endphase der nationalsozialistischen Terrorherrschaft skrupellos Menschenleben geopfert wurden, um noch ein wenig Zeit zu gewinnen. Doch obwohl der deutsche U-Bootkrieg scheiterte, zeigte sich im Zweiten Weltkrieg, dass neben dem Flugzeugträger das U-Boot die Seekriegswaffe der Zukunft war.[7]

Luftkampf um die Falklandinseln

Nach dem Zweiten Weltkrieg übernahmen die Flugzeugträger vollständig das Erbe der Schlachtschiffe und bildeten den Kern der Kriegsmarinen aller großen Seemächte. Die Sowjetunion musste sich dabei eines Etikettenschwindels bedienen: Ihre Trägerschiffe wurden offiziell immer als «Flugdeckkreuzer» bezeichnet – auch das neue Russland handhabt diese Sprachregelung nicht anders –, da der Vertrag von Montreux aus dem Jahr 1936 die Durchfahrt von «Flugzeugträgern» durch die Dardanellen und somit von den Werften und Häfen an der Schwarzmeerküste ins Mittelmeer und zurück verbietet. Ab Mitte der 1950er Jahre vollzog sich in den Luftwaffen der Wechsel von Propeller- zu Düsenflugzeugen. Diese auch auf Flugzeugträgern zu stationieren, gelang allerdings nur mit einem großen technischen Aufwand, weil Düsenflugzeuge nicht nur viel schwerer sind, sondern auch mit viel höherer Geschwindigkeit starten und landen müssen. Die größten Schwierigkeiten ergaben sich daher beim Start und beim «Einfangen» der Maschinen.

Neue technologische Möglichkeiten eröffnete des Weiteren die Entwicklung atomgetriebener Schiffe und U-Boote, da diese ihre Reichweite praktisch ins Unbegrenzte vergrößerten. Kriegsschiffe und U-Boote wurden nun auch mit Raketen bestückt. Die Einsatzmöglichkeiten von Flugzeugträgern, Flugzeugen und Raketen zeigten sich während des Falklandkonflikts von 1982. Die Falkland Islands im Südatlantik vor der Küste Patagoniens südlich des 51. Breitengrades befinden sich seit 1833 in britischem Besitz, werden seit dieser Zeit aber auch von Argentinien beansprucht. Das Interesse an den sturmumtosten Felsen hat, wie so oft in der Geschichte, viel mit nationalen Empfindsamkeiten zu tun, die sich mit handfesten ökonomischen Motiven – im Falle der Falklands mit Fisch- und Ölvorkommen – verbinden.

Argentinien wurde seit 1976 von einer Militärjunta beherrscht, der seit 1981 General Leopoldo Galtieri vorstand. Um innenpolitische Schwierigkeiten zu überdecken und ermutigt durch mehrere 1981 in London beschlossene Bestandsreduktionen der Royal Navy,[8] landeten am 2. April 1982 argentinische Marineinfanteristen auf den Falklands. Die Rechnung der argentinischen Militärs schien zunächst aufzugehen: Am Rio de la

Plata vergaß man in einem Rausch nationalistischer Euphorie für einige Zeit die Schattenseiten der blutigen Militärdiktatur. Antijunta-Demonstrationen verwandelten sich über Nacht in Jubelveranstaltungen. Siegesgewiss rief Leopoldo Galtieri dem begeisterten Volk zu: «Wenn sie kommen wollen, dann sollen sie kommen! Wir werden ihnen eine Schlacht liefern!»[9]

Die argentinischen Militärs hatten jedoch nicht damit gerechnet, dass die Briten tatsächlich kommen würden. Großbritannien setzte unter Führung der «Eisernen Lady» Margaret Thatcher die Entscheidungen zur Reduktion der Flotte aus und entsandte schwere Einheiten, darunter zwei Flugzeugträger. Innerhalb kurzer Zeit zog die Royal Navy im Südatlantik eine gewaltige Marine- und Luftstreitmacht zusammen. Kurz darauf begann der Kampf auf See. Am 2. Mai 1982 versenkte ein britisches Atom-U-Boot den noch vor dem Zweiten Weltkrieg für die US-Navy gebauten und später an Argentinien verkauften Kreuzer *ARA General Belgrano*. Dabei kamen von der etwa 1000 Mann starken Besatzung mehr als 360 Mann ums Leben. Nach der Versenkung des Kreuzers zog die argentinische Marine ihre Schiffe in die Basen zurück.

Der Verlust der *General Belgrano* verhärtete die Haltung der argentinischen Militärs. Zwei Tage nach der Versenkung des Kreuzers griffen zwei argentinische Kampfflugzeuge im Tiefflug 160 Kilometer südlich von Port Stanley den britischen Zerstörer *HMS Sheffield* an. Eine der beiden abgefeuerten Exocet-Raketen traf das Schiff so schwer, dass es sechs Tage später sank. Am 29. und 30. Mai folgten argentinische Angriffe auf die Flugzeugträger *HMS Hermes* und *HMS Invincible*, die jedoch erfolglos blieben. Insgesamt konnten die Argentinier mit Hilfe ihrer Luftwaffe eine ganze Reihe britischer Schiffe schwer beschädigen und einige sogar versenken, neben dem Zerstörer *Sheffield* dessen Schwesterschiff *Coventry* und die beiden Fregatten *Ardent* und *Antelope*. Die hohen Verluste der Royal Navy offenbarten abermals die Verwundbarkeit von Schiffen durch Flugzeuge. Doch trotz dieser Rückschläge gelang den Briten schließlich die Rückeroberung der Falkland-Inseln. Der Fall von Port Stanley führte am 15. Juni 1982 zur Einstellung der Kampfhandlungen, die nach offiziellen Angaben 265 britische und 712 argentinische Soldaten das Leben gekostet hatten. Die vergleichsweise überschaubare Auseinandersetzung blieb nicht ohne Folgen für die weitere Entwicklung der Seekriegstechnologie, hatte der Falklandkrieg doch gezeigt, dass Großkampfschiffen zukünftig nur noch als Trägern von Waffensystemen, nicht mehr als Waffensysteme selbst eine zentrale Bedeutung zukommen wird.

Vom Superschlachtschiff zur Abschussplattform

Ein eindrucksvolles Beispiel für den weiteren Verlauf dieser Entwicklung bietet die Geschichte der schon erwähnten *USS Iowa*. Dieses schnellste und kampfstärkste Schlachtschiff der Weltgeschichte mit dem Spitznamen «The big stick» war zugleich der Prototyp einer ganzen Klasse, welche die US-Navy 1938 geplant und während des Zweiten Weltkrieges in Dienst gestellt hatte. Gleichzeitig gehörten diese «Superschlachtschiffe» zu den letzten Vertretern ihrer Gattung. Ihre Hauptartillerie bestand aus neun Geschützen vom Kaliber 16 Zoll (= 40,6 Zentimeter), die in zwei Drillingstürmen auf dem Vorschiff und einem weiteren auf dem Achterschiff integriert waren. Die Geschosse hatten eine Reichweite von bis zu 40 Kilometern, für die man pro Schuss sechs 110 Pfund schwere Pulverladungen in Seidenballen als Treibmittel hinter die Granate laden musste. Bedingt durch die enorme Antriebskraft von über 200 000 PS und die überdurchschnittliche Länge des Schiffskörpers von 270 Metern – zum Vergleich: die *Bismarck* hatte «nur» 240 Meter Länge bei 150 000 PS –, waren die Schiffe der Iowa-Klasse die schnellsten Schlachtschiffe der Geschichte: Mit 33 Knoten, was etwa 60 Stundenkilometern entspricht, glichen sie sprintenden Riesen mit gewaltiger Feuerkraft.

Seit den letzten Jahrzehnten des 19. Jahrhunderts und besonders im 20. Jahrhundert wurden Kriegsschiffe immer schneller, gleichsam eine Bestätigung von Mahans Prophezeihung: «Künftig werden die Schiffe mit der größten Geschwindigkeit die Luvseite haben.» Mahans Prognose und das Urteil des britischen Ersten Seelords John «Jacky» Fisher vor dem Ersten Weltkrieg: «Speed is the best protection», trafen für den Kampf Schiff gegen Schiff durchaus zu, doch konnten beide nicht vorhersehen, wie schnell Flugzeuge das Schlachtgeschehen verändern sollten.[10]

Der enorme Aufwand für den Unterhalt großer Schlachtschiffe schien sich kaum mehr zu rentieren. Obwohl in Konflikten nach dem Zweiten

Weltkrieg die Schlachtschiffe der Iowa-Klasse immer wieder zur Küstenbeschießung eingesetzt worden waren, mussten sie im Frieden wegen der hohen Personal- und Betriebskosten «eingemottet» werden. Sie wurden der als «Mothball Fleet» bezeichneten Reserveflotte zugeteilt, wo man sie einsatzfähig hielt, aber nicht aktiv im Dienst nutzte.[11] Das änderte sich, als Anfang der 1980er Jahre US-Präsident Ronald Reagan eine massive Aufrüstung der Streitkräfte plante und für die US-Navy das Programm der «Marine der 600 Schiffe» umgesetzt werden sollte. Dieses Programm sah unter anderem vor, alle vier Schlachtschiffe der Iowa-Klasse wieder in den aktiven Dienst zu übernehmen. Die *USS Iowa* und ihre Schwesterschiffe wurden gründlich modernisiert. Sie behielten zwar ihre Hauptartillerie von neun «16 inch guns», doch die seitlich der Decksaufbauten befindlichen Mehrzweck-Zwillingsgeschütze sowie die zahlreichen kleineren Flugabwehrkanonen wurden entfernt. Die Schiffe erhielten stattdessen moderne Lenkwaffen, darunter 32 Marschflugkörper «Tomahawk» und 16 Seezielflugkörper «Harpoon».

Das Wettrüsten des Kalten Kriegs fand also auch und gerade im Bereich der Seestreitkräfte statt, da die Supermächte USA und UdSSR es darauf anlegten, binnen kürzester Zeit in jedem Winkel der Erde militärische Präsenz zeigen zu können. Dafür bedurfte es sowohl der Luft- wie der Seestreitkräfte, in der Regel kombiniert. Der immer aufwändigere Rüstungswettlauf zur See trug schließlich mit zum Zusammenbruch der UdSSR bei, deren wirtschaftlicher und dann auch politischer Kollaps Ende der 1980er Jahre zu einem Großteil aus den untragbar gewordenen Rüstungsausgaben resultierte.

Doch wer annahm, dass mit dem Ende des Kalten Kriegs auch das Zeitalter der Seekriegsflotten enden werde, sollte rasch eines Besseren belehrt werden. Bereits 1991 spielten Seestreitkräfte im Zweiten Golfkrieg eine zentrale Rolle. Dabei waren auch die modernisierten US-amerikanischen Schlachtschiffe *USS Missouri* und *USS New Jersey*, von denen 52 Marschflugkörper auf den Irak abgeschossen wurden. Ihre schwere Artillerie kam jedoch nicht zum Einsatz, da die Schlachtschiffe aufgrund von Minenfeldern nicht nah genug an die Küste heranfahren konnten. Abermals zeigte sich, dass sich die klassischen Schlachtschiffe zu mobilen Abschussbasen für selbständig agierende Flugkörper gewandelt hatten. Im Jahre 2006 wurden schließlich die beiden letzten Schiffe der Iowa-Klasse, darunter

Schiffe der Zukunft: Projektentwurf der *USS Zumwalt,* eines derzeit im Bau befindlichen Typschiffs einer neuen Zerstörer-Klasse der United States Navy. Es soll ab 2014 in Dienst gestellt werden. Mit einer Länge von über 180 Metern und einer Verdrängung von rund 14 500 Tonnen sind die Schiffe weit größer als traditionelle Zerstörer. Ihr modernisiertes Design wird sie zu Tarnkappenschiffen machen. Ihre Bewaffnung besteht hauptsächlich aus Raketen.

die *USS Iowa* selbst, aus dem Schiffsregister der US-Marine gestrichen. Seit Juli 2012 ist die *Iowa* in San Pedro, dem Hafen von Los Angeles, als Museumsschiff der Öffentlichkeit zugänglich.

Im Jahre 1961 stellte die US-Navy mit der *USS Enterprise* den ersten atomgetriebenen Flugzeugträger der Welt in Dienst – mit einer Länge von 342 Metern das längste Kriegsschiff der Welt. Das Schiff nahm an allen großen Marineoperationen der USA von der Kuba-Krise 1962 über den Vietnam-Krieg bis zu den Golfkriegen teil. Nach fünfzig Dienstjahren absolvierte die *Enterprise* 2012 ihren letzten Einsatz. Alle anderen zehn Flugzeugträger der US-Navy gehören zur moderneren Nimitz-Klasse, die ebenfalls nukleargetrieben agieren und bis zu 85 Flugzeuge tragen. Der Prototyp *USS Nimitz* wurde schon 1975 in Dienst gestellt, das zehnte und letzte Schiff der Serie, die *USS George H. W. Bush*, Anfang 2009. Mit einer Verdrängung von rund 100 000 Tonnen sind diese Träger die größten Kriegsschiffe der Welt. Als Weiterentwicklung bauen die USA zur Zeit den Flugzeugträger *USS Gerald R. Ford*, der 2015 in Dienst gestellt werden soll. In einer Bauzeit bis 2058 sind elf Träger des gleichen Typs der Ford-Klasse geplant.

Am Beginn des 21. Jahrhunderts unterhalten dreizehn Staaten Flug-

zeugträger: neben den traditionellen Seemächten wie Großbritannien, Frankreich, den USA und Russland auch Länder wie Spanien, Italien, China, Australien, Indien, Brasilien und Thailand. Die US-Navy verfügt mit elf klassischen Flugzeugträgern über die derzeit größte Anzahl solcher Schiffe.

Jeder der großen Flugzeugträger muss vor feindlichen Flugzeug- oder Raketenangriffen geschützt werden; wie überhaupt die Luftabwehr seit dem Zweiten Weltkrieg das wichtigste Erfordernis auch auf See darstellt. Deshalb haben viele Marinen ein vitales Interesse an Zerstörern und Fregatten, die gleichzeitig mehrere unterschiedliche Ziele bekämpfen können. In Europa besitzen Frankreich und Italien mit der FREMM- und Horizon-Klasse, Deutschland mit der Sachsen-Klasse, die Royal Navy mit der HMS Daring-Klasse (Type 45), Dänemark mit der Iver-Huitfeldt-Klasse, die Niederlande mit der De-Zeven-Provinciën-Klasse solche modernen Schiffe.

Aber auch die Bedeutung kleinerer Einheiten ist einem rigorosen Wandel unterworfen, mit Konsequenzen für ihre Bewaffnung und ihr Aussehen. Zu den wichtigsten Kriterien, die den zukünftigen Kriegsschiffbau bestimmen werden, zählt die Tarnung: weniger Radarsichtbarkeit, weniger Wärme, weniger Lärm. Eines der modernsten kleineren Schiffe, die schon die nächste Generation des Kriegsschiffbaus darstellen, ist die derzeit im Bau befindliche Zerstörer-Klasse der US-Navy, die *USS Zumwalt*, die ab 2014 in Dienst gestellt werden soll. Sie gehört zu den konsequentesten Konstruktionen, die die neuen Tarnungsmöglichkeiten umsetzen.

Unabhängig von allen technischen Weiterentwicklungen, zu denen auch der Einsatz von Drohnen, also unbemannten, per Computer ferngesteuerten Flugkörpern gehört, lassen sich zwei Sachverhalte festhalten: Die Herrschaft über die See wird bei der Durchsetzung von politischen und wirtschaftlichen Interessen auch in Zukunft eine zentrale Rolle spielen. Aus der Perspektive des seit ungewöhnlich langer Zeit und anscheinend dauerhaft befriedeten Europa mag dieser Sachverhalt nicht unbedingt zwingend erscheinen – doch dem liegt eben eine ausgesprochen eurozentrische Sicht der Dinge zugrunde. Nicht nur die Supermacht USA, sondern auch Russland und Japan, vor allem aber die aufstrebenden Mächte Indien und in besonders eindrucksvollem Maße China haben die Investitionen in die Seerüstung in jüngster Zeit nicht etwa gesenkt, sondern gesteigert, im Fall Chinas in geradezu dramatischer Weise.[12]

Damit verknüpft ist noch ein anderes Problem: Haben große Seemächte zu allen Zeiten eigentlich darauf reagieren können, dass die Lasten und enormen Kosten der Öffnung und Sicherung von Meeren, konkret der Schutz von Handels- und Kommunikationsrouten, auch anderen zugute kamen und kommen, die sich an den Aufwendungen aber gar nicht oder nur minimal beteiligt haben? Gemeinhin nimmt man den freien Seehandel als eine ganz selbstverständliche Angelegenheit hin, was es beileibe nicht ist. Über viele Jahrhunderte gab es «geschlossene» Meere und Ozeane, die erst durch die britische Flotte und dann durch die US-Navy «geöffnet» wurden. Heutzutage stellt sich das als ein großes Problem zwischen den USA und Europa dar, denn natürlich werden auch zukünftig geschlossene Seeregionen, wie etwa der Persische Golf oder das Chinesische Meer, vorstellbar sein.

Das ungebrochene Interesse an den Überlegungen Mahans zeigt, dass er im 19. Jahrhundert allgemeingültige Beobachtungen gebündelt hat: Landesgröße, Bevölkerungszahl, Wirtschaftsmacht gepaart mit Überseehandel und Seetraditionen sind die entscheidenden Faktoren für die Möglichkeit, große Mittel in die navale Militärentwicklung zu stecken. Die geostrategischen und ökonomischen Rahmenbedingungen bilden die Voraussetzung für seestrategische Überlegenheit. Es dürfte kein Zufall sein, dass man gerade in den aufstrebenden Seemächten Indien und China den Analysen von Alfred Thayer Mahan große Aufmerksamkeit schenkt.[13] Die amerikanischen Marinehistoriker James R. Holmes und Toshi Yoshihara vermuten, dass sich Asien zu einer modernen «Neo-Mahanian World» entwickeln wird, ja, die enormen Rüstungsanstrengungen Chinas bezüglich seiner Marine ließen den Schluss zu: «The Chinese are the Mahanians now.»[14]

Mögen auch die Formen, in denen zukünftige Auseinandersetzungen zu See geführt werden, kaum vorhersehbar und angesichts des technischen Fortschritts abgründig bedrohlich erscheinen: Ein illusionsloser Blick zurück auf die großen Seeschlachten der Geschichte verdeutlicht, dass der Herrschaft über die Meere eine so hohe Bedeutung zukommt, dass auch in Zukunft mit letztem Einsatz um sie gerungen werden wird.

ANHANG

Dank

Am Ende eines Buchs, das sich an einem kulturgeschichtlichen Überblick der Seekriegsgeschichte von der griechischen Antike bis in das Zeitalter des technisierten Massenkriegs versucht, steht vielfacher Dank an all diejenigen, ohne deren Anregung, Unterstützung und Korrekturen aus den unterschiedlichsten Perspektiven, als Mitreisende, Mitlesende oder Mitdenkende, dieses Buch nicht in der vorliegenden Form hätte entstehen können. Genannt seien Alexander Demandt, Georg Eckert, Armin Eich, Mario Einaudi, Arnold Esch, Ruthy Gertwagen, Klaus Hallof, Anett Ladegast, Ralph-Johannes Lilie, Christian Meier, Paul Menne, Herfried Münkler, Martin Ohst, Sebastian Prignitz, Klaus Sieg, Nina Scheuß, Gerrit Walther, Tobias C. Weißmann, Karin und Leo Zitzlsperger und, einmal mehr ganz besonders, Julia Zunckel.

Die Besonderheiten nationaler Erinnerungskultur im Hinblick auf die Seekriegsgeschichte offenbaren sich eindrücklich in den Marinemuseen der einzelnen Länder. Deshalb haben wir für die Recherchen zu diesem Buch eine Reihe solcher Institutionen besucht: das Museo Storico Navale in Venedig, das National Maritime Museum in Greenwich, die Historic Dockyards in Portsmouth und Chatham, das Vikingskipshuset und das Norsk Maritimt Museum in Oslo, das Orlogsmuseet in Kopenhagen, das Deutsche Schifffahrtsmuseum in Bremerhaven sowie eine Reihe weiterer maritimer Sammlungen in Europa und Übersee. Diese Besichtigungen stellten nicht immer für alle Beteiligten einen reinen Quell der Freude dar: Als neben der Huntington Library und ihren speziellen maritimen

Sammlungen in Los Angeles auch die *USS Iowa* genau inspiziert werden musste, drängte Olaf Raders älteste Tochter Judith Maria dann doch irgendwann zum Aufbruch von dem grauen Koloss mit der einleuchtenden Begründung: «Es riecht hier so nach Schlachtschiff!»

Zu den theoriegesättigten Recherchen kamen praktische Segelmanöver in den Gewässern zwischen Rügen und Dänemark. Wer verstehen will, warum in den Jahrhunderten des Segelschiffszeitalters das Halten der Luvstellung schon der halbe Weg zum Sieg war, sollte einmal versuchen, bei fünf oder sechs Windstärken eine bestimmte, gegen den Wind liegende Position zu erreichen. Bei einem solchen Manöver offenbaren sich sogleich physikalische Gesetzmäßigkeiten mit schlagender Anschaulichkeit, die durch noch so langes Theoretisieren am Kamin nicht oder eben doch nur theoretisch erkannt werden können.

Doch mehr noch als den praxisbezogenen Erkenntnissen aus der Freizeit verdankt dieses Buch unserer beruflichen Lehrtätigkeit, in Gestalt zahlreicher Anregungen durch die Seminar- und Vorlesungsteilnehmer von Veranstaltungen zum Thema «Seekriegsgeschichte» an der Humboldt-Universität zu Berlin und der Bergischen Universität Wuppertal. Die wissenschaftlichen Recherchen wie auch die Arbeit am Manuskript haben darüber hinaus in erheblichem Maße von zwei Studienaufenthalten in Venedig, unter anderem am dortigen Centro Tedesco di Studi Veneziani, profitiert, dessen Direktorin Sabine Meine ebenfalls unser herzlicher Dank gilt.

Beim Verlag C.H.Beck hat Ulrich Nolte als Lektor das Buch in allen Phasen seiner Entstehung mit Umsicht und Energie gefördert, und was Benjamin Herzberg bei der graphischen Gestaltung der Karten geleistet hat, lässt sich in einer Danksagung kaum angemessen zum Ausdruck bringen. Ein besonderer Dank gilt schließlich Peter Peter, mit dem «Rostbraten à la Tegetthoff» und «Kalbskoteletts à la Nelson» zu präparieren und zu genießen einen uns selbst überraschenden Brückenschlag von der Militärgeschichte in den Bereich der Kulinarik ermöglicht hat – nicht zuletzt zur Freude von Corinna Alexandra, Luise Friederike und Leopold Bruno Rader, die auf ganz unterschiedliche, aber in allen Fällen zentrale Weise an der Entstehung dieses Buches Anteil hatten.

Venedig, im März 2013 *Arne Karsten, Olaf Rader*

Anmerkungen

Einleitung

1 Vgl. Mahan, Influence; zu Mahans Rezeption und Wirkung vgl. Hattendorf, Theories (2003), S. 1–22; das Zitat Kaiser Wilhelms nach Röhl, Wilhelm II., S. 1113.

2 Zitat: Mahan; Influence, S. III, dt. Übersetzung Bd. 1, S. III.

3 Delbrück, Kriegskunst, Bd. 4, S. X; vgl. auch besonders die Einleitung zur Neuausgabe von Ulrich Raulff, Bd. 1, S. IX–XLVI.

4 Vergil, Landleben. Bucolica, Georgica, Catalepton, lateinisch-deutsch, hg. von Johannes und Maria Götte, Würzburg 1970, S. 24 f.: *Hinc, ubi iam firmata virum te fecerit aetas/cedet et ipse mari vector, nec nautica pinus/mutabit merces: omnis feret omnia tellus*; vgl. allgemein ferner Corbin, Meereslust; Mollat du Jourdin, Europa, S. 19–168.

5 Vgl. grundlegend zu diesem Themenkomplex den Klassiker von Werner Sombart, Kapitalismus (1916); in jüngster Zeit mit glänzenden Synthesen Prodi, Settimo (2009).

6 Thukydides, Peloponnesischer Krieg I, 15, S. 32.

7 Vgl. Glete, Naval warfare (2000), S. 43. «Private entrepreneurs in warfare at sea had a market because the states often lacked the necessary administrative competence to run a navy.»

8 Vgl. hierzu grundlegend Glete, Naval warfare (2000).

9 Zum Arsenal grundlegend Concina, L'Arsenale (2006); dabei bleibt zu beachten, dass auch die venezianische Flottenorganisation bis weit in die Frühe Neuzeit rudimentär blieb, vgl. hierzu die perspektivreiche Fallstudie von Lane, Naval actions and fleet organization (1973), die u. a. zu dem Ergebnis kommt, S. 160: «But any attempt at a clear distinction between regular military navy and merchant marine is anachronistic in view of the methods of manning and selecting officers (…).»

10 Zitat: Münkler, Imperien (2005), S. 59; vgl. ferner Glete, Navies and Nations (1993); Reinhard, Geschichte der Staatsgewalt (1998); Cipolla, Kanonen und Segel (1999).

11 Auf die Zusammenhänge zwischen der frühneuzeitlichen Militärrevolution und den wachsenden staatlichen Ressourcenextraktionsansprüchen und -möglichkeiten hat nachdrücklich hingewiesen Black, Origins of War (1987).

12 Delbrück, Kriegskunst, Bd. 4, S. X.

1. Salamis 480 v. Chr.

1 Aischylos, Perser, S. 15 und S. 18; zu Athen vgl. auch zum Folgenden Meier, Athen; Bleicken, Demokratie; ferner Curtius, Griechische Geschichte 2, S. 15–99; Stenzel, Seekriegsgeschichte, Bd. 1, bes. S. 137–171.

2 Aischylos, Perser, S. 16.

3 Bleicken, Demokratie; Meier, Entstehung.

4 Aristoteles, Staat der Athener 23, S. 31, 29, 36, 41, 45 f. In der Forschung wird gelegentlich die Schrift *Athēnaion politeia* nicht Aristoteles selbst, sondern nur seiner Schule zugewiesen; ich folge hier dem Herausgeber Mortimer Chambers, der Aristoteles selbst für den Autor hält, vgl. den Kommentar S. 75–82; vgl. dazu auch Flashar, Aristoteles; Thukydides, Peloponnesischer Krieg VII, 77, S. 577.

5 Vgl. Burkert, Griechen.

6 Vgl. auch für das Folgende Gabrielsen, Athenian Fleet, bes. S. 105–169.

7 Vgl. ferner auch für das Folgende Coates / McGrail, Greek Tireme, bes. S. 51–103; Morrison / Coates, Triere, bes. S. 124–209; Bockius, Schifffahrt; Bleicken, Demokratie, bes. S. 127–140; Meier, Athen, S. 17–42 und 247–284; Graser, Griechen; Mattingly, Armada.

8 Thukydides, Peloponnesischer Krieg I, 14, S. 32; Aristophanes, Vögel 108, in: Antike Komödien, S. 297; vgl. ferner auch für das Folgende Beike, Kriegsflotten, S. 34–47.

9 IG II^2 Nr. 1614–1628.

10 Vgl. DNO (Hallof / Prignitz), Nr. 2446; Beike, Kriegsflotten, S. 39 f.; Graser, Griechen, S. 96 f.; Morrison / Coates, Triere, S. 138–144.

11 IG II^2 Nr. 1628; Thukydides, Geschichte des Peloponnesischen Krieges 1,142, S. 112; Aristoteles, Staat der Athener 61, S. 63; vgl. dazu auch DNO (Hallof / Prignitz), Nr. 2448.

12 Vgl. Lazenby, Diekplous, S. 169–177; Whitehead, Periplous, S. 178–185; Stenzel, Seekriegsgeschichte 1, S. 167–171; Beike, Kriegsflotten, S. 44–47.

13 Vgl. die Heereszahlen bei Herodot, Historien 7,184–186, S. 1014–1017; ferner Delbrück, Kriegskunst, Bd. 1, S. 7–57, bes. S. 10; Ders., Weltgeschichte, Bd. 1, 1, S. 221.

14 Herodot, Historien 7,141, S. 974–977; vgl. dazu auch Blösel, Themistokles bei Herodot.

15 Herodot, Historien 7,89 ff., S. 938–941.
16 Plutarch, Themistokles 13, S. 381 f.
17 Burkert, Anthropologie, S. 19 f.
18 Vgl. die Überlieferung bei Aischylos, Herodot, Plutarch, Diodoros; neben den genannten Autoren existierten weitere Überlieferungen, die heute zwar zum größten Teil verloren sind, aber von späteren Autoren, wie etwa Diodor oder Plutarch, stark rezipiert worden sind. Darunter befinden sich etwa der Arzt und Geschichtsschreiber Ktesias von Knidos, der im späten 5. und frühen 4. Jahrhundert v. Chr. lebte und berühmt wurde durch die *Persiká*, die nur als ein knapper Auszug (Epitome) in der Bibliothek des mittelbyzantinischen Gelehrten Photios erhalten ist, sowie Ephoros von Kyme (um 400 v. Chr.–330 v. Chr.), der die *Historien*, eine umfassende griechische Universalgeschichte, verfasste, die allerdings ebenfalls nur in Fragmenten erhalten geblieben sind.
19 Herodot, Historien, 8, 83–86, S. 1114–1117 (unter Verwendung älterer Übersetzungen).
20 Herodot, Historien, 8, 86–88, S. 1116–1119 (unter Verwendung älterer Übersetzungen).
21 Aischylos, Perser, S. 23 f. (unter Verwendung älterer Übersetzungen).
22 Friedrich Hölderlin, Hyperion, Berlin 1982, S. 71.
23 Curtius, Griechische Geschichte, Bd. 2, S. 94; vgl. Meier, Athen, S. 7 und 17.
24 Münkler, Imperien, S. 80.
25 Thukydides, Peloponnesischer Krieg I, 10, S. 28; Weihegeschenke: Herodot, Historien, 9, 81, S. 1236–1239; Pausanias I,35,3 (Attika), (Meyer), S. 94 und X,13,9 (Phokis), (Meyer), S. 496, 698, Anm. 496,4.
26 Auch für das folgende Zitat Grünbein, in: Aischylos, Perser, S. 58 f.
27 Plutarch, Themistokles 19, S. 388; Aristoteles, Staat der Athener 27, S. 34.
28 Meier, Rolle des Krieges, S. 34, 53.
29 Meier, Athen, S. 33.

2. Mylae 260 v. Chr.

1 Polybios, Geschichte I,23 (Drexler 1), S. 27–29; vgl. ferner Bleckmann, Nobilität, S. 19–35.
2 Vgl. auch zum Folgenden Wallinga, Boarding-bridge; Thiel, History of Roman Sea-Power; Thiel, Studies; Sordi, I «corvi» di Duilio, S. 193–201; Sabin / van Wees / Whitby, Greek and Roman Warfare, bes. Bd. 1, S. 434–447; Huß, Karthager, bes. S. 222–251; Lammert, «Korax», Sp. 1381; Lazenby, First Punic War; Heftner, Aufstieg Roms, bes., S. 122–172; Heuss, Der Erste Punische Krieg, S. 457–513; Bleckmann, Nobilität.
3 Diodor, Weltgeschichte 23,2,1; S. 45 und Kommentar S. 335.
4 Theodor Mommsen, Die germanische Politik des Augustus (Vortrag 1871), in:

Ders., Reden und Aufsätze, Berlin 1905, S. 316–343, hier S. 317; vgl. ferner Demandt, Ungeschehene Geschichte, besonders S. 91–94: Was wäre geschehen, wenn Hannibal nach seinem Sieg bei Cannae 216 v. Chr. auf Rom marschiert wäre.

5 Münkler, Imperien, S. 97.

6 Polybios, Geschichte I,20; S 24 f.

7 Vgl. ferner Bockius, Schifffahrt, bes. S. 52–63.

8 Polybios, Geschichte I, 21; S. 25.

9 Mommsen, Römische Geschichte, Bd. 1, EA, S. 339, 360.

10 Delbrück, Kriegskunst 1, S. 349 f.; Delbrück, Weltgeschichte 1, S. 404.

11 Polybios, Geschichte 1,22, S. 26 f.

12 Polybios, Geschichte 1,22, S. 27.

13 Vgl. Walbank, Commentary; ferner Bleckmann, Nobilität, S. 19–35.

14 Zonaras 8, 11, in: Cassius Dio, Römische Geschichte, Fragmente 11; Bd. 1, S. 252; Bleckmann, Nobilität, S. 35—56.

15 Florus, Epitoma 1, 18, 8; S. 64; vgl. ferner den Kommentar bei Walbank, Commentary 1, 1,22,3 «korax».

16 Vgl. Sordi, I «corvi» di Duilio.

17 Vgl. Gendre / Loutsch, C.Duilius, S. 131–172; Bleckmann, Nobilität, S. 116–131.

18 Text der Inschrift mit ausführlichem Kommentar: CIL I² Nr. 25, S. 384–386 und Addenda tertia, S. 861 f.

3. Actium 31 v. Chr.

1 Shakespeare, Antonius und Kleopatra, S. 278.

2 Münkler, Imperien, S. 80.

3 Cassius Dio, Römische Geschichte 50, 12, 7; Bd. 3, S. 322; vgl. allgemein Sabin / van Wees / Whitby, Greek and Roman Warfare, bes. Bd. 2, S. 3–232; Dahlheim, Augustus; Halfmann, Marcus Antonius; Bengtson, Marcus Antonius; Clauss, Kleopatra; Schäfer, Kleopatra; Becher, Bild der Kleopatra; Gotter, Rubicon nach Actium, S. 242–257; Kromayer, Kleine Forschungen, S. 1–54; Laspe, Actium, S. 509–522; Pitassi, Roman Warships; Pitassi, Navies of Rome, bes. S. 183–218.

4 Z.B. Dickie, Seekriege, S. 49.

5 Plutarch, Antonius 60, S. 361.

6 Cassius Dio, Römische Geschichte 50,27,1; Bd. 3, S. 338.

7 Cassius Dio, Römische Geschichte 50,24,6; Bd. 3, S. 335 f.

8 Orosius, Weltgeschichte 4,20,4; Bd. 2, S. 126.

9 Florus, Epitoma 2, 21,5, S. 260 f.; Velleius, Historia 2, 84, 1, S. 188 f.

10 Cassius Dio, Römische Geschichte 50,29,1; Bd. 3, S. 340 f.

11 Plutarch, Antonius 64, S. 365; Shakespeare, Antonius und Kleopatra, S. 246.

12 Cassius Dio, Römische Geschichte 50,32,8; Bd. 3, S. 345.

13 Cassius Dio, Römische Geschichte 50,33,8; Bd. 3, S. 347; Plutarch, Antonius 66, S. 367.

14 Cassius Dio, Römische Geschichte 50,33,1–3; Bd. 3, S. 346.

15 Plutarch, Antonius 66, S. 367; Velleius, Historia 2,85,3, S. 190 f.

16 Cassius Dio, Römische Geschichte 50, 35, 2–4; Bd. 3, S. 349.

17 Vergil, Aeneis 8, 685–720, S. 356 f.

18 Florus, Epitoma 2, 21, 7, S. 260 f.

19 Plutarch, Antonius 68, S. 369; Orosius, Weltgeschichte 6,19,11 f.; Bd. 2, S. 123.

20 Vgl. Gendre / Loutsch, C.Duilius, S. 131–172; Bleckmann, Nobilität, S. 116–131.

21 Cassius Dio, Römische Geschichte 51,1; Bd. 4, S. 7 f.

22 Vgl. Murray / Petsas, Octavian's Campsite Memorial, S. 62–93.

23 ILGR 158; vgl. ferner Murray / Petsas, Octavian's Campsite Memorial, S. 62–93, bes. S. 76; die aus den Bruchstücken rekonstruierte Inschrift lautet: «*Imp(erator) Caesar Divi Iuli filius victoriam consecutus bello quod pro republica gessit in hac regione consul quintum imperator septimum pace parta terra marique Neptuno et Marti castra ex quibus ad hostem insequendum egressus est navalibus spoliis exornata consacravit.*»

24 Shakespeare, Antonius und Kleopatra, S. 277 f.

4. Konstantinopel 674–678

1 Vgl. auch zum Folgenden Ostrogorski, Byzanz, S. 1–26; Lilie, Byzanz; Lilie, Einführung, bes. S. 198 f.; Eickhoff, Seekrieg und Seepolitik; Ahrweiler, Byzance et la mer.

2 Ibn Chaldun, Muqaddimah, Kap 3; Rosenthal, The Muqaddimah, S. 120 ff.; nur paraphrasiert bei Giese, S. 240; vgl. ferner auch für das Folgende Ostrogorski, S. 83–92; Lilie, Reaktion, S. 40–82; Stratos, Byzantium, S. 15–53.

3 Vgl. Zimmermann, Pergamon, S. 68 f.

4 Zu den inneren Wandlungsprozessen des Byzantinischen Reichs im Gefolge der Araber-Expansion vgl. Ostrogorski, Byzanz, S. 101–106; Lilie, Reaktion, S. 287–338.

5 Vgl. Stratos, Byzantium, S. 29–39; ferner Howard-Johnston, Witnesses, S. 302–304.

6 Theophanes, Chronographia AM 6209 [AD 716 / 17], engl. Ausgabe, S. 541–549; dt. Übersetzung: Breyer, Bilderstreit und Arabersturm, S. 21–30; vgl. dazu auch Rochow, Byzanz.

7 Theophanes, Chronographia AM 6209 [AD 716 / 17], dt. Übersetzung: Breyer, Bilderstreit und Arabersturm, S. 29 f.

8 Zu Entwicklung und Geschichte der Dromone vgl. auch für das Folgende Pryor / Jeffreys, ΔΡΟΜΩΝ, S. 123–173; ferner Makris, Schiff, -sbau, -stypen Byzanz, Sp. 1460–62.

9 Prokop, Vandalenkrieg I,11; dt. Übersetzung: ebenda, S. 336.
10 Isidor XIX, i,13; vgl. Pryor/Jeffreys, ΔΡΟΜΩΝ, S. 134–152.
11 Maltzahn, Seekrieg, S. 89.
12 Vgl. Kazhdan, Byzantium; ferner Pryor, Byzantium and the Sea, S. 84.
13 Pryor/Jeffreys, ΔΡΟΜΩΝ, hier S. 548–550.
14 Theophanes, AM 6165 [AD 672/3], engl. Ausgabe, S. 493 f.
15 Vgl. zum «Griechischen Feuer» auch für das Folgende Haldon/Byrne, Solution, S. 91–99; Haldon, Greek Fire Revisited, S. 290–325; Ellis Davidson, Secret Weapon, S. 61–74; Pryor/Jeffreys, ΔΡΟΜΩΝ, Appendix six: Greek fire, S. 607–631; Gartz, Vom griechischen Feuer zum Dynamit.
16 Anna Komnene, Alexias XI.10, S. 391 f.
17 (Liutprand) Liudprand, Antapodosis, S. 462 f.
18 De administrando imperio (Moravcsik/Jenkins), S. 68–71; dt. Übersetzung: Belke, Byzantiner, S. 93 f.; vgl. ferner Haldon, Theory and Practice.
19 Vgl. Gabriel, Griechisches Feuer; Hegen, Feuerzauber, S. 4–16; Pryor/Jeffreys, ΔΡΟΜΩΝ, Appendix six: Greek Fire, S. 607–631.

5. Montecristo 1241

1 Zum Kampf um das Konzil vgl. Rader, Friedrich II., S. 445–477; Rader, Kaiser Friedrich II., S. 84–90; ferner Stürner, Friedrich II., Bd. 2, S. 496–502; Cohn, Sizilische Flotte; Graefe, Publizistik.
2 Zum Verhältnis von Land- und See-Imperien vgl. Münkler, Imperien, S. 22–33 u. 79–126; ferner Schmitt, Land und Meer, bes. S. 23 ff.
3 Dante Alighieri, Komödie (Streckfuß), S. 87.
4 Vgl. auch zum Folgenden Rader, Friedrich II., bes. das Kapitel «Der Seefahrer», S. 349–370; ferner Pryor, Crusade, S. 113–132.
5 Vgl. ferner Pryor/Jeffreys, ΔΡΟΜΩΝ, bes. das Kapitel 6 «The Triumph of the *Galea*», S. 423–444; Cohn, Sizilische Flotte, S. 125–138; Dotson, Ship Types, S. 63–76; Campbell, Lateen Sail, S. 9 f.; Gardiner, Age of the Galley; Mott, Sea Power; Hattendorf/Unger, War at Sea; La Monte, Frederick II against the Ibelins.
6 Vgl. Barbero, Lepanto, S. 157; für das Folgende auch Rader, Friedrich II., S. 354–360; Cohn, Sizilische Flotte, S. 84–125; Hechelhammer, Kreuzzug, S. 253–258; Pryor, Transportation of Horses; Gertwagen, Harbours.
7 Rader, Friedrich II., S. 364; Stürner, Friedrich II., Bd. 2, S. 242; Bündnis: Annales Ianuenses ad 1238 (MGH SS 18), S. 188 f.; Huillard-Bréholles, Historia diplomatica Friderici secundi, Bd. 5, S. 205–207 und S. 237–239; Text des Vertrages zwischen Venedig und Genua: Winkelmann, Acta imperii, Bd. 2, S. 689 f. Nr. 1028; Gegenschlag der Venezianer: Ryccardi de Sancto Germano ad 1240 (Garufi), S. 207; Cohn, Sizilische Flotte S. 49–53.

8 Annali Genovesi di Caffaro (Belgrano); Annales Ianuenses (MGH SS 18), S. 226–248; deutsche Übersetzung: Die Geschichtsschreiber der deutschen Vorzeit 76, S. 220.

9 Ryccardi de Sancto Germano ad 1241; teilweise MGH SS 19, S. 321–386; hier S. 380.

10 Matthaeus Paris, Cronica (MGH SS 28), S. 215; deutsche Übersetzung: Die Geschichtsschreiber der deutschen Vorzeit 73, S. 128.

11 Huillard-Bréholles, Historia diplomatica Friderici secundi, Bd. 5, S. 1123–1125: Brief an den König von England vom 18. Mai 1241, deutsche Übersetzung: Heinisch, Kaiser Friedrich II. in Briefen, S. 501–504; Dichtung eines unbekannten Ghibellinen, Text bei: Oswald Holder-Egger, Italienische Prophetien des 13. Jahrhunderts, in: Neues Archiv der Gesellschaft für ältere deutsche Geschichtskunde, Bd. 30 (1905), S. 321–386, hier S. 351 f. und S. 364 f.; ferner Graefe, Publizistik, S. 87.

12 Matthaeus Paris, Cronica (MGH SS 28), S. 217; deutsche Übersetzung zitiert nach Cohn, Sizilische Flotte, S. 53; auch Heinisch, Kaiser Friedrich II. in Briefen, S. 504–505.

13 Annales Ianuenses 1242 (MGH SS 18), S. 203; Brief Friedrichs: Huillard-Bréholles, Historia diplomatica Friderici secundi, Bd. 6, S. 16.

6. Lepanto 1571

1 Die Zahlen zur Stärke der türkischen Flotte variieren in der Literatur stark, dürfen aber nach Barbero, Lepanto (2010), als geklärt gelten, vgl. ebd., S. 536. Die folgenden Angaben zu Mannschaftsstärke und Ausrüstung ebd., S. 573 ff.

2 Barbero, Lepanto (2010), S. 72.

3 Zur osmanischen Expansion vgl. Imber, Ottoman Empire (2002).

4 Zu den möglichen Kriegsstrategien der Osmanen im Jahre 1569 vgl. Barbero, Lepanto (2010), S 41–46.

5 Barbero, Lepanto (2010), S. 74.

6 Über die Ereignisse im Zusammenhang mit der Ankunft des türkischen Sondergesandten im März 1570 vgl. den Bericht von Bartolomeo Sereno, Guerra di Cipro (1845), S. 37.

7 Einen guten Überblick über das venezianisch-osmanische Verhältnis bietet Mantram, L'Impero ottomano, Venezia e la guerra (1986).

8 Der prominenteste Vertreter dieser Gruppe war kein Geringerer als der Doge Pietro Loredan (1567–1570), der jedoch am 5. Mai 1570 starb, worauf sogleich Gerüchte kursierten, er sei von Vertretern der «Kriegspartei» vergiftet worden, vgl. Barbero, Lepanto (2010), S. 164. Zu den Auseinandersetzungen zwischen «Tauben» und «Falken» im venezianischen Senat vgl. auch den Bericht des Nuntius Antonio Facchinetti vom 11. März 1570, in: Stella, Lepanto nella storia (2006), S. 217.

9 Vgl. etwa die Rede des Paolo Tiepolo vor dem venezianischen Senat im Frühjahr 1571, wiedergegeben bei Foglietta, Istoria (1573), S. 200.

10 Vgl. Barbero, Lepanto (2010), S. 90.

11 Die Angaben zum Arsenal nach Concina, L'Arsenale (2006), S. 157.

12 Dazu grundlegend Guilmartin, Gunpowder and Galleys (1974).

13 Für die venezianischen Galeeren war in Kriegszeiten eine Besatzung von 100 Soldaten und 20 Kanonieren vorgesehen; vgl. Hale, From peacetime establishment (1976), S. 163–184, hier: S. 178. Allerdings wurden die Soll-Werte in der Regel nicht erreicht.

14 Vgl. hierzu die «klassische» Darstellung bei Croce, La vita infernale (1949), S. 283–292; speziell zur Ernährung Rodolfo Bernardini, L'alimentazione a bordo delle galere stefaniane, in: Quaderni Stefaniani 6 (1987), S. 193–197. Eine zeitgenössische Schrift über die Probleme an Bord der Galeeren in: Archivio Segreto Vaticano (ASV), Miscellanea, Arm. 110, fol. 376r–393v.

15 Zum venezianischen Konskriptionssystem grundlegend Quarti, La guerra (1935), S. 158 f.

16 Zur venezianischen Militärorganisation Hale, From peacetime establishment (1976).

17 Barbero, Lepanto (2010), S. 97.

18 Barbero, Lepanto (2010), S. 124 f.

19 Dies jedenfalls die – sicher nicht ganz präzisen, aber doch eine Vorstellung gestattenden – Angaben bei Foglietta, Istoria (1573), S. 152.

20 Dazu Barbero, Lepanto (2010), vor allem S. 126–131.

21 Vgl. hierzu grundlegend Fenica, Il Regno di Napoli (2003).

22 Vgl. hierzu nach wie vor grundlegend Bouwsma, Venice (1968).

23 Zu den Verhandlungen, die dem Abschluss der Lega Santa vorausgingen, vgl. die konzise Darstellung bei Barbero, Lepanto (2010), S. 328–343.

24 Zu den Problemen der spanischen Flottenrüstung im Vorfeld von Lepanto sehr anschaulich Barbero, Lepanto (2010), S. 371 ff.

25 Zum System des *assiento* und der Rolle Gian Andrea Dorias im Vorfeld von Lepanto vgl. Lo Basso, Gli assentisti del re (2007), S. 397–427.

26 So der Hauptmann in päpstlichen Diensten Bartolomeo Sereno, zit. nach Barbero, Lepanto (2010), S. 385.

27 Zum Folgenden Barbero, Lepanto (2010), S. 522–525 (2010).

28 Ohne falsche Bescheidenheit schrieb Marcantonio Colonna an Niccolo Caietani di Sermoneta am 11. Oktober 1571: «Posso con ragione arrogarmi non solo per la fattura della lega, quanto per la conservazione die essa.» Zit. nach: Carinci, Lettere di Onorato Caetani (1870), S. 57 f.

29 Zahlen nach Barbero, Lepanto (2010), S. 536–539; letzte Genauigkeit über die Aufstellung und Stärke der beiden Flotten lässt sich kaum mehr gewinnen.

30 Vgl. den Augenzeugenbericht des Girolamo Diedo, in: Mazzarella, Lepanto (1995), S. 204 f.

31 Vgl. die anschauliche Beschreibung bei Paruta, Historia venetiana (1605), S. 216.

32 Diedo, in: Mazzarella, Lepanto (1995), S. 206.

33 Vgl. den Bericht über die Schlacht im Brief Onorato Caetanis an seinen Onkel, den Kardinal Nicolo Caetani, 9. Oktober 1571, zit. nach: Lettere di Onorato Caetani, in: Mazzarella, Lepanto (1995), S. 134.

34 An Bord der *Real* Don Juans befanden sich 400 sardische Arkebusiere, Ali Pascha führte auf seiner *Sultana* ebenso viele Janitscharen ins Gefecht, vgl. Quarti, La guerra (1935), S. 639. Auf den beiden Flaggschiffen befanden sich somit gut doppelt so viele Soldaten an Bord wie auf normalen Galeeren, die mit maximal 200 Soldaten bemannt wurden.

35 Vgl. die Angaben bei Quarti, La guerra (1935), S. 644.

36 Vgl. Quarti, La guerra (1935), S. 673.

37 Der Augenzeuge Sereno, Guerra di Cipro (1845), S. 200, veranschlagte die Überlegenheit Uluch Alìs gegenüber Doria summarisch, aber zutreffend, auf 30 Schiffe.

38 Selbst der Venezianer Diedo, an sich Doria und den Spaniern von Hause aus nicht wohlgesinnt, erkennt die richtige Lageanalyse Dorias an, wenn er schreibt, das Ausschwenken nach Süden sei erfolgt, um eine Überflügelung zu verhindern; vgl. Diedo, in: Mazzarella, Lepanto (1995), S. 210; ebenso klar die Einschätzung eines anonymen Augenzeugenberichts in: Archivio di Stato Venezia (ASVe), Miscellanea Codici, 670, Relatione particolare delli successi dell'armata christiana dal anno 1571, fol. 97v.

39 Vgl. hierzu die klare Beschreibung bei Quarti, La guerra (1935), S. 660.

40 Vgl. die Angaben bei Foglietta, Istoria (1573), S. 348.

41 So die Darstellung bei Fernando de Herrera, Relación de la Guerra de Cipre y suceso de la batalla naval de Lepanto, Sevilla 1572, S. 367 f. sowie José Aparici, Colección de documentos inéditos relativos á la celebre batalla de Lepanto, Madrid 1847, S. 35.

42 So die Darstellung bei Sereno, Guerra di Cipro (1845), S. 200. Unüberhörbar klingt die Sympathie Serenos für das tollkühne Verhalten der Kommandanten aus seiner Beschreibung, bezeichnend für das Adelsethos, das persönliche Tapferkeit über taktisch kluges Verhalten stellt.

43 Vgl. Sereno, Guerra di Cipro (1845), S. 201.

7. Armada 1588

1 Zum Kriegsrat vor Plymouth, über den widersprüchliche Berichte vorliegen, vgl. Hale, Great Armada (1913), S. 118 f. u. 185, der mit überzeugenden Argumenten die Situation vor Plymouth als die «best chance that fortune had offered» bezeichnet; kritisch gegenüber den Chancen eines Blitzangriffs dagegen Mattingly, Armada (1960), S. 289–292; zu den in einigen Punkten widersprüchlichen Quel-

lenberichten über den Kriegsrat vor Plymouth instruktiv M. J. Rodríguez-Salgado, Pilots, navigation and strategy in the Gran Armada, in: Rodríguez-Salgado/Adams, England, Spain (1991), S. 134–172.

2 Vgl. Pierson, Commander (1989), S. 3–6.

3 Pierson, Commander (1989), S. 7.

4 Pierson, Commander (1989), S. 8.

5 Pierson, Commander (1989), S. 81.

6 Zumal ihm ein zweiter Brief Medina Sidonias, in dem dieser grundsätzliche Zweifel an den Erfolgsaussichten des Unternehmens anmeldete, von den königlichen Räten Idiáquez und Moura nicht vorgelegt wurde, vgl. hierzu Martin/Parker, Armada (1999), S. 124 f.

7 Schon 1584 hatte der venezianische Botschafter am spanischen Königshof Matteo Zane hellsichtig über den Mangel Philipps II. an tüchtigen See-Kommandanten berichtet, vgl. Eugenio Alberi (Hg.), Relazioni degli Ambasciatori veneziani del secolo XV, Bd. XIII, Venedig 1856, S. 352 f.

8 Zu den exzellenten seemännischen Fähigkeiten und Erfahrungen von Medina Sidonias Unterführern und Ratgebern vgl. knapp, aber anschaulich zusammenfassend die Darstellung bei Martin/Parker, Armada (1999), S. 11 f.; es ist bezeichnend, dass gerade der erfahrenste Seemann unter ihnen, Recalde, besonders energisch auf einen sofortigen Angriff drängte, vgl. dazu Recaldes Tagebuch, publiziert von Parker, El testamento (1998), S. 12: «El 29 de julio de 1588, antes incluso de avistar la costa inglesa, Recalde informó a don Martín de Indiáquez que su objetivo era (…) pidió dar un ataque sorpresa en el puerto de Plymouth (…). Pero el ataque non tuvo lugar, y este fallo constituyó la primera de las seis críticas dirigidas por Recalde sobre la conducta de Medina Sidonia durante la campaña.»

9 Zur Gefährdung der englischen Flotte vgl. Whitehead, Brags and Boats (1994), S. 93.

10 Vgl. Mattingly, Armada (1960), S. 24. Zu den wirtschaftlichen Schwierigkeiten der englischen Wolltuchproduktion durch das Wegbrechen der niederländischen und norddeutschen Absatzmärkte in der zweiten Hälfte des 16. Jahrhunderts vgl. etwa McDermott, England and the Spanish Armada (2005), S. 170.

11 Zu Hawkins' Person, Aufstieg und Rolle bei der Entstehung der englischen Kriegsmarine vgl. die bei Razor, Spanish Armada (1993), S. 54 aufgeführten Titel sowie Kelsey, Sir John Hawkins (2003).

12 Vgl. etwa Razor, Spanish Armada (1993), S. 34. Grundlegend Thompson, Mercenaries, Pirates, and Sovereigns (1994); des Weiteren Glete, Warfare at Sea (2000), S. 41 f.

13 Vgl. etwa Quinn/Ryan, England's Sea Empire (1983), S. 100.

14 So viele zählte schon Razor, Spanisch Armada (1993), vgl. ebd., S. 51, mit kommentierten Hinweisen auf die wichtigeren darunter.

15 Zu Drake als «Modell» der bürgerlichen Seeleute und den Ansprüchen der tradi-

tionellen Adelselite vgl. Elias, Genesis of Naval Profession (1950); grundlegend auch Glete, Warefare at Sea 1500–1650 (2000).

16 Elisabeth hatte sich zur Unterstützung der Niederländer durch Geld und Truppen 1585 im Vertrag von Nonsuch verpflichtet, der seinerseits als Reaktion auf den Vertrag von Joinville zwischen Philipp II. und der französischen Liga unter Führung des Henry de Guise zu verstehen ist; zu diesem grundlegenden Zusammenhang zwischen den französischen Religionskriegen und den spanischen Plänen für eine Invasion in England vgl. Mattingly, Armada (1960), bes. S. 238–264.

17 Vgl. hierzu grundlegend Adams, The Outbreak of the Elizabethan Naval War (1991).

18 Der erste Plan einer Invasion in England entstand 1574 und hatte ein Flottenbauprogramm zur Folge, das wesentlich zum zweiten spanischen Staatsbankrott unter Philipp II. beitrug, vgl. Glete, Warfare at Sea (2000), S. 154 f.

19 Dazu knapp und konzis Hale, Armada (1913), S. 25–36.

20 Zu Hintergründen und Verlauf dieser Verhandlungen vgl. Mattingly, Armada (1960), S. 207–213.

21 Vgl. Quinn / Ryan, England's Sea Empire (1983), S. 99.

22 Dazu überzeugend Mattingly, Armada (1960), S. 140 ff.; zu den Klagen über verdorbene Lebensmittel und ungenießbares Wasser vgl. auch Pierson, Commander (1989), S. 116.

23 Vgl. Mattingly, Armada (1960), S. 146.

24 Mc Dermott, England (2005), S. 191.

25 Vgl. Pierson, Commander (1989), S. 100 ff.

26 Vgl. etwa die Darstellung bei Hale, Armada (1913), S. 324; Glete, Warfare at Sea (2000), S. 160.

27 Zu Recht stellt McDermott, England (2005), S. 178 fest: «If English tactical philosophy regarding the use of ships in battle was innovative, the complementary improvements in ship design during these years constituted a most evolutionary, not a revolutionary process.»

28 Vgl. die präzise Charakterisierung Howards bei Hale, Armada (1913), S. 136.

29 Der Brief des päpstlichen Sondergesandten Muzio Buongiovanni an den Kardinalnepoten Alessandro Peretti-Montalto vom April 1588, zit. nach Mattingly, Armada (1960), S. 236 f.

30 Aus der Vielzahl von Studien zur Artillerie der beiden Flotten sei hier zitiert Thomson, Spanish Armada Guns (1975), S. 370: «What seems certain is that the Spanish Armada was at such a decisive disadvantage in firepower in both weight of shot and range, that it was probably incapable of winning the sea battle on whatever terms it fought.»

31 Vgl. Mattingly, Armada (1960), S. 338–342.

32 Dazu Martin / Parker, Armada (1999), S. 157, denen unsere Argumentation in diesem Punkt folgt.

33 Vgl. Hale, Armada (1913), S. 260.

34 Zum Verlauf des Kriegsrats vgl. Pierson, Commander (1989), S. 166 f.

35 Vgl. den Bericht des päpstlichen Nuntius Cesare Speciani vom 24.10.1588, in: Archivio Segreto Vaticano (ASV), Segreteria di Stato, Spagna 34, fol. 568r: «Perche multiplicavano ogni di l'avvisi di morti in questa Armata, et per consequenza si vedevano molti lutti in questa corte, è stato dato ordine (rinovando una legge antica) che niuno possa vestire di scorruccio se non in certi casi, et credesi che sia stato fatto per non sbigottire li animi di questo popolo.»

36 Der Brief Philipps II., abgedruckt bei Pierson, Commander (1989), S. 257.

37 Zit. nach Hale, Armada (1913), S. 259.

38 Zit. nach Hale, Armada (1913), S. 275.

8. Vier-Tage-Schlacht 1666

1 Vgl. hierzu Glete, Navies and Nations (1993), sowie Ders., Warfare at Sea (2000), auf dessen Überlegungen unsere Ausführungen im Folgenden zu wesentlichen Teilen aufbauen.

2 Vgl. Glete, Warfare (2000), S. 32.

3 Dazu grundlegend Cipolla, Kanonen und Segel (2000).

4 Ein anderes Problem stellte die Bereitstellung von Geschossen aus Stein oder Eisen dar, vgl. Glete, Navies (1993), S. 26–31.

5 Vgl. Cipolla, Kanonen und Segel (2000), S 57.

6 Vgl. Glete, Warfare (2000), S. 23.

7 Vgl. hierzu grundlegend Parker, Militärische Revolution (1990); Black, Origins of War (1987).

8 Vgl. hierzu Zunckel, Rüstungsgeschäfte im Dreißigjährigen Krieg (1997).

9 Glete, Warfare (2000), S. 25.

10 Glete, Warfare (2000), S. 28.

11 Vgl. Glete, Navies, (1993) S. 51.

12 Vgl. Glete, Navies (1993), S. 250–253: Noch im Jahr 1700 taten in der französischen Mittelmeerflotte 36 Galeeren Dienst; in der venezianischen Flotte waren es sogar 50 Einheiten.

13 Zum Folgenden Glete, Warfare (2000), S. 157.

14 Vgl. Roger, The New Atlantic (2003), S. 243: «Thus the naval warfare of northern Europe and the Atlantic in the sixteenth century was shaped by the collision and mingling of public and private naval warfare.»

15 Zu den wirtschafts- und mentalitätshistorischen Entwicklungen im «Goldenen Zeitalter» der Niederlande vgl. Ufer, Welthandelszentrum Amsterdam (2008).

16 Zu den Ausgangsbedingungen des Konflikts vgl. Sicking, Naval Power in the Netherlands (2003), S. 199–216.

17 Zur Geschichte der VOC Gaastra, The Dutch East India Companie (2003). Zu

den Strukturen der Amsterdamer Handelsgesellschaften im Dreißigjährigen Krieg am Beispiel der Amsterdamer Schießpulverlieferungen an Genua vgl. grundlegend Zunckel, Rüstungsgeschäfte (1997), S. 131–193.

18 Zur Entwicklung Amsterdams vgl. Zunckel, Rüstungsgeschäfte (1997), S. 41–46.

19 Zum Aufstieg der holländischen Wirtschaft vgl. Ufer, Welthandelszentrum Amsterdam (2008).

20 Vgl. Elias, The Genesis of Naval Profession (1950); auch Glete, Warfare (2000), S. 50.

21 Stenzel, Seekriegsgeschichte, Bd. 3 (1910), S. 38, rechnet die *navigation act* zu den «Hauptquellen von Englands Größe».

22 Zit. nach Mahan, Influence (1890), S. 107.

23 Zahlen nach Stenzel, Seekriegsgeschichte, Bd. 3 (1910), S. 39.

24 Zur Rolle Robert Blakes bei der Entwicklung der englischen Kriegsflotte vgl. Capp, Cromwell's Navy (1989).

25 Zum Gefechtsverlauf und zu den Charakteristika der beiden Flotten Stenzel, Seekriegsgeschichte, Bd. 3 (1910), S. 45–47.

26 Und zwar auf Befehl von Sir Algernon Percy, Earl of Northumberland. Das deutliche Bemühen um Disziplinierung des Kampfverhaltens verrät besonders der Artikel 9, der anordnete, dass fliehende feindliche Schiffe nicht zu verfolgen seien, sondern der Gegner stets dort anzugreifen sei, wo er am stärksten war, um dort seinen Widerstand zu brechen, vgl. Tunstall, Naval Warfare (1990), S. 16.

27 Vgl. hierzu Glete, Navies (1993), S. 183: «The obvious shortcomings of an improvised mobilization of a large number of armed merchantmen (…) strengthened the case of those who argued for a large permanent federal navy.»

28 Zum Rang-System der venezianischen Flotte im 17. und 18. Jahrhundert vgl. N. Mocenigo, Storia della Marina veneziana (1935).

29 Dazu instruktiv Eckert, Staatsverschuldung als Verfassungsgarantie. England nach der Glorious Revolution 1688/89, in: Beigel/Eckert, Staatsverschuldung (2013), S. 113–130.

30 Vgl. hierzu Reinhard, Geschichte der Staatsgewalt (1998), S. 398 f. Reinhard hat auf diesen Zusammenhang nachdrücklich hingewiesen, S. 351: «Dabei stiegen die englischen Marineausgaben von 1,5 Mio. Pfund in den Jahren 1585–1604 auf 19 Mio. Pfund 1689–1697; die Kosten für den Bau eines Linienschiffes hatten sich indessen verfünffacht, von der Infrastruktur an Häfen, Werften, Kanonengießereien usf. ganz abgesehen. So trug auch die Marine das ihrige zur Ressourcenextraktion bei.»

31 Samuel Pepys' Tagebücher liegen seit 2010 vollständig in deutscher Übersetzung vor, nach der im Folgenden zitiert wird.

32 Stenzel, Seekriegsgeschichte, Bd. 3 (1910), S. 157.

33 Hainsworth/Churches, The Anglo-Dutch Naval Wars (1998), S. 137.

34 Dazu Glete, Navies and Nations (1993), S. 187–192.

35 Grundlegend zur Person de Ruyters vgl. Ronald Prud'homme van Reine, Michiel Adriaenszoon de Ruyter and his Biographer Gerard Brandt, in: Bruijn, De Ruyter (2011), S. 37–55.

36 Vgl. die Kritik bei Stenzel, Seekriegsgeschichte, Bd. 3 (1910), S. 163 und S. 170.

37 Pepys, Tagebücher, Bd. 7 (2010), S. 197.

38 Die Zahlen nach: Hainsworth / Churches, Anglo-Dutch Naval Wars (1998), S. 147.

39 Vgl. hierzu die anschauliche Schilderung der gegenseitigen Schuldzuweisungen in den Tagebüchern des Samuel Pepys, Bd. 7 (2010), S. 211–214.

40 Hainsworth / Churches, Anglo-Dutch Naval Wars (1998), S. 157.

41 Pepys, Tagebücher, Bd. 7 (2010), S. 221 (30. Juni 1666); ebd., S. 224.

42 Die Angaben nach Hainsworth / Churches, Anglo-Dutch Naval Wars (1998), S. 156.

43 Pepys, Tagebücher, Bd. 8, S. 324–343; so notiert Pepys unter dem 14. Juni 1667 (S. 339): «D. Gauden erzählte mir gestern, daß man sich in der Sitzung des Kronrats mächtig in die Haare bekommen habe, denn einer habe dem anderen die Schuld zuschieben wollen, wer den fatalen Befehl, die großen Linienschiffe außer Dienst zu stellen, gegeben hat.»

44 Vgl. Glete, Navies and Nations (1993), S. 157.

45 Zusammenfassend John. B. Hattendorf, Navies, Strategy and Tactics in the Age of De Ruyter, in: Bruijn, De Ruyter (2011), S. 97–118, hier: S. 114–118.

46 Mahan, Influence (1890), S. 29–35.

9. Trafalgar 1805

1 Vgl. Southey, Nelson, S. 323 ff.

2 Vgl. Southey, Nelson, S. 323 ff.

3 Vgl. auch zu dem Folgenden: Niccolas, Dispatches and Letters; Warwick, Voices; Gardiner, Campaign of Trafalgar; Kircheisen, Nelson; Harding, Trafalgar; Mahan, Life of Nelson; White, Nelson Companion; Witt, Horatio Nelson; Southey, Life of Horatio Nelson.

4 Vgl. ferner Whipple, Krieg unter Segeln; Willms, Napoleon; Osterhammel, Verwandlung, S. 132–135 und 649–662; Wende, Empire; Angster, Erdbeeren, S. 27–62.

5 Vgl. Sobel, Längengrad.

6 Vgl. dazu Lavery, Ship of the Line, Bd. 1: The development of the battlefleet 1650–1850, Bd. 2: Design, Construction and Fittings (detaillierter Überblick zur Entwicklung des Linienschiffes in England mit Vergleichen zu anderen Ländern sowie zur Konstruktion und Ausrüstung, Takelage und Bewaffnung).

7 Vgl. auch für das Folgende Mahan, Life of Nelson; White, Nelson Companion; Witt, Horatio Nelson; Southey, Life of Horatio Nelson.

8 Vgl. Goddio, Napoleon's Lost Fleet.
9 Hamilton zitiert nach Witt, Nelson, S. 228.
10 Vgl. Feldbaek, Battle of Copenhagen.
11 Aussprüche Nelsons zitiert nach Southey, Nelson, S. 247; vgl. ferner Nadolny, Entdeckung der Langsamkeit (literarische Verarbeitung der Schlachten von Kopenhagen und Trafalgar aus der Sicht eines Matrosen); Willis, Fighting Temeraire.
12 Southey, Nelson, S. 324.
13 Southey, Nelson, S. 331; Witt, Nelson, S. 378 f.
14 Vgl. Warwick, Voices from the Battle of Trafalgar, S. 211–282.
15 Witt, Nelson, S. 401.
16 Willms, Napoleon, S. 412, vgl. ebenda, S. 782 Anm. 34.
17 Münkler, Imperien, S. 165.
18 Vgl. Chapelle, American Sailing Navy; Osterhammel, Verwandlung, S. 649–662; Wende, Empire, S. 125–144; Angster, Erdbeeren, S. 27–62.
19 Hermann Melville, Billy Budd, S. 370 ff. (s. den Exkurs über Nelson – Tennyson).

10. Lissa 1866

1 Thomas Mann, Der Zauberberg, Große kommentierte Frankfurter Ausgabe, Frankfurt a. M. (2002), S. 240 f.
2 Vgl. etwa Scotti, Lissa 1866 (2004), S. 102 f: «La pace, si disse, bisognava conquistarla con le armi, Venezia e il Veneto non potevano essere ricevuti dalle mani di Napoleone.»
3 In einem Essay der «Revue des Deux Mondes» vom 15. 11. 1866 über die Seeschlacht bei Lissa ist von 300 Millionen Franc die Rede, die für den Flottenbau aufgewendet wurden, zit. nach: Hilberg, Seeschlacht bei Lissa (1867), S. 178. Zur Entwicklung der italienischen Kriegsmarine bis zur Schlacht bei Lissa: Gabriele, La politica navale (1958).
4 Vgl. die pathetische Aufforderung des Marineministers Agostino Depretis an Admiral Persano vom 7. Juli 1866, er möge die Initiative ergreifen: «Considera che l'Italia guarda alla sua flotta come alla sua forza del futuro! Le più belle città italiane si trovano sul mare, dimostrale che il suo mare le appartiene», zit. nach Scotti, Lissa 1866 (2004), S. 103 f.
5 Vgl. Israel/Gebauer, Kriegsschiffe im 19. Jahrhundert (1989), S. 18–20.
6 Vgl. den Bericht des Times-Korrespondenten aus Pola, 14. August 1866: «Das Maß der Geschwindigkeit, mit welcher gegenwärtig Kriegsschiffe fahren, ist ein solches, daß das Entern mit was immer für einer Macht geradezu unmöglich geworden, und dies muß eine gewaltige Veränderung in der Taktik der Seeschlachten hervorbringen.» Zit. nach: Hilberg, Seeschlacht bei Lissa (1867), S. 24.
7 Allerdings blieb der Verschluss des Hinterladers noch lange ein Problem, so dass

die britische Flotte sogar 1864 noch einmal zu den sichereren Vorderladern zurückkehrte, vgl. Israel/Gebauer, Kriegsschiffe (1989), S. 72.

8 Zu den technischen Entwicklungen in der Seekriegsführung vgl. schon die Zusammenfassung bei Stenzel, Seekriegsgeschichte, Bd. 5 (1911), S. 43 f.

9 Zit. nach Hilberg, Seeschlacht bei Lissa (1867), S. 165.

10 Vgl. Jung/Winkler, Rammkurs Lissa (2001), dort auch weitere Angaben zum Stärkeverhältnis zwischen italienischer und österreichischer Flotte.

11 Zur Debatte um das Rammen als angeblich entscheidendem Element künftiger Seeschlachten vgl. Stenzel, Seekriegsgeschichte, Bd. 5 (1910), S. 180 f.

12 Vgl. Sondhaus, The Habsburg Empire and the Sea (1989).

13 Vgl. Thomas Nipperdey, Deutsche Geschichte. 1800–1866 (1998), S. 340. Wenn es 1866 überhaupt eine Flotte gab, die den Italienern entgegentreten konnte, so war dies allein dem Engagement zu verdanken, das Erzherzog Ferdinand Max, der spätere Kaiser von Mexiko, von 1862 bis 1864 als Marine-Ober-Kommandant an den Tag legte, vgl. hierzu Sondhaus, Habsburg Empire (1986), S. 222–228.

14 So bereits im Bericht des Times-Korrespondenten aus Pola vom 14. August 1866, zit. nach Hilberg, Seeschlacht bei Lissa (1867), S. 16.

15 Die folgenden Angaben zum Leben Tegetthoffs nach Schöndorfer, Tegetthoff (1958), S. 7 f.

16 Zit. nach Jung/Winkler, Rammkurs Lissa (2001), S. 9.

17 Vgl. den anschaulichen Bericht in der «Revue des Deux Mondes», zit. nach Hilberg, Seeschlacht bei Lissa (1867), S. 175.

18 So etwa im Brief vom 26. Juli 1866, zit. nach Filipuzzi, La campagna navale (1966), S. 137.

19 Zit. nach Schöndorfer, Tegetthoff (1958), S. 44.

20 In dieser Eigenschaft war es Persano gelungen, den Bau einer ganzen Serie von modernen Panzerschiffen durchzusetzen, vgl. Gabriele, Politica navale (1958), S. 134–140.

21 Vgl. Hilberg, Seeschlacht bei Lissa (1869), S. 177 f. Zur massiven Kritik an Persano schon vor der Schlacht bei Lissa vgl. auch Scotti, Lissa 1866 (2004), passim.

22 Zit. nach Iachino, Lissa (1966), S. 306.

23 Zit. nach «Revue des Deux Mondes» vom 15. November 1866, in: Hilberg, Seeschlacht bei Lissa (1867), S. 178. In seiner kurz nach der Schlacht verfassten Rechtfertigungsschrift behauptet Persano, ihm seien die zur Verfügung stehenden Landungstruppen nicht ausreichend erschienen, Depretis habe ihm aber raschestmögliche Verstärkungen zugesagt: Persano, I fatti di Lissa (1866), S. 5.

24 So der Chef des italienischen Generalstabs, Lamarmora, an Persano am 14. Juli: «Il ministro mi incarica di comunicare all'E. V. che, ove la flotta perurasse nell'attuale inazione, esso si vedrà nella dura necessità di surrogarLa nel commando supremo della flotta», zit. nach Iachino, Lissa (1966), S. 314 f.

25 Vgl. Scotti, Lissa 1866 (2004), S. 210: Boggio hätte nach der Eroberung der Insel als provisorischer Gouverneur deren Verwaltung übernehmen sollen.

26 Vgl. Hilberg, Seeschlacht bei Lissa (1867), S. 179. Der Überzeugung, Italien verfüge über die «primi marinai del mondo», hatte kurz zuvor die Genueser Zeitung «Dovere» Ausdruck verliehen, zit. in: Iachino, Lissa (1866), S. 243.

27 Vgl. Persano, I fatti di Lissa (1866), S. 11: Konter-Admiral Vacca, mit der Beschießung der österreichischen Batterien am Hafen von Comisa beauftragt, habe ihn informiert «che, non potendo egli cannonegiare quei fortilizi, perchè troppo elevati, aveva destito dal suo mandato».

28 Vgl. Hilberg, Seeschlacht bei Lissa, S. 186. Persano gibt zu, vom Telegramm Tegetthoffs gewusst, es aber für eine Kriegslist gehalten zu haben, die ihn beunruhigen un von der Landung abhalten sollte, vgl. Persano, I fatti di Lissa (1866), S. 13.

29 Vgl. Fleischer, Geschichte (1906), S. 163. Zahlenangaben nach Persano, I fatti di Lissa (1866), S. 15 und Jung/Winkler, Rammkurs Lissa (2001), S. 25.

30 «L'ammiraglio vi avvisa che lo sbarco non ha più luogo questa notte, ma dimani alle 7 del mattino.» «Va bene» – replica l'Acton – «ma perchè?» «Perchè abbiamo incontrato resistenza!» E l'Acton, volgendosi al Vecchj: «Che aspettavano? Che offrissero loro un gelato? Non capiscono nulla della guerra!» Zit. nach: Lumbroso, Il carteggio (1917), S. 134.

31 Zahlen nach Stenzel, Seekriegsgeschichte, Bd. 5 (1911), S. 174. Die österreichische Artillerie bestand zu 80% aus veralteten 30- und 48-Pfündern mit glatten Rohren, vgl. Jung/Winkler, Rammkurs Lissa (2001), S. 167.

32 Vgl. die stichhaltige Kritik bei Iachino, Lissa (1966), S. 399 f.

33 Dieser Entschluss Persanos wird in allen uns bekannten Beschreibungen der Schlacht besonders hervorgehoben.

34 Wie schon kurz nach der Schlacht in einem Artikel des britischen «Standard» vom 1. August 1866 vermerkt wurde: Durch den Umzug auf die «bombensichere» *Affondatore*, «von wo er unmöglich den Gang der Schlacht übersehen und der unter sein Commando unterstellten Flotte Befehle geben konnte, hat er sich eines weitaus schwereren Vergehens als der bloßen Unfähigkeit schuldig gemacht.» Zit. nach Hilberg, Seeschlacht bei Lissa (1867), S. 131.

35 Stenzel, Seekriegsgeschichte, Bd. 5 (1911), S. 175; vgl. auch Jung/Winkler, Rammkurs Lissa (2001), S. 49.

36 Vgl. das Urteil bei Stenzel, Seekriegsgeschichte, Bd. 5 (1911), S. 180: «gewagt, ja geradezu sehr gewagt, aber klar durchdacht und den vorliegenden Verhältnissen angepasst».

37 Commandierenden-Befehl Nr. 169, zit. nach Jung/Winkler, Rammkurs Lissa (2001), S. 55.

38 Vgl. den Gefechtsbericht Tegetthoffs in: Jung/Winkler, Rammkurs Lissa (2001), S. 103–107, hier: S. 104.

39 Stenzel, Seekriegsgeschichte, Bd. 5 (1911), S. 178.

40 Correspondenz aus Triest v. 15. August 1866, zit. nach Hilberg, Seeschlacht bei Lissa (1867), S. 41.

41 Correspondenz aus Triest v. 15. August 1866, zit. nach Hilberg, Seeschlacht bei Lissa (1867), S. 56.

42 Vgl. die bei Jung/Winkler, Rammkurs Lissa (2001), S. 60 zitierten Augenzeugenberichte.

43 Persano, I fatti di Lissa (1866), S. 26 gibt an, dass zu seiner großen Enttäuschung die Steueranlage der *Affondatore* nicht präzis funktioniert habe. Dass das reibungslose Funktionieren eines neuen Schiffstyps, der gerade erst aus der Werft kam und am Tag vor der Schlacht zur Flotte gestoßen war, nach allen Erfahrungen nicht unbedingt zu erwarten stand, scheint ihm nicht in den Sinn gekommen zu sein.

44 Zit. nach Jung/Winkler, Rammkurs Lissa (2001), S. 60.

45 Vgl. die minutiöse Darstellung der Ereignisse bei Fleischer, Geschichte (1906), S. 211 f.

46 Die Angaben nach Fleischer, Geschichte (1906), S. 226.

47 Wie Persano, I fatti di Lissa (1866), S. 28 mit Erbitterung schreibt: «[…] con mio gran stupore scorsi in distanza inoperosa l'intiera squadra delle navi non corazzate, la quale, senza aver preso parte al combattimento, eseguiva un movimento di contromarcia […]», offenbar ohne zu bedenken, in welchem Licht ein solches Verhalten eines Unter-Kommandanten auch den Befehlshaber erscheinen lässt.

48 Zit. nach Jung/Winkler, Rammkurs Lissa (2001), S. 89.

49 Persano, I fatti di Lissa (1866), S. 28, vermutet, dass das Signal (bei ruhiger See, klarer Sicht und ohne Störung durch den Feind) vielleicht nicht gesehen worden sei; außer von der *Re di Portogallo*.

50 Zit. nach Jung/Winkler, Rammkurs Lissa (2001), S. 93.

51 Jung/Winkler, Rammkurs Lissa (2001), S. 93 f.; vgl. auch den Gefechtsbericht Tegetthoffs, ebd., S. 106.

52 Die Zahlen nach dem Bericht des «Times»-Korrespondenten aus Pola vom 14. August 1866, zit. nach Hilberg, Seeschlacht bei Lissa (1867), S. 24. Etwas höhere Zahlen bei Stenzel, Seekriegsgeschichte, Bd. 5 (1911), S. 177: insgesamt 174 blutige Verluste.

53 Am 6. August 1866, vgl. Scotti, Lissa 1866 (2004), S. 167 f.

54 Zit. nach Hilberg, Seeschlacht bei Lissa, (1867) S. 27.

55 So etwa die Mailänder «La Perseveranza», vgl. Scotti, Lissa 1866 (2004), S. 201.

56 Laut Bericht des Korrespondenten des englischen «Standard» aus Florenz vom 24. Juli 1866; die zweite Zahl nach Jung/Winkler, Rammkurs Lissa (2001), S. 111.

57 Vgl. die Darstellung bei Jung/Winkler, Rammkurs Lissa (2001), S. 111 f.

58 Zit. nach Filipuzzi, La campagna del 1866 (1966), S. 137.

59 Angesichts seines Scheitern kursierten nach seinem Tod sogar Selbstmordgerüchte. Vgl. Lumbroso, Carteggio (1917), S. 199.

60 Vgl. den Brief Depretis' an Persano, 4. Juli 1866, abgedruckt bei Persano, L'ammiraglio (1869), S. 88.

61 Persano, I fatti di Lissa (1866), S. 32–34.

62 Letztere wurden ihm allerdings durch einen königlichen Gnadenakt wieder zuerkannt, vgl. Baratelli, La marina militare italiana (1983), S. 145 f.

63 Vgl. Stenzel, Seekriegsgeschichte, Bd. 5 (1911), S. 180 f.

64 Die politische Führung hatte dies mit dem Flottenvorstoß unbedingt vermeiden wollen, wie aus einem Brief des Ministerpräsidenten Bettino Ricasoli vom 13. Juli 1866 an seinen Duzfreund Persano hervorgeht, zit. bei Iachino, Lissa (1966), S. 310.

65 Erst angesichts massiver österreichischer Truppenverlegungen nach Oberitalien nach dem preußisch-österreichischen Präliminarfrieden von Nikolsburg am 26. Juli und der damit verbundenen Aussicht, um die erstrebten Gebietsgewinne kämpfen zu müssen, reduzierte Ministerpräsident Ricasoli die territorialen Forderungen auf Venetien und Südtirol, bevor sich am 29. Juli König Vittorio Emmanuele allein mit der Abtretung Venetiens zufrieden erklärte, vgl. Sondhaus, Habsburg Empire (1986), S. 257.

66 Vgl. hierzu die in Hilberg, Seechlacht bei Lissa (1867) publizierten Berichte, passim.

67 Zit. nach Scotti, Lissa 1866 (2004), S. 68.

11. Tsushima 1905

1 Zit. nach Ssemenow, Raßplata (1908), S. 205.

2 Die Zahlen nach Stenzel, Seekriegsgeschichte, Bd. 5 (1911), S. 307.

3 Zur Entwicklung Japans in der zweiten Hälfte des 19. Jahrhunderts vgl. Wagner, Japans Außenpolitik (1990).

4 Zur Modernisierung der japanischen Flotte und Truppen vgl. Stenzel, Seekriegsgeschichte, Bd. 5 (1911), S. 309.

5 Hale, Famous Sea-Fights, (1911), S. 298.

6 Zur satrapenhaften Autokratie Alexejews und den fatalen Folgen für die Moral der russischen Truppen (und ihrer Offiziere!) in Port Arthur vgl. eindrücklich Ssemenow, Raßplata (1908), S. 43–48.

7 Ssemenow, Raßplata (1908), S. 36.

8 Zit. nach Ssemenow, Raßplata (1908), S. 94, wie auch im Folgenden.

9 Die Zahlen nach Thiess, Geschichte eines Seekriegs (1964), S. 61.

10 Zit. nach Ssemenow, Raßplata (1908), S. 158.

11 Zur nicht sehr wirkungsvoll bemäntelten Flucht Alexejews vgl. den Augenzeugenbericht bei Ssemenow, Raßplata (1908), S. 140 f.

12 Zu den ausgezeichneten Erfolgsaussichten der Russen bei dieser Gelegenheit vgl. Stenzel, Seekriegsgeschichte, Bd. 5 (1911), S. 335; dort auch eine detaillierte Analyse des Verlaufs der Schlacht am 10. August 1904.

13 Dazu Ssemenow, Raßplata (1908), passim.

14 Die Einschätzung bei Stenzel, Seekriegsgeschichte, Bd. 5 (1911), S. 369: «Das Ma-

terial war also ganz modern und gut, aber das Personal nicht zufriedenstellend; es fehlte besonders an ausgebildeten Offizieren, trotzdem man von der Schwarze-Meer-Flotte viele nach dem Norden kommandierte. Ebenso herrschte ein bedenklicher Mangel an guten Ingenieuren.»

15 Eine etwas pathetische, aber abgewogene Charakterisierung Rojestwenskis bei Thiess, Geschichte eines Seekriegs (1964), S. 104 108. Abwegig dagegen Bernd Martin, Der Untergang des zaristischen Rußland. Tsushima, 27. und 28. Mai 1905, in: Stig Förster u. a. (Hg.): Schlachten der Weltgeschichte. Von Salamis bis Sinai, München 2001, S. 264–278, hier: S. 270, mit der Behauptung, Rojestwenski habe seine «bald offenkundige Unfähigkeit zur Führung eines Großverbandes durch brutales Auftreten und schikanöse Disziplinierungsmaßnahmen» sowie «markige Sprüche» wettzumachen gesucht. Schon angesichts der offenkundigen Leistung, sein Geschwader unter widrigsten Bedingungen ohne jeden Verlust bis in den Fernen Osten geführt zu haben, kann ein solches (nicht näher belegtes) Urteil nur erstaunen.

16 Vgl. Stenzel, Seekriegsgeschichte, Bd. 5 (1911), S. 369.

17 Dazu Thiess, Geschichte eines Seekriegs (1964), S. 103–106.

18 Dazu Ssemenow, Raßplata (1908), S. 309.

19 Zit. nach Frank Thiess, Geschichte eines Seekriegs (1964), S. 135.

20 Dazu der Augenzeugenbericht von Ssemenow, Raßplata (1908). Einen Eindruck von den endlosen Mühen der Ingenieure mit Havarien aller Art vermitteln die Briefe des bei Tsushima gefallenen Ingenieurs Politkowski an seine Frau, in: Politkowski, Von Libau nach Tsushima (1909).

21 Zur «Doggerbank-Affäre» vgl. Hough, The Fleet (1963), S. 43–45. Der «Standard» stellte in seiner Ausgabe vom 24. Oktober 1904 die für die britische Stimmung charakteristische rhetorische Frage: «Is this wretched Baltic Fleet to be permitted to continue its operation, with its inefficient commanders, its drafts of raw landsmen, its blundering navigators and incompetent engineers?»

22 Zit. nach Thiess, Geschichte eines Seekriegs (1964), S. 161.

23 Hinweise darauf, dass sich tatsächlich mit japanischen Seeleuten bemannte Torpedoboote in der Nordsee aufhielten stellt Ssemenow, Raßplata (1908), S. 316–320 zusammen. Natürlich erscheint die Präsenz japanischer Schiffe in der Nordsee sehr unwahrscheinlich – woher sollten sie gekommen sein und: wo sind sie dann geblieben? Auf der anderen Seite stimmen die unabhängig voneinander gemachten Berichte und Beschreibungen der Wachmannschaften verschiedener russischer Schiffe bis in die Details der beobachteten Schiffsaufbauten so präzis überein, dass es sich um parallel aufgetretene Halluzinationen handeln müsste, wenn sie falsch wären. Für die weiteren Ereignisse ist allerdings weniger die «Doggerbank-Affäre» an sich als vielmehr deren Auswirkung auf die internationale Öffentlichkeit von Bedeutung.

24 So die einleuchtenden Überlegungen bei Thiess, Geschichte eines Seekriegs (1964), S. 167 f.

25 Zu dieser Pressekampagne vgl. Thiess, Geschichte eines Seekriegs (1964), S. 236–246 sowie Ssemenow, Raßplata (1908), S. 392–397, über die demoralisierende Wirkung auf die Schiffsbesatzungen des «Baltischen Geschwaders».

26 Artikel des Kapitäns z. See Klado, zit. nach Thiess, Geschichte eines Seekriegs (1964), S. 242.

27 Ssemenow, Raßplata (1908), S. 420.

28 Zit. nach Thiess, Geschichte eines Seekriegs (1964), S. 248.

29 Ssemenow, Raßplata (1908), S. 383.

30 Thiess, Geschichte eines Seekriegs (1964), S. 255.

31 Thiess, Geschichte eines Seekriegs (1908), S. 308, dem auch die Darstellung des vorangehenden Absatzes folgt.

32 Zit. nach Thiess, Geschichte eines Seekriegs (1964), S. 340.

33 Zur Stärke der beiden Flotten vgl. die Angaben bei Ssemenow, Tsushima (1907), S. 67–69.

34 Die Angaben zur Sprengwirkung der Granaten nach den Ausführungen bei Ssemenow, Tsushima (1907), S. 32.

35 Zur Beurteilung des Manövers Ssemenow, Tsushima (1907), S. 18 f.; Thiess, Geschichte eines Seekriegs (1964), S. 361 f.; kritisch dagegen Stenzel, Seekriegsgeschichte, Bd. 5 (1911), S. 394: «Durch das unglückselige Manöver um die Mittagsstunde hatte Rojestwenski für seine Flotte bei Insichtkommen des feindlichen Gros' eine Lage geschaffen, wie sie kaum ungünstiger sein konnte.»

36 Vgl. den Augenzeugenbericht bei Ssemenow, Tsushima (1907), S. 23–26.

37 Zit. nach Ssemenow, Tsushima (1907), S. 27 f.

38 Vgl. Thiess, Geschichte eines Seekriegs (1964), S. 426 ff. Eine minutiöse Darstellung bietet Stenzel, Seekriegsgeschichte, Bd. 5 (1911), S. 386–415.

39 Zahlen nach Stenzel, Seekriegsgeschichte, Bd. 5 (1911), S. 402.

40 Zit. nach Thiess, Geschichte eines Seekriegs (1964), S. 446 f.

41 Eindeutig ist das zeitgenössische Urteil Stenzels, Seekriegsgeschichte, Bd. 5 (1911), S. 385: «Rojestwensky hatte es fertig gebracht, mit allen seinen Schiffen und Fahrzeugen ungeschwächt auf dem Kampfplatz zu erscheinen, wahrlich eine große Leistung bei solchem Material und Personal. Das ganze System in der russischen Marine trägt die Schuld, daß nicht noch mehr geleistet werden konnte.»

12. Skagerrak 1916

1 Victor Klemperer, Curriculum Vitae. Erinnerungen 1881–1918, 2 Bde., Berlin 1996, Bd.2, S 459.

2 Die britischen Verluste wurden in den deutschen Presseberichten offenbar deutlich übertrieben: Tatsächlich betrug das Verhältnis sowohl bei den Tonnage- wie bei den Personalverlusten keineswegs 1 : 5, sondern etwa 1 : 2.

3 Grundlegend hierzu Epkenhans, Wilhelminische Flottenrüstung (1991).
4 Zit. nach Nipperdey, Deutsche Geschichte, Bd. 2 (1998), S. 629.
5 Vgl. hierzu das Kapitel «Die Weltminute von Plymouth»; Glete, Warfare at Sea (2000), S. 50: «Sea officers were more comparable to the technical branches of the army, gunners and engineers and just like them they were often of a less aristocratic origin.»
6 Georg Simmel, Philosophie des Geldes, hg. v. D. P. Frisby und K. C. Köhnke, Frankfurt a. M. 1989 (Georg Simmel, Gesamtausgabe, Bd. 6), S. 637: «Seinen Gipfel bildet dann das spezialisierteste und als Maschine vollkommenste, das Kriegsschiff; an ihm ist die Objektivierung [von Produkten durch die auf der Geldwirtschaft beruhenden Arbeitsteilung] so weit fortgeschritten, daß in einem modernen Seekrieg überhaupt kaum noch ein anderer Faktor entscheidet, als das bloße Zahlenverhältnis der Schiffe gleicher Qualität.»
7 Theobald von Bethmann-Hollweg, Betrachtungen zum Weltkriege, 2 Bde., 1. Teil: Vor dem Kriege, Berlin 1919, S. 100 f.
8 Vgl. hierzu Rödel, Krieger, Denker, Amateure (2003), S. 30–52: Deutsche Seemacht als politischer Imperativ, mit umfassenden weiterführenden Literaturhinweisen. Zum größeren Kontext Neitzel, Weltmacht oder Untergang (2000).
9 Vgl. Einleitung, S. 9.
10 Zur Flottenbau-Propaganda grundlegend Deist, Flottenbau und Flottenpropaganda (1976).
11 Zit. nach Salewski, Tirpitz (1979), S. 52. Aufschlussreich auch die Memoiren von Tirpitz, Erinnerungen (1919).
12 Zit. nach Nipperdey, Deutsche Geschichte, Bd. 2 (1998), S. 716.
13 Grundlegend Rodger, Seekriegsstrategie (1999).
14 Vgl. Fisher, Memories (1920); Mackay, Fisher of Kilverstone (1973).
15 Zum Vergleich sei auf die Flaggschiffe Scheers bzw. Jellicoes in der Skagerrak-Schlacht verwiesen: dt. Schlachtschiff *Friedrich der Große* (Bj. 1912), 27 000 BRT; Hauptbewaffnung 10 x 30,5 cm; Panzerung bis zu 35 cm; Geschwindigkeit 22,4 Kn; engl. Schlachtschiff *Iron Duke* (Bj. 1912), 26 000 BRT; Hauptbewaffnung 10 x 34,3 cm; Panzerung bis zu 50 cm; Geschwindigkeit 21 Kn.
16 Zahlen nach Epkenhans, Marine 1914/15 (2011), S. 114.
17 Vgl. hierzu Epkenhans, Marine 1914/1915 (2011); Rödel, Krieger, Denker, Amateure (2003).
18 Vgl. Lambert, Royal Navy im Krieg (2011), S. 101: «Jegliche juristische oder diplomatische Bedenken wurden durch den öffentlichen Druck nach einer Alternative zu dem Blutvergießen an Land überwunden. Nachdem das Kabinett eine Demokratie dazu bewegt hatte, einen Krieg zu führen, sollte es bald erkennen, welch gefährliche Kräfte es freigesetzt hatte. Es war nicht mehr Herr der Lage und musste auf den öffentlichen Druck reagieren.»
19 Zit. nach Tirpitz, Erinnerungen (1919), S. 403.

20 Dazu Rahn, Seeschlacht (2011), S. 146–148.

21 Howarth, Schlachtschiffe (1992), S. 73.

22 Die Schlachtbeschreibung folgt im Wesentlichen der Darstellung bei Rahn, Seeschlacht (2011).

23 Vgl. hierzu Roskill, Admiral Beatty (1981), S. 161.

24 Zit. nach Hase, Die zwei weißen Völker (1920), S. 101.

25 «There seems to bee something wrong with our bloody ships today», zit. nach Marder, From the Dreadnought (1966), S. 67. Zu den Gründen der fatalen Anfälligkeit der englischen Panzerkreuzer vgl. Lambert, «Our Bloody Ships» (1998).

26 Beide Zitate nach Howarth, Schlachtschiffe (1992), S. 126.

27 Vgl. Rahn, Seeschlacht (2011), S. 171: «Scheer vermutete [gegen 18:00 Uhr] den Gegner im Westen bis Nordwesten auf südöstlichem Kurs. Die deutsche Linie steuerte Parallelkurs. Zwischen den Linien wurde der Standort der *Wiesbaden* angenommen. Dieses Lagebild war unvollständig und teilweise falsch.»

28 Zit. nach Barnett, Anatomie eines Krieges (1963), S. 162.

29 Zit. nach Rahn, Seeschlacht (2011), S. 173.

30 Zit. nach Hopman, Tagebücher (2004), S. 827. In seinem Immediatbericht an den Kaiser, abgedruckt bei: Rahn, Seeschlacht (2011), S. 205–211, hier: 208, führt Scheer einige mögliche Gründe für die zweite Gefechtskehrtwende an, die allerdings angesichts des Risikos, das er mit diesem Manöver einging, kaum überzeugend wirken.

31 Vgl. etwa Marder, From Dreadnought (1966), S. 190 zur Stimmung in der englischen Flotte nach der Schlacht: «For the officer and men of the Grand Fleet was a terrible disappointment. Providence had delivered the enemy in their hands and they were in a position to annihilate the High Sea Fleet. It was maddening that, through no apparent fault of theirs, the cup should have been dashed from their lips.»

32 Zit. nach Howarth, Schlachtschiffe (1992), S. 132 f.

33 Zit. nach Howarth, Schlachtschiffe (1992), S. 137; im Original abgedruckt bei Marder, From the Dreadnought (1966), S. 151.

34 Zit. nach Rahn, Seeschlacht (2011), S. 212.

35 Dazu Rahn, Seeschlacht (2011), S. 184–186.

36 Zit. nach Howarth, Schlachtschiffe (1992), S. 138.

37 Zit. nach Rahn, Seeschlacht (2011), S. 192 f.

38 Vgl. etwa den Immediatbericht Scheers an den Kaiser vom 4. Juni 1916, in Auszügen abgedruckt bei: Rahn, Seeschlacht (2011), S. 205–214, hier: S. 213; der Erfolg der Skagerrakschlacht sei den «vortrefflichen, von hervorragendem kriegerischen Geist getragenen Leistungen der Besatzungen zu danken».

Epilog

1 Dieses anschauliche Bild hat geprägt Barnett, Anatomie eines Krieges (1963), S. 161 f.

2 Zum vorangehenden Abschnitt vgl. Ireland/Grove, 100 Jahre Krieg zur See (1999), S. 118–145; Dickie u.a., Seekriege (2010), S. 227 ff.

3 Warner, Seeschlachten (1963), S. 273–281.

4 Zit. nach Kennedy, Versenkt die Bismarck (1986).

5 Vgl. Morison, Coral Sea (2001); Warner, Seeschlachten (1963), S. 283–291.

6 Zu Verlauf und Folgen der Schlacht bei Midway vgl. Morison, Coral Sea (2001); Hone, Midway (2013).

7 Zum Verlauf des U-Boot-Kriegs im Zweiten Weltkrieg allgemein vgl. Wynn, U-Boat Operations (2003).

8 Zum Folgenden vgl. Freedman, Official History of the Falkland Campaign (2007); Anderson, The Falklands War 1982. (2002); Ireland/Grove, 100 Jahre Krieg zur See (1999), S. 242–247.

9 Süddeutsche Zeitung, 2. April 2012.

10 Vgl. Bishop, Schlachtschiffe und Waffensysteme (2001); das Zitat bei Mahan, Influence (1890), S. 6, «Henceforth the ships which have the greatest speed will have the weather-gage.»

11 Vgl. Muir, The Iowa Class (1987) sowie Sumrall, Iowa Class Battleships (1988).

12 Zu den chinesischen Seemachtsambitionen vgl. etwa Cole, The Great Wall at Sea (2010), oder Holmes/Yoshihara, Red Star over the Pacific (2010). Die chinesisch-japanischen Auseinandersetzungen um die Vorherrschaft zur See wurden in jüngster Zeit wiederholt in der deutschen Tagespresse thematisiert, vgl. etwa die FAZ v. 24. Januar 2013, S. 25: «Die Rückkehr der Vorkriegsgeister. Im ostchinesischen Meer geht es nicht nur um ein paar Inseln: Japan und China definieren ihre weltpolitischen Rollen neu. Und beleben unverhohlen nationale Opfermythen wieder.» Bei den angesprochenen «nationalen Opfermythen» handelt es sich übrigens um wichtige Seeschlachten in der jeweiligen Nationalgeschichte, teilweise solche des 15. Jahrhunderts.

13 Holmes/Yoshihara, China and the United States (2008), S. 1.

14 Holmes/Yoshihara, Red Star over the Pacific (2010), S. 4.

Quellen und Literatur

Acta imperii inedita saeculi XIII et XIV, hg. von Eduard Winkelmann, 2 Bde., Innsbruck 1880 (ND Aalen 1964)

Adams, Simon: Review Article: The Grand Armada: 1988 and After, in: History 76 (1991), S. 238–249

Adams, Simon: The Battle that Never Was: The Downs and the Armada Campaign, in: Rodríguez-Salgado / Adams (Hg.), England, Spain and the Armada (1991), S. 173–196

Adams, Simon: The Outbreak of the Elizabethan Naval War against the Spanish Empire: The Embargo of May 1585 and Sir Francis Drake's West Indies Voyage, in: Rodríguez-Salgado / Adams (Hg.), England, Spain and the Armada (1991), S. 45–70

Afflerbach, Holger: Das entfesselte Meer. Die Geschichte des Atlantik, München 2002

Ahrweiler, Helene: Byzance et la mer: la marine de guerre, la politique et les institutions maritimes de Byzance aux VIIe-XVe siècles, Paris 1966

Aischylos: Die Perser, wiedergegeben von Durs Grünbein, Frankfurt a.M. 2001

Amico, Gaspare: I fatti di Lissa. Narrazione storica compilata a base al processo Persano davanti al senato del Regno costituto in alto corte di giustizia e altri documenti, Mailand 1868

Anderson, Duncan: The Falklands War 1982, Oxford 2002

Anderson, Roger C.: Naval Wars in the Levant, 1559–1853, Liverpool 1953

Angster, Julia: Erdbeeren und Piraten. Die Royal Navy und die Ordnung der Welt 1770–1860, Göttingen 2012

Anna Komnene: Alexias, übersetzt, eingeleitet und mit Anmerkungen versehen von Diether Roderich Reinsch, Berlin ²2001

Annali Genovesi di Caffaro e de' suoi continuatori dal 1099 al 1293. Nuova edizione a cura di Luigi Tommasso Belgrano, 4 Bde. (Fonti per la storia d'Italia 10-14), Rom 1890–1929; Annales Ianuenses annorum, in: Monumenta Germaniae Historica SS 18, Hannover 1863, S. 226–248; deutsche Übersetzung: Die Jahrbücher von Genua, nach der Ausgabe der Monumenta Germaniae auszugsweise übersetzt von Wilhelm Arndt, 2. Aufl. neu bearbeitet von Wilhelm Wattenbach und Oswald

Holder-Egger (Die Geschichtsschreiber der deutschen Vorzeit 76-77), Leipzig 1897/1898
Aristophanes: Die Vögel, in: Antike Komödien, hg. von Hans Joachim Newiger, München 1968
Aristoteles: Staat der Athener, übersetzt und erläutert von Mortimer Chambers (Aristoteles Werke 10/1), Berlin 1990
Attlmayer, Ferdinand Ritter v.: Der Krieg Österreichs in der Adria im Jahre 1866, Pola 1896

Baratelli, Franco M.: La marina militare italiana nella vita nazionale 1860–1914, Mailand 1983
Barbero, Alessandro: Lepanto. La battaglia dei tre Imperi, Rom/Bari 2010
Barnett, Corelli: Anatomie eines Krieges. Eine Studie über Hintergründe und entscheidende Phasen im Ersten Weltkrieg, München 1963
Becher, Ilse: Das Bild der Kleopatra in der griechischen und lateinischen Literatur, Berlin 1966
Beer, Adolf: Aus Wilhelm von Tegetthoff's Nachlass, Wien 1882
Behrmann, Max Th.: Hinter den Kulissen des Russisch-Japanischen Krieges, Berlin 1905
Beigel, Thorsten/Georg Eckert (Hg.): Vom Wohl und Wehe der Staatsverschuldung. Erscheinungsformen und Sichtweisen von der Antike bis zur Gegenwart, Münster 2013
Beike, Manfred: Kriegsflotten und Seekriege der Antike, Berlin 1987
Bengtson, Hermann: Marcus Antonius. Triumvir und Herrscher des Orients, München 1977
Bennett, Geoffrey: The Battle of Jutland, London 1964 (dt. Ausgabe: Die Skagerrakschlacht. Die größte Seeschlacht der Geschichte, München 1976)
Benzoni, Gino (Hg.): Il Mediterraneo nella seconda metà del '500 alla luce di Lepanto, Florenz 1976
Berghahn, Volker R.: Der Tirpitz-Plan. Genese und Verfall einer innenpolitischen Krisenstrategie unter Wilhelm II., Düsseldorf 1971
Bishop, Chris: Schlachtschiffe und Waffensysteme im Seekrieg, Wien 2001
Black, Jeremy: Origins of War in Early Modern Europe, Edinburgh 1987
Bleckmann, Bruno: Die römische Nobilität im Ersten Punischen Krieg. Untersuchungen zur aristokratischen Konkurrenz in der Republik, Berlin 2002
Bleicken, Jochen: Die athenische Demokratie, Paderborn u.a ²1994
Blösel, Wolfgang: Themistokles bei Herodot: Spiegel Athens im fünften Jahrhundert. Studien zur Geschichte und historiographischen Konstruktion des griechischen Freiheitskampfes 480 v. Chr., Stuttgart 2005
Bockius, Ronald: Schifffahrt und Schiffbau in der Antike, Stuttgart 2007
Bouwsma, William J.: Venice and the Defense of Republican Liberty, Berkeley/Los Angeles 1968

Boxer, Charles R.: The Anglo Dutch Wars of the 17th Century, London 1974
Braudel, Fernand: Das Mittelmeer und die mediterrane Welt in der Epoche Philipps II., 3 Bde., Frankfurt a.M. 1994
Bruce, George: Seeschlachten des 20. Jahrhunderts, Oldenburg 1976 (ND Würzburg 2004)
Bruijn, Jaap R.: The Dutch Navy of the Seventeenth and Eighteenth Centuries, Columbia 1993
Bruijn, Jaap R. u. a. (Hg.): De Ruyter. Dutch Admiral, Amsterdam 2011
Burckhardt, Leonhardt: Militärgeschichte der Antike, München 2008
Burkert, Walter: Anthropologie des religiösen Opfers. Die Sakralisierung der Gewalt, München 1984
Burkert, Walter: Die Griechen und der Orient. Von Homer zu den Magiern, München 2003

Cable, James: The Political Influence of Naval Force in History, New York 1998
Campbell, Ian C.: The Lateen Sail in World History, in: Journal of World History 6 (1995), S. 9–11
Campbell, John: Jutland. An Analysis of the Fighting, London 1998
Carinci, Giovanni Battista (Hg.): Lettere di Onorato Caetani Capitan Generale delle Fanterie Pontificie nella Battaglia di Lepanto, Rom 1870
Carl, Horst/Ute Planert (Hg.): Militärische Erinnerungskulturen vom 14. bis zum 19. Jahrhundert: Träger – Medien – Deutungskonkurrenzen, Göttingen 2012
Casado Soto, José Luis: Atlantic Shipping in Sixteenth-Century Spain and the 1588 Armada, in: Rodríguez-Salgado/Adams (Hg.), England, Spain and the Armada (1991), S. 95–133
Cassius Dio: Römische Geschichte, übersetzt von Otto Veh, 5 Bde., Zürich/München 1985
Casson, Lionel: Ship and Seamanship in the Ancient World, Princeton 1971
Casson, Lionel: The Ancient Mariners, New York 1979 (dt. Ausgabe: Die Seefahrer der Antike, München 1979)
Chalmers, William Scott: The Life and Letters of David, Earl Beatty, Admiral of the Fleet, Viscount Borodale of Wexford, London 1951
Chapelle, Howard I.: The History of the American Sailing Navy. The Ships and Their Development, New York 1949
CIL I² = Inscriptiones Latinae antiquissimae ad C. Caesaris mortem consilio et auctoritate Academiae litterarum regiae Borussicae a Theodoro Mommsen editae, (Vol. I), pars II, fasc. I cura Ernesti Lommatzsch, Berolini ²1918 – pars II, fasc. IV Addenda tertia. 1: Textus, 2: Tabulae, cura A. Degrassi, auxit et edenda curavit I. Krummrey, Berlin/New York 1986
Cipolla, Carlo M.: Kanonen und Segel, Berlin 1999 (1. Aufl. London 1965)
Clauss, Manfred: Kleopatra, München ²2000
Cohn, Willy: Die Geschichte der Sizilischen Flotte 1060-1266, vereinigter Neudruck dreier Abhandlungen aus den Jahren 1910–1926 (ND Aalen 1978)

Cole, Bernard D.: The Great Wall at Sea: China's Navy in the Twenty-First Century, Annapolis ²2010
Concina, Ennio: L'Arsenale della Repubblica di Venezia, Venedig 2006
Corbett, Julian S.: Fighting Instructions 1530–1815, London 1905
Corbett, Julian S.: The Spanish War 1585–1587, London 1898
Corbin, Alain: Meereslust. Das Abendland und die Entdeckung der Küste, Berlin 1990
Croce, Benedetto: La vita infernale delle galere, in: Ders. (Hg.): Varietà di storia letteraria e civile, Bari 1949, S. 283–292
Curtius, Ernst: Griechische Geschichte, 3 Bde., 6. verbesserte Auflage, Berlin 1888

Dahlheim, Werner: Augustus. Aufrührer – Herrscher – Heiland. Eine Biographie, München 2010
Dante Alighieri: Die Göttliche Komödie, übersetzt von Karl Streckfuß, Berlin o.J. [1920]; moderne deutsche Übersetzung: Die göttliche Komödie. Erster Teil: Die Hölle, Italienisch und Deutsch, Übersetzung von Thomas Vormbaum, Berlin 2003
Davies, John D.: Gentlemen and Tarpaulins: The Officers and Man of the Restauration Navy, Oxford 1991
De Administrando Imperio by Constantine Porphyrogenitus, hg. von Gyula Moravcsik, Dumbarton Oaks-Washington D.C. 2006; sowie Die Byzantiner und ihre Nachbarn. Die *De Administrando Imperio* genannte Lehrschrift des Kaisers Konstantinos Porphyrogennetos für seinen Sohn Romanos, übers., eingeleitet und erklärt von Klaus Belke und Peter Soustal, Wien 1995
De Vries, Jan/Ad van der Woude: The First Modern Economy. Success, Failure and Perseverance of the Dutch Economy, 1500–1815, New York 1997
Deist, Wilhelm: Flottenbau und Flottenpropaganda. Das Nachrichtenbureau des Reichsmarineamtes 1897–1914, Stuttgart 1976
Delbrück, Hans: Geschichte der Kriegskunst im Rahmen der politischen Geschichte, 4 Bde., Berlin 2000 (Neuausgabe der Originalausgabe Berlin ³1920)
Delbrück, Hans: Weltgeschichte. Vorlesungen, gehalten an der Universität Berlin 1896/1920, Erster Teil: Das Altertum, Berlin ²1924
Demandt, Alexander: Antike Staatsformen. Eine vergleichende Verfassungsgeschichte der Alten Welt, Berlin 1995
Demandt, Alexander: Ungeschehene Geschichte. Ein Traktat über die Frage: Was wäre geschehen wenn …?, Göttingen 2011 (1. Aufl. 1984)
Demandt, Alexander/Barbara Demandt (Hg.): Theodor Mommsen: Römische Kaisergeschichte. Nach den Vorlesungs-Mitschriften von Sebastian und Paul Hensel 1882/86, München 1992
Dickie, Iain u. a.: Fighting Techniques of Naval Warfare 1190 BC – Present. Strategy, Weapons, Commanders and Ships, London 2009 (dt. Ausgabe: Geschichte der Seekriege, Stuttgart 2010).

Diedo, Gerolamo: La battaglia di Lepanto descritta da Gerolamo Diedo, in: Salvatore Mazzarella (Hg.): La battaglia di Lepanto (1571), Palermo 1995
Dietz, Frederick C.: English Public Finance 1485–1641, 2 Bde., London 1964
Diodoros: Griechische Weltgeschichte Buch XI-XIII, übersetzt von Otto Veh, eingeleitet und kommentiert von Wolfgang Will, Stuttgart 1998
DNO = Der Neue Overbeck (DNO). Die antiken Schriftquellen zu den bildenden Künsten der Griechen, hg. von Klaus Hallof, Sebastian Prignitz u.a., Bd. 3, Berlin 2013 (im Druck)
Dotson, John E.: Ship types and fleet composition at Genoa and Venice in the early thirteenth century, in: Logistics of Warfare in the Age of the Crusades. Proceedings of a Workshop Held at the Centre for Medieval Studies, University of Sydney, 30 September to 4 October 2002, hg. von John H. Pryor, Aldershot 2006, S. 63–76
Doyle, Jeff/Bruce Moore (Hg.): England and the Spanish Armada. Papers arising from the 1988 Conference, Sydney 1988
Duppler, Jörg (Hg.): Seemacht und Seestrategie im 19. und 20. Jahrhundert, Hamburg u. a. 1999

Eickhoff, Ekkehard: Seekrieg und Seepolitik zwischen Islam und Abendland. Das Mittelmeer unter byzantinischer und arabischer Hegemonie (650–1040), Berlin 1966
Elias, Norbert: The Genesis of Naval Profession, aus dem Nachlass hg. v. Rene Moelker und Stephen Mennel, Dublin 2007
Elias, Norbert: The Genesis of Naval profession, in: The British Journal of Sociology 4 (1950), S. 291–309
Elliott, John H.: Imperial Spain, 1469–1716, London 1963
Ellis Davidson, Hilda R.: The Secret Weapon of Byzantium, in: Byzantinische Zeitschrift 66 (1973), S. 61–74
Epkenhans, Michael: Die Wilhelminische Flottenrüstung 1908–1914. Weltmachtstreben, industrieller Fortschritt, soziale Integration, München 1991
Epkenhans, Michael/Jörg Hillmann/Frank Nägler (Hg.): Skagerrakschlacht. Vorgeschichte – Ereignis – Verarbeitung, München ²2011
Epkenhans, Michael: Die kaiserliche Marine 1914/15. Der Versuch einer Quadratur des Kreises, in: Epkenhans, Michael u. a. (Hg.): Skagerrak (2011), S. 113–138
Epstein, Steven A.: Genova and the Genoese, 985-1528, Chapel Hill 1996

Feldbaek, Ole: The Battle of Copenhagen 1801. Nelson and the Danes, Annapolis 2002
Fenica, Giovanni: Il Regno di Napoli e la difesa del Mediterraneo nell'età di Filippo II (1556–1598). Organizzazione e finanziamento, Bari 2003
Fernández-Armesto, Felipe: The Spanish Armada. The Experience of War in 1588, Oxford 1988
Fernández Duro, Cesáreo: La Armada invencible, 2 Bde., Madrid 1884/85
Filipuzzi, Angelo: La campagna del 1866 nei documenti militari austriaci. Le operazioni navali, Padua 1966

Fisher, John A.: Memories and Records, 2 Bde., London 1920
Flashar, Hellmut: Aristoteles. Lehrer des Abendlandes, München 2013
Flatman, Joe: Ships in Medieval Manuscripts, London 2009
Fleischer, Josef: Geschichte der K.u.K. Kriegsmarine während des Krieges im Jahre 1866, Wien 1906
Florus: Römische Geschichte, lateinisch und deutsch, übersetzt, eingeleitet und kommentiert von Günter Laser, Darmstadt 2005
Foglietta, Uberto: Istoria di Mons. Uberto Foglietta nobile genovese della sacra Lega contra Selim (…), Genua 1573
Forbes, Robert J.: «Naphtha Goes to War». More Studies in Early Petroleum History 1860–1880, Leiden 1959
Freedman, Lawrence: The Official History of the Falkland Campaign, 2 Bde., London 2007
Frost, Holloway H.: The Battle of Jutland, Annapolis 1936 (dt. Ausgabe: Grand Fleet und Hochseeflotte im Weltkrieg, Berlin 1938)

Gabriel, Erich: Griechisches Feuer, in: Lexikon des Mittelalters, Bd. 4, München/Zürich 1989, Sp. 1711–1712
Gabriele, Mariano: La politica navale italiana dall'Unità alla vigilia di Lissa, Mailand 1958
Gabriele, Mariano: La Prima Marina d'Italia (1860–1866), Rom 1999
Gabrielsen, Vincent: Financing the Athenian Fleet. Public Taxation and Social Relations, Baltimore 1994
Gallagher, Patrick/Don W. Cruickshank (Hg.): God's Obvious Design. Spanish Armada Symposium, Sligo 1988, London 1990
Gardiner, Robert (Hg.): The Age of the Galley. Mediterranean Oared Vessels since pre-Classical Times, London 1995
Gardiner, Robert (Hg.): The Campaign of Trafalgar 1803–1805, Chatham ²2001
Gartz, Jochen: Vom griechischen Feuer zum Dynamit. Eine Kulturgeschichte der Explosivstoffe, Hamburg 2007
Gendre, Marianne/Claude Loutsch: C. Duilius et M. Atilius Regulus, in: Thomas Späth/Marianne Coudry (Hg.): L'invention des Grands hommes dans la Rome antique, Paris 2001, S. 131–172
Gertwagen, Ruthy: Harbours and facilities along the eastern Mediterranean sea lanes to Outremer, in: Logistics of Warfare in the Age of the Crusades. Proceedings of a Workshop Held at the Centre for Medieval Studies, University of Sydney, 30 September to 4 October 2002, hg. von John H. Pryor, Aldershot 2006, S. 95–118
Glete, Jan: Navies and Nations. Warship, Navies and State Building in Europe and America 1500–1860, 2 Bde., Stockholm 1993
Glete, Jan: Warfare at Sea 1500–1650. Maritime Conflicts and the Transformation of Europe, London 2000

Goddio, Franck/Ellen Blue Phillips: Napoleon's Lost Fleet. Bonaparte, Nelson and the Battle of the Nile, London 1999
Gordon, Andrew: The Rules of the Game. Jutland and British Naval Command, London 1996
Gotter, Ulrich: Vom Rubicon nach Actium – Schauplätze der Bürgerkriege, in: Elke Stein-Hölkeskamp/Karl-Joachim Hölkeskamp (Hg.), Erinnerungsorte der Antike. Die römische Welt, München 2006, S. 242–257
Graefe, Friedrich: Die Publizistik in der letzten Epoche Kaiser Friedrichs II. Ein Beitrag zur Geschichte der Jahre 1239–1250, Heidelberg 1909
Graser, Ulrich: Griechen besiegen Perser bei Salamis. Wendepunkte der Geschichte, Stuttgart 2011
Groos, Otto (Hg.): Der Krieg in der Nordsee, Bd. 5: Von Januar bis Juni 1916, Berlin 1924
Gruppe, Henry E.: Die Fregatten, Amsterdam 1980
Guilmartin, John F.: Gunpowder and Galleys: Changing Technology and Mediterranean Warfare at Sea in the Sixteenth Century, Cambridge 1974

Hainsworth, Roger/Churches, Christine: The Anglo-Dutch Naval Wars 1652–1674, London 1998
Haldon, John/Maurice Byrne: A Possible Solution to the Problem of Greek Fire, in: Byzantinische Zeitschrift 70 (1977), S. 91–99
Haldon, John F.: Theory and Practice in Tenth-Century Military Administration. Chapters II, 44 and 45 of the *Book of Ceremonies*, in: Traveaux et Mémoires 13 (2000), S. 201–352
Haldon, John: Greek fire revisited. Recent and current research, in: Elizabeth Jeffreys (Hg.): Byzantine Style, Religion, and Civilization. In Honour of Sir Steven Runciman, New York u. a. 2006, S. 290–325
Hale, John R.: Famous Sea Fights from Salamis to Tsushima, London 1911
Hale, John R.: From Peacetime Establishment to Fighting Machine, in: Gino Benzoni (Hg.): Il Mediterraneo nella seconda metà del '500 alla luce di Lepanto, Florenz 1976, S. 163–184
Hale, John R.: The Great Armada, London o. J. [1913]
Halfmann, Helmut: Marcus Antonius, Darmstadt 2011
Handel-Mazetti, Peter/Hans H. Sokol: Wilhelm von Tegetthoff. Ein großer Österreicher, Wien 1952
Harding, Richard: A Great and Glorious Victory. New Perspectives on the Battle of Trafalgar: The Battle of Trafalgar Conference Papers, London 2008
Hase, Georg von: Die zwei weißen Völker. Deutsch-englische Erinnerungen eines deutschen Flottenoffiziers, Leipzig 1920
Hattendorf, John B./Richard W. Unger (Hg.): War at Sea in the Middle Ages and the Renaissance (Warfare in History 14), Woodbridge 2003
Hattendorf, John B.: Theories of Naval Power. A. T. Mahan and the Naval

History of Medieval and Renaissance Europe, in: Hattendorf/Unger, War at Sea (2003), S. 1–22
Hechelhammer, Bodo: Kreuzzug und Herrschaft unter Friedrich II. Handlungsspielräume von Kreuzzugspolitik (1215-1230), Ostfildern 2004
Heftner, Herbert: Der Aufstieg Roms. Vom Pyrrhoskrieg bis zum Fall von Karthago (280–146 v. Chr.), Regensburg [2]2005
Hegen, Hannes: Feuerzauber auf hoher See (Mosaik 94), Berlin 1964
Heinisch, Klaus Joachim (Hg.): Kaiser Friedrich II. in Briefen und Berichten seiner Zeit, Darmstadt 1968
Heinisch, Klaus Joachim (Hg.): Kaiser Friedrich II. Sein Leben in zeitgenössischen Berichten, München 1969
Herodot: Historien, griechisch-deutsch, hg. von Josef Feix, 2 Bde., Düsseldorf [7]2006
Herwig, Holger H.: Der Einfluß von Alfred Th. Mahan auf die deutsche Seemacht, in: Werner Rahn (Hg.): Deutsche Marinen im Wandel. Vom Symbol nationaler Einheit zum Instrument internationaler Sicherheit, München 2005, S. 127–142
Herzig, Heinz E.: Der «Freiheitskampf» der Griechen. Salamis, September 480 v. Chr., in: Schlachten der Weltgeschichte von Salamis bis Sinai, hg. von Stig Förster, Dierk Walter und Markus Pöhlmann, München [3]2003, S. 19–31
Heuss, Alfred: Der Erste Punische Krieg und das Problem des römischen Imperialismus (zur politischen Beurteilung des Krieges), in: Historische Zeitschrift 169 (1949), S. 457–513
Hilberg, Arnold (Hg.): Die Seeschlacht bei Lissa nach den Berichten und Urtheilen der englischen Presse, Wien 1867
Hillmann, Jörg: Maritimes Denken in der Geopolitik Karl Haushofers, in: Rahn, Deutsche Marinen (2005), S. 305-329
Historia diplomatica Friderici secundi, hg. von Jean L. A. Huillard-Bréholles, 12 Bde., Paris 1852–1861
Holmes, James R. / Toshi Yoshihara: China and the United States in the Indian Ocean: An Emerging Strategic Triangle?, in: Naval War College Review 61 (2008), S. 42–60
Holmes, James R. / Toshi Yoshihara: Red Star over the Pacific: China's Rise and the Challenge to U. S. Maritime Strategy, Annapolis 2010
Hone, Thomas C.: The Battle of Midway, Annapolis 2013
Hopman, Albert: Das ereignisreiche Leben eines «Wilhelminers». Tagebücher, Briefe, Aufzeichnungen 1901 bis 1920, hg. von Michael Epkenhans, München 2004
Hough, Richard: The Fleet that Had to Die, London 1963
Howard-Johnston, James: Witnesses to a World Crisis. Historians and Histories of the Middle East in the Seventh Century, Oxford 2010
Howarth, David: Die Schlachtschiffe, Eltville am Rhein 1992
Huß, Werner: Geschichte der Karthager, München [4]2008

Iachino, Angelo: La campagna navale di Lissa 1866, Mailand 1966
Ibn Khaldûn: The Muqaddimah. An Introduction to History, Translated from the Ara-

bic by Franz Rosenthal, Princeton 1967 (=Auszug aus der 3 Bde. umfassenden Gesamtausgabe New York 1958); deutsche Teilausgabe: Ibn Khaldun: Die Muqaddima. Betrachtungen zur Weltgeschichte, übertragen und mit einer Einführung von Alma Giese unter Mitwirkung von Wolfhart Heinrichs, München 2011

IG II² = Inscriptiones Graecae consilio et avctoritate Academiae Litterarum Borussicae editae, Vol. 2 et 3: Inscriptiones Atticae Evclidis anno posteriores ed. Iohannes Kirchner, Berlin ²1927

ILGR = Inscriptiones latinae in Graecia repertae. Additamenta ad CIL III, ed. Marjeta Šašel Kos, Faenza 1979

Imber, Colin: The Ottoman Empire 1300–1650: The Structure of Power, New York 2002

Ireland, Bernard / Eric Grove: 100 Jahre Krieg zur See. Die Chronik, Stuttgart 1999

Israel, Ulrich / Jürgen Gebauer: Kriegsschiffe im 19. Jahrhundert, Berlin 1989

Jellicoe, John: The Crisis of the Naval War, London 1921 (dt. Übersetzung: Lord Jellicoe Erinnerungen, 2 Bde., Berlin 1938)

Jellicoe, John: The Grand Fleet 1914-1916. Its Creation, Development and Work, London 1919

Jones, James R.: The Anglo-Dutch Naval Wars of the Seventeenth Century, London 1996

Jung, Peter / Dieter Winkler: Rammkurs Lissa. Berichte der Kommandanten zur Seeschlacht 1866, Wien 2001

Kazhdan, Alexander (Hg.): Oxford Dictionary of Byzantium, 3 Bde., Oxford 1991

Kekaumenos Strategicon, hg. von Dimitris Tsoungarakis, Athen 1996 (dt. Ausgabe: Vademecum des Byzantinischen Aristokraten. Das sogenannte Strategikon des Kekaumenos, übersetzt, eingeleitet und erklärt von Hans-Georg Beck, Graz 1956)

Kelsey, Harry: Sir John Hawkins, Queen Elisabeth's Slave Trader, Yale 2003

Kennedy, Ludovic: Versenkt die Bismarck. Triumph und Untergang des stärksten Schlachtschiffes der Welt, München 1986

Kircheisen, Friedrich M.: Nelson. Die Begründung von Englands Weltmachtstellung, Stuttgart 1926

Klado, Nikolai L.: Die Kämpfe zur See im Russisch-Japanischen Kriege, Berlin 1907

Kromayer, Johannes / Georg Veith: Antike Schlachtfelder. Bausteine zu einer antiken Kriegsgeschichte, Bd. 4, Berlin 1924–1931

Kromayer, Johannes: Kleine Forschungen zur Geschichte des Zweiten Triumvirats VII: Der Feldzug von Actium und der sogenannte Verrath der Cleopatra, in: Hermes 34 (1899), S. 1–54

Lambert, Andrew: «The Possibility of Ultimate Action in the Baltic»: Die Royal Navy im Krieg, 1914–1916, in: Epkenhans: Skagerrak (2011), S. 73–112

Lambert, Nicholas: «Our Bloody Ships» or «Our Bloody System»? Jutland and the Loss of the Battle Cruisers, 1916, in: Journal of Military History 62 (1998), S. 29–55
Lammert, E[dmund]: «Korax», in: Paulys Realencyklopädie der classischen Altertumswissenschaft, Bd. 22, Stuttgart 1922, Sp. 1381
La Monte, John L. (Hg.): The War of Frederick II against the Ibelins in Syria and Cyprus by Philip de Novare, New York 1936 (=englische Übersetzung des altfranzösischen Textes)
Lane, Frederic C.: Naval actions and fleet organization, 1499-1502, in: John R. Hale (Hg.): Renaissance Venice, London 1973, S. 146-173
Laspe, Dewid: Actium. Die Anatomie einer Schlacht, in: Gymnasium 114–116 (2007), S. 509–522
Laughton, John K. (Hg.): State Papers Regarding to the Defeat of the Spanish Armada, Anno 1588, 2 Bde., London 1894
Lavery, Brian: The Arming and Fitting of the English Ships of War 1600–1815, London 1987
Lavery, Brian: The Ship of the Line, 2 Bde., Bd. 1: The Development of the Battlefleet 1650–1850, Bd. 2: Design, Construction and Fittings, London 1983/1984
Lazenby, John F.: The Diekplous, in: Greece and Rome 34 (1987), S. 169–177
Lazenby, John F.: The First Punic War. A Military History, London 1996
Levi, Cesare Augusto: Navi da Guerra costruite nell'Arsenal di Venezia dal 1664 al 1896, Venedig 1896
Lilie, Ralph-Johannes: Byzanz. Das zweite Rom, Berlin 2003
Lilie, Ralph-Johannes: Die byzantinische Reaktion auf die Ausbreitung der Araber. Studien zur Strukturwandlung des byzantinischen Staates im 7. und 8. Jahrhundert (Miscellanea Byzantina Monacensia 22), München 1976
Lilie, Ralph-Johannes: Einführung in die byzantinische Geschichte, Stuttgart 2007
Liut(d)prandi liber antapodoseos: Albert Bauer und Reinhold Rau (Übers.), Liudprands Werke, deutsche Übersetzung mit dem lateinischen Text von Joseph Becker, in: Rudolf Buchner u.a. (Hg.): Quellen zur Geschichte der sächsischen Kaiserzeit (Freiherr vom Stein-Gedächtnisausgabe 8), Darmstadt [4]1992, S. 244–495
Lo Basso, Luca: Gli assentisti del re. L'esercizio privato della guerra nelle strategie economiche dei Genovesi (1528–1716), in: Rossella Cancilla (Hg.): Mediterraneo in armi (secc. XV–XVIII), Palermo 2007, S. 397–427
Lumbroso, Alberto (Hg.): Il carteggio di un vinto. Lettere inedite dell'ammiraglio Conte C. di Persano, Rom 1917
Lumbroso, Alberto (Hg.): Il processo dell'ammiraglio Persano, con una prefazione ed un'appendice di documenti inediti sulla campagna navale di Lissa (1866), Turin 1905
Lumbroso, Alberto: La battaglia di Lissa nella storia e nella legenda, Rom 1910

Mackay, Ruddock F.: Fisher of Kilverstone, London 1973
Mahan, Alfred Thayer: The Influence of Sea Power upon History 1660–1783, Boston 1890; The Influence of Sea Power upon the French Revolution and Empire

1793–1812, Boston 1892 (dt. Ausgabe: Der Einfluß der Seemacht auf die Geschichte, 2 Bde., Berlin 1899)
Mahan, Alfred Thayer: The Life of Nelson. The Embodiment of the Sea Power of Great Britain, 2 Bde., London 1897
Makris, Georgios: Schiff, -bau, -stypen, II. Byzanz, östliches Mittelmeer, in: Lexikon des Mittelalters, Bd. 7, München 1995, Sp. 1460–62
Maltby, William S.: The Black Legend in England: The Development of Anti-Spanish Sentiment, 1558–1660, Durham 1971
Maltzahn, Curt v.: Der Seekrieg. Seine geschichtliche Entwicklung vom Zeitalter der Entdeckungen bis zur Gegenwart, Leipzig 1906
Maltzahn, Curt v.: Der Seekrieg zwischen Rußland und Japan, 3 Bde., Berlin 1912-1914
Manfroni, Camillo: Storia della Marina italiana dalla caduta di Constantinopoli alla battaglia di Lepanto, Mailand 1897
Mantram, Robert: L'impero ottomano, Venezia e la guerra (1570-1670), in: Venezia e la difesa del Levante. Da Lepanto a Candia 1570-1670, Ausstell.-Kat., Venedig 1986, S. 227–232
Marder, Arthur J.: From the Dreadnought to Scapa Flow. The Royal Navy in the Fisher Era 1904-1919, 5 Bde., Bd. 3: Jutland and After, London 1966
Martin, Colin / Geoffrey Parker: The Spanish Armada, Manchester [2]1999
Matthaei Parisiensis Cronica majora, hg. v. Henry Richards Luard, 7 Bde., London 1872–1884
Matthaei Parisiensis Historia Anglorum, hg. v. Sir Frederic Madden, 3 Bde., London 1866-1869; die reichsgeschichtlichen Belange sind ausgezogen bei Ex Mathei Parisiensis operibus (MGH SS 28), Hannover 1888, S. 107-455; gekürzte deutsche Übersetzung: Auszüge aus der größeren Chronik des Matthäus von Paris, nach der Ausgabe der Monumenta Germaniae übersetzt von G. Grandauer und W. Wattenbach (Die Geschichtsschreiber der deutschen Vorzeit 73), Leipzig 1890
Mattingly, Garrett: Die Armada. Sieben Tage machen Weltgeschichte, München 1960 (1. Aufl. Boston 1959)
Matz, Erling / Hans Hammarskiöld: Die Vasa. Das Regalschiff und Schweden im 17. Jahrhundert, Stockholm 1999
Mazzarella, Salvatore (Hg.): La battaglia di Lepanto 1571, Palermo 1995
McDermott, James: England and the Spanish Armada. The Necessary Quarrel, New Haven / London 2005
Meier, Christian: Athen. Ein Neubeginn der Weltgeschichte, Berlin 1993
Meier, Christian: Die Entstehung des Politischen bei den Griechen, Frankfurt a. M. 1983
Meier, Christian: Die Rolle des Krieges im klassischen Athen, München 1991
Michael of Rhodes (The Book of): A Fifteenth-Century Maritime Manuscript, hg. von Pamela O. Long u. a., 3 Bde., Cambridge MA / London 2009
Modelski, George / William R. Thompson: Seapower in Global Politics, 1494–1993, London 1988
Mollat du Jourdin, Michel: Europa und das Meer, München 1993

Mommsen, Theodor: Reden und Aufsätze, Berlin 1905
Mommsen, Theodor: Römische Geschichte, Bd. 1, Leipzig 1854
Morrison, Samuel E.: Coral Sea, Midway and Submarine Actions: May 1942 – August 1942 (History of United States Naval Operations in World War II, Bd. 4) Boston 1949 (ND 2001)
Morrison, John S./John F. Coates: The Athenian Trireme: The History and Reconstruction of an Ancient Greek Warship, Cambridge 1986 (dt. Ausgabe: Die athenische Triere. Geschichte und Rekonstruktion eines Kriegsschiffs der griechischen Antike, Mainz 1990)
Mott, Lawrence V.: Sea Power in the Medieval Mediterranean. The Catalan-Aragonese Fleet in the War of the Sicilian Vespers (New Perspectives on Maritime History and Nautical Archaeology), Gainesville 2003
Muir, Malcolm: The Iowa Class Battleships: Iowa, New Jersey, Missouri & Wisconsin, Poole 1987
Münkler, Herfried: Imperien. Die Logik der Weltherrschaft – vom alten Rom bis zu den Vereinigten Staaten, Berlin 2005
Murray, William M./Photios M. Petsas: Octavian's Campsite Memorial for the Actian War, Philadelphia 1989

Nadolny, Sten: Die Entdeckung der Langsamkeit, München/Zürich 1983
Naish, George P. B. (Hg.): Documents Illustrating the History of the Spanish Armada, London 1975
Nani Mocenigo, Mario: Storia della marina veneziana da Lepanto alla caduta della Repubblica, Rom 1935
Neitzel, Sönke: Weltmacht oder Untergang. Die Weltreichslehren im Zeitalter des Imperialismus, Paderborn u. a. 2000
Nicolas, Nicholas H. (Hg.): The Dispatches and Letters of Vice Admiral Lord Viscount Nelson, 7 Bde., London 1844–1846

Osterhammel, Jürgen: Die Verwandlung der Welt. Eine Geschichte des 19. Jahrhunderts, München 2009
Ostrogorsky, Georg: Geschichte des Byzantinischen Staates, München 1963

Padfield, Peter: Guns at Sea, London 1974
Parker, Geoffrey: Die militärische Revolution. Die Kriegskunst und der Aufstieg des Westens, Frankfurt a.M. 1990
Parker, Geoffrey: El testamento politicò de Juan Martinéz de Recalde, in: Revista de Historia Naval 60 (1998), S. 7–44
Paruta, Paolo: Della Historia venetiana. Parte seconda. Nella quale in libri tre si contiene la guerra fatta dalla Lega de' Prencipi cristiani contra Selino ottomano per occasione del Regno di Cipro, Venedig 1605
Paulus Orosius: Historiarum adversum paganos libri VII, hg. von Carl Zangmeister,

Wien 1882, ND Hildesheim 1967; dt. Ausgabe: Paulus Orosius, Die antike Weltgeschichte in christlicher Sicht, übers. [...] von Adolf Lippold, 2 Bde., Zürich/München 1985/1986
Pausanias: Beschreibung Griechenlands, neu übers. von Ernst Meyer, Zürich 1954
Pemsel, Helmut: Seeherrschaft. Eine maritime Weltgeschichte von den Anfängen der Seefahrt bis zur Gegenwart, 2 Bde., Koblenz 1985
Pepys, Samuel: Die Tagebücher 1660–1669, 9 Bde., Berlin 2010
Pérez-Mallaína, Pablo E.: Spain's Men of the Sea. Daily Life on the Indies Fleet in the Sixteenth Century, Baltimore 1998
Persano, Carlo: Diario privato politico-militare dell'ammiraglio Carlo di Persano nella campagna navale del 1860–61, 4 Bde., Bd. 1, Florenz 1869
Persano, Carlo: I fatti di Lissa, Turin 1866
Pierson, Peter: Commander of the Armada. The Seventh Duke of Medina Sidonia, New Haven/London 1989
Pincus, Steven C. A.: Protestantism and Patriotism. Ideologies and the Making of English Foreign Policiy 1650–1668, Cambridge 2002
Pitassi, Michael: Roman Warships, Woodbridge 2011
Pitassi, Michael: The Navies of Rome, Woodbridge 2009
Plutarch: Große Griechen und Römer, 5 Bde., eingeleitet und übers. von Konrat Ziegler, Zürich-Stuttgart 1954–1960; darin: Themistokles, Bd. 1, S. 365–404; Pompeius, Bd. 3, S. 157–256; Antonius, Bd. 5, S. 301–391
Politowski, Ewgeni S.: Von Libau nach Tsushima, Berlin 1909
Polybios: Geschichte, eingeleitet und übertragen von Hans Drexler, 2 Bde., Zürich/Stuttgart 1961/63
Prodi, Paolo: Settimo non rubare. Furto e mercato nella storia dell'Occidente, Bologna 2009
Prokop: Der Gotenkrieg, der Vandalenkrieg, nach der Übersetzung von David Costa bearbeitet und ergänzt von Alexander Heine (Gotenkrieg) und Andreas Schäfer (Vandalenkrieg, Anhang), Essen o. J.
Pryor, John H.: Transportation of Horses by Sea During the Era of the Crusades: Eighth Century to 1285 A.D., Teil 1: to c 1225, in: Mariner's Mirror 68 (1982), S. 9–27, Teil 2: ebda., S. 103–126
Pryor, John H.: Commerce, Shipping a. Naval Warfare in the Mediterranean, London 1987
Pryor, John H.: The Crusade of Emperor Frederic II, 1220–29: The Implications of the Maritime Evidence, in: The American Neptune 52 (1992), S. 113–132
Pryor, John H.: Byzantium and the Sea: Byzantine Fleets and the History of the Empire in the Age of the Macedonian Emperors, c. 900–1025 CE, in: Hattendorf/Unger, War at Sea (2003), S. 83–104
Pryor, John H./Elizabeth M. Jeffreys: The Age of ΔΡΟΜΩΝ. The Byzantine Navy ca. 500–1204, Leiden 2006

Quarti, Guido A.: La guerra contro il Turco a Cipro e a Lepanto 1570–1571. Storia documentata, Venedig 1935
Quinn, David B./A. N. Ryan: England's Sea Empire, 1550–1642, London 1983

Rader, Olaf B.: Friedrich II. Der Sizilianer auf dem Kaiserthron, München [4]2012
Rader, Olaf B.: Kaiser Friedrich II., München 2012
Rahn, Werner (Hg.): Deutsche Marinen im Wandel. Vom Symbol nationaler Einheit zum Instrument internationaler Sicherheit, München 2005
Rasor, Eugene L.: The Spanish Armada of 1588: Historiography and Annotated Biography, Westport/London 1993
Reinhard, Wolfgang: Geschichte der Staatsgewalt. Eine vergleichende Verfassungsgeschichte Europas von den Anfängen bis zur Gegenwart, München 1998
Reinhard, Wolfgang: Geschichte der europäischen Expansion, 4 Bde., Stuttgart 1983–1989
Rivero Rodríguez, Manuel.: La batalla de Lepanto. Cruzada, guerra santa e identica confessional, Madrid 2008
Rochow, Ilse: Byzanz im 8. Jahrhundert in der Sicht des Theophanes. Quellenkritisch-historischer Kommentar zu den Jahren 715–813, Berlin 1991
Rödel, Christian: Krieger, Denker, Amateure. Alfred von Tirpitz und das Seekriegsbild vor dem Ersten Weltkrieg, Stuttgart 2003
Rodger, Nicholas A. M. (Hg.): The Armada in the Public Records, London 1988
Rodger, Nicholas A. M.: The Development of Broadside Gunnery, in: Mariner's Mirror 82 (1996), S. 301–324
Rodger, Nicholas A. M.: The New Atlantic: Naval Warfare in the Sixteenth Century, in: Hattendorf/Unger: War at Sea (2003), S. 233–247
Rodger, Nicholas A. M.: The Safeguard of the Sea: A Naval History of Britain, Bd. 1: 660–1649, London 1997
Rodger, Nicholas A. M.: Die Entwicklung der Vorstellung von Seekriegsstrategie in Großbritannien im 18. und 19. Jahrhundert, in: Duppler, Seemacht und Seestrategie (1999)
Rodríguez-Salgado, Maria-Jose (Hg.): Armada, 1588–1988, London 1988
Rodríguez-Salgado, Maria-Jose: Pilots, Navigation and Strategy in the Gran Armada, in: Rodríguez-Salgado/Adams, England, Spain and the Armada (1991), S. 134–173
Rodríguez-Salgado, Maria-Jose/ Simon Adams (Hg.): England, Spain and the Gran Armada, 1585–1604. Essays from the Anglo-Spanish Conferences London and Madrid 1988, Edinburgh 1991
Röhl, John C.G.: Wilhelm II. Der Aufbau der Persönlichen Monarchie 1888–1900, München 2001
Rommelse, Gijs: The Second Anglo-Dutch War (1665–1667). Raison d'État, Mercantilism and Maritime Strife, Hilversum 2006
Roskill, Stephen: Admiral of the Fleet John Beatty. An Intimate Biography, New York 1981
Rudolph, Harriet: Lepanto – Die Ordnung der Schlacht und die Ordnung der Erinnerung, in: Carl/Planert: Militärische Erinnerungskulturen (2012), S. 101–128

Ryccardi de Sancto Germano notarii Chronica, hg. von Carlo Alberto Garufi, Bologna 1936–1938
Sabin, Philip u. a. (Hg.): The Cambridge History of Greek and Roman Warfare, 2 Bde., Cambridge 2007
Salewski, Michael: Die Deutschen und die See. Studien zur deutschen Marinegeschichte des 19. und 20. Jahrhunderts, hg. von Jürgen Elvert und Stefan Lippert, Stuttgart 1998
Salewski, Michael: Tirpitz. Aufstieg – Macht – Scheitern, Frankfurt a. M. u.a. 1979
Santoni, Alberto: Storia e politica navale dell'età moderna: XV–XIX secolo, Rom 1998
Scammel, Geoffrey V.: The World Encompassed. The First European Maritime Empires, c. 800–1650, London 1981
Schäfer, Christoph: Kleopatra, Darmstadt 2006
Schmitt, Carl: Land und Meer, Stuttgart ^{3}1993 (1. Aufl. 1940)
Schöndorfer, Ulrich: Wilhelm von Tegetthoff, Wien 1958
Schulz, Raimund: Die Antike und das Meer, Darmstadt 2005
Scotti, Giacomo: Lissa 1866. La grande battaglia per l'Adriatico, Triest 2004
Selzer, Stephan: Die mittelalterliche Hanse, Darmstadt 2010
Sereno, Bartolomeo: Commentari della guerra di Cipro e della Lega dei Principi cristiani contro il Turco, Montecassino 1845
Shakespeare, William: Antonius und Kleopatra, übersetzt von Ludwig Tieck, in: Shakespeares Werke, hg. von Wolfgang Keller, Bd. 5, Berlin o.J. [um 1919], S. 185–290
Sicking, Louis: Naval Power in the Netherlands before the Dutch Revolt, in: Hattendorf/Unger: War at Sea (2003), S. 199–216
Sobel, Dava: Längengrad. Die wahre Geschichte eines einsamen Genies, welches das größte wissenschaftliche Problem seiner Zeit löste, Berlin 2005
Sokol, Hans H.: Österreich-Ungarns Seekrieg 1914–1918, 2 Bde., Wien 1933
Sombart, Werner: Der moderne Kapitalismus. Historisch-systematische Darstellung des gesamten europäischen Wirtschaftslebens von den Anfängen bis zur Gegenwart, 3 Bde., Leipzig 1916–1927
Sondhaus, Lawrence Thomas: The Habsburg Empire and the Sea: Austrian Naval Policy, 1797–1866, West Lafayette 1986
Sordi, Marta: I «corvi» di Duilio e la giustificazione cartaginese della battaglia di Milazzo, in Dies. (Hg.): Scritti di storia romana, Mailand 2002, S. 193–201
Southey, Robert: The Life of Horatio Nelson, London 1894
Ssemenow, Wladimir: Die Schlacht bei Tsushima, Berlin 1907
Ssemenow, Wladimir: Raßplata. Kriegstagebuch über die Blockade von Port Arthur und die Ausreise der Flotte unter Rojestwenski, Berlin 1908
Stein-Hölkeskamp, Elke: Demokratie – die «herrschende Hand des Volkes», in: Dies./Karl-Joachim Hölkeskamp (Hg.): Die griechische Welt. Erinnerungsorte der Antike, München 2010, S. 487–509
Stella, Aldo: Lepanto nella storia e nella storiografia alla luce di nuovi documenti, in: Studi Veneziani 51 (2006), S. 206–278
Stenzel, Alfred: Kriegsführung zur See. Lehre vom Seekriege, Hannover/Leipzig 1913

Stenzel, Alfred: Seekriegsgeschichte in ihren wichtigsten Abschnitten mit Berücksichtigung der Seetaktik, 5 Bde., Hannover/Leipzig 1907–1911
Stenzel, Alfred: Über Kriegführung zur See. Eine strategische Studie an Hand der englischen Flotten-Manöver im Jahre 1888, Berlin 1889
Stradling, Robert A.: The Armada of Flanders. Spanish Maritime Policy and European War, 1568–1665, London 1993
Stratos, Andreas N.: Byzantium in the Seventh Century, Bd. 4: 668–685, Amsterdam 1978
Stürner, Wolfgang: Friedrich II., Teil 1: Die Königsherrschaft in Sizilien und Deutschland 1194–1220, Darmstadt 1992, Teil 2: Der Kaiser 1220–1250, Darmstadt 2000 (ND in einem Band: Darmstadt 2009)
Sumrall, Robert F.: Iowa Class Battleships – Their Design, Weapons and Equipment, Annapolis 1988

't Hart, Marten: The Making of a Bourgeois State: War, Politics and Finance during the Dutch Revolt, Manchester 1994
Theophanes Homologetes: The Chronicle of Theophanes Confessor. Byzantine and Near Eastern History AD 284–813, übers. und kommentiert von Cyril Mango und Roger Scott, Oxford 1997 (=Vollständige und ausführlich kommentierte englische Übersetzung); sowie: Bilderstreit und Arabersturm in Byzanz: das 8. Jahrhundert (717–813) aus der Weltchronik des Theophanes, übersetzt, eingeleitet und erklärt von Leopold Breyer (Byzantinische Geschichtsschreiber 6), Graz 1964. (=Übersetzung der Chronik ab 717)
Thiel, Johannes H.: Studies on the History of Roman Sea-Power in Republican Times, Amsterdam 1946
Thiel, Johannes H.: A History of Roman Sea-Power before the Second Punic War, Amsterdam 1954
Thiess, Frank: Tsushima. Die Geschichte eines Seekriegs, Wien-Hamburg 1964 (1. Aufl. Berlin 1936)
Thompson, I. A. A.: Spanish Armada Guns, in: Mariner's Mirror 61 (1975), S. 355–371
Thompson, I. A. A.: War and Government in Habsburg Spain 1560-1620, London 1976
Thompson, Janice E.: Mercenaries, Pirates, and Sovereigns: State-Building and Extraterritorial Violence in Early Modern Europe, Princeton 1996
Thubron, Colin: Die Seefahrer des Altertums, Amsterdam 1984
Thukydides: Geschichte des Peloponnesischen Krieges, eingel. und übertr. von Georg P. Landmann, Zürich-Stuttgart 1960
Till, Geoffrey: Seapower. A Guide for the 21st Century, London 2004
Tirpitz, Alfred v.: Erinnerungen, Leipzig 1919
Tunstall, Brian: Naval Warfare at the Age of the Sail: the Evolution of Fighting Tactics 1650–1815, London 1990

Ufer, Ulrich: Welthandelszentrum Amsterdam: globale Dynamik und modernes Leben im 17. Jahrhundert, Köln 2008

Velleius Paterculus: Historia Romana. Römische Geschichte, lateinisch/deutsch, übers. und hg. von Marion Giebel, Stuttgart 1989
Vergil: Aeneis, lateinisch/deutsch, in Zusammenarbeit mit Marie Götte hg. und übersetzt von Johannes Götte, Düsseldorf/Zürich [10]2002

Wagner, Wieland: Japans Außenpolitik in der frühen Meji-Zeit (1868–1894). Die ideologische und politische Grundlegung des japanischen Führungsanspruchs in Ostasien, Stuttgart 1990
Walbank, Frank W.: A Historical Commentary on Polybius, 3 Bde., Bd. 1, Oxford 1970
Wallinga, Herman Tammo: The Boarding-Bridge of the Romans, Groningen-Djakarta 1956
Warner, Oliver: Große Seeschlachten, Frankfurt a. M. 1965
Warwick, Peter: Voices from the Battle of Trafalgar, Cincinnati 2005
Wende, Peter: Das britische Empire. Geschichte eines Weltreichs, München 2008
Whipple, Addison B. C.: Krieg unter Segeln, Amsterdam 1983
White, Colin (Hg.): The Nelson Companion, Annapolis 1995
Whitehead, Bertrand T.: Brags and Boasts. Propaganda in the Year of the Armada, Stroud 1994
Whitehead, Ian: The Periplous, in: Greece and Rome 34 (1987), S. 178–185
Willis, Sam: The Fighting Temeraire. The Battle of Trafalgar and the Ship that Inspired J. M. W. Turner's Most Beloved Painting, New York 2010
Willms, Johannes: Napoleon. Eine Biographie, München 2005
Witt, Jan M.: Horatio Nelson. Triumph und Tragik eines Seehelden. Sein Leben und seine Zeit 1758–1805, Hamburg 2005
Wynn, Kenneth: U-Boat Operations of the Second World War, Bd. 1: Career Histories, U1–U510, Bd. 2: Career Histories U511–UIT25, London 2003

Zanker, Paul: Augustus und die Macht der Bilder, München [3]1997
Zimmermann, Martin: Pergamon. Geschichte, Kultur, Archäologie, München 2011
Zunckel, Julia: Rüstungsgeschäfte im Dreißigjährigen Krieg. Unternehmerkräfte, Militärgüter und Marktstrategien im Handel zwischen Genua, Amsterdam und Hamburg, Berlin 1997

Bildnachweis

Vorsatz vorne: Wilhelm von Kaulbach, Seeschlacht bei Salamis, um 1870 (1868); Maximilianeum München, © akg-images
Nach dem Bau des Maximilianeums in München entstanden ab 1852 unter der Leitung von Leo von Klenze (1784–1864) dreißig Gemälde der «Historischen Galerie», die Hauptmomente der Weltgeschichte zeigen sollten. Die «Die Seeschlacht von Salamis» des Historienmalers Wilhelm von Kaulbach (1805–1874) ist von gewaltiger Dramatik bestimmt: Links oben thront Xerxes und muss tatenlos der Vernichtung seiner Flotte zusehen. Zu Füßen des Großkönigs versinkt sogar ein Schiff mit seinem Harem und seinen Schätzen. Rechts lenkt Themistokles die Schlacht von seinem Schiff aus, während hinter ihm der spartanische König Leonidas, der sich mit dreihundert seiner Krieger kurz zuvor an den Thermopylen geopfert hatte, verpflichtend das Schwert hebt. Über ihnen schwebt Athena, die den Brand ihrer Stadt nun gerächt sieht.

Vorsatz hinten: Clarkson Frederick Stanfield, «Battle of Trafalgar», 1863; © akg-images
Der englische Bühnen- und Kunstmaler Clarkson Frederick Stanfield (1793–1867), der selbst zur See gefahren ist, gilt gemeinsam mit Joseph Mallord William Turner als einer der besten Marine- und Landschaftsmaler Englands. Seine bedeutendste Arbeit ist das Gemälde «Battle of Trafalgar» aus dem Jahr 1863. Das Zentrum des detailgenauen Bildes bestimmt die *HMS Victory*, an deren Steuerbordseite symbolhaft ein im Wasser treibender Mast mit gekreuzter Spiere genau jene Stelle bezeichnet, wo hinter der Bordwand des Schiffes Admiral Nelson seiner Verletzung erlag.

Umschlagrückseite: Die *USS Iowa*, das schnellste und kampfstärkste Schlachtschiff der Weltgeschichte mit dem Spitznamen «The big stick» war das Typschiff einer ganzen Klasse, die die US-Navy 1938 geplant und während des Zweiten Weltkrieges in Dienst gestellt hat. Die Hauptartillerie dieser Schlachtschiffe bestand aus neun Geschützen vom Kaliber 16 Zoll (= 40,6 Zentimeter), die in zwei Drillingstürmen auf dem Vorschiff und einem weiteren auf dem Achterschiff integriert waren und deren Geschosse eine Reichweite von bis zu 40 Kilometern hatten. Als Anfang der 1980er Jahre US-Präsident Ronald Reagan eine massive Aufrüstung der Seestreitkräfte plante, wurde auch die *USS Iowa* für zwei weitere Jahrzehnte reaktiviert und feuerte in dieser Zeit die letzten Salven aus ihren riesigen Kanonen.

Seite 10: Library of Congress Prints and Photographs Division Washington, D.C., USA
Seite 17: aus: Michael of Rhodes (The Book of): A Fifteenth-Century Maritime Manuscript, ed. Pamela O. Long et al., 3 Bde., Cambridge MA/London 2009, Tafelteil
Seite 63: Museum Bardo, Tunis, Tunesien
Seite 76: Foto: Olaf Rader
Seite 82: Museum of Fine Arts, Boston, USA; aus: Zanker, Macht der Bilder, S. 103
Seite 95: National Maritime Museum, Palmer Collection, Greenwich, London, UK; aus: Thubron, Seefahrer des Altertums, S. 120
Seite 100: Rekonstruktion aus: Murray/Petsas, Octavians Campsite Memorial
Seite 116: Rekonstruktion aus: Pryor/Jeffreys, ΔΡΟΜΩΝ
Seite 122: Spanische Nationalbibliothek, Madrid, Spanien, Codex Vitr. 26-2
Seite 132: Vikingskipshuset Bygdøy, Oslo, Norwegen; aus: Wernick, Wikinger, S. 37
Seite 135: Petrus de Ebulo, *Liber ad honorem Augusti*, Bern, Schweiz, Codex 120 II der Burgerbibliothek fol. 119r.; aus: Kölzer/Stähli, S. 131
Seite 139: aus: Herbert Ewe, Schiffe auf Siegeln, Rostock 1972, S. 29
Seite 147: Giovanni Villani, *Nuova Cronica*, Biblioteca Apostolica Vaticana, Città del Vaticano, ms. Chigi L VIII 296 fol. 81r.; aus: Sommerlechner, Stupor, Tafel 15
Seite 149: Jean de Wavrin, Recueil des croniques et anciennes istoires de la Grant Bretaigne, Brüssel 1461-83, BL, UK, Royal MS 14 E.IV, f. 276r.; aus Flatman, Ships and Shipping, S. 105
Seite 177: Gallerie dell'Accademia di Venezia, Italien
Seite 211: Vasamuseet Stockholm, Schweden; aus: Matz/Hammarsköld, Vasa, S. 9
Seite 225: Rijksmuseum, Amsterdam, NL; aus: Howarth, Kriegsschiffe, S. 124
Seite 227: National Maritime Museum Greenwich, UK, aus: Howarth, Kriegsschiffe, S. 24
Seite 237: National Maritime Museum Greenwich BI IC0565, UK
Seite 240: aus: Whipple, Krieg unter Segeln, S. 60
Seite 251: aus: Whipple, Krieg unter Segeln, S. 113
Seite 261: National Maritime Museum Greenwich BHC2894, UK, aus: Walker, S. 161
Seite 265: Stich von T. Woolnoth nach einem Gemälde von John Hoppner, Privatbesitz Rader
Seite 277: Archivio Segreto Vaticano, Città del Vaticano
Seite 284: Österreichische Galerie Belvedere, Wien, Österreich
Seite 289: Bild 6 aus der Serie Nr. 0457 «Denkmäler berühmter Seefahrer und Seehelden» (von 1900); aus: Jussen, Bernhard (Hg.): Atlas des Historischen Bildwissens 1: Liebig's Sammelbilder. Vollständige Edition aller 1138 Serien, 3. Auflage, Berlin 2009

Seite 298: aus: Thiess, Tsushima, Tafelteil

Seite 313: aus: Meyers Konversationslexikon, 6. Aufl., Leipzig-Wien 1908, Bd. 15, Tafel Panzerschiffe V., vor S. 377

Seite 339: © ullstein bild

Seite 345: Bundesarchiv, Bild 134-B2100

Seite 355: aus: Warner, Seeschlachten S. 276

Seite 358: © ullstein bild / Haeckel Archiv

Seite 361: US Naval Historical Center (80-G-273880), USA

Seite 367: Projektentwurf U.S. Navy, USA

Seite 23, 31, 53, 107, 167, 168, 171, 189, 193, 197, 224, 243, 272, 302, 319, 333, 346: Archiv der Autoren

Sämtliche Zeichnungen und Karten: Benjamin Herzberg

Glossar

a scaloccio (italienisch von _remo a scaloccio_): System der Riemenanordnung, bei der auf einer Ebene mehrere Rojer auf einer Ducht sitzen und zusammen nur einen Riemen führen (→ *a sensile*)

a sensile (italienisch von _remo alla sensile_, venezianischer Dialekt _senzile_): System der Riemenanordnung, bei der auf einer Ebene mehrere Rojer auf einer Ducht sitzen und je einen Riemen führen (→ *a scaloccio*)

Abdrift: seitliche Versetzung (Abtreiben) eines Schiffes vom Kurs, etwa durch die Einwirkung von seitlichem Wind oder seitlichem Strom

Abfallen: Kursänderung eines Segelschiffes weg von der Windrichtung

achterlich: hinter der verlängerten Querachse eines Schiffes

Achtern: hinterer Teil des Schiffes

Amwindkurs: Bewegung eines Segelschiffes mit schräg von vorn kommendem scheinbaren Wind (→ Raumwind-, Vorwind- und Halbwindkurs)

Anluven: Kursänderung eines Segelschiffes hin zur Windrichtung

Aufgeien: Zusammenziehen der Segel mit den dazu verwendeten Geitauen an der Rah, um den Wind aus den Segeln zu nehmen und eine Fahrtverminderung zu erreichen, meist kurz vor Kampfbeginn vorgenommen

Backbord: linke Seite eines Schiffes in Fahrtrichtung

Backbrassen: Segelstellung, bei der der Wind auf die «falsche» Seite des Segels wirkt, um die Geschwindigkeit des Schiffes zu bremsen oder um es ohne Segeleinholen auf einer Position zu halten

Bilge: tiefster Punkt in einem Schiffskörper, Sammelpunkt von eingedrungenem Wasser

Bireme (lateinisch: _biremis_, griechisch: _dieres_): riemengetriebenes Schiff mit zwei Riemenreihen übereinander

Block: Beschlag zur Tauwerksführung (meist mit Rollen versehen)

Brander: mit leicht brennbaren Stoffen beladenes Schiff, mit dem man vor Anker liegende feindliche Schiffe in Brand zu setzen versucht

Corvus (lateinisch; griechisch: *corax*): «Rabe»; Klappbrücke aus hellenistischer Belagerungstechnik, nach Polybios kurzzeitig von den Römern im Ersten Punischen Krieg als Schiffsenterbrücke verwendet

Crossing the T: spezielles Seemanöver, um die vereinte Feuerkraft mehrerer in Kiellinie fahrender Schiffe auf ein gegnerisches Schiff, das sich im Winkel von 90° annähert, zu konzentrieren

Decere (lateinisch: *decemremis*, griechisch: *dekeres*): großes riemengetriebenes Kriegsschiff mit zwei oder drei übereinander angeordneten Reihen von Riemen, die von zehn Rojern bedient wurden («Zehner»)

Diékplous (griechisch): «Durchfahrt»; spezielles Seemanöver antiker geruderter Kriegsschiffe, bei dem man die gegnerische Schlachtreihe durchstieß, um dann von Achtern einen Rammstoß anzusetzen (→ Períplous)

Drehbasse: in einer Gabel aufgehängte kleinere Kanone

Dromone: riemengetriebenes Schiff der byzantinischen Marine, meist zweireihig

Ducht: Sitz der Ruderer/Rojer

Dünung: Wellen, die nicht vom aktuellen Wind erzeugt werden (→ Windsee)

Dwars: quer zur Kielrichtung

Entern: das gewaltsame Übersteigen auf ein feindliches Schiff

Etmal: die von einem Schiff von Mittag zu Mittag zurückgelegte Wegstrecke

Faden (englisch: *Fathom*): historisches englisches Tiefenmaß: 1 Fathom = 2 Yards = 6 Feet = 72 Inches = etwa 1,85 Meter

Fall: Tau zum Aufziehen von Segeln (Plural: Fallen)

Fieren: eine Leine oder Schot nachlassen

Fock: Vorsegel vor dem ersten Mast, mitunter auch das unterste Großsegel des Fockmastes

Fore-and-aft-rig (englisch; niederländisch: *voor en achter*, keine deutsche Entsprechung): Segelanordnung, bei der die Hauptsegel mehr in einer gedachten Linie zum Kiel stehen als quer, wie etwa beim Lateiner-, Spriet-, Gaffel- oder Luggersegel

Fregatte: ursprünglich vollgetakeltes Segelkriegsschiff mit einem durchlaufenden Deck ohne Vorder- und Achterkastelle; heute kleineres Mehrzweckkriegsschiff

Freibord: Abstand zwischen der Wasseroberfläche und dem Oberdeck oder der Bordkante

Galeasse: großes riemengetriebenes Kriegsschiff der Frühen Neuzeit mit deutlich mehr Kanonen als bei der Galeere

Galeere: einreihiges riemengetriebenes Kriegsschiff des Mittelalters und der Frühen Neuzeit

Galeone: Segelschifftyp des 16. Jahrhunderts mit hohem achterlichem Aufbau

Grundsee: hohe Wellen, die sich über Untiefen aufbauen

Halbwindkurs: Bewegung eines Segelschiffes mit seitlich einfallendem scheinbaren Wind (→ Raumwind-, Vorwind- und Amwindkurs)
Halse: Segelmanöver zur Richtungsänderung, bei dem das Schiff mit dem Heck durch den Wind geht
Hissen (heissen): Aufziehen von Segeln, Flaggen oder Gegenständen mit Hilfe eines Taus

Jagdgeschütz: Buggeschütz eines Kriegsschiffes

kabbelig: unruhige See durch Seegang aus unterschiedlichen Richtungen (→ Kreuzsee)
Kabellänge (englisch: *cable length*): Längenmaß, entspricht 1/10 Seemeile = etwa 185 Meter
Kalfatern: abdichten der Plankenstöße durch Einhämmern von Dichtmaterial
Karronade: Kanone mit kurzem Rohr und einem sehr großen Kaliber, in der Regel auf einer beweglichen Schiene montiert
Kiellinie: Fahrt von mehreren Schiffen hintereinander
Kielschwein: auf dem Kiel liegende Verstärkung im Schiffsinneren, die meistens den Fuß der Masten aufnimmt
Kimm: Linie des sichtbaren Horizonts auf offenem Meer zwischen Wasser und Himmel
Klinkerbau: Beplankungstechnik, bei der sich die Plankenränder nach unten überlappen
Klüse: Öffnung in der Schiffswand, durch die Ketten oder Taue geführt werden
Klüver: dreieckiges Segel, das vor dem Fockmast und am Klüverbaum befestigt wird
Klüverbaum: über das Vorschiff hinausragende Spiere, um Vorsegel (Fock, Klüver, Jager) zu führen
Knoten: Angabe der Schiffsgeschwindigkeit, entspricht den in einer Stunde zurückgelegten Seemeilen
Korvette: seit Mitte des 18. Jahrhunderts meist unklassifizierter, kleiner und schneller Kriegsschifftyp von geringerer Größe als eine Fregatte
Krängung: Neigung eines Schiffs zur Seite durch Windeinfall, verrutschte Ladung oder eingedrungenes Wasser (→ Rollen)
Kraweelbau: Beplankungstechnik, bei der die Planken eine glatte Rumpfschale ergeben (→ Klinkerbau)
Kreuzen: Anlaufen eines Ziels in Windrichtung durch Amwindkurs mit mehrfachem Kurswechsel
Kreuzer: mit mittlerer Artillerie bewaffnetes und nur leicht gepanzertes Kriegsschiff, hauptsächlich zur Störung von Handelsrouten eingesetzt
Kreuzsee: Zusammentreffen und Überlagerung von Wellen aus unterschiedlichen Richtungen z. B. Dünung und Windsee

Lateinersegel: Dreieckiges, an einer Spiere befestigtes und schräg zum Mast stehendes Segel

laufendes Gut: Teile der Takelage, die bei Manövern bewegt werden

Lee: die dem Wind abgewandte Seite; ein Schiff in Lee zu einem anderen kann nur passiv einen Angriff erwarten

Leesegel: Bezeichnung für ein Rahsegel, das bei rauem Wind an Spieren befestigt wird; mit «Lee» hat es aber nichts zu tun

Legerwall: Position eines Schiffes bei auflandigem Wind (Leeküste), aus der es sich nicht mehr freikreuzen kann und die zwangsläufig zum Schiffbruch führt

Lenzen: Wasser aus dem Schiff pumpen

Liburne: riemengetriebenes römisches Kriegsschiff mit einer oder zwei übereinander angeordneten Reihen von Riemen mit von 16 bis zu 50 Rojern

Liek: Kante des Segels (Vor-, Unter-, Achter-)

Linienschiff (englisch: *ship-of-the-line*): schweres Segelschlachtschiff vornehmlich des 18. und 19. Jahrhunderts, dessen Name von der Fahrt in Kiellinie abgeleitet wurde

Logge: Messgerät zur Bestimmung der Geschwindigkeit der Fahrt durchs Wasser

Lot: Messgerät zur Bestimmung der Wassertiefe

Luv: die dem Wind zugewandte Seite; befindet sich ein Schiff in Luv zu einem anderen, so kann es zu einem beliebigen Zeitpunkt einen Angriff beginnen, mit dem Vorteil der Offensive und der Wahl der Angriffsweise

Mêlée (französisch): «Getümmel»; Taktik zu einem fortgeschrittenen Zeitpunkt einer Seeschlacht, bei der die klare Gefechtsordnung oder das Fahren in Formation aufgehoben ist und sich das Gefecht zu einem Kampf Schiff gegen Schiff auf kurzer Distanz entwickelt hat

Mizzenmast (englisch): der jeweilige nächste Mast hinter dem Hauptmast, deutsche Entsprechung: Kreuz- oder Besanmast

Nelson-Touch: eigentlich: «The Nelson Touch», spezielles Seemanöver Lord Nelsons, um die Linie eines Gegners zu durchbrechen und einen Teil von dessen Schiffen vom Kampf auszuschließen

Octere (lateinisch: *octeris*, griechisch: *octeres*): großes riemengetriebenes Kriegsschiff mit zwei oder drei übereinander angeordneten Reihen von Riemen, die von acht Rojern bedient wurden («Achter»)

Ölzeug (englisch: *oilskin*): wetterfeste Oberbekleidung, die ursprünglich aus mit Öl, oftmals Leinöl, imprägniertem Leinenstoff hergestellt wurde

Orlopdeck: unterstes und zugleich durchlaufendes Deck eines Schiffes

Panzerschiff: Überbegriff für die gepanzerten dampfgetriebenen Kriegsschiffe in der zweiten Hälfte des 19. und ersten Hälfte des 20. Jahrhunderts

Pentekotere: riemengetriebenes Kriegsschiff mit fünfzig Riemen auf einer Ebene

Períplous (griechisch): «Umfahrung»; spezielles Seemanöver antiker geruderter Kriegsschiffe, bei dem man den Gegner umfuhr, um so von der Seite einen Rammstoß anzusetzen (→ Diékplous)

Pinne: Bedienungshebel des Steuerruders, durch welchen es um seine Achse geschwenkt, «gelegt», werden kann

Poop: hinterer Decksaufbau

Prise: Beute bei einer Kaperfahrt oder im Seekrieg, bei der es sich um die Ladung oder das gesamte Schiff handeln kann

Quadrireme (lateinisch: *quadriremis*, griechisch: *tetreres*): riemengetriebenes Kriegsschiff mit zwei übereinander angeordneten Reihen von Riemen, die von vier Rojern bedient wurden («Vierer»)

querab: rechtwinklig zur Längsachse eines Schiffes

Quinquereme (lateinisch: *quinqueremis*, griechisch: *penteres*): großes riemengetriebenes Kriegsschiff mit zwei oder drei übereinander angeordneten Reihen von Riemen, die von fünf Rojern bedient wurden («Fünfer»)

Rahsegel: rechteckiges, an einer Rah quer zum Mast stehendes Segel (→ Fore-and-aft-rig)

Ramme (lateinisch: *rostrum*, griechisch: *embolon*): am Schiffsbug befindliche, meist metallverstärkte Spitze in Höhe der Wasserlinie

Raumwindkurs (Raumschots): Bewegung eines Segelschiffes mit schräg von achtern einfallendem scheinbaren Wind (→ Vorwind-, Halbwind- und Amwindkurs)

Riemen (lateinisch: *remus*): von einem oder mehreren Seeleuten mit beiden Händen bedientes Antriebsholz mit Blatt; oft fälschlich als Ruder bezeichnet

Rojer (englisch: *oarsmen*): spezielle Bezeichnung für denjenigen, der den Riemen bedient

Rollen: Hin- und Herbewegungen eines Schiffes um seine Längsachse infolge des Seegangs, nicht mit → Krängung zu verwechseln

Ruder: zum Steuern des Schiffes eingetauchtes Blatt, bis zum Spätmittelalter oft seitlich geführt, dann durchgehend am Heck befestigt

Rumpfgeschwindigkeit: theoretischer Maximalwert für die bei Verdrängerfahrt mögliche Höchstgeschwindigkeit eines Schiffes in Abhängigkeit von der Wasserlinienlänge

Schaluppe: kleines, meist als Beiboot verwendetes Boot mit einem Mast

Schlachtkreuzer: von der Größe und der Bewaffnung mit einem Schlachtschiff vergleichbarer Kriegsschiffstyp, dessen hohe Geschwindigkeit mit geringerer Panzerung erkauft werden musste

Schlachtschiff: schwer gepanzertes Großkampfschiff des ausgehenden 19. und 20. Jahrhunderts

Schot: Leine zum Bedienen eines Segels (→ laufendes Gut)

Schratsegel: alle nicht an einer Rah befestigten Segel, die längsschiffs stehen (z. B. Stagsegel)

Schwojen: Drehen eines ankernden Schiffes durch Wind oder Strömung um seinen Anker

Seaworthiness (englisch): Seetüchtigkeit oder -tauglichkeit eines Schiffes

Seemeile: nautisches Längenmaß von 1852 Metern oder 6080 engl. Fuß, das ursprünglich von der Bogenlänge einer Winkelminute auf den Erdäquator abgeleitet worden ist = 60 Seemeilen = 1 Breitengrad

Septireme (lateinisch: *septiremis*, griechisch: *hepteres*): großes riemengetriebenes Kriegsschiff mit zwei oder drei übereinander angeordneten Reihen von Riemen, die von sieben Rojern bedient wurden («Siebener»)

Spant: Schiffsrippe zur Verstärkung der Außenhaut des Schiffskörpers

Spiere: jedes Rundholz der Takelage außer den Masten

Spill: Winde zum Aufziehen des Ankers oder schwerer Trossen

Stag: Absteifungen des Mastes durch Taue in Längsrichtung des Schiffes

Stagsegel: dreieckiges Segel, das ohne Rahen zwischen den Masten befestigt wird

Stampfen: Bewegung eines Schiffes in schwerer See um seine Querachse

stehendes Gut: Teile der Takelage, die als Absteifungen der Masten dienen und die bei Manövern (meist) nicht bewegt werden

Stenge: auf einem unteren Mast aufgesetzter zweiter, mitunter auch dritter Mast

Takelage: (oder auch Rigg) alle zum Segeln notwendigen Teile wie Masten, Wanten, Stage und Fallen ohne die Segel und Schoten (→ stehendes Gut, laufendes Gut)

Talje: aus Blöcken und Tauwerk bestehender Flaschenzug

Trireme (lateinisch: *triremis*, griechisch: *trieres*): riemengetriebenes Kriegsschiff mit drei übereinander angeordneten Reihen von Riemen, die von drei Rojern bedient wurden

Verholen: Bewegen des Schiffes ohne eigenen Antrieb meist durch an einem anderen Ort befestigte Trossen

Vollschiff: Großsegler mit mindestens drei vollständig rahgetakelten Masten

vorlich: vor der verlängerten Querachse eines Schiffes

Vorwindkurs: Bewegung eines Segelschiffes mit achterlich einfallendem scheinbaren Wind (→ Raumwind-, Halbwind- und Amwindkurs)

Wanten: alle Absteifungen des Mastes durch Taue zu beiden Schiffsseiten, meist mit Webleinen zum Aufentern versehen

Weatherliness (englisch, keine deutsche Entsprechung): durch Konstruktion bedingte Fähigkeit eines Schiffes, hoch am Wind bei geringem Windversatz segeln zu können

Wende: Segelmanöver zur Richtungsänderung, bei dem das Schiff mit dem Bug durch den Wind geht

Windsee: Wellen, die durch direkten lokalen Wind erzeugt werden (→ Dünung)

Yard: altes Längenmaß der anglophonen Welt = 3 Fuß (Feet) = etwa 0,9 Meter

Personenregister